城步苗族简史

CHEGNBU MIAOZU JIANSHI

雷学业　刘志阶　编著
政协城步苗族自治县委员会　编

中国文史出版社
CHINA CULTURAL AND HISTORICAL PRESS

图书在版编目（CIP）数据

城步苗族简史 / 雷学业，刘志阶编著；政协城步苗族自治县委员会编. —北京：中国文史出版社，2025.1. —ISBN 978-7-5205-4983-7

Ⅰ. K281.6

中国国家版本馆 CIP 数据核字第 20249NL958 号

责任编辑：赵姣娇　　　　装帧设计：程　跃　王　琳

出版发行：中国文史出版社
社　　址：北京市海淀区西八里庄路 69 号　　邮编：100142
电　　话：010－81136606　81136602　81136603（发行部）
传　　真：010－81136655
印　　装：北京科信印刷有限公司
经　　销：全国新华书店
开　　本：787mm × 1092mm　1/16
印　　张：28.75　　插页：20
字　　数：445 千字
版　　次：2025 年 9 月北京第 1 版
印　　次：2025 年 9 月第 1 次印刷
定　　价：98.00 元

城步陡冲头古苗文摩崖石刻

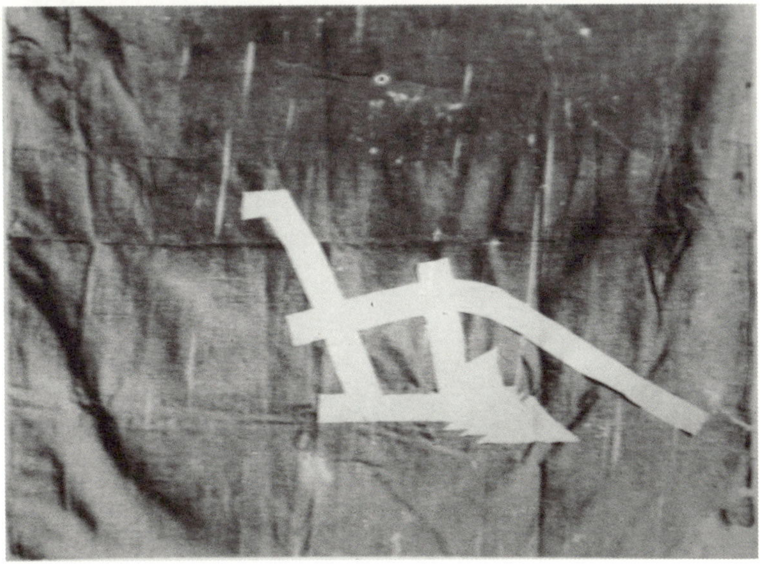

城步苗族人民参加土地革命时使用过的犁头旗

城步白毛坪镇黄伞村白将军石

城步县最高峰二宝顶

城步长安营镇大寨村东晋时代人工栽植的古杉群

始建于明永乐二年（1404 年）的城步“杨氏官厅”

修建于明代的湘桂边境城步县白毛坪镇金紫山拨云庵

清初修建的城步羊石田进士第

明代始建的蓝玉故里

蒋坊乡杉坊村杨氏宗祠——飞山庙

至今存活于城步白毛坪乡城溪村已有 900 多年历史的我国南方红豆杉之王

始建于清光绪十五年（1889 年）的城步孔圣庙

彬坊明清古村落，现已申报成为全国历史文化古村落（杨文武／摄）

湖南省少数民族最美村落——铺头村是一座千年古苗寨，拥有木砖结构古民居100余座，青砖黛瓦，飞檐翘角，简朴雅致，古色古香（易能靠／摄）

丹口镇亚家田古苗寨

长安营镇上排古苗寨

长安营镇中排古苗寨

茅坪镇金塔古苗寨

丹口镇泮水苗寨现代别墅式吊脚楼

城步西岩镇伍家坊精美大气的苗族木雕——“蜡梅怒放，丹凤朝阳”图案

丹口镇桃林苗寨草龙

苗绣大师伍前金的苗绣作品《人面蝴蝶》

城步苗族姑娘

城步苗族古歌《贺郎歌》(杨文武/摄)

城步苗族寨门——丹口镇龙寨

城步城南公园

城步县古城门——利济门夜景

城步县民族文化体育中心

湖南南山国家公园两江峡谷秋韵

湖南南山国家公园白云湖全景

湖南南山国家公园南山名胜风景区全景

城步县城全貌

序

杨成胜

一

苗族是一个历史悠久的民族。早在四五千年前，苗族所崇奉的祖神和远古首领蚩尤，曾经同炎帝、黄帝部落逐鹿中原。涿鹿之战，蚩尤兵败被杀之后，苗族先民被分化、瓦解，势力日衰，被迫南迁，进入条件恶劣的南部山区和西南高原，分布到鄂、湘、桂、黔、滇、渝、川等省区。几千年来，勤劳勇敢的苗族人民，世世代代在极其艰苦的条件下，劳作不息，奋斗不止，不仅求得了自己民族的生存和发展，也为祖国中南和西南地区的开拓，为中华民族的发展，做出了突出的贡献。

苗族是一个人口众多的民族。1953 年全国人口普查，苗族人口为 251 万人。根据国家统计局公布的最新数据，2020 年末全国苗族人口为 11067929 人，在我国 55 个少数民族中仅次于壮族、维吾尔族、回族，排名第 4 位。苗族人口分布的特点是多山头、多中心大片居住，以山区为中心聚居，周围与其他民族插花居住，片与片之间大都联通，只有一小部分距片区较远，零星散居在其他民族之中。

苗族是一个文化多彩的民族。苗族在几千年的生存发展中，形成了自己优秀的民族精神和民族传统，创造了丰富多彩的民族文化。从婚嫁丧葬、服饰饮食到节日庆典、信仰禁忌，苗族形成了与其经济形态、生存环境和文化心理素质相适的、特色鲜明的民族风情和习俗。苗族有自己的民族语言和文字。苗语属汉藏语系苗瑶语族苗语支。苗语分湘西（即东部）、黔东（即中部）、川黔滇（即西部）三大方言。在三大方言中，又有七个次方言和十八种土语。苗族历史上曾有自己的文字，但因种种原因失传。

苗族是一个英勇不屈的民族。涿鹿之战后，苗族由强而弱，从集中到分散，过去长期处于被统治、被压迫的地位，饱受统治阶级的歧视和欺凌。苗族人民不畏强暴，奋起反抗，在历史上发生过无数次大大小小的苗民起义。正是通过这种前仆后继、不屈不挠、视死如归、不惧牺牲的反抗斗争，苗族为自己赢得了生存空间，历经数千年而不断发展。历代苗族先民与天斗、与地斗、与统治阶级斗的顽强不屈精神，凝结成我们的民族意志，永续传承。

苗族是一个忠贞爱国的民族。历史上苗族人民一方面英勇反抗统治阶级的残酷统治和民族压迫，追求民族平等，捍卫民族权益；一方面具有强大的向心力，忠于国家，团结其他民族，积极维护多民族国家的统一。几千年来，苗族与汉族和其他民族交往交流交融，和睦生活，友好相处，荣辱与共，同主沉浮，相互学习，相互吸收，形成了“你中有我，我中有你”的密不可分的关系，为中华民族共同体的形成和发展做出了重要贡献。

二

城步境内早在新石器时代就有先民居住。1993 年，城步西岩镇村民在该镇西南面小地名朝园里的台地上取土做瓦，发现大量留有经人工打造、磨制痕迹的石刀、石针、石箭镞、石斧及红砂土绳纹粗陶器碎片。经文物部门初查，该出土文物为新石器时代人类生息繁衍的遗留物，出土文物处为新石器时代的遗址。朝园里新石器遗址的发现，表明在距今一万年左右，城步这块土地就有人类在活动了。

另外，根据城步代代口耳相传的口碑文学《城步苗款》的记载，城步兰蓉乡至今留存有一处古部落瓦罐窑遗址。瓦罐窑地处兰蓉乡东部大山，海拔1700米，周围数十公里均是大山，主坪约70亩，先民以此为中心，始以狩猎为生，构木为巢，与兽居而避之。后随着人类社会的进程，开始挖洞置窑，建造房屋而居，以种植和饲养为主食，草根和蝗虫为辅食，他们因山高气温低，不种水稻，以山养民。至唐代，三苗后裔大量迁入拦牛地，此处土著岵苗与迁入新苗交往无籍，便以烧瓦罐之窑为名，沿袭至今。

西岩新石器遗址和兰蓉瓦罐窑遗址，均印证了城步这块古老的土地，早在原始时代就有人类在这里活动。新石器时代后，人口不断繁衍发展，形成规模较大的骆越人部落。秦始皇征岭南时，由于秦王朝对城步用兵，致使大部分骆越人被迫南迁，少部分仍留居城步。这部分骆越民族通过民族融合，一部分演变成侗民族，另一部分演变成苗民族。

秦汉至南宋时期，大批苗族从武陵、五溪地区向西、向南迁徙，向西进入川南和贵州大部分地区直至云南，向南进入湘西南和广西，城步苗族就是这个时候大量迁入的。《城步苗款》、“城步酒歌”、城步古傩戏脚本、《城步杨氏族谱》、《城步蓝氏墨谱》、《城步雷氏族谱》等史料谱牒，都有城步苗族大迁徙的记载。城步古代蓝、李、潘、秦、刘、杨、雷等姓民众来到城步时，其大部分土地都是处女地，未曾开发。《蓝氏墨谱》就有“插标为记”的文字记载：标头向东各寻东，向南各寻南，向西各寻西，向北各寻北……进入城步苗族聚居区的苗民，由于战争、征戍以及经济等原因，又逐渐向贵州、广西、江浙一带迁徙。如广西资源、龙胜的苗族以及融水苗族的一支，就是从城步迁徙去的。湖南新宁县麻林、黄金两地雷氏苗族，也是从城步拦牛峒迁去的，新中国成立后他们被认定为瑶族。贵州晴隆、安顺、六枝、六盘水的“喇叭苗”，则是明洪武十四年（1381年），以三丁抽一、五丁抽二的方式，被征调参加傅友德、蓝玉、沐英所统率的征滇大军，由宝庆卫指挥胡大海统领前往贵州西部戍边迁徙去的。

城步苗族的族称，始于唐末宋初，其先民乘中原五代之乱据飞山自守，号称“飞山蛮”，自称为“猫”。古代“猫”“苗”通用，城步这一带自称为“猫”的民族，便在南宋朱熹和朱辅的著作中被称为“苗”了。这就是城步苗族在汉文献中正式族称的由来。由于“苗”的名称历史悠久，且为苗族人民普遍接受，故新中国成立后，根据广大苗族同胞的意愿，将族称统一称为“苗族”。

城步苗族有自己的语言和文字，语言属湘西方言（东部方言），文字为水文图案状。清乾隆四年（1739年）爆发的由粟贤宇、杨清保领导的城步苗民大起义，曾广泛利用城步苗文发布文件、命令，传递信号，官军概莫能识。乾隆六年（1741年），这次起义被清廷残酷镇压后，乾隆皇帝下旨剿灭苗文：“从前捏造的篆文，即行销毁，永禁学习，如有违故，不行首报，牌内一家有犯，连坐九家，治寨长失察之罪。”为防止苗民使用这种文字再次起义举事，对城步苗族聚居区挨家逐户展开地毯式搜查，并对手抄本和墙面上苗文进行销毁，严禁学习和使用苗文。在清廷文字狱高压政策下，城步苗文逐渐从城步乃至湘桂黔边区消失。2010年底，城步丹口镇陡冲头村发现了保留有古苗文的大规模石刻群。2012年3月，湖南省文物局组织省内外专家对这些石刻上的文字进行考察研究，并与该县现存少量古苗文资料进行对比分析后，确认石刻上的文字就是城步古苗文。

城步苗族受到历代封建统治者的严酷打杀，生存生活极为艰难。为了改善生存条件，城步苗族奋起抗争，历史上曾爆发过50多次大大小小的起义斗争，每次都遭受残酷镇压，伤亡惨重，因而历史上城步人口难以发展，在全国苗族人口中所占的比重不大。据记载，早在明弘治十七年（1504年）城步被改土归流建县时，就有人口18万人。随着历年战争和大饥大疫影响，城步人口不断下降，到清嘉庆二十一年（1816年），城步登记人口仅89380人。1949年末城步解放时才有登记人口92612人。新中国成立后，经济逐渐繁荣，人民安居乐业，生活水平逐渐提高，医疗卫生事业大幅发展，人民体质增强，人口增长迅速。到1958年，总人口达122655人。2010年全国第六次人口普查，城步总人口250633人，其中苗族人口148232人。

城步苗族人口虽然不多，但因和汉族相处较近，受儒家文化影响较深，因而从宋代开始就已出现苗区教育，私塾逐渐兴起，至元代兴办了儒林书院，苗族土官、头人和富裕人家的子弟入书院读汉书，习汉文，通过科举考取功名，入朝为官。因而城步苗区自宋以来文化教育事业发达，人才辈出，举人进士，文臣武将，代不乏人。据统计，自唐至清，城步有史志资料记载的历史人物达2000多人，七品以上官员300多人，其中四品以上官员60多人。文官方面，有杨正修、杨逢时、杨乔然等；武官方面，有蓝玉、沐英、龚继昌、孟光爵等。尤其是城步杨家将一族璀璨夺目，自唐至明，有史可查的杨家将首领达52人之多，唐有飞山蛮首领杨再思，宋有抗金名将杨再兴，元有苗军元帅杨完者，明有颍国公杨洪。正如清道光《宝庆府志》所云："城步山峭多石，气象雄伟，历代名将出焉。"

三

城步苗族人口虽然不多，大约15万人，在全国苗族人口中所占比重不大，但城步苗族历史悠久，文化发达，人才出类拔萃，对外输出人口较多，影响力较大。研究城步苗族历史，编撰《城步苗族简史》，无论是于城步苗族，抑或全国苗族，都是一件十分有意义的事情。

《城步苗族简史》的编纂工作，前后历时二十余年，数易其稿，花费了刘志阶、雷学业两代城步苗族史专家的全部心血，得到了省内外多位知名苗族史专家和省、市、县史志领导的指导帮助，得到了城步历届县委、县政府领导和在外地工作的城步籍领导的重视支持，凝聚了诸多领导和专家学者的智慧。

《城步苗族简史》思路清晰，内容丰富，上溯远古传说时代，下迄新中国成立直至20世纪末，从政治、经济、文化、教育，至民族源流、迁徙、民族关系和苗族反抗斗争，以及语言文字、风俗习惯和宗教信仰等等，全面系统地阐述和再现了城步苗族历史，让世人看到了城步六七千年的发展轨迹，为我们客观全面地了解、认识城步提供了翔实的资料。

《城步苗族简史》突出民族团结进步主题，用史实展现了城步苗族上下几千年悠久的历史、灿烂的文化，以及苗族人民艰苦奋斗的优良品质、不屈不挠的斗争精神和忠贞爱国的高尚情操，展现了城步苗族人民在中国共产党的英明正确领导下，积极抵御外侮，追求独立解放，创造美好生活，建立各民族平等自由、团结互助的新社会的壮阔画卷。

《城步苗族简史》坚持马克思主义历史唯物观，符合中国共产党的民族政策，热情讴歌了中国共产党对城步各族人民的伟大英明领导，重点突出了城步各族人民在中国共产党领导下翻身解放，积极走上社会主义道路，投身改革开放新事业的历史事实，体现了没有共产党就没有新苗族的主题。

《城步苗族简史》主题鲜明，结构严谨，内容翔实，论述准确，是第一部全面反映、总结城步苗族历史的专著。它的出版发行，无论是对于城步苗族，还是湘西南苗族，乃至全国苗族，都是一件千古盛事，具有极其重大的历史意义和现实意义，可喜可贺。

是为序。

2021 年 8 月

（作者系湖南省民族宗教工作专家咨询组专家、湖南省民族研究特邀专家、湖南省苗学学会副会长、中南大学人类学研究所所长、博士生导师）

目录

绪　论

苗族是我国人数较多的少数民族之一。据2000年全国第五次人口普查，国内苗族人口894万，从人口数量看，居中国56个民族第五位；同时苗族迁居国外的也不少，据有关资料报道，国外苗族人口约300万，国内外苗族总人口约1200万。

国内苗族分布很广，从北纬18°到32°，东经102°到112°。主要居住在长江水系中上游和珠江水系中上游之间的苗岭、武陵、乌蒙大娄山、大南山、云岭等五大山系，此外，在五指山以及滇中一带也有不少苗民居住。行政区划包括贵州（400万，约占国内苗族总人口48.8%）、湖南（180万，约占21.97%）、云南（106万，约占12.94%）、广西（44万，约占5.37%）、重庆（40万，约占4.88%）、湖北（26万，约占3.17%）、四川（17万，约占2.07%）、海南（6万，约占0.73%）等八个省（区、市）。

苗族人口分布的特点是多山头、多中心大片居住，以山区为中心聚居，周围与其他民族插花居住，片与片之间大都联通；只有一部分距片区较远，零星散杂在其他民族之中。具体分布为六个地区，即苗岭山区，武陵山区，乌蒙、大娄山区，南山山区，云岭东南山区和其他杂居区。南山山区即湘桂边区。南山地处湘桂边境的城步苗族自治县，又称八十里大南山，南山顶海拔1941米，南部猫儿山海拔2142米，东部二宝顶海拔2123米，三山主峰鼎立，六脉南北东西延伸，真有如三头六臂之巨人，矗立于湘桂两省（区）之间。资水、巫水、通道河发源于此，北流汇入洞庭湖；浔水向南注入漓江，再入珠江水系。南山山区苗民为分片小聚居，多半以乡镇或村寨与壮、侗、汉等民族插花居住，也有一部分零星散居于其他民族之中。主要包括湖南省邵阳市城步苗族自治县、绥宁、武冈、新宁四县，怀化市靖州苗族侗族自治县、会同、洪江三县（市）；广西壮族自治区桂林市龙胜各族自治县、资源、恭城三县，柳州市三江侗族自治县。共11个县。

城步苗族历史悠久、文化丰富，历史人物辈出。

苗族是什么时候形成的？据《苗族通史》载，苗族形成于三苗时期。苗族不是由一个氏族渐渐进化到部落再过渡到民族的，而是最初由聚居的若干个氏族或部落结成了部落联盟，由一个或几个部落联盟结成了更大的部落联盟，经过长期相互交往、相互融合，特别是在反对“外族”入侵的斗争中形成了“我群”的排他意识，以及地域、语言、生活方式逐渐接近和相同，形成了具有共同地域、共同语言、共同经济生活和共同心理素质的稳定的共同体——古代苗族。今重庆、四川、湖北、湖南、贵州、江西，以及环太湖流域诸省和滇、桂、粤等地，都是苗族的发祥地。因为这些大山区，本属三苗和楚国疆域“蛮地”，故史称“苗疆”。城步位于南山山区的中心地带。

城步苗族和整个古老的苗族及其他兄弟民族一样，为中华多民族的形成，为祖国的统一与数千年璀璨文明的发展作出了应有的贡献，在中国的历史上占有十分重要的一席之地。

城步苗族古为原始族群的骆越人。城步境内早在新石器时代就有先民居住。新石器时代后，人口不断迁入，逐步繁衍发展。约在汉、唐时期，随着苗族的大迁徙，苗族的一支由江西经宝庆（今邵阳）、武冈迁入城步落籍，与原来生活在这里的骆越人融合，成为现今城步苗族的先民，集中聚居在城步巫水流域以南的五峒四十八寨。关于城步历史上的“九溪”“五峒”“四十八寨”，“九溪”是指梅溪、清溪、边溪、城溪、界溪、顺溪、坪溪、辰溪、塔溪。“五峒”即莫宜峒、蓬峒、栏牛峒、扶城峒、横岭峒。“四十八寨”即扶城峒的石羊寨、下团寨、丹口寨、岩头寨、浆坳头寨、桃林寨、边溪寨、杓杓寨、泮水寨；栏牛峒的城溪寨、蜡屋寨、坪水寨、小言寨、温水寨、畲塘寨、分界寨、栏牛寨、猴家寨；蓬峒的横水寨、桥头寨、上岩头寨、汀坪寨、条寨、大寨、斋坪寨、暖水寨、长滩寨、新寨、黄茅坪寨；莫宜峒的大侯寨、独宿寨、初水寨、茶元寨、江头寨、滕坪寨、蜡里寨、白水头寨、水口寨、聋底寨、都温寨、岩子坪寨、独树寨；横岭峒的牛石寨、例仰寨、大寨、长坪寨、长安寨、横坡寨。“五峒四十八寨”即今长安、丹口、柳寨、羊石、平林、五团、江头司、汀坪、蓬峒、杨梅坳以及兰蓉、清源、大阳、白毛坪等地区。少部分苗族聚居于县城以北的清溪、浆坪、蒋坊和茅坪、大古、资源、西岩等地区。一直以来，苗族是城步各民族的主体民族。1956 年，城步就经国务院批准成立城步苗族自治县。

关于城步的人口，早在明弘治十七年（1504 年）城步建县时就有 18 万人，随着战争和大饥大疫影响，城步人口不断下降，到清嘉庆二十一年（1816 年），城步登记户口有 15550 户，89390 人。此后，县内人口继续下降。据清光绪三十二年（1906 年）统计，全县共有 15506 户，73161 人。辛亥革命后，人口开始回升。到民国十九年（1930 年），人口增至 35762 户，182204 人。但民国二十年（1931 年）以后，因恶性疟疾与热症等病流行，加之土匪浩劫，人口大幅度下降。据 1949 年末统计，全县人口共计 24538 户，92612 人。新中国成立后，经济逐渐繁荣，人民生活水平逐渐提高，医疗卫生事业逐渐发展，人民体质增强，人口增长迅速。到 1958 年，总人口达 122655 人。至 2004 年，全县总户数为 68404 户，总人口为 258494 人，其中苗族人口 139542 人，占全县总人口的 53.98%。

由于战争、戍边和经济等方面的原因，城步苗族的一支陆续迁入广西的资源、龙胜、三江和融水。追源逐流，广西资源、龙胜的苗族当属从城步的原蓬峒和莫宜峒迁去，而融水苗族的一支，则由城步经资源、龙胜及三江等县迁去。后来，因戍边所需，反动封建统治者采取“以夷制夷”的政策，广西的苗族又迁入海南岛，成为海南岛今天的苗族。明初，有所谓“调北征南”，不少苗族被调远征，后来就留住他乡。当时城步有一批苗兵由胡大海率领，被征调到贵州西部戍守，后留居下来。今贵州晴隆、普安、郎岱、水城、安顺、六盘水与六枝等地称为“喇叭苗”的一部分苗族即其后裔，其祖籍都在城步。《郎岱县访稿》载，县内部分苗族系“明初移来之楚地人"，"即古之荆蛮"。又据镇宁县马场乡苗族调查材料，这里的苗族老人说，他们的祖先就是"调北征南"时迁来的。贵州安顺地区有一种地方戏名叫地戏，属傩戏中的一种，据考证，即为城步苗族被征召去贵州戍边时带去的苗龙而经多年发展，演变而成。

随着时间的推移，后来贵州的苗民又陆续迁往四川、云南及东南亚等地。解放后，广西、贵州、云南、四川、海南岛等地的杨姓苗民陆续前往城步县邑附近名叫朱家坳处的杨氏苗族古祖坟——竹枝坡扫墓拜祭，寻宗访祖。此外，早在元朝末年，苗帅杨完者奉调十万苗兵，驰援武汉、江浙和安徽一带，后杨完者遇害身亡，部众溃散，大部分投靠朱元璋，这部分苗兵便在武汉和江浙一带定居下来，有些则逐渐融合到汉族中去了。由此可见，城步的苗族已几乎遍布祖国各地及其他国家。

城步苗族虽然自外地流入的时间很早，但因城步建县较迟（1502—1504年，始建城步县，县治在今儒林镇），对城步苗族的情况，明以前几乎找不到相关记载，故《城步苗族简史》对明代以前的城步苗族情况记载较少。清同治以后，城步苗区开始形成商业经济，先期主要表现在竹木的交易上，随后日杂、布匹、百货和饮食业等也相继出现，仅县城就有十数家之多。虽然如此，城步的苗族也如同全国各地的其他苗族一样，仍然深受封建反动统治阶级的歧视和残酷的剥削与压迫，城步苗民终无出头之日。

中国共产党是苗族同胞的大救星。城步苗民在中共湖南省工委的领导下，积极组织农会，反抗反动统治。大革命时期，城步农民运动如火如荼，农会组织如雨后春笋，农会及入会人数，在当时均属全省首屈一指。当年城步农民运动的工作成绩，被毛泽东同志写进了《湖南农民运动考察报告》，受到毛泽东同志的赞扬。正因如此，城步农运亦遭到国民党反动派的血腥镇压，受害农户超过两万。

解放战争中，城步苗胞直接参与推翻国民党反动基层政权的斗争。他们参与桂北游击队，组建了苗族自己的武装——桂北游击队江南大队和江南别纵队民族大队，伏击白崇禧军队在城步境内的武装，有力地打击了国民党反动势力，为人民解放军挺进大西南，解放全中国作出了较大的贡献。

城步苗族有自己的语言和文字。语言主要分为黔东方言（中部方言）和湘西方言（东部方言），文字为水文图案状。清末城步苗民起义时（粟贤宇领导的农民起义）曾作为起义军文字密件传递，官军概莫能识，后为清廷禁绝。20 世纪 60 年代前，城步县委统战部长吴仲华、苗学家马少桥（湖南文史馆员、享受国务院津贴）还曾先后在城步岩寨与长安营村发现苗文碑刻。2011 年元月，城步苗族自治县政协学习文史委、县文物局和县摄影家协会的工作人员来到丹口镇陡冲头村勘察苗文碑，在不到 500 米长的山溪岸边和田坎上，发现有大量古苗文碑。2014 年经湖南省文物局和国家文物局专家发掘勘定，确认是清代乾隆以前的古苗文字和岩画。

城步苗族中风流人物辈出。宋有岳飞部将、军前统制、抗金英雄杨再兴。元朝以后，代不乏人，元末有统领十余万苗兵转战长江中游的元军元帅杨完者；明有开国勋臣，世守云南，为开发八百里滇池作出过杰出贡献的黔宁昭靖王沐英，有帮助朱元璋打下江山，建立封建王朝的凉国公蓝玉，有官至西平侯的杨洪；清代则有山西平坦营游击孟光爵……他们是城

似篆非篆、似图非图、形似蝌蚪的城步古苗文字石刻

步苗族的骄傲，不但为苗族的历史增添了光辉的一页，也为整个中华民族的璀璨文明作出了较大的贡献。

城步苗族真正站立起来，成为祖国 56 个兄弟民族中的一员，是在中国共产党领导下的新中国成立以后。随着党的民族政策的光辉照耀和不断落实，1956 年，中华人民共和国国务院批准撤销原城步县，成立“城步苗族自治县”。从此，城步苗族同胞和全县兄弟民族一道，积极投身伟大的社会主义革命和建设事业，在政治、经济和文化诸方面插上了腾飞的翅膀，昔日贫穷落后的城步旧貌一去不复返。人们完全有理由相信，改革开放的春风沐浴着城步苗乡大地，一个文明富强的新城步，已经英姿飒爽地矗立在祖国的湘西南大地。

第一章

族源和迁徙

第一节 族　源

关于苗族族源和苗族形成等问题，是学术界至今没有定论的疑难问题。学术界主要的说法有五种，即江淮土著说、蒙古利亚说（北来说）、帕米尔高原说（西来说）、环太湖文化说（东来说）和马来西亚说（南来说）。按《苗族通史》一书的说法，苗族是中国土著民族，早期以聚落的状态出现，因稻作，逐渐交往，融为一体。因此，苗族族源不是一元，而是多元，是因共同的禾苗生产而融为一体的。具体来说，即今两湖、两江和黔、川、渝等地，都是她的发源地。苗族不是由一个民族渐渐进化到部落再过渡到民族的，而是最初由聚居的若干个氏族或部落结成了部落联盟，由一个或几个部落联盟结成了更大的部落联盟，经过长期相互交往、相互融合，特别是在反对“外族”入侵的斗争中形成了“我群”的排他意识，以及地域、语言、生活方式逐渐接近和相同，形成了具有共同地域、共同语言、共同经济生活和共同心理素质的稳定的族群——古代苗族。

城步苗族的族属，源于远古时代的“九黎”。

在我国长江中下游和黄河下游一带，很古的时候就生活着很多原始人类。他们经过世世代代的生息繁衍，在距今五六千年前，逐渐形成了部落联盟。这个部落联盟的名称叫“九黎”，以蚩尤为首领。《国语·楚语》注中说：“九黎，蚩尤之徒也。”东汉应劭则曰：“蚩尤，古天子。”《书·吕刑释文》、《吕氏春秋·荡兵》、《战国策·秦》高诱注，也都说蚩尤是九黎之君。九黎族凭借集居地优越的地理条件，经过不懈地辛勤开拓，经济迅速发展，一跃成为祖国东方的强大部落。但后来，以黄帝为首的另一部落日渐强盛，且在向黄河下游的扩展中与九黎部落发生冲突而战于涿鹿，九黎失败，蚩尤被杀。《史记·五帝本纪》载："蚩尤作乱，不用帝命，于是黄帝乃征师诸侯，与蚩尤战于涿鹿之野，擒杀蚩尤。"

九黎战败以后，迁居右彭蠡左洞庭的广阔地区。到尧、舜、禹时期形成了新的部落联盟，即史书上所说的"三苗"。因占有优越的地理条件，曾与尧、舜、禹为首的部落联盟进行长期的抗争。

商、周时期，三苗的主要部分仍在长江中游地区与其他各族一起，被称为"荆楚"或"南蛮"。荆楚的经济日益发展，成为春秋战国时的"五霸""七雄"之一的楚国的主体居民。

至于南蛮，从"放欢兜于崇山以变南蛮"和《帝王世系》关于唐尧时"以诸侯有苗氏处南蛮而不服"等记载来看，可知"南蛮"是被驱逐到长江以南地区的部分"三苗"的别称。而"荆楚"则是商、周时期对两湖地区这部分"南蛮"的称谓。也就是说，从"三苗"到"荆蛮"（或曰"蛮荆""荆楚"）再到苗族是一脉相承的。

关于城步苗族的族源，原城步一中校长杨亚非和原城步县委宣传部副部长丁中炎曾专门进行过认真而深入的研究，并将他们的研究成果《城步苗族源流初探》发表在《城步文史》第二辑上。研究认为，城步苗族的先民，是距今3000多年前西周时代的"百越"民族。"百越"最早见于《吕氏春秋·恃君览》："扬汉之南，百越之际，敝凯诸夫风余靡之地，缚娄阳禺驩兜之国，多无君。"吕思勉释曰："自淮以北皆称夷。"可见城步当时属"百越"境地。城步北境资水流域，古有路山、路水、路溪之名。据《汉书·地理志》、嘉庆《武冈州志》和康熙《宝庆府志》记载，"汉析昭阳为路陵，封路陵侯于此"。北魏郦道元《水经注·叶榆河篇》载："交趾昔未有郡县之时，土地有雒田，其田随潮水上下，民垦食其田，因名为雒民，设雒王雒侯主诸郡县。"这里的"路山""路水""路溪""路田"等均为越人所有。古代越族在城步被称为骆越和西瓯越。梁代顾野王《舆地志》载:“交趾，周时为骆越，秦时为西瓯。”汉刘安《淮南子·人间训》载:“秦始皇乃使尉屠睢发卒五十万，为五军，一军塞镡城之岭，一军守九疑之塞，一军处番禺之都，一军守南野之界，一军结余干之水……与越人战，杀西瓯君译吁宋，而越人皆入丛薄中，与禽兽处，莫肯为秦虏。”“镡城之岭”即县境东南与越城岭相近的十万古田，秦时属象郡镡城县。在城步一带的瓯骆越，受汉文化的影响较早，据《逸周书·王会解》和《吕氏春秋本味》等书记载，在商朝初年，“瓯”民族就接受了商汤的命令，向中央王朝上贡“越骆”之菌（现玉兰片）的土特产，与中原地区华夏族有了往来。又据《史记·秦始皇本纪》和《汉书·本纪》所载，秦始皇三十三年（前 214 年）谪发内郡，诸逋亡人，赘婿，贾人“增援五岭戍守之军，征服西瓯，徙中县之民南方三郡（桂林、象郡、南海），使与百越杂处”。从而出现了西瓯越与中原地区移民杂居的局面，促进了越族和华夏族之间的经济和文化交往。在秦末动乱的年代，原驻守岭南地区的秦将赵佗乘机据地称尊，建立了南越王国政权。据《史记·南越列传》载，赵佗一方面争取“中国人相辅”，一方面采取“和集百越”的政策，不断引进“金、铁、田、器、马、牛、羊”等中原汉族地区的先进生产技术教民耕种，大力推进封建文化和伦理道德思想，鼓励越汉通婚，大力促进了越族社会经济和文化的发展。到公元前 1 世纪汉武帝南平百越，再次统一岭南，又有不少的汉族人民从内地迁居越地，杂居在今城步县境及四周的封建都梁、夫夷、无阳、始安诸侯国，使越族人民能更好地学习和掌握汉族的先进文化和生产技术。至今，巫水河以南苗族百姓的干栏式房屋建筑、苗侗妇女结发于脑后的“发髻”习俗、巫水沿岸的悬棺葬风俗等等，都是古代越族的文化特征。

信奉鬼神乃当年三苗集团的习俗，而苗族崇尚鬼神亦重，通常有“三十六堂神，七十二堂鬼”之说。如至今流传于我县苗族聚居区的冲傩还愿，所请的神灵达 700 多种。这些现象说明，可能在三苗时期，苗族作为一个单一的民族已经形成。而我县苗族作为其分支，自始至终保持了某些共同的特征，三苗时期的一些习俗，为我县苗族所直接继承和保存下来。我县白毛坪乡的水推村有祭“枫神”为病人驱除“鬼疫”的习俗，敬神中装扮“枫神”的人，头上反戴铁三脚撑架，身上倒披着蓑衣，脚穿钉鞋，手持一根上粗下细的木棒，这位令人敬畏的“枫神”就是蚩尤。另外，我县丹口镇仙鹅村自古敬神中，在祭坛上要摆置两个圆圆的鹅卵石，意为仙鹅蛋。而后，又以本地糖厂生产的取名叫仙鹅蛋的糖果替代卵石敬神。此种糖果，20 世纪七八十年代仍然生产。这证明此一习俗源于鸟图腾崇拜。与《山海经 · 大荒南经》所载的“蚩尤所弃其桎梏是为枫木”的传说有关。另外，我县境内大凡古苗寨，宅后大都栽有一丛或数丛高大挺拔的枫树，把这些枫林视为神树，这也与祭祀苗族远祖蚩尤有关。

上述文献记载和民俗资料综合表明，我县苗族来源于“九黎”和尧、舜、禹时期的“三苗”。而同时的“荆蛮”，则是三苗的遗裔，即现今城步苗族的先民。

第二节 族　称

由于不同的历史时期人们对苗族的认识不同，或以不同的文字记音，因而对苗族的称谓也有所不同。

尧、舜时，以武力将“三苗”中的欢兜部落赶往南方，便称这部分苗族为“南蛮”。到商、周两代便用“苗”的名称，如《殷虚书契前编》有“庚辰卜，在苗，贞”的记载;《殷虚书契后编》也有“乙亥……贞，其□衣于亘，遘雨……在苗，鱼”的记述。但对“南蛮”最强盛的部分，则称“荆蛮”。周人除以“荆蛮”称呼建立了国家的楚人外，对一般的苗族先民则谓以“髳”或“髦”。《诗经 · 小雅 · 角弓》有“如蛮如髦”等记述。

到了汉代，大部分苗族都聚居在今湘、鄂、川、黔毗邻地区的武陵郡，他们与聚居在这一地区的其他少数民族一起被统称为“武陵蛮”。自东汉起，多次爆发“武陵蛮”的抗暴斗争。“蛮民”失利之后，便有一批又一批的“蛮民”溯江而上，进入沅江五条主要支流地域，即五溪地区，屯结深山，凭险抗击进剿的官军。据《后汉书 · 应奉传》记载，汉桓帝元嘉元年（151 年），“武陵蛮詹山等四千余人反叛，拘执县令，屯结连年”，凭险抗击汉军征讨。据张雄《中国中南民族史》载，詹山“连年屯结”之地在今武冈、城步县地，说明城步当时已是包括苗族先民在内的“武陵蛮”的活动地方。随着武陵郡的分割，及“蛮民”大量退处武陵地区，“五溪蛮”又代替“武陵蛮”这个名词，或称“武陵五溪蛮”。所谓“五溪”，即沅江的五条支流“雄、樠、无、酉、辰”水。《水经注·沅水》载：“武陵有五溪……蛮夷所居，故谓五溪蛮。”溯沅江而上聚居在雄溪（今巫水）流域的苗族先民的主体是“五溪蛮”的南支“雄溪蛮”。雄溪上游有9条支流，亦称“九溪”，即梅溪、清溪、边溪、城溪、界溪、顺溪、坪溪、辰溪、塔溪。“雄溪蛮”溯江而上，相继屯结于九溪沿岸，“山伐渔猎”。因而城步苗族《酒歌》和《款词》中便有“莫（壮族）古宜龙胜，苗坐九溪阳峒”之说，与郦道元《水经注·沅水》所载的“武陵有五溪……夹溪悉是蛮左所居，故谓此蛮五溪蛮也”相互印证。

三苗之“苗”，自楚而至隋，1000余年的历史上均以“蛮”而记之。唐以后以至今日，复以“苗”称之。“苗”与“蛮”是什么关系呢？其实，“蛮”与“苗”是同一个古老民族在不同时代的不同称谓。“苗”“髳”“帽”“蒙”“瞒”“蛮”古音相通。近现代学者研究表明，“据汉儒说，黄帝所伐之蚩尤即苗酋长……但据《书》尧典、皋陶谟、禹贡、吕刑，皆言苗事至再至三……故以攘之为唯一大业。经累代放逐之后，其族愈窜愈南，至春秋时谓之蛮”。可见春秋战国之后出现的“蛮”，即周以前的“苗”“髳”。从“苗”字形上分析，“苗”指的是经济类型，是一个民族的主业；而“蛮”是指语言，繁体字的蛮写为“蠻”，即说话像鸟叫虫鸣一样，让人十分难懂。《吕氏春秋》载：“蛮夷反舌，殊俗，习异之国”，《左传》载：“衣服不与华同，货币不通，语言不达”。如此等等，均言蛮语难以听懂。由此可见，“蛮”是就民族语言特征而言的。广义上的“苗”与“蛮”指的是同一个民族。历史发展到春秋战国以后，我国长江、黄河下游，都学种植水稻了，在农业生产上南北差异越来越小。禾苗生产不再专以一个民族特征而存于世，随着稻作文化的普及，也就不再把禾苗生产当作一个民族特征来指认。在这时，随着民族交往的日益频繁，语言特征越来越明显地反映出来，因此，华人便把“反舌”“语言不达”的这一部分人，称为“蛮”，同时“衣服冠带、宫室居处、舟车器械，声色滋味皆异”，这是与华夏民族完全不相同的另一个民族。至此，“蛮”完全取代了广义上的“苗”了。其实，古代的“蛮”虽然包括了今天的许多南方少数民族，但就当时主体民族来看还是苗族。

唐末宋初，雄溪地区曾置溪峒徽州，为羁縻州。这一带的苗族先民乘五代中原之乱，据飞山自守，史称“飞山蛮”。据《宋史·蛮夷二》载：“诚徽州，唐溪峒州。宋初，杨氏居之，号十峒首领，以其族姓，散掌州峒。”其辖地在今绥宁、靖州、城步、会同、通道一带。在城步县境，杨再思命其子杨正修为赤水峒酋长，其部族除杨氏外，还有蓝、李、潘、秦、邓等豪族，他们以“再、正、通、光、昌、盛、进”七字为等级，建立封建领主制度。蓝姓始祖蓝昌见与杨氏结盟，立有战功，杨再思令其世守扶城峒（今丹口镇）。此时，还有不少“蛮民”自江西和长江流域及洞庭湖一带先后迁至雄溪流域定居。

至元代，苗族已发展成为巫水流域的主体民族。元朝末年，湘西南一带爆发了吴天保、杨留总领导的苗民起义，起义军先后攻占武冈及辰、沅、叙、靖等州，并乘胜转战湖北。元至正九年（1349年）起义失败后，部分苗军与刘福通领导的农民军会合，部分加入了徐寿辉领导的农民军，还有一部分徙居江淮一带。蓝玉、沐英之祖、父辈因参与了吴天保、杨留总起义，被谪守安徽定远。元至正十六年（1356年），元廷调城步赤水峒苗帅杨通贯率苗兵出师，赴湖北、江浙一带与农民起义军作战，苗兵到江浙后，却受到元人歧视，认为“苗蛮不得使之窥中国”，并设法陷害苗军，杨完者（通贯）等将帅遇害，不少苗军愤然倒戈，投入了反元的农民起义大军，融入江浙一带汉族当中。因元末战乱，此时也有不少城步苗族移居贵州，定居水城。也有的从外地迁入城步，如牛石吴姓苗族就是此时自江西过洞庭湖、上辰沅，经会同、通道至城步定居的。

明代，城步苗族大量外迁。一部分苗兵由宝庆卫指挥胡大海率领，随傅友德、沐英等征戍西南，一部分被征调到贵州西部戍守，有的与当地苗族妇女通婚而落籍，有的则将家属迁入，其后裔留居于今晴隆、普安、郎岱、水城等地，被称为“喇叭苗”。这一时期，城步苗族因反抗明的残暴统治而避居于广西，今龙胜、资源等地的杨、蓝、阳、银、潘苗族就是从城步迁入的。

至明末清初，城步苗族外迁内徙现象仍持续不断。据云南《红河哈尼族彝族自治州民族志》载：清乾隆六年（1741 年）杨清保、粟贤宇苗民大起义失败后，有陶、侯、黄三姓苗民为避祸经贵州松桃迁至红河州的弥勒县定居。“陶”者“逃”也，使其后裔不忘起义失败后的死里“逃”生。这个时期，苗族仍是巫水流域的主体民族。《清史·高宗实录》卷七百九十载：“苗疆各属内，永州府属之江华县，宝庆府属之城步县，沅州府属之芷江县，靖州本州岛暨所属之通道、绥宁县，均属苗疆要区。”清乾隆《靖州志》也记载：“城步、绥宁二县山界毗连，势如合璧。城步民居十之三，苗居十之七。”自此以后，苗族在境内的分布基本趋于定型。

城步苗族之姓氏，在清光绪《城步乡土志》中，只记录了当时五峒地区的杨、蓝、潘、李、龙、银、江、雷、罗、蒋、秦、石、阳、欧阳 14 姓，而把五峒以外的苗族姓氏都视为汉族姓氏未纳入记录之列。杨氏是城步苗族最大的姓氏，素有“城步地，杨半边”之说。民国《湖南各县调查笔记》记载：“城步氏族，以杨姓为最。自杨再思开族于诚、徽，杨完者奋起于忠义，支繁脉衍，几遍全县。”直到新中国成立后，仍保持着苗族杨氏居多的状态。

唐宋以后，“苗”从若干少数民族混称为“蛮”中分离出来，作为一个单一民族的族称见于文献之中，如唐代樊绰著的《蛮书》卷十有“黔、泾、巴、夏四邑苗众”。“……四邑苗众”要求“立边自为一国”，并说明了苗“祖乃盘瓠之后”，“盘瓠皮骨，今在黔中田、雷等家时祀之”，从信仰、崇拜、风俗等民族特点上，找到了苗族要求“立边自为一国”的理由。这是自三苗国灭亡以后第一部以“苗”记载苗族的历史文献。从此，苗族正本清源，以“苗”为族称，自唐而始，通贯宋元明清，及至民国和当今。其间因苗无徭役，又被称为“无徭役的人”，简称“徭人”，与瑶族兄弟同名，史中时而称苗为“徭”，时而又称“夷”为“彝”，但随着苗族的逐步发展和振兴，“苗”作为单一民族的族称已确立，有时甚至成为南方其他一些少数民族在内的泛称和概称。宋代朱辅著的《溪蛮丛笑》也说，“五溪之蛮……今有五：曰苗，曰瑶，曰僚，曰仡伶，曰仡佬。”元明清各代官私著作中有关“苗”的记述，更是比比皆是。

关于城步地区有关“蛮夷”“僚”和“莫瑶”问题，杨亚非、丁中炎先生曾进行过专门的研究。他们认为，城步有“蛮夷”的记载，最早见于干宝所著《亚纪》一书：“武陵、长沙、庐江郡夷，皆盘瓠之后，杂居五溪之内。”《后汉书》称为“长沙武陵蛮”。北魏郦道元《水经注》则称为“五溪蛮”，“谓雄溪、樠溪、沅溪、酉溪、辰溪，悉蛮人所居，故谓五溪蛮”。城步属“五溪”中的雄溪一支。《水经注・资水篇》有“旧传后汉代五溪蛮，蛮保此冈，故曰武冈”的记载，说明东汉时候，雄溪源头的武冈（今城步县地）有“蛮左”居住。据《宋史・蛮夷传》载，到唐宋时，城步地区已经大规模出现了“飞山蛮”。而关于城步出现“僚”的记载，最早见于晋张华《博物志》：“荆州极西南界至蜀，诸民曰僚子。”据柳宗元《武冈铭》载，至唐朝时，城步出现了“蛮僚杂扰”局面。《唐书・邓处纳传》载，唐僖宗光启二年（886 年）还出现了“梅山峒僚断邵州道”的重大事件。《宋史・蛮夷传》载，唐末唐李之乱，“杨僚”据诚、徽二州，据飞山以自守。元明至清“僚”民族内部受外族影响，出现了不同程度的分化，形成了一些新的民族。但“僚”的专称，在城步一直延伸到清朝，如清乾隆《城步续志・长安营图说》载：“周围百余里，接广西界者兴安、义宁、怀远、融四县，皆崇山密箐，僮僚错处。”从清代城步的“僚族”来看，就是近代城步长安一带的“红苗”。而关于城步的“莫徭”一族，最早见于唐朝人所写的著作中。如魏征主撰的《隋书・地理志》载：“长沙郡又杂有夷蜒，名曰莫徭，自云其先祖有功，常免徭役，故此有名。”隋代的长沙郡，包括今城步东北境，属长沙郡邵阳县。此后，“莫徭”由东北向南发展。据文天祥《武冈军学奎文阁记》载，至宋时，“武冈所属三县，悉为徭人所有”。建炎间（1127—1130 年）杨正修“与弟正拱率九十团峒徭人出武冈军”。南宋时，瑶族在城步达到全盛时期。到宋末，由于官军的多次征讨，瑶族大批南迁广西一带，留下来的也多与外来汉人融合，成为“民徭杂处”的局面，一直到现在。至于壮族出现于“五溪”蛮中，最早见于宋人朱辅《溪蛮丛笑》一书，但城步有壮族的记载很晚。清朝乾隆《城步续志》才提到城步与广西邻界之地有“僮僚错处”的情况。

“田”字头上一把“草”——“苗”即最先种田人。苗族早在九黎三苗时期就作出了“五大发明”贡献。盛襄子在其《湖南苗史述略·三苗考》中论述道：“此族（苗族）为中国之古土著民族，曾建国曰三苗。对于中国文化之贡献约有五端：发明农业，奠定中国基础，一也；神道设教，维系中国人心，二也；观察星象，开辟文化园地，三也；制作兵器，汉人用以征伐，四也；订定刑罚，以辅先王礼制，五也”。所谓“九黎三苗”，就是最早以耕耘农田，栽培禾苗，主食大米的部落或群团的总称。这里的“苗”即种田人，“三”表示多数，“三苗”即许许多多靠种植禾苗为生的人们共同体，“苗”即最先种稻田、栽禾苗的人。“苗”源起于苗语对水稻的称呼，“九黎三苗”“苗民”“有苗”等，主要指古代苗族或苗族的先民。

我县苗族先民，于唐末宋初，乘中原五代之乱据飞山自守，号称“飞山蛮”，自称为“猫”。因古代“猫”字与“苗”字通用，城步这一带自称“猫”的民族便在南宋朱熹和朱辅的著作中被称为“苗”了。这就是城步苗族在汉文献中正式族称的由来。

后又根据苗族同胞所穿衣服的颜色，对喜穿青衣的苗族称为“青衣苗”，“青衣苗”是境内苗族人口的多数，主要分布在拦牛、蓬峒等地。喜穿红衣的苗族称为“红苗”，主要分布在横岭峒的牛石、上排、下排等地。喜穿花衣的苗族称为“花苗”，主要分布在扶城、莫宜两峒。青衣苗自称为“猫”，为城步苗族的多数，由于接受汉文化较早，这部分苗族同胞所讲的苗语，有不少汉语的中古音。

“红苗”人数不多，约2000人，居住在县西南长安营乡的上排、下排和长兴三个村寨，自称为“班拉”，语言近似苗族语支的东部方言。“花苗”人数很少，分布在县南郊及丹口镇等地，自称“仡雄”，语言为“青衣苗”语。“红苗”系骆越与濮越先民的后裔，“青衣苗”和“过山瑶”系杨越与骆越的结合体，苗瑶均崇拜“盘瓠”，故有“苗瑶同俗”之说。

由于“苗”的名称历史悠久，且为苗族人民普遍接受，故解放后根据广大苗族同胞的自愿，将族称统一称为苗族。城步苗族使用的语言比较

至今留存在长安营镇的城步古苗文字实物

复杂。县境清溪以北地区的苗族基本上操汉语，大部分属老湘语系统，较多地保留湘语的特点。长安营牛石（包括上排、下排等村）的苗族所操的苗语，自称“坝哪”话，属汉藏语系苗瑶语族苗语支，比较接近黔东方言（即中部方言），与布努语支亦有不少相同之处，但已受汉语较深的影响。城步中部、南部苗族所操的苗语，内含不少古汉语的上古音和中古音，和古楚语亦有较深的渊源，也有苗语支的某些遗存成分。与牛石苗语不能通话，和城步汉语方言差异也很大，相互不能通话。这种苗语俗称“平语”，著名苗语专家王辅世著的《苗语简志》称之为：“在湖南城步、绥宁和广西龙胜、资源有一部分苗族，操一种与当地汉语不同的汉语。”中国社会科学院语言学博士李蓝全面考察城步、绥宁的苗族语言，通过记音分析后，称其为“苗族汉语”。这种苗语的内部差异也较大，以城步苗族自治县五团、兰蓉、羊石和绥宁县关峡为中心自然形成 4 个土语群，4 个土语群之间大体能通话。毗连城步南部的广西龙胜、资源县的苗语也能与其基本相通。

城步现今苗、侗、瑶等族的族别在历史上出现过较大的更改，据《宋史·少诚、徽州蛮传》载，宋朝熙宁年间，曾有不少土司、头人“原罢进奉，出租赋为汉民”。据《蓝氏族谱》载，到明朝弘治十七年（1504年）置城步县时，除横岭、扶城、莫宜、蓬峒、拦牛等五峒四十八寨，“耆老合从商议莫丈入里地，宁可守旧当峒地为峒民”之处，其余八处峒、图、都及“所人”（指非汉籍的千户所）皆“丈地则化为汉民”。明末顾炎武《肇域志》中记载：城步“民有三：一曰居民，在安化、石井、赤水；二曰徭民，在城步大水；三曰苗民，在五峒四十八寨”。解放后，1956年成立城步苗族自治县之后，按照民族意愿，原来改称汉族的同胞，逐步恢复了本来的苗族成分。①

第三节　迁　　徙

苗族现在主要分布在贵州、湖南、云南、四川、广西、湖北、海南等七省（区）。此外，有一部分已先后移居越南、老挝、泰国等东南亚国家及欧美诸国。苗族的这种分布状况，是自古以来不断迁徙的结果。迁徙，是苗族历史上的一个突出现象。苗族历史上共经过五次大迁徙。

各地苗族世代相传，蚩尤是自己的远祖英雄。据文献资料记载，蚩尤部落集团原生活于我国东部黄河下游和长江下游之间的平原地带，曾同于甘陕黄土高原东下的炎黄集团发生激烈战争。后蚩尤战败被杀，其部落集团被迫离开东部平原，向西南徙入长江中游地区，并形成以“三苗”见称于史册的新的部落集团。这是苗族先民的第一次大迁徙。

生活在左洞庭、右彭蠡的“三苗”又逐步强盛起来，同尧、舜、禹为首的华夏集团发生冲突。经尧、舜、禹三代的不断“征伐”，“窜三苗于三危”，“分北三苗”，包括苗族先民在内的“三苗”集团被分化瓦解。继之，是西周对“荆蛮”的多次用兵和楚国势力的扩展。苗族先民大部分被迫离

① 杨亚非、丁中炎：《城步苗族源流探讨》，《城步文史》第二辑，1990年版。

开江湖平原，向西南山区迁徙，进入武陵、五溪地区。这是苗族历史上的第二次大迁徙。

秦汉至唐宋时期，是苗族第三次大迁徙的时期。这一时期，苗族的主要流向，是从武陵、五溪地区向西、向南迁徙。向西进入川南和贵州大部分地区，有的经川南和黔西北进入云南；向南进入湘西南和广西，有的又由桂北进入黔南。

元、明和清前期是苗族大迁徙的第四个阶段。这一时期，由于战乱和天灾等原因，苗族继续从武陵、五溪地区迁入贵州、广西，并由贵州、广西及川南经过不同路线进入云南。

清雍乾至咸同年间，苗族进行了历史上最后一次大迁徙运动。其迁徙的基本流向，是武陵、五溪地区苗族继续迁往贵州、广西等地，贵州苗族则大量进入云南各地，并经云南徙入越南、老挝和泰国。至此，苗族历史上的大迁徙运动基本结束。以后虽然还有所流动，特别是向国外迁徙的还不少，但近代以来苗族分布的格局已经形成。

城步苗族是何时迁入的呢？纵观各种史料，城步苗族应是第三次大迁徙时迁入城步的。城步《蓝氏墨谱》、城步“苗族酒歌”和城步古傩戏脚本等史料，都有城步苗族大迁徙的记载，这是其一。其二，蓝、李、潘、秦、刘、杨等姓民众来到城步时，此地大部分土地是处女地，未曾开发，故蓝氏墨谱有插标为记的文字记载：标头向东各寻东，向南各寻南，向西各寻西，向北各寻北……其三，沅江主支流之雄溪，源于我县巫山，故雄溪在我县名巫水。巫水沿岸，居住者乃陈、吴、李、邬、蓝、肖等姓黎民。陈姓由西岩镇沙洲陈家发派而来（见陈氏谱序），吴姓乃西岩镇花桥吴家发派而来（见吴氏谱序），李姓乃绥宁关峡苗族乡的花园角发派而来（见绥宁关峡李氏谱序），邬、蓝姓见蓝氏墨谱，肖姓乃西岩镇上五界发派而来（见肖氏谱序）。

除此之外，城步古为骆越人所居，秦始皇征岭南时，由于秦王朝对城步用兵，致使大部分骆越人被迫南迁，少部分仍然留居城步。这部分骆越民族通过民族融合，一部分演变成侗民族，另一部分演变成为苗民族。

自北宋以来，随着“飞山蛮”和“梅山蛮”“南江诸州蛮”的逐步归附赵宋王朝，汉族对当地民族的鉴别更为细致。到南宋时，包括城步在内的湘西南一带，除僚徭外，还出现了苗、壮、仡佬等民族的专称。据《朱文公集》卷七十一载，绍兴五年（1135 年），当时任荆湖路安抚使兼知潭州的朱喜给皇帝的奏疏中特别提到苗族是“五溪蛮”中最轻捷者，“近年……边患多出于苗”。到元朝时，城步的苗族便成为县境的主体民族。据《明史·邓愈传》和《杨氏族谱》载，赤水寨的杨完者（真名杨通贯）曾率苗军活动于湖南、湖北及江浙一带，历经“杭州之变”后苗军瓦解，有的落籍江浙，有的降于明初宁河王邓愈军中，转战江南及西北大片疆土。而居住在城步本土的苗族，由于反动统治阶级的民族歧视和民族压迫政策的结果，不少苗族向广西和云贵一带迁徙。如《湖南通志·名宦·阮玉堂传》中记载，清乾隆五年（1740 年），杨清保起义失败后，城步就有“苗党八百户退据南岭乞降”。①

进入城步苗族聚居区的苗民，由于战争、征戍以及经济等原因，逐渐向贵州、广西、江浙和安徽等省区迁徙，进而向川、滇及东南亚迁徙。如广西资源、龙胜的苗族以及融水苗族的一支，则是从城步蓬峒迁徙去的。元朝末季城步爆发了连绵多年的反元斗争，战争失败后，曾向外省、外地逃避，明朝开国元勋沐英、蓝玉就是童年时代随父母外徙安徽的。明洪武十四年，蓝玉、沐英佐傅友德远征云南，当时城步苗族随军远征的甚多，他们屯军毕节、安顺一带，定居下来，至今当地苗族的《路途歌》，还保留着从宝庆随军迁黔的经过。贵州晴隆、安顺、六枝、六盘水的“喇叭苗”，则是明时随胡大海前往贵州西部戍边迁徙去的。北京市郊区一村庄的苗族同胞，其祖籍也在城步。

云南、四川的苗族，大部分是从贵州迁徙去的；而海南岛的苗族系广西苗兵戍边迁徙去的，然后定居繁衍。故每年清明节，城步儒林镇大竹坪村的杨氏祖茔——竹枝扫坟台，有贵州、四川、云南、海南之杨姓苗族，千里迢迢前来祭扫，寻宗访祖。1986 年冬，杨尚昆的堂兄，拿着与杨尚昆的合影，专程从四川来到我县原资源乡水东村寻宗访祖，便是最好

① 杨亚非、丁中炎:《城步苗族源流初探》,《城步文史》第二辑，1990 年版。

的印证。

关于城步的民族流源，在苗族古歌中多有陈述。由银龙先生整理出版的《城步苗款》，专门开设了一章《民族源流》，对城步苗族的源流作了详细叙述，尤其对杨、蓝、银、龙、阳等大姓氏族的来龙去脉作了交代。款词说："初初年间，老苗怕生苗，生苗住老苗，去了云南，过了四川，去了湖西，人往高山，水流低处。一盘天心挂良，二盘地心雨落，三盘同戈五魁，四盘大二黄土，五盘上拦牛，六盘下坪水，七盘石村慢塘，八盘十塘横岭，九盘九溪阳峒。"也就是说，城步"五溪蛮"刚到城步的时候，这里原住着人数不多的土著人——"老苗"，这些"老苗"人数少，他们怕人多势众的"新苗"，只好搬走了，分别去了云南、贵州和四川、广西。也有的"老苗"没有搬迁，他们和"新苗"和睦相处，并互通有无，互通婚姻，结成了亲戚关系，组成了民族大家庭。

关于杨氏一姓开发城步的源流，"苗款"有此叙述："先说杨氏一族……掌（长）出杨王天子，带动十二周杨，十二周姓，杨家九将，十亲百将……落进城步大洲真良桥坪……杨家九将入上宅，十亲百将入下宅。上入塔底不落，落入野鸡宅。杨家九将入宅住一年，所生暗天、进正，还有满天、进银……第三年所生所沙、进祥，杨家州第一生杨文广，第二生杨再兴，第三生统天和，第四生统地和。分界为定，星子为界。黑牛过江，白牛破捧桥上过。……暗天、进正、满天、进银，四人同行一路，骑马过江，上在峒头，先在峒头界上打一望，望下桥头横水好个凼，进入桥头横水，汀坪蓬峒。杨家入地杨君杂、杨晚补，上岩入地杨晚田，下岩入地杨盛华，汀坪入地杨领，潘底入地杨所沙，新寨入地满天、君全，斋坪入地晚统，暖水入地进银、晚门，杨通和入地高坪大地，杨通哥入地长滩屡（内）里，杨盛满入地高桥河洞，阿岩入地杨通升，钱石入地杨通坪，前坪入地杨富年，江头入地杨六洞，坳头入地杨卯其，杨晚富入地锣鼓田，杨盛仁入地芙蓉，长安进地杨总庆，都温独树进地杨再兴，上拦牛进地阳昌合，下拦牛进地杨富贵，朝分夜开源头杨三千，上坪水进地杨恭俄，下坪水进地杨扬刀，辰溪蜡屋进地杨秀才，边溪进地杨魁甫，水银坪进地杨哑古，三里三寨进地杨龙甫，牛头洞头进地杨晚甫，羊角寨进地杨晚朝，小洞进地杨青甫，石排进地杨定期，上排进地杨岁正……”[①]

大意为，杨家在历史上的开国皇帝为隋帝杨坚，他的后代有许多公侯将领，飞山令公杨再思即是其一，他带领所辖十二州的杨姓九将和亲戚将领百余名，携家眷亲属，放弃原籍，离别家乡，去新的地方创业建国。他们不去别的地方，落入城步大州真良（又名京凉）坪（今茅坪镇金塔村），见这里山清水秀，地方宽阔，景色迷人，好习练兵马，就在这里停下来安营扎寨。杨家九将住在土地肥沃的好地方，其他姓氏的人住在山区。从第二年起，杨家九将陆续诞生出了暗天、进正、满天、进银、所沙、进祥……杨再思支系后来生出四个能干人，即杨文广、杨再兴、统天和、统地和。随着人口的发展和思想各异，杨家和其他姓氏的人口分地各过，杨再思的十个儿子也各居一处，成为十峒首领，其管辖范围，以星子为界（即用竹片插标），各自发展。各姓氏有不愿意到所指分的地方去的，可自由选择地方。这样，暗天、进正、满天、进银四支人马同行，涉过巫水河向南进发，杨君全、杨晚补最先落脚在横水、桥头定居，杨领在汀坪落户，杨进金、杨进天在大沙州隘背底（今汀坪乡糁子坪村）落户，暗天、进正、满天、进银在蓬峒新寨、潘头（今内里村）定居开发，杨所沙在潘底（今长滩村）定居开发，阳晚统在斋坪（今横路口村）开发，杨进银、杨晚门在暖水（今团心寨村）定居，其余人马进入广西资源、龙胜、灵川等地定居开发。满天、进银这支人马的儿孙辈有都藤、寿年（哑巴）、晚天、晚门、晚朝、晚统、朝晚、再晚等，他们分别开发出了杨梅坪、团粮坪、温塘坪、江头司、长安坪和拦牛八寨等地。而杨氏的所沙、进祥这队人马往西南进发，分别定居在上边溪、下边溪、莫宜峒、横岭峒等地。这段“苗款”叙述了从五代后梁太祖开平四年（910 年）至宋高宗建炎元年（1127 年）期间，杨氏一族三支人马（即暗天、进正一支，满天、进银一支和所沙、进祥一支）来到城步开天立地、建府立衙、成家立业的情况。

关于蓝姓，《城步苗款》有如下叙述：“蓝氏一姓，出落金（荆）州。当初蓝昌富、蓝光晋，先在白里冷水……上开坪头，下开坪尾，开出大竹

① 银龙整理译注：《城步苗款》，岳麓书社 2004 年版，第 52–66 页。

坪、竹丝洞、婆阳河大地，开出三万七千亩。官法坐近，苗法坐远，六局山头装香，三千三百沉江渡，渡船、补河孝神，三千三百守佛白蓼洲，三千三百小菜送京凉，三千三百抄纸靖州，三千三百绥宁造扇，三千三百打肉过山……共转扶城丹口大峒，蓝双里、晚里、管里，三兄弟分界，分界为定，星竹签子为界。蓝双里和蓝正海落入梅里，蓝双里住在大水界头，把住文官差人，不要入峒打飞天油火。蓝管理坐在扶城丹口，把倒毛田一条路，不准进峒骚乱地方。蓝晚里落入岩头寨，把倒毛田一条山路……背底四个，正进、补会分界。八十里南山，九十里暗步，十万田溪头，落入长安横岭……落入巡头九十，落入田心安身……四个落入江底，四个落入平底……落入岩寨滕坪”。①

大意是蓝氏一姓，原籍荆州。当初来城步的蓝昌富（应是蓝昌见）、蓝先晋人马，先在白蓼洲、冷水坪落居，后来逐渐开坪开地，开出了大竹坪、竹丝洞和巫水河两岸土地，总面积达三万七千穳田，相当于现在三千七百亩田。但有六处山头要装香纳贡，即京凉、绥宁、靖州三处官府要上交粮食，城步也有三处要纳粮朝贡，这六处地方是沉江渡码头、白蓼洲寺庙、京凉杨再思将军府、靖州官府、绥宁官府五处各三千三百穳，还有三千三百穳用于打猎，保护生产。随着蓝氏人口不断增加，他们逐渐向扶城（今丹口）方向发展，蓝正海把守梅田里（今丹口镇水头村），蓝双里把守大水界（今云雾岭），蓝管里把守丹口，蓝晚里进驻岩头寨。还有蓝正进、社会、富田、扬田等人，有的去了八十里南山，有的去了九十里暗步（今广西陈田一带），有的进居十万田溪田（今丹口柳寨、双龙），还有的去了长安横岭、小江陈田、半岭巡头以及莫宜、蓬峒和江底一带落户。

关于银姓及李、罗、雷氏，《城步苗款》记叙：“银氏一姓，出于蒙燕。太祖皇帝庚申年间，七婆杨，八婆银，九婆蓝，三姓合一本。银家银把总，出荆州来到城步，先在长沙宝庆南路庙背溪，后来到城步真良桥头坪，打坐三十年，养出四个崽七个婆……高宗绍兴庚戌年，杨晚补停落边溪，蓝里、蓝见落入扶城丹口，银魁瑞落居桃林木杉冲，良田千穳，粟产千管。

① 银龙整理译注：《城步苗款》，岳麓书社 2004 年版，第 66–73 页。

银中补上门楼坳，起身过里，转身过界，三百钩刀，四百斧锄，上去砍开门楼坳，下来砍开洋河溪，砍开三条正大路。出长安横岭，银角三田。银中补进连洋冲，打住一年，走到洋弯界头打一望，望下巡头是个凼，高坡开田，竹窝开园，巡头陋冲，银总家家发糯米。银聪养出白乘才后胜，养出黑皮才仲秋，银富样养出洛才，银仲秋又养出南才，银富有养出来才，银后胜养出大虎，银龙会养出银定、金刀，落入芙蓉，落入大冲，落入大云，落入独江烟水，落入龙胜都乃，落入山家，落入张冷菜坪。……兄弟分地方，分界为定，星子为界。吃鱼头坐冲头，吃鱼腰坐冲腰，吃鱼尾坐冲尾。横水花头银苟李，吃着鱼尾坐三寨，银田补吃着鱼腰落入都温，银金刀吃着鱼头落入滕坪。江头进地银禾，得上木懂江路底，银晚补在巡头，银第落入龙门水口，洋弯潘寨进地银晚仁，伟江周水进地银管里，大云大弯进地银禾洞，马堤泗水进地银定，张家进地银样富，上洞蜡里入地银子田，下洞银富贵，平等空寨进地银大龙和银小龙，巡头进地银中补。庚子辛丑银龙会、龙通天，还有李通洞进入芙蓉三寨，银厚胜子贞元年进入山家五排，坳头八排进地银仲伙，拦牛八寨进地银富有，龙塘大寨进入罗潘和大里，雷门江头源头水，进入雷君九、罗潘里，银雷通进入神坛大寨，养出富同、富聪、富兴、富明……”①

关于龙氏在城步的开发进地情况，《城步苗款》有载：“龙氏一姓进地，出身有图，落身有步。乾道天字王有龙子贵、龙子易是浆坳头，停兵歇马，停马歇兵，其造八十里南山，九十里暗步。先出长安横岭，有的时年三仓胞起，有的时年断火烟。造出水江平水，造入龙七，造出上羊岭、下羊岭。落入巡头龙可就，下一刀背岩子坪。落入三寨大芙蓉龙通天，李通洞落入苦李弯，金禾、李禾……背底水入地龙修曰，修曰养出大师公，大师公分上茶兜三百三十，龙攒公和龙会老分下茶兜三百三十……走进恒州初水，两兄弟养出再亥、再样、再禾、野妹、野甲。有富养出主家，留再亥在大坳头，有改田把做嫁庄（即庄稼），野弟耳禾占地，粟产上畲。大坳头下边有段把一弟，把当差纳粮。当门顶屋，地夫送担。是龙氏一姓，

① 银龙整理译注：《城步苗款》，岳麓书社 2004 年版，第 73–80 页。

五团镇巡头古苗寨

公爷一出，明月一落。”意为龙氏一姓是乾道天子年间（1165—1174年），有龙子贵、龙子易二人为首，率人马到浆坳头，停养了解情况，因为已有人在这里开发居住，他们又率领兵马经横岭进入南山，并将南山的小江、平水、龙七、上羊岭、下羊岭等地开发出来，这些地方开始几年还可以，收成不错，玉米包得起，其他作物也有出产。后来就不行了，十年只有三仓的收入，有的由于山高气温低，收成很差，十年九不收，断了火烟，人们不得不往海拔低的地方迁徙，于是迁往五团方向。龙可下到巡头落居，龙修曰、龙会老、龙攒公、龙攒高等人前往刀背冲定居，龙通天落户芙蓉山寨，李通洞落户苦李弯，龙金禾、龙李禾落户鱼冈。后原来在此定居的一些本地苗人被赶到贵州、四川去了。龙修曰的儿子张良会祛邪弄鬼之术，人称大师公，他提出对未开发的土地以插竹签为界进行开发管理，谁开谁有，谁种谁收，互不侵犯，得到了众人的响应。大师公分得上面的土地，龙会老分得下面的土地。后来因牲畜管不好践踏庄稼而闹矛盾，相处困难，双方商定射靶比武决定居留权，胜者居住原地，负者迁往他乡，田地畲土所有权不得带走。于是请龙攒高为证人，在大门底树靶，各射三箭和各放三飞刀，刀箭均能从铜钱眼穿过者为胜，结果龙会老败阵，自动退出刀背冲，迁往恒州、初水开发定居。后来又将大坳头开发出来，把其给一弟，用于当差纳粮，承顶门户，给官府做脚夫送担子。龙氏一族自此成为落户城步和广西的始祖。①

而关于城步阳姓及其他姓氏的开发落居情况，《城步苗款》记载如下：

阳氏一姓
京凉桥上过木易杨，
阝易阳桥底当水过，
丫叉羊从岩上过，
岩上过落落岩寨。
阳家住了城步大州，
清溪进地阳富脚，
白蓼洲入地阳君霞，
兰昌合，杨昌正，
我落岩公，
大的有丁，
小的有分。
落上桃林金宝大殿，
下桃林歇马轿停，
金丘大桐种秧，
银峒大丘种糯，
男人吃了颠茶赖酒，
空下付龙王寺不坐，
坐在龙塘湾，
乐死下府龙王，
床底下生出根乌笋壳，

① 银龙整理译注：《城步苗款》，岳麓书社2004年版，第80-84页。

刀来砍不断，
斧来剁不烂，
翻了四十八个口，
走出田总阳盛龙，
得了桃林金宝大殿……

坳头入地阳君散，
长安横岭阳总卿，
江头阳六峒，
暖水上寨阳君才，
下寨阳子散……
石牌小尚阳总仓，
广西堂上阳太一、阳太二……
拦牛八寨，
马鞍寨，
罗补圣、银四保、阳盛祥，
白地阳再头，
落岩阳三蔸、三第，
石塘阳盛稳，
半刀阳盛才，
杨寨寨阳七敬、阳光林，
圳头冲阳大糯、阳光富，
里市黑皮阳光伦，
洛岩弩丹黄子才、黄子辉，
八峒阳正元。[①]

关于阳姓一族前来城步落地开发的情况，民间传说早在五代十国年

① 银龙整理译注:《城步苗款》，岳麓书社 2004 年版，第 84–89 页。

间，阳氏一姓大小人口，随杨再思为首的十二州杨姓和其他姓一起来到城步京凉落住下来，由于人多，过桥拥挤，木易杨从桥上过，阝易阳因水浅就从水里过，丫叉羊就从岩上跳过去。此后，阳氏有的定居在城步大州（今清溪、冷水坪一带），有的定居在白蓼洲、洛岩寨一带。后来阳姓人口发展多了，又有阳氏往西南迁徙，从界背水一带往上水、小水、桃林迁居。到了天顺年间，阳姓晚辈继续往西南迁徙，其中阳君散进入坳头开发创业，阳总卿进入横岭创业，阳六峒进入江头一带创业，阳君才进入暖水上寨开发创业，阳子散进入下寨一带定居，阳总仓进入石牌小尚定居，阳太一、阳太二兄弟进入广西定居，罗补圣、银四保、阳盛祥等人进入拦牛八寨和马鞍寨定居，阳桥宝、阳再美进入东寨开发，阳再头落户白地，阳三苑、阳三地落户洛岩寨，阳盛稳落户石塘，阳盛才落户半刀，阳七敬、阳光林落户杨家寨，阳大糯、阳光富落户圳头，阳光伦落户里市，黄子牙落户洛岩寨，黄子辉落户弩丹，阳正元落户八峒。

有进入城步开发创业的，也有从城步迁徙广西等地的，《城步苗款》对此也有专门记叙：

化起千，师传：
不说开天辟地，
不说开府衙门，
火烧眉毛说出源。
草王皇帝良心野，
赶了苗人怕归家。
通通来到鹅颈大丘，
四十八个田坝口，
八十四条冷水圳，
草王皇帝带兵到，
看见老百姓，
杀死不留情。
张妹有个前娘子，

她做后娘好良心，
太白仙人看见心里痛，
他今下来救凡人，
接着张妹问一句，
如何大孩背上背，
小的手里拉着行?
张妹回言四句话，
大孩无人来管理，
小孩是我亲身生。
太白仙人心叫好，
你们一起到旗心。
苗王反戈头，
联合广东广西杨胎一，
湖南江西杨胎二，
三个反头两姓人，
苗人几族老百姓，
丢了江西十二府，
丢了鹅颈大丘头，
人行不到，
鸟飞不过，
千里起仓，
万里起屋，
不得丰收齐熟，
不得五谷全收，
也有三千三百栋禾田，
二万七千豆角田，
三千三百买菜田，
二万七千装香田，
丢了杀猪石、破猪石。

杨王带动十二州杨，
十二州姓，
十二路人马，
十二龙狗过江，
沙罗坡头来，
武冈州头来，
捉鱼随江上，
爬山过界，
遇山打猎，
阝易阳桥下过，
木易杨桥上过，
去进靖州飞山寨，
头十天打不动，
后十天打不成，
转往真塔真良桥头坪，
巧的用计，哑的用力，
上去打倒铜鼓锁，
下来打乱铁扇门，
寨头杀了龙杨公，
不得龙杨孙，
寨尾杀了龙杨妻，
不得龙杨娘，
得了金花小姐、银花小姐。
……
苗公转往土桥京凉，
城步大州，
扶城莫宜，
丁坪暖水，
杨蓝银李张，

吴曾龙江阳，
安名叫作十所苗，
开立白蓼洲，
开立大竹坪，
开立红沙洲，
转立丁坪，
得立起三十六丘棋盘田，
枪枪杀落棋盘田，
就叫作丁坪，
开立巡头木瓜，
开立腊里滕坪，
开立扶城丹口，
千年成地方，
万年不要迁。
江头进地蓝支干、蓝支汤，
滕坪进地石斋、蓝再龙、蓝再虎，
花岩进地同令，
浪洼进地富乐和木通，
木瓜进地才兴、才富、才祥，
巡头进地光显。
一合张家张卯银，
二合银家银总田，
三合蓝家蓝大将，
接起龙角一对、虎尾一双，
上去砍开门楼坳，
下来砍开养牛坪
……
苗公杨家保、李福正、张天志、
银务福、阳根保、杨信珍、

李再祥、吴之义、韦金银、
冯马王、匡六保、曾源银，
天顺苗公十所人，
放落城步入广西，
毛寨一府杨过街，
马堤二府杨统和，
泗水三府杨晚婆，
横水进地李补安，
新寨进地李文师、李文祥，
坳头进地上白岩阳通明、通从，
下白岩沙公领了十石财，
沙婆领了十二石水，
坳头八排是杨卯其分支发叶，
满地散星。

芙蓉井水进地，
龙家龙通天，
李家李通洞，
尤家尤麻林，
桂家桂沈门，
何家何盖世、何子衣，
杨家杨春。
桥头进地杨晚补，
牛头进地苏老二，
马头进地牙尺、孔进田、孔进和，
三百冲进地金发、金银，
马堤峒进地守忠、金正崇，
张家进地张同子、黑子张。
茶林进地吴三总管，

三府岩底进地再哥，
周家白篾，
上周周步鸦，
下周周步龙，
孟山进地粟金得，
潘内进地韦金银，
深坑进地蓝支府，支邑，
滚弦篾罗进地尤苏界，
寨陇进地本能，
平寨进地杨通进，
子补、通昌进地白竹金竹，
杨昌永进地畲林，
何定田进地老寨包，
丑哥杨通定进地坪潭，
杨卯领、杨进辉进地冲里，
满哥、昌通进地石江，
天顺、石龙落进茶林岩底。

龙胜进地粟金苟，
都乃进地韦子伸，
瓢里进地羊叉哉、包田、包大木，
小江平木进地雷田通，
地灵进地杨进龙、杨进才，
平甫进地斗江，
李舍、石第进地沙宜古宜，
杨昌岗进地江口，
李蒙、通进入岩坪，
曾玉佰进地百切大深坑，
黑山阿山进地杨盛田、盛总，

三哥、四哥进入雷公寨，
广南进地兰滚满、苗野吉，
陈田进地苏老二，
牛流进地雷田富，
太平塘进地蓝支富、蓝再田，
陈江周水水进地，
陈家陈和向、仪家戴富龙进地，
蒙家蒙正枸进地，
小江桥水吴通鼓进地。

长滩进地苏和、苏岿，
洋弯进地岭上龙卯富，
田仁底进地田祥四、阳有信，
阳家进了年补阳进禾、鹅补杨正石，
曾家进地曾南余、曾南通，
牛樠进地石通、排样、样富、凤昌、中盛、排田、排昌，
祖崇山进地杨盛富、科太和盛龙，
牛领进地蓝再贵，
周水进地鹅苟、光兴、保领、杨昌和，
杨满哥、杨昌寿进布陇，
杨补和杨昌兴进李木，
衙林、四挥进大云大弯，
上冲进地老曾，
下冲进地老陆，
老寨进地龙坝，蓝家蓝大田，
蒙进安进地桥果溪，
冲峒进地卿哥、卿富，
再银进地潘家，
布陇进地何定通，

朱岭分了两个进大云大弯。

上从没见过吾王，
李木江口龙角一对，虎尾一双，
左边得青龙，
右边得白虎，
伟江龙果就养出七名，
昌子养出八个，
子辉、张得洛、张斗、李祝清、李斗。
分支发叶，
满地是星。
威刀昌富，
百合开花。
心头大包系，
尺网棱头走落，
小江坪木傍日，
上楼通通田，
下楼田田富。
潭底千义进滩头，
七姓人丁共坐，
八姓人口共唱。
九莵茶叶共一江，
烂禾盛甫立起横岭，
慢生盖盛葱、乔丰、乔布立起甘寨成一峒，
罗国立起高寨，
杨才立起上洋弯，
田才立起下洋弯，
进龙进才立起地灵，
古老立起冲峒，

昌百立起广南大冲，
李舍、石第立起沙宣古宜，
交界之地，
岩坪龙口，
平甫立起斗江。
龙胜难底十百八石密，
十百蒙上五峒大冲，
江水是桑江七十二，
不是湖南四十八，
有八个天顺年进落桑江七十二，
子定元年进地委，
天顺同土进地，
舡深踏蜡曾入百切大深坑。
周家白篾，
周白甲多，
小江桥水，
四样三溪三冲，
石牌水峒，
踏子寨金从银从，
头飞从龙虎，
张家张兰顾义细，
石底去塘，
去乡落岭。
八团八满，
是桑江七十二团，
开天进地，
开府衙门，
日日记起难得记，
花花浪浪风不起，

长长短短接不好，
老少听人莫冷心。[1]

这段苗款的大意为城步苗族先祖原来不住在城步这个地方，住在远处，因草王皇帝良心坏，被他赶了出来。于是一路南移，来到一个叫鹅颈大丘的宽阔之处，但草王皇帝仍不放过，又派人带兵来镇压，逢人便杀，毫不留情。太白仙人见此情景于心不忍，便化为凡人下界搭救，路遇一个名叫张妹的苗妇带着两个小孩逃走，将大孩子背在身上，将小孩子拉着走路，太白仙人不解，问张妹缘由，张回答说，大孩子的母亲已亡故，无人疼爱，我背他走，小孩子是我亲生，有娘疼他，就拉着他走。太白仙人被张妹的善良感动，便举起一面大旗，叫落难的苗人统统走到旗下避难。苗人终于躲过这场浩劫。

后唐时期，朱温篡夺王位，引起苗王（实际是指湖南节度使马殷）反对，宣布独立，建立楚国，自立楚王，并分封韶州刺史杨居忠之长子杨再思统辖湘西南、桂东北之广大区域，建立苗蛮联盟。到了开平年间，以杨再思为首的人马平了飞山南林寨后，便在这里定居下来，开荒造田，成家立业。之后人口有了发展，他们中的一部分又迁徙到城步来了，有的在土桥安寨，有的在清溪、大竹坪、白蓼洲安居，有的往拦牛、丁坪、平林和莫宜峒开发。当时有十个姓氏的人口较多，叫十所苗，他们开发了很多地方，如白蓼洲、大竹坪、巡头、木瓜、腊里、滕坪、扶城、丹口、红沙洲、丁坪等地。

到了明代初期，蓝支千、蓝支汤等人进入江头落户定居，石斋、蓝再龙、蓝再虎进入滕坪开发，舒同令进入花岩（广西龙胜芙蓉村）开发，苏富东、苏木通进入浪娃（龙胜张家村）开发，杨光显进入巡头开发。这些后来者与先前在城步开发定居的张卯银、银总田、蓝大将等头人合作，接起了龙头龙尾，共同开发城步。

天顺年间（1214 年），苗公杨富保等人离开城步，进入广西开发落

[1] 银龙整理译注:《城步苗款》，岳麓书社 2004 年版，第 89–100 页。

修建于宋初的城步大竹坪古苗寨

户，其中杨富保入地毛寨（今五团）、杨统和入地龙胜马蹄、杨晚婆入地龙胜泗水，李补安入地龙胜横水，李文师、李文祥入地新寨（今五团），阳通明、阳通丛、阳有明、阳有崇分别入地龙胜上白岩和下白岩……

苗款中还详细介绍了城步苗族中进入龙胜马蹄、伟江、平等和泗水等地开发的其他姓氏。

龙胜伟江乡的李木江口生有龙角一对，虎尾一双，左有青龙山，右有白虎山，龙脉生得好，是块宝地。来此居地开发的生有龙果、杨昌择等都养出了七八个能干人，后来他们又分支发展，到处都有他们的子孙。迁到广西各地落户的城步苗族，像百合花一样，一而十，十而百，全都昌盛富裕，他们像蜘蛛织网一样，每山每地，每水每溪，全面开发，梯田层叠，气派壮观。苗公入地，就像青鱼上滩一样，不分姓氏，不分彼此，七姓人丁，八姓人口，共同开发一个区域，有饭同吃，有歌同唱，他们齐心协力，立起了各地的寨团，开发出了龙胜、桑江这些美丽富饶的地方。

城步是苗族母地即苗族发祥地之一。广西学者吴忠军在湖南省第二届苗学研讨会的学术论文《城步支苗族》云：城步支苗族主要分布在湖南、广西、贵州三省（区），人口约 50 万，城步苗族自治县 12.3 万人……绥宁县 17.69 万……新宁县的黄金、麻林等乡 2 万多人，登记为瑶族，其语言是讲城步的苗话；靖州侗族苗族自治县 1 万余人，广西龙胜 2.4 万人……资源县 2.65 万人……兴安县 6000 余人。以上各县苗族，在历史上被称为“青衣苗”。贵州省黔西南有两个聚居区，一是晴隆县中营区的鲁打、中云、长流、花贡、纳屯等乡，普安县的丫口、龙哈等地，两县的交连地带形成聚居区，人口约 4.5 万人；另一个是六盘水市的六枝、水城、盘县三个特区交界毗连的地带，4 万余人。这 8.5 万余人，旧时被称为“湖广人”和“喇叭苗”，是明朝洪武年间由湖南城步迁来的。另外在贵州东部的天柱、锦屏等县有 2 万余人，历史上称为“酸汤苗”，亦操城步苗语。

原城步党校副校长赵益兴（汉族）在湖南省第二届苗学研讨会的学术论文《浅谈贵州“喇叭苗”与湖南城步苗族》中云：贵州晴隆、普安、朗岱、水城等地的“喇叭人”，就是明洪武年间，被征调的湖南城步苗族在此地落籍戍守，世代繁衍的后裔。“喇叭人”今称为“喇叭苗”。据晴隆等县“喇叭人”的家谱所载，他们原籍是湖广宝庆府武冈州（当时城步隶属武冈州）人氏。明洪武十四年（1381 年）以三丁抽一、五丁抽二的方式被征调参加傅友德、蓝玉、沐英所统率的征滇大军，乃宝庆卫指挥胡大海麾下，屯军落籍戍守，世代繁衍至今……《明史 · 傅友德传》载：“其年秋（指洪武十四年九月）充征云南，至湖广，分道都督胡大海等将兵五万由永宁趋乌撒，而自帅大军由辰、源趋贵州，克普宁、普安，降诸苗。”民国十五年，即 1926 年，易荣黔所著《普安县志 · 苗蛮志》述：“湖广兵不思还乡，赘苗妇以为室。”赘苗妇为室，其实不然，湖广都司诸军在明初屯田普安等地，是带有妻室随营，其妻室是湖广人也……据《明会要》载：“有妻在籍者，就于结领（给予旅费之意），内备开妻室氏名年岁，着令原籍亲属送去完聚……妇人仍守祖风，服饰饮食犹然苗派。”这正好表明，“喇叭人”的家室为宝庆府苗族人，即城步苗族。

据此，城步苗族来源于江西及本县古骆越先民与苗族的融合。而城步苗族由于战争、戍边以及经济等方面的原因迁往广西、贵州及北京郊区、江浙，继而迁往四川、云南、海南和东南亚、美洲、澳洲等国家。

第二章

原始时代的城步苗族社会

苗族，和所有其他民族一样，在其历史发展的初期也曾经历过漫长的原始时代，包括原始游群，母系氏族公社、父系氏族公社到部落联盟的发展阶段。这段历史，由于年代久远，就整个民族而言，至今尚无一书比较系统地、全面地叙述过。西方一些学者断言，苗族在七千年前就形成了自己的文化，即苗族文化，由于战争、经济等原因，为了本民族的生存、繁衍和发展，不停顿地迁徙。其在迁徙过程中，或许是无时间和机会将本民族当时的情况（战争的、采集的、狩猎的、迁徙的、活动的……）记录下来，或者有了这种记录，但在迁徙的过程中遗失了；或者像《竹书纪年》那样的典籍一样，至今埋藏地下，未被今人发现，以至于让现代人追述那段历史时成了十分棘手之事。而汉文献虽说卷帙浩繁，但其上限只到公元前 3000 年的五帝纪，而所记绝大部分为汉史，并非民族史，对于少数民族的史事，不但记述甚少，而且都取贬义。这样一来，更增加了对少数民族史的正确认识和了解的难度。加之城步这一小小的苗族分支，因所处地理位置特殊，隶属关系变动频繁，建县设政较迟，有限的典籍方志对这一苗族分支记述更少，故城步原始社会是个什么样子，就难以道出个究竟。历史留给我们的谜，总有一天会被人们揭示，这有赖于时间的推移和地下文物的发现和挖掘。不过，我们从现存的苗族习俗、流传的古歌和民间传说中，尚能寻得城步苗族在原始社会情状的一鳞半爪。

第一节　氏族和部落

一、氏族

和所有的其他民族一样，苗族先民也经过了一段漫长的原始社会时期，包括原始游群、母系氏族公社、父系氏族公社至部落联盟的发展阶段。公元前 40 世纪至公元前 30 世纪是苗族先民母系社会发展时期，公元前 30 世纪至公元前 21 世纪，是苗族父系氏族时代，并形成了强大的部落联盟。公元前 21 世纪到公元前 2 世纪，是苗族原始社会逐步解体而为他族奴隶主控制的时期，但部分地区的原始社会仍在延续。

苗族先民很久以前就生活在黄河流域下游和长江中下游地区，他们经过长期的发展，一步步摆脱了原始游群状态，慢慢进入了母系氏族社会，再进而到父系氏族社会及部落社会。

所谓母系氏族，首先是全体成员有一个共同的女始祖，而作为母亲的女性在氏族部落中享有最受人崇敬的地位。母系社会是人类以血缘关系组成的第一个社会组织形式，它以女性为中心，一切生产活动，都以女性为主持者和领导者。母系氏族制度，是与原始的经济相适应的。当时人们栖息于山林和水边，采集是社会生产的主要内容，是生活的主要来源，渔猎活动也占有重要地位。逐步掌握了取火用火技术，开始使用粗制的石器和棍棒。苗族先民在远古时代同样经历过这样的发展阶段。当时苗族先民的住地，气候炎热、潮湿，各种果类繁多，苗族先民主要以采食野果和渔猎为生，过着群居生活。当时还没有发明纺织，便将树叶编织起来充当衣物；也不懂得建筑，就在树上巢居或住进山洞；没有火，就生吃鱼肉。

母系氏族时期的婚姻制度，实行的是族外群婚制，即女子都留在本氏族内，而将另一氏族的同辈成年男子都“娶”到本氏族来，与同辈女子成婚。这种以女性为中心的群婚制，其子女只能认识自己的生身之母，而不知自己的生身之父，氏族历史也只能按女性辈分计算。直到母系氏族后期，才逐渐出现了对偶婚制。即在众多的互为夫妇的男女中，出现了一些个别男女经常同居的现象，各自以对方为主夫或主妻，同时又各自保持与其他青年男女的一般夫妻关系。这就是一夫一妻制的萌芽。

到母系氏族晚期，大约距今 6000 年至 5000 年左右，原始的农业、畜牧业开始发达起来，逐渐代替了采集和渔猎业，砍伐森林，开垦荒地，放牧畜群只有男子才能胜任，而女性已不能承担生产的主要任务，在生产劳动中的地位日益下降，男性在生产劳动中的地位愈来愈重要，逐步代替了女性。财产的私有开始发生，财产的继承问题提上了日程。作为生产劳动的主要承担者的男子，要求把财产传给自己的子女。婚姻生活也发生了较大变化，婚姻形态从族外群婚，经不稳定的对偶婚，逐步向一夫一妻过渡。于是母系氏族就逐渐解体，演变成为父系氏族。

所谓父系氏族，首先是按男性的血统而不是按女性的血统来计算世系。因为没有文字，就用父子联名的方法来追述族谱。苗族的父子连名有两种基本方式：一是己名在前，父名在后，由己父名连成完整的名字；二是己名在前，父名居中，祖名在后，由己名、父名、祖名构成完整的名字。通过这种连名制追溯世系，可以追溯到十多代甚至几十代。

在父系时代，一个氏族或一个大家庭就是一个生产单位，而男性氏族长和家长是生产的组织者和指挥者。生产活动中男子挑重担，重要农活和狩猎活动都由男子担任，农活季节对时令和技艺的掌握以及狩猎知识，都由富有经验的男子传授和指导。父系氏族实行的是原始的共同分配制度。经过几千年的发展，苗族的氏族制度解体和进入阶级社会以后，这种共同的分配原则早已破坏了。但在 20 世纪五六十年代前的城步苗族的社会生活中，还能看到这种原始生活的痕迹。城步苗族狩猎，遵循“隔山打兽，见者有份”的习惯，凡击中野兽的猎手可以多分一份，其余参与者则平分，哪怕目击者或路过者也可享受一份。

二、部落

随着氏族的不断扩大，一个氏族又繁衍出许多新的氏族来。各个不同的邻近氏族由于长期相互通婚和进行经济交往，逐渐形成了氏族联盟，集若干氏族联盟而形成部落，集若干部落而成为部落联盟。5000 年前形成的“九黎”部落，就是这样的一种以男性为首的部落联盟。

九黎部落以勇武的蚩尤为首领，由九个大的部落组成，这些部落亦各有首领，所谓“黎氏九人”，指的就是九个部落及其首领。九个部落之下，又各有九个大的氏族联盟，即共有八十一个大的氏族群体。这八十一个氏族群体，亦各有首领，皆以兄弟相称，相传蚩尤八十一人，即是指此。他们连成一大片，分布在黄河下游及长江中下游地区，实力雄厚。这时，兴起于黄河上游姬水的以黄帝为首的部落联盟，通过“内行刀距”的方式整顿内部，加强了实力，又通过“外用甲兵”的手段征服邻近部落，从而雄长西北。其后，在阪泉（今河北怀来县境）打败了炎帝部落，向东进入黄河下游，与九黎部落相遇。以蚩尤为首的九黎不甘退避，黄帝遂以“蚩尤为最暴，莫能伐”和“蚩尤作乱，不用帝命”为名，“征师诸侯”，向九黎发动进攻，于是爆发了我国原始社会末期第一场规模空前、旷日持久的部落战争。在初期，黄帝由于实力不足，又对地形气候不了解和不习惯，因而多次遭到失败，后来创造指南车以识别方向，并大大增添实力，才转败为胜。最后双方决战于涿鹿，九黎被打败，其首领蚩尤也被擒杀。此后，黄帝部落与炎帝部落逐渐融合，形成以后华夏族的主干。

九黎战败后，一部分与华夏部落融合了，另一部分退到长江中下游，与原有的部落会合，经过一段很长的时间，到距今4000年前后，发展为“三苗”部落。这也是一个由许多大的部落组成的群体，是一个很大的部落联盟。他们中的一些首领，如祝融、共工、驩兜，都有很高的威望，各对其部落的发展作出了重大的贡献。这种部落群体的发展最后形成了部落酋长国。“据战国时人说，三苗曾在长江中游建立起一个大国。这个大国当是一个大的部落联盟，是许多部落的集合体，其中较大的是荆楚”。

三苗部落人口众多，又据有江淮荆州平原之地，有洞庭、鄱阳诸湖之利，有衡山、汶山之险，社会经济比较发达。从湖北京山县屈家岭文化遗址发掘的文物来看，当时三苗的社会生产已相当发展。这个遗址出土了大量的谷物和各种兽类骨骸，证明三苗的社会经济是以农业为主体，同时兼营狩猎；出土的许多陶器，说明制陶业已普遍发展；出土的缯帛说明已有了纺织；还出土大型的陶锅，说明部落的氏族人口繁盛，并且相当集中。

这种情况，和苗族古歌中的叙述基本相符。黔东南苗族古歌叙述他们的祖先居住在海滨湖泊地带时，“有鸡报晓，有狗撵山（打猎），房前种树，庄稼满坡（原始的农耕）”。湘西苗族古歌说他们的祖先居住在江河湖沼地区时，“子孙如鱼如虾，人口越来越多，队伍越来越大，生活越来越好”。屈家岭文化遗址，还出土了具有重要意义的男陶俑，表明三苗时代是以男性为首领，对男性的崇拜已成了社会的普遍风气，这和苗族史歌叙述西迁前后的首领多是男性的情况也完全一致。

在屈家岭发掘的另一个墓葬中，还发现有十四块猪下颌骨，其他猪骨也积累了不少的数量，表明是墓主人的生前所有，从而证明三苗社会已经产生了私有制，各个小家庭已有了相当的私有财产。私有制能出现在小家庭中，部落首领占有较多的私有财产，当然是毫无疑问的事情。这些首领已开始运用各种刑法来治理部落属民。史书记载，“有苗氏……作五虐之刑”；又记载，“苗民弗用灵，制以刑”。说明在私有制的基础上，三苗内部已开始的阶级分化正在急速进行，如果没有外来因素的干预，它将很快地形成自己的阶级社会。

当三苗社会正在迅速向前发展的时候，生活于北方黄河流域的部落联盟也开始强大起来，正在稳步地进入阶级社会。大约在公元前 21 世纪初期，唐尧取得了这个部落联盟的首领地位，并胁迫三苗部落归服，三苗部落联盟中杰出的首领驩兜等人表示不服。唐尧后来又打算以自己的首领地位让给虞舜，三苗亦颇有非议。虞舜对驩兜不满，就以“三苗作乱”为借口，怂恿唐尧攻打三苗地“丹水之浦”，将驩兜所属的部落打败。但三苗势力仍很雄厚，唐尧还没能把他们完全征服。

尧死后，虞舜继任首领，三苗不愿承认虞舜为盟主，并公开反对虞舜的压迫。虞舜便以“有苗氏不服”和“有苗氏叛”为口实，继续进攻三苗，经过多次交锋，才把三苗打败。舜用分化的办法，将驩兜所属部落驱赶到南方崇山一带的深山密林中，和“南蛮”杂处；将三苗中的另一部分，迁往西北的三危，即今陕、甘地区，和“西戎”错居；又将共工所属部落流徙到幽州，同“北狄”杂居。从此，三苗势力日渐衰落。可是三苗还有相当一部分力量固守在江淮荆州，虞舜继续南征，但已成了强弩之末，筋疲力尽，死后“葬于苍梧之野”。

三、农村公社

自父系氏族确立后，随着生产力的提高和财产私有制的发展，原始氏族制度进入解体阶段，人的血缘关系逐步为地缘关系所代替，于是形成一种过渡性的社会组织形式，即农村公社。苗族原始氏族制度的解体和农村公社的产生，大致是在夏、商、西周到春秋战国这1800多年间，即苗族由江汉、江淮平原和洞庭、彭蠡地带开始西迁的年代。由于西迁后社会发展的滞缓，农村公社在苗族生活中延续的时间相当长，其残余形式一直保留到近代。城步苗族历史上存在的“榔款”组织，实际上就是农村公社的一种具体形式。

“榔款”是以地缘关系为基础的村寨组织。这反映了农村公社的基本特征。其规模大小不一。有一个村寨为一个“榔款”的，有以一个大寨为中心包括邻近几个村寨组成一个“榔款”的，也有几十个甚至上百个村寨组成的。“榔”就是地方，“款”就是条文或规约。议款的地方就叫款方，也叫款坪，是聚众合款、制定款约、发布款规、处理违款事件的地方。

榔款组织在湘西南一带的城步、绥宁等地俗称“合款”，这种“合款”既是一种法权组织，也是抵御外侮的一种军事组织，它在城步历史上普遍存在，口头留传至今的《城步苗款》，就是城步苗族先民合款所议的款规条文的历史记录。

“合款”的主要形式是通过会议来制定规约的。其进行方式有两种：一种是祭酒议事，一种是歃血盟誓。所谓“祭酒议事”，就是众人制订条款，通过举酒对天地、对祖先、对神灵发誓，使之成为大家共同遵守的规约；所谓歃血盟誓，就是一寨或数寨乃至数十寨结盟共同议定大事，通过吃血酒共同对天地、神灵发誓，使之成为神圣不可逾越的条律。城步苗族把这种通过举酒议事所制定的规约叫作“合款”，而把通过歃血盟誓制定条律叫作“吃血酒”。大家坚守信用，死不反悔。这两种议事方式都叫“榔款”。所议各事，每以刻碑记事，其碑埋插在地，永远遵守；也有一些临时议事的不一定刻碑，而是“刻木记事”。

款有款规款约，款规款约由款众共同协商议定，盟誓执行，由款头当众发布，付诸实施。这种款规款约称为款词。苗族的原始款词是埋岩为盟。如广西融水苗族自治县有“埋岩古规”民俗，这种盟诅要约、乡规民约等是不成文的法——又名石头法，款民视之金科玉律。又如绥宁县鹅公乡于光绪己亥年（1899 年）通过合款订出封山育林条款，刻碑记曰：“地方宝贵福泽，非风水培成，此处高品水口，先人培植成林；恐后无知毁败，预立封禁碑文。兼封客人木贸，河内不许流行。如有盗砍惊禁，公同责罚禀呈；所愿各遵禁约，当兴一地人文。光绪己亥冬月吉日高品众等封禁。”直至民国五年（1916 年），绥宁县麻塘洪溪还仍然通过合款，订下严禁设局赌博的款规，并刻碑埋在沈团附近。其碑中刻道：“禁止小沈团永远不准打牌赌博。民国五年二月吉日立。”

尔后，为了便于讲诵和记忆，款头们采用生动形象的汉文字加以记录。内容上有所发展，将苗族祖先的一些历史事件，诸如氏族起源、迁徙、习俗等记录下来，并在族众聚合时宣讲，使广大民众受到教育，因此它的社会内容由社会规约（法学）方面发展到历史、文学、艺术、民俗、宗教等领域。如广泛流传于城步苗族地区《城步苗款》，通过“学公爷”的形式代代传承。有天地起源款、政权起源和行政区域款、苗族流源款、苗民起义款、款源款、合款、款坪款、坪头款、议事款、祭祀款、规款、条款、坪尾款、藏款等等。《城步苗款》以口传心记的形式传承下来，直到明代，口碑史话才开始出现汉文夹苗语同音或近音的混淆方式得以记录。

我们现在所见到的由银龙先生所著、岳麓书社出版的《城步苗款》（2004 年版），还有一段曲折的来历。

城步五团镇有一支银姓苗族，该氏族有一个每十二年过一次苗年大节的习俗，每过此节，须由氏族长者在大会上宣讲古款。但在解放以后，由于多方面的原因，苗年大节被停止。直到党的十一届三中全会以后，传统的民族文化得以发扬光大。1980 年银姓苗族又恢复此大节，宣讲古款是此次大节的主要内容。但能讲古款的老人已先后离开人世，后人知晓的不多。为了过好大节，水口寨村的银氏苗族派出很多人四处搜寻古款，可一无所获，最后，还是水口寨的杨余老人将他脑子里记着的苗款写出来交给筹备大节的会首，这才基本解决了宣讲古款的难题。1989 年，银龙先生在退休职工杨琨家访到了收藏已久、秘不外传的明代万历丙子岁（1576 年）手抄本《苗款》。同年 9 月，银龙先生又在五团镇石空村阳光财老人那里找到了清代的手抄本《苗款》。此外，银龙先生还在五团镇二居委会蓝芬家找到了“打脚礼款”的手抄本，在五团镇石空村阳知德老人家抄录了“葬歌款”口述资料。随后，县文化局副局长尹建德同志在搜集湖南“三大集成”资料时，收集到了五团镇巡头村兰某和长安营乡新华村吴某关于《苗款》的口述材料。这些材料，内容广泛，相互补充，相互印证，且跳跃性很大，重复或颠倒的现象也存在，记载零碎，变异性较大。银龙先生历经 10 余年的艰辛努力，才搜集、整理而成《城步苗款》，使之公开面世。它对于我们研究城步苗族的历史、政治、经济、文化、教育、法规、风情等，以及苗族的哲学史、社会史、社会形态史、民族流源史、宗教思想、哲学思想、法治观念、道德标准、思维形式、宇宙观、人类起源进化观等，提供了极为可贵的“活化石”材料。

农村公社中，首领的个人权力在增长，但同时仍保留了原始的民主制度。每个“榔款”设有“款首”“榔头”，管理行政事务，有称为“硬手”和“老虎汉”的军事首领；有作为宗教领袖的巫师，还有主持司法、执行榔规和款约的“理老”和“娄方”。“榔头”“款首”和军事首领，一般由选举产生，有一定的任期。“理老”和“娄方”是自然形成的，不须选举，其条件是为人公正，能言善辩，熟悉榔规款约，德高望重，群众公认。“榔规”的最高权力机构是议榔、合款大会，每户一人参加，由榔头、款首或威望最高的理老主持，讨论“榔款”内共同有关的大事，制订规约，选举产生各种执事首领。这种会议，有一年举行一次的，也有二三年举行一次的，各个“榔款”之间互不统属，只是在某种紧急需要时，才有临时的联合，共推“大榔头”和“大款首”，统一行动。在单一氏族村寨内，款首多半由寨长或酋长或理老担任，在数寨或数十寨款会中，则多由各村寨能人中选举众所推服者担承。款首没有特权，同受款规约束，而仅有召集众人议事和督促执行款规的义务。款首不能世袭，对贪图贿赂而徇私偏袒者，民众有权通过会议罢免，另选新款首。

“榔款”还有一个重要职能，即维护本地区的安全，反对外来的侵犯。每个“榔款”都设有军事首领，遇有战争时，“榔款”实际上就是一个军事单位。由于“榔款”组织具有这一属性，所以在进入阶级社会以后，它就自然变成了团结苗族人民，共同反抗民族和阶级的压迫剥削的武器。对内（本民族、本款所属村寨）管理苗族社会，组织经济生活，解决经济纠纷，维护社会秩序，制定并执行苗族习惯法，包括家庭、婚姻、生产、生活、教育、祭祀等有关问题的处置。其对内职能主要是通过执行款规来体现的，如违背款规者，要受到处罚，轻者，赔礼道歉；重者，罚款；再重者，可以除籍甚至处以死刑。在处罚时若有不服者可请“神判”。即在祖神或其他有关主事的神灵面前发誓赌咒等。如《城步苗款》中专门制定了“一十六项不可侵犯”，规定了严禁舅霸姑婚，禁止偷摘桐茶，禁止砍伐风景树，禁止在风水地中掘坑打岩等等。其中第二款规定：“不要那的偷塘挖圳，盗坟破墓，阳山挖祖，骑龙加祖，白虎加埋，哪的犯着，打人连家，打马连打鞍。”意为不准挖圳偷水，不准挖坟盗墓，更不准在别人祖坟的头上或右边白虎加埋葬祖。哪个犯着，打人连家，不管大小老少，一起挨打，打马连鞍，一起被打。第七款规定：“向来不许那的，偷鸡摸狗八两八，偷柴摸菜四两四，不是今朝置起，上古流传到如今。”意为如果偷鸡摸狗被抓获的，罚银子八两八钱；偷柴摸菜被抓获的，罚银子四两四钱。苗款的严格性可想而知。

榔款组织的对外职能，主要是反对外来侵略，维护本氏族、部落或民族的尊严。具体表现在组织民众，反对封建王朝的民族压迫和阶级剥削方面。在历史上，苗族是一个深受压迫的民族，而城步苗族尤为突出。城步苗族先民从黄河、长江下游的东部平原，一路迁徙到今城步境内，被历代统治者撵进深山老林，赶进五峒四十八寨，受尽欺诈凌压，得不到休养生息，只好铤而走险，奋起反抗。据史料记载，城步自三国建兴三年（225年）诸葛亮南征九溪十八峒至清朝末年的1600多年间，城步境内共爆发过大小起义和反抗斗争上百次之多，每16年发生一次。而据《武冈州乡土志・瑶种志》载，仅明清两代500余年，城步共爆发苗族反抗斗争56次，平均不到十年就发生一次，远远高于全国苗族地区“三十年一小反、六十年一大反”的“起义”频率。城步苗民为了生存，就利用“榔款”组织联合全县、数县乃至几省边界数百个苗寨的人民举行大起义，反抗王朝统治阶级。如明末城步李天保领导的苗民大起义、清朝雍乾时期粟贤宇领导的苗侗大起义，都是利用“合款”来联合湘、桂、黔三省边境各族人民（主要是苗族人民）来进行反抗斗争的。虽然起义失败，损失惨重，但充分显示了利用“合款”组织团结人民，打击敌人的强大威力。

榔款起源于何时，苗族自己没有文字记载，仅靠口碑流传，具体产生年代，文献也无法考证。但据苗族历史专家推测，“榔款”大约起源于氏族部落时期，当苗族社会由血缘结构转向地缘过渡时，也即苗族农村公社出现时，就已形成了其社会组织——“榔款”。其社会属性，既不是原始社会的氏族组织，也不是阶级社会的立法机关或经济组织和上层建筑组织，而是一种会议组织。在苗族的发展史上，农村公社延续了相当长的历史阶段，直至清末和民国初年，城步苗族人民所订立的款规中，依然保留着农村公社的原始平等制的遗风，正如魏源在《湖南苗防录叙》中所说的“无统属，有贫富，无贵贱”。也就是说，在苗族内部没有出现统治阶级和被统治阶级的明显对立，亦即苗族内部的阶级矛盾不突出。苗族先民曾北进中原，由于战争的失利而败退南归，继而由东向南和西南迁移。当中原地区已发展到奴隶社会时，苗族仍处于颠沛流离的迁徙之中，没有一个长期稳定的发展时期，更谈不上形成稳定的奴隶主经济。苗族史学家认为，苗族没有经过奴隶社会，苗语中也没有“奴隶”这个词汇。秦汉以后，中原地区封建社会已取代了奴隶社会，经济文化得到进一步发展，可苗族仍处于朝廷统治阶级的“伐”“征”“讨”“剿”的战争兵祸之中。到了唐宋，中原地区已是封建社会的“黄金阶段”，而此时的苗族虽已得到了片刻憩息并出现了苗族领主经济，但自耕农仍是苗族社会的主要成员，自耕农经济仍然是苗区经济的主体，封建等级制度无法取代苗族“榔款制度”。“榔款”是在苗族历史上普遍存在的一种社会组织，是苗族内部社会结构的一个突出特点，它对内起着维护道德伦理，稳定社会秩序，团结教育民众和促进生产发展的作用；对外起着抵御外侮，维护民族尊严的任务。

城步苗族从唐宋开始就成为十峒首领的属地，设立了五峒四十八寨，出现了苗族领主经济，但阶级分化并不严重，依然处于“有君长不相统属”的状况，其内部原始平等观念仍是处理人际关系的主导思想。究其原因，是由于长期的民族战争造成的。在长期的社会实践过程中，城步苗款体现了它的几个特点：一是群众性。它的立法、司法一定要通过村寨群众集体商定、盟誓，然后施行，故大都要喝“鸡血酒”，可以说是群众公约。如苗款中规定失火烧山，款组织责令失火者拿出肥猪一头杀给各家各户吃，以惩前毖后。二是民主性。款头由款众投票选举；触犯了款规款法之人，由款众民主审议处理；款头不脱产，无报酬，并随时接受群众监督，更不得以权谋私。三是严格性。苗款所制定的各种法规，都是经过参与合款的款头款众们庄严宣誓盟约的，在执行中相当严格，一丝不苟，并三令五申，不许逾越。苗款对城步苗族人民思想意识的影响非常深远。城步苗族人民不畏艰难险阻，不畏强暴，除了民族的团结以外，另一个因素就是苗款的维系和作用，是与苗款的长期存在和流传分不开的。

第二节　原始时代的城步苗族社会状况

一、氏族社会的遗存

母系氏族公社在婚姻问题上，实行的是族外群婚制，即将女子全部留在本氏族内，而将另一氏族的同辈成年男子“娶”到本氏族来，与本氏族同辈成年女子配为夫妻。尽管原始社会离我们相当遥远，但此古俗，一直沿袭至今。这就是城步苗族聚居区所普遍奉行的“招郎入赘”。诚然，今天的“招郎入赘”，大部分家庭是因为有女无子，或虽然有子，但年龄幼小，不足以顶门立户，为解决家庭主劳动力而“招郎入赘”。这种婚姻形式是苗族原始时代母系氏族公社在婚姻习俗上的遗存。

在母系氏族公社中，男子虽然出嫁，却仍然属于本氏族，同本氏族的姐妹们保持着密切的关系，姑娘的子女与舅父的关系也显得分外亲切。

直到现在，苗族青年结婚时，女婿家要拿出一定数量的礼品和礼金送给岳母，这叫“还娘头”；另外母亲亡故时，孝子要先去舅父家报丧。报丧时要带酒、肉去，这也是苗族在原始时代母系氏族公社的残迹。时至今日，城步苗族人家逢年过节或做红喜事，舅父人家长辈要安排“上席”，这个不成文的规矩叫作“娘亲舅大”。在现在的城步苗族社会生活中，仍然保存着许多“娘亲舅大”的社会习俗。最主要的是“报喜”习俗和“报丧”习俗。婴儿诞生后，婴儿的父亲第一时间要赶到岳父母家也即孩子的娘舅家去“报喜”。如果生的是男孩，就抱一只公鸡、3 斤鲜肉去“报喜”，娘家则回赠一只母鸡；如果生的是女孩，就抱一只母鸡、3 斤鲜肉去“报喜”，娘家则回赠一只公鸡，意寓下一胎生男孩。到了“打三朝”的良辰吉日，娘舅家召集亲友带上为小宝宝准备好的衣帽鞋袜、鸡、鸡蛋、甜酒等前往探视。婴儿“满月”那天，父母要请寨里有威望的老人给婴儿剃“胎头”，娘家人要接回“月婆”，叫“移窝”。“婴儿”出生要到娘舅家“报喜”，老人病逝后也要去娘舅家“报丧”。孝子要披麻戴孝，在陪同人的带领下，带上鸡、鸭、鲜猪肉、烟酒等礼物，去娘舅家报告丧事。在东部地区的大古、双桥、七里山等苗族地区，孝子去报孝时，要带 10 斤鲜肉，鸡、鸭各 2 只，米 20 斤，酒 20 斤，烟 2 条。娘舅家接到报孝后，即将各户亲戚召集拢来，聚餐商议，要赶在死者未入棺前去探视死者，了解死情。如果属于正常死亡，则准予入棺，操办丧事；如果是不正常死亡，则要调查死因，查明死情，让死者瞑目。死者出殡后，娘舅人家再来送丧，举行“抬盒”仪式，做路祭，耍狮子，吹唢呐，打 4 朵大布伞，4 面旗子，热热闹闹送死者上山入土。送丧完毕后，孝家还要举行“谢孝”仪式，客客气气招待娘舅人家，回赠稻谷 200 斤和大米、烟、酒等物品，使娘舅不抬“空盒”回家。而县境东南部、西部的苗族人家，报丧时一般只带一块猪肉，2 瓶酒。孝子到娘舅家时，先放鞭炮，拜家先，再拜亲戚，禀报不幸和丧事安排，征得同意后再回去操办丧事。至于孝家带去的礼物，平时关系好的，日后可以继续结亲者，将礼品全部退回，叫作“呷亲菜”。关系相当不好的，一般不去报丧，即使报了丧，报孝礼品也不退回，其亲戚关系从此中断。

母系氏族公社由于实行的是以女性为中心的群婚制，在这种情况下，作为子女，他们只能认识自己的生身之母，而不知道谁是自己的生身父亲。故追述氏族历史只能按女性辈分推算。

母系氏族公社在晚期，距今约 5000 年，原始农业、畜牧业开始发达起来，原始的采集和狩猎降到了次要地位。男性劳动在经济活动中占有举足轻重的地位。于是母系氏族公社逐渐解体，演变为父系氏族公社。

母系氏族公社后期逐渐出现了对偶婚制。即在众多的互为夫妻的男女中，出现了一些个别男女经常同居的现象，各自以对方为主夫或主妻，同时又各自保持与其他青年男女的一般夫妻关系。这是一夫一妻制的萌芽。到了父系氏族时期，经过长期发展，对偶婚就逐渐演变成比较稳定的一夫一妻制。

城步苗族在原始时代父系氏族公社的遗存，主要表现在狩猎上。城步苗族对于狩猎的分配至今奉行一种原始共产主义的分配方式。如一群人上山打猎，一旦猎获野兽，就按"隔山打猎，见者有份"的方式进行分配。第一枪手可多分一个兽头。兽头的切取也有讲究：即将野兽耳朵往后拉直，凭耳尖处下刀截，不可长，也不可短。余者由全体狩猎者及其猎犬平均分配。不参与狩猎的过路客，只要碰上，也可分得一份。这就是父系氏族公社在狩猎上的遗存。

二、新石器时代遗址的发现

过去，城步这块土地上，到底从什么年代起就有人类活动，有人类开始耕耘这片土地，一直是一个谜团。有限的地方志也只笼统地称：

禹贡荆州之域，周黔巫中地；

秦隶长沙郡，汉都梁属地……

故此，有史籍方志记载者只在 3000 多年前，再往上推，就一无所知。

1993 年，城步西岩镇村民在该镇西南面小地名朝园里的台地上取土做瓦，发现大量留有经人工打造、磨制痕迹的石刀、石针、石箭镞、石斧及红砂土绳纹粗陶器碎片。因该地为一大垄亩，并有数条溪流从该垄亩间流过，且西面紧临溪流，是古人类理想的栖息之地。时至今日，该垄亩的凹陷（古时乃沼泽地）处，70 年代深耕发现有庞大的树蔸。可见这片大的垄亩在人类未开垦之前，是一片古木参天的原始森林，又夹有溪流沼泽。正是这样的土地，才宜于原始人类采集和渔猎，宜于古人类生息繁衍。

后经文物部门初查，该出土文物为新石器时代人类生息繁衍的遗留物，出土文物处为新石器时代的遗址。

该遗址的发现，将人类在城步这块土地上生活的历史向前推进了六七千年。也就是说，大约在距今 10000 年，城步这块土地就有人类在活动了。由此，又给城步史学界增加了一大研究课题——现在城步 25 万苗汉各族同胞中的一部分是不是 10000 年前左右古人类的后裔？

另外，据城步苗族学者银龙先生所著《城步苗款》记载，在城步兰蓉乡发现有古部落瓦罐窑遗址。兰蓉乡东边的大山瓦罐窑，海拔 1700 米，相传这里是苗族部落的遗址，周围数十公里均是大山，主坪约 70 亩，先民以此为中心，始以狩猎维生，构木为巢，与兽居而避之。后随着人类社会的进程，开始挖洞置窑，以泥作具，建造房屋而居，以种植和饲养为主食，草根和蝗虫作其补充粮，他们因山高气温低，不种水稻，以山养民。至唐代和宋初，江淮“三苗”后裔迁入拦牛，土著岵苗与外交往无籍，便以烧瓦罐之窑为名，沿袭至今。瓦罐窑的西边山水，长达 50 里，名为长溪水，海拔 1300—1500 米，沿溪而上，住着不少居民，至唐、宋时期，传说发展兴旺，光宰猪杀羊的屠桌就有 48 张，正月耍龙灯就有 12 条。此时期，江淮“三苗”后裔迁入拦牛开发对他们的影响，以及后来明朝统治者镇压以李再万为首的苗民起义后，这里的居民逐渐往海拔低的平地和其他地方（包括新宁和广西资源、龙胜、兴安及贵州等地）迁徙，不再有人在此居住。这块古老的土地，岵苗依山独立生存了数千年之久。瓦罐窑和长溪水的古屋宅地方块石条、石板筑造的祭祀祠及瓦罐、陶碗等残物和加工草根的石器至今可见。

1999 年 9 月，五团镇水口寨后龙山挖掘出的陶罐系新石器时代的灰陶，是古拦牛峒瓦罐窑所产，它印证了苗族部落的这一历史，印证了 7000 年以前的该瓦罐窑的产品。先民们将东北方一座山（距瓦罐窑约 30 里）的山巅巨大花岗石作为向天王求雨的神殿，后称此为“风雨殿”，由此可见古苗民崇拜天王的初始状态。

总之，城步苗族自治县西北面西岩镇朝园里新石器时代遗址和兰蓉乡古部落瓦罐窑遗址的发现，为弄清城步原始时代的情况提供了一个契机，找到了一把启开城步原始社会大门的钥匙。

三、骆越人的活动

城步县境远在商周时代，就有骆越人居住，县内“路水”“路山”等地名内的“路”，便是骆越之“骆”的转音。骆越人又称君长为“雄王”，故我县最大的溪流巫水，古称“雄溪”，大约因该溪流域内多骆越人，因此而得名。居住在我县境内的西瓯越，至秦代因遭秦军进攻，大多外迁广西。现在县城东南面的十万古田，相传是秦始皇使尉屠睢发戍卒屯驻“镡城之岭”的地方。另外，骆越人在城步繁衍生息的过程中，还留下诸多古俗，为今所用。如城步县境东南、西南面村民的“干栏”式房屋建筑，即俗称的“吊脚楼”房屋，建宅依山傍水，这些就是越人“巢居”“馆水”之俗。

另外，爱食鱼、嗜酸也系骆越人所遗留下来的习俗。

不曾外迁的西瓯越人，一部分一直保留着本民族的习俗，成为今天城步侗族的先民。另一部分则与后来的苗族融合，成为今天城步苗族先民的一部分。

第三节　原始时代的城步苗族文化

苗族在数千年的历史发展中，创造了极其丰富的民族文化。从婚嫁丧葬、服饰住食到节日庆典、信仰禁忌，苗族形成了与其经济形态、生态环境和文化生理素质相适应的、特色鲜明的民族风情和习俗。苗族民间文学相当发达，其类别和形式、体裁、风格之多，实属少见。特别是各地苗族所流传的、长达数千行的大型古歌和史诗，更堪称我国民间文学中的瑰宝。苗族是一个能歌善舞的民族，包括苗歌、器乐、舞蹈、戏剧等在内的民间艺术，历史上均获得了相当大的发展。苗族的歌、乐、舞常常是有机结合的，创造了不少更为独特的乐舞艺术系列。苗族的民间工艺，种类颇多，历史悠久，尤其是同服饰相关的各项工艺，诸如编织、刺绣、印染、银器加工等，相当普及和发达。苗族传统医药，俗称“苗医”“苗药”，内涵广博，诊治独到，是中华民族传统医药学宝库中的珍贵遗产。为强身健体和自卫御敌，苗族素有习舞风尚，世代相传，创造和发展了自我流派的苗族武术，包括“苗拳”“苗刀”“苗棍”等等，套路广、招式多，且不乏绝技神功。此外，苗族在历史上还产生了自己对世界万物和人生的哲学思辨，形成了自己的社会管理机制、道德伦理和习惯法，还有源远流长的宗教和巫、傩文化等。

从苗族传统文化的积淀看，具有浓厚的古朴性、原始性。如关于洪水漫天、开天辟地、射日射月、龙人的传说、兄妹结婚繁衍人类等古歌和传说故事，反映的都是苗族先民们对天地形成、人类和万物起源的最初产生的一些最原始的、朴实的观念。在苗族历史上曾长期流行的“跳月”“踩花山”“对歌求偶”“不落夫家”和“舅霸姑婚”等风俗习惯，显然多属于人类所普遍经历过原始婚姻制度的遗风旧习。在苗族群众中流传的原始宗教信仰就更多。如对巨石、大树、古井等自然物的崇拜，对“鬼”的崇拜等。祭祀典仪方面的巫师歌舞娱神、傩戏傩舞、椎牛祭祖、芦笙踩堂等，也多带着一种古朴、原始的神秘色彩。

一、城步苗族的原始宗教文化

处于原始性质的城步苗族宗教世代相传，通过“师公”的活动来传达天人、鬼神的意愿。“师公”的组织形式由师祖、师父、师兄、师弟所组成，设坛立教。

城步苗民的原始宗教主要是巫教，巫教的主师者叫“师公”，亦即苗老师，主要职能就是为苗人祭祀、“赶鬼”、“驱魔”和求福消灾以及追悼逝者超度亡灵，劝人行善积德，讲究因果报应。

城步苗民绝大部分都有“万物有灵”的观念，信仰多种鬼神，一旦遇到灾祸或患疾病，就以为是鬼神作怪，便要延请巫师敬神驱鬼，开展傩仪活动。据《宝庆府志》记载：“信巫鬼，重淫祀，荆湖延连溪峒，祠祷华延。”又载：“邵俗尚淫祠……迎巫歌舞其家，男妇聚观。”文中所说的“溪峒”，即指苗族聚居的“五溪”地区，包括城步境内的“雄溪”（巫水）在内。明代顾景星在《莳州志》中写道：“楚俗尚鬼，而傩尤甚，刻木为神首，被以彩绘，两神敬垂，项系杂色粉帨，或三神，或五、六、七、八神为一驾焉……高髻步摇粉黛而丽者，曰金花小娘、社婆，髯面翁者，曰社公……迎神之家，男女罗拜。蚕桑疾病，皆祈问焉。其徒数十，列幢歌舞，非诗非词，长短成句，一唱众和，呜咽哀婉。”文中所说“莳州”，即指莳竹县，包括现在的绥宁和城步。又据《武冈州志·风俗志》载：“都梁祷雨禳灾，皆用巫祝。”《武冈州志·岗蛮志·祭祀》载：“傜民畏鬼信巫，人病则曰‘有鬼’……其崇奉尊信之神曰白帝天王，即竹王也。”时城步属“都梁侯国”，文中所说“傜民”即指城步的苗、瑶民族。从以上古籍记载中看出，城步苗族自古信神问鬼，盛行巫风傩祭，“淫祀”甚多，素有“三十六堂神，七十二堂鬼”之说。而举行傩仪活动的目的，在于祈福避祸，禳灾灭难，国泰民安，人寿年丰，风调雨顺，五谷丰登，人丁健康，六畜兴旺。

傩坛就是祭坛，也叫“宝坛”。根据不同性质的傩仪活动，傩坛设置在不同地方。若属村寨集体举行的“庆庙”，祭坛则设在庙堂里；若苗民家庭举行的“冲傩”“还愿”或“庆愿”，祭坛则设在主东家的堂屋里。傩坛要设立迎宾香案，供奉“三清”、“桃源三洞”、玉皇大帝、傩公傩母等神位及鸡、鱼、猪肉、果品、米饭、清酒、香烛、纸钱等供品，巫师在祭祀时还要使用牌带、牛角、师刀、竹卦等法器及诸多傩面具、服饰和道具等。整个傩祭活动分为请神、酬神、送神三个阶段。时间一般为三天三夜。

二、城步苗族的农耕文化

苗族旧有“抬丧踩田”习俗，即对一些在三五年内禾苗一直长不好，叫作“熬铜”的水田，采取抬丧踩田的办法治理。据说“熬铜”的水田，禾苗发不出新根，老是枯黄不茂。通过抬丧踩田后，这些水田便可恢复生机。抬丧踩田是一种极其古老、原始的稻作文化，后来逐步演变为苗族民间祈祷五谷丰登愿望的原始农耕祭祀活动。城步苗族把这种活动叫作“庆鼓堂”，也叫“庆庙”或过“苗年”，苗语叫作“打鼓堕”。一般一年一小庆，三年一大庆；小庆一天一晚，大庆三天三夜。

庆鼓堂是城步苗族人民祭祀祖先、祈求土地“圣公”“圣母”等神灵保佑四季平安、五谷丰登的一种民间活动。即在每年的农历二月逢“卯”日和十月逢“亥”日，向诸神进行“许愿”“还愿”。

每逢农历二月第一个“卯日”，苗家杀猪向诸神请愿，祈求神灵保佑当年风调雨顺，并唱《安神歌》：“一槌鼓来一槌锣，惊动山神土地公公土地婆婆，土地公公爱听古，土地婆婆爱唱歌，凡人打锣打鼓闹山河。一槌鼓来一槌金，惊动云中太白星。太白金星你莫忙，凡人打锣打鼓闹阳春，保佑劳动生产得安宁。”一阵锣鼓过后，八名苗族男子各自手持一根踩田棍，棍上端穿三个大米糍粑，伴着锣鼓节奏登场起舞，做耨田动作，左右偏移而进，绕堂一周后，成圆圈朝内合唱《踩田歌》：“亘古不知踩田好，禾苗落泥不扯草。后来抬丧田里走，才知籽粒长得饱……”

每逢农历十月第一个“亥”日，丰收年成，这天向诸神还愿，寨中头领负责煮甜酒，打粑粑，各户凑钱买肥猪抬进庙里杀掉，等祭祀完毕后，大家在庙里吃甜酒、粑粑和煮熟的猪血猪杂，凡出钱的人家都能分到生猪肉带回家去。

“庆鼓堂”祭祀的主角由苗族男子担任，演唱时，唱腔、道白均用苗语，专门请苗家自己的歌郎、长鼓师、短鼓师、斟酒师和巫师等执事人员，伴随芦笙、长鼓、短鼓、大堂鼓、钹、唢呐、牛角等民间乐器合奏的音乐，边唱边舞。服饰有道袍、大红长袍、青蓝对襟便服等，一般系腰带，扎红头巾等。祭祀这天，亲友团聚，热闹非凡，一派热闹祥和的景象，正如歌中唱道：“鼓堂鼓儿咚咚响，同拍长鼓，同跳鼓堂，苗寨齐把丰收庆，百年都是好时光。”

“庆鼓堂”文化是一种典型原始农耕文化。祭祀时所挂之图是《麒麟挂图》和《五谷大王图》，麒麟者实为盘瓠也，因他“算是乾坤创始人”，故放在首位；“五谷”者为“稻、稷、麦、豆、麻”也。祭祀时所唱之《请神歌》，先请盘瓠，“天降盘瓠大圣神，三头六臂是畸形，历代只有盘瓠氏，算是乾坤创始人”。然后请蚩尤，“蚩尤帝君第二人，发明稻谷养万

城步傩戏“庆鼓堂”发源地——白毛坪乡卡田村（杨瀚 / 摄）

卡田傩戏庆鼓堂“奇兵斗灾”场景

民”。再是请苗父，“全赖苗父尝万草，才有良药治百病”。以上所请三神，盘瓠是苗族母系氏族社会所崇拜的图腾；蚩尤是苗族父系社会九黎三苗国君，古天子，稻作文化的开创者和发明人；苗父是苗族医药的发明人也是五谷的发明者之一。庆鼓堂整个道具祭辞、唱腔和表演极为原始，没有掺杂巫术和傩文化痕迹，说明它是比巫、傩文化更早的原始农耕文化，主要是采集农业阶段的雏形稻作文化。

鼓堂节流行于城步的拦牛峒、蓬峒和扶城峒等地，即现在的兰蓉乡、白毛坪乡、汀坪乡和丹口镇。直到新中国成立前，该活动仍然流行。改革开放以后，鼓堂节在白毛坪乡卡田村得到恢复。整个活动的程序是：

1. 庙师请神（象征性的）。
2. 迷魂师殿前唱《请神歌》。
3. 庙师、迷魂师、调乐师绕堂。
4. 庙师、迷魂师、调乐师唱《绕堂歌》。
5. 庙师、团主（即村寨款头、理老）朝社公。
6. 唱《生产歌》。从开春、备耕、犁田、播种、插田、管水、治虫、收割一直唱到罢谷节。
7. 第二次绕堂。
8. 表演《长鼓舞》。
9. 圣前献礼。
10. 唱《锄草歌》（古时冬季除草，防春夏损坏来年禾苗生长）。
11. 摇鬼板。
12. 唱《踩田歌》（古时，苗族农耕冬季踩田，一为耨草，二为烂泥，好让来年禾苗茁壮成长）。这其中有迷魂师观天看日，预测来年年岁。
13. 向圣辞别，唱《辞别歌》。

三、城步苗族的鼓社文化

鼓社文化是原始苗族文化的一项重要内容。鼓社文化组织是苗族社会结构的重要支柱之一，它以血缘或亚血缘关系为纽带，是以一定的宗教文化模式把群众集合起来。其作用是以连宗和维持并发展民族文化事业为主，其活动的方式是以“歌会”“灯会”“庙会”等为主，开展民间文化活动。

（一）庙会

庙会组织是单一氏族村落怀念祖先，祭祀庙神的一种节日活动。一年一度，以固定的时日出现。如城步杨姓苗族的五月初四、蓝姓苗族的四月初八、银姓苗族的“十二年大节”等等。

正式庙会这天，格外热闹，男女老少，穿红着绿，换上新装，来来往往，熙熙攘攘，向庙会的地方走去。庙门之外搭一戏台，也有搭在里面，如蓝玉故里，庙会首士预先带领族民入庙献上供品。敬奉祖先之后，戏台上的庆祝活动便开始了，首先是青年后生表演几路拳术，接着是舞狮，有的请来戏班登台演戏，有的请师公设坛庆吊。

四月初八的“庙会”。城步丹口一带的蓝姓苗族盛行四月初八庙会。先传蓝氏先祖有断头吻合之术，如果这位先祖的头颅被砍脱，只要立即接合好，马上就能恢复活动，不论战斗、劳动都不受影响。有一天，这位先祖公同敌人英勇作战，杀得敌人尸横遍野，血流成河。战斗中，蓝公连续三次被敌人砍下头颅，前两次都被祖婆及时接好，继续上阵作战。第三次被砍下头颅后，因祖婆忙于舂米，将头颅暂放谷箩上，待祖婆舂好米再接，因蓝公之头血已流完，再也无法接合而亡。蓝公之血将稻谷染得乌红，祖婆不忍心将其舂米做饭，就留作稻种。第二年田间长出紫黑色的稻禾，秋天结出血乌色的谷子，米粒亦呈血紫色，这种米便被称作“乌米”，但只在蓝氏内部自种自食，从不外传。蓝祖公牺牲的这天正是四月初八，后人为了纪念，保留了这一天吃“乌饭”的习俗。并于这一天在蓝氏宗祠举行祭祖和文艺活动。

六月初六庙会。六月初六这一天，城步五峒四十八寨的男女老少，穿上节日盛装，兴高采烈，群集宽阔的场坪，载歌载舞，欢庆节日，到处是歌的世界、歌的海洋。尤其青年男女，以歌为媒，以歌传情，以歌定终身。

银姓苗族的“十二年大节”。城步莫宜峒（今五团镇）一带银姓苗族，每逢申年霜降前的卯日这天过节，俗称“十二年大节”，节日的内容有三项：一是族人凑钱为一对新婚夫妇操办婚事，举行婚礼；二是把族内已出嫁的女子和外出招郎的男子接回来过节；三是族人同在节坪祭祀祖宗。节日这天，苗民将节坪打扫干净，然后张灯结彩，设置好祖先神位牌，点燃香烛，摆上供品。午时将新媳妇接进寨，在节坪举行婚礼，族人按辈分高低依次排列。待新婚夫妇敬拜祖宗和长辈后，由族老宣讲本族历史沿革和款约规矩，名曰“颂礼节”。然后族人同吃节饭，同去新郎家贺喜，闹洞房，唱山歌，讲花话，设卡子，讲古人，尽情欢乐。寨里昼夜鞭炮不断，锣鼓喧天，唢呐悠扬，笙号长鸣，热闹非凡。

（二）城步苗族龙灯会

城步苗族先民来自黄河、长江中下游，来自东部大平原。龙是苗族先民的崇拜物。他们对龙有着深厚感情。从敬龙、祈龙到耍龙，从原始崇拜到精神娱乐，“龙”已融入了城步苗民的生活当中。

苗人对龙非常崇敬和喜爱。“耍龙灯”是苗族人民的传统习俗，其初衷便是祭祀祖先，祈求甘露，后来逐渐演变为一种文艺活动。千百年来，耍龙灯的习俗长盛不衰，龙灯文化成为苗族文化中的一朵奇葩。

每年秋收以后，城步苗民便着手筹备元宵灯会的器材组织工作。龙的周身用细小的竹篾编织而成，分龙头、龙尾、龙身数节连贯组成一条长长的巨龙。外面用透明白纸黏糊，整个龙身画出龙鳞甲，龙身中空，下面留一小孔，设置燃烧点，晚上点灯照明。龙的两边配有鱼、虾、蚌等水生物模型的花灯，随龙起舞，有的还伴有狮子同行，乐队伴奏，锣鼓齐鸣。还有拳术武生戏班和挑担蜡烛的勤杂人员，一路浩浩荡荡，热闹非凡。龙灯快到某个村寨，寨里人早已摆设香案恭迎，鞭炮齐鸣迎进团寨，龙灯队表演“二龙抢宝”“双龙戏珠”“狮子望月”等精彩节目，还在各寨寨主的带领下，挨家挨户前往拜年，龙头进入堂屋，向家先神龛祝福，送来财运吉祥，屋主人则用爆竹、糍粑和香烟款待。临近半夜，各家各户分头邀请龙灯会的人员吃饭，腊肉、猪血饼和喷香的米酒接待。从正月初一到十五元宵，各个苗寨相互耍龙舞狮，欢度春节，直到十五晚闭灯，再举行烧龙祭祀仪式。

随着时代的进步，城步的龙灯文化发生了巨大转变。城步苗族的龙灯，从色调上分为青龙、赤龙、白龙、黑龙、黄龙；从体态造型上看，分为神龙、正龙、吊龙、爬龙和滚龙。

先说“五方龙灯”。“青龙”的龙皮用黑、绿两种布料制成，最基本的舞法是“游”走。新春佳节，苗民摆设香案，燃放鞭炮，把“青龙”请进堂屋，唯愿“青龙”庇佑全家老少四时安泰，八节平安，五谷丰登，六畜兴旺。“青龙”是苗民心中的“平安符”“保护伞”。“赤龙”属火。在苗民心中，火是太阳神赐予人间的宝物。自从人类发明了火，吃上了熟食，人类的生活质量就发生了历史性的飞跃。火象征着热情，象征着兴旺发达，象征着繁荣昌盛。但新春佳节，苗民不舞赤龙，更忌赤龙进屋。如遇阳春遭虫灾或是发生瘟疫，苗民才舞赤龙，希望借助火的威力，消灾祈福。“六月六”是苗民的“半年节”，苗民祭祀了“五谷神”后，便敲锣打鼓舞起“赤龙”去

舞龙

吊龙

爬龙

田垄里驱虫，舞龙人一边劲舞，一边唱“赤龙歌”：“六月初六太阳红，舞起赤龙去降虫。唯愿害虫都死光，谷无空壳米无虫。”“白龙”是苗民于秋天舞起的白体红鳞的龙灯，旨在庆贺丰收，感谢上苍。“黑龙”又叫“褐龙”，能降妖驱神，苗民于春夏干旱时舞黑龙求雨。“黄龙”代表土地，土能生万物，地可产黄金。苗民舞黄龙就是为了酬谢苍茫大地。

再说“五形龙灯”。“神龙”分为龙头和龙身两部分，龙身有十一节。龙头一般是进屋领香案时才舞。舞者按阴阳合一的规则，踩斜八字步，舞着龙头去抢宝，然后平端龙头鞠躬，以示答谢主东。龙身是不舞动的，跟着牵龙的人走就是了。“正龙”是相对“孽龙”而言的。它表现为庄重严肃。正龙身首相连，舞要技巧上不仅是“游走”，还多了一些造型表演。“吊龙”的龙身是吊在长短不一的“竹把子”尖上的，长度一般为十二节，象征十二个月，如果闰月的年份就加一节为十三节，可灵活表演龙出山、龙喷水、龙抢宝、龙朝阳、龙摆尾、龙八字、龙翻身、龙蜕皮等动作。“爬龙”分为十五节，每节龙身由两指宽窄且有弹性的楠竹片连接起来，构成龙脊，用上等布料作龙皮，用青黄红黑的五色纸剪出龙鳞粘贴其上，或者在龙皮上彩画出龙鳞。表演时匍匐爬行。“滚龙”就是旋转翻滚前进之龙，表达的是一种不可抗拒的力量，一种不折不挠的精神。在苗民心中，“滚龙”是吉祥万能的象征，它不仅能驱除各种魔障，而且能行云布雨，确保一方安宁。

（三）口头文学

苗族口头文学特别丰富，从创世古歌、神话、传说故事，到反映苗族群众生产生活和斗争历史的史诗、叙事长诗、歌谣等，形式多种多样。它既是苗族人民世世代代智慧的结晶，也是苗族数千年艰辛历程和卓绝斗争的缩影。由于苗族有极为成熟和丰富的民族语言，而没有自己民族的书面文字，这也是促使苗族口头文学获得发展的一个重要原因。

原始时代，人类在长期生产和生活实践中，逐渐对自然界和自身产生了一些朴素的认识，初步积累了某些经验，同时也形成了许多幻想和宗教观念，往往以诗歌、神话和传说故事等形式，口耳相传，这就产生和发展了最初的文学，即原始口头文学。千百年来在苗族民间广泛流传的大量古歌、史诗，从内容看，其中有不少关于远古时代的各种神话和传说，直接或间接地反映远古苗族先民的生活和斗争。

天地起源歌。城步苗族先民与全国的苗族先民一样，曾力图探求自然的奥秘，对天地的形成以及日月星辰的变化，产生了种种臆测和遐想，创作了富有特色的《天地起源歌》《盘古开天辟地歌》《皮肚金沙抓太阳》《东山老人和南山小妹》《十二个太阳》等。城步苗族先民对天地起源的认识，通过“讲款”的形式代代相传。如《天地起源款》中对天地起源的认识：“初初年间，漆空虚，上阳朝门月间，乱阳世界，包罗天地。先置黑地，后置明天，上出门月月立乾坤。天大只有一粒米，地大只有一条鱼，只有鱼鳞灵变化，变做金鸡凤凰身。金鸡抱出三天子，一个结二，二结三，三个结四天盘古，这个千千变头，万化乾坤。”在城步苗族先民看来，在天地形成以前，也就是混沌前期，在天地世界开辟前的状态，天是漆黑的，什么也没有。那时天上没有日月，是个没有光的黑暗世界，天地一片，混混沌沌。后来混沌初始，日月开始萌芽，天地进入似黑不黑，似光不光的混沌时期。先有黑地，后有明天，乾坤出世。天地出现以后，天很大，却只发现有一粒米般大的物质；地也很大，却只发现有一个鱼般的生物。鱼鳞逐渐灵变，变成了人头锦鸡像凤凰一样的身子，这就是天地生成后最早的人。后来她生了三枚蛋，经过孵化，崽子脱壳而出，后来就一生二，二生三，三生四，他们就是开天的盘古。于是各种物体和生物一个接一个地不断出现，千变万化，形成世界，建立乾坤。苗族先民的神话想象丰富，立意积极，反映了他们对天地起源、宇宙生成的初步认识。

盘古是城步苗族先民塑造的开天辟地的英雄，“盘古开天”的神话在城步五峒四十八寨广泛流传。“盘古置天高万丈，左手当天不动，右脚踏地皮不开，头顶四天盘古十万丈……结定地下四个鳌鱼顶天根”。“盘古大王托上天……中元盘古又出乾坤……下元盘古置人民”。正是盘古开辟了天地，养育了人类。

人类起源歌。苗族先民在对天地星辰的形成变化作出种种想象的同时，对人类自身的起源也进行了多方面的思索，形成一些朴素的观念和天真的幻想。这也构成了苗族先民口头文学的重要内容。据《城步苗款》记载，《姜良姜妹》的神话故事生动地叙述了人类起源情景。相传古时候，“羲氏夫人生十二月，和氏夫人生十二日，十二日头十二月，晒死草木晒干河，七人兄弟共粒米，饿死地上几多命。姜妹心中气，姜良想一计，打死日头救凡间。”于是姜良发力将十个太阳先后射落，只留下两个照凡间，一个在白天照，一个在晚上照，这就是现在的太阳和月亮。

可是不久，人间出现了大灾难。《姜良姜妹》中这样唱道：“八月初八黑天黑地，血风血雨下不停，八月十二洪水到，八月十三淹天门，大山树木崩根死，九十九江奏洞庭。”姜良想搭救被水淹的凡人，可是，观看前后左右都没有帮手，只好爬上一条大蟒蛇的背上，随它游上天门，被雷公拦在门外，姜良在天门口遇见值班当事的，发起火来，手拿铜棍击天鼓，铜棍被打断，天鼓也被打烂，这时，天庭才出来理事，听了姜良的申诉，奏请了玉皇大帝，才将洪水退了。洪水退了以后，姜良到城步的东山山头（今黔峰山）一看，看到所有的山头都被暴雨山洪破坏了，尽是些烂头坡。又到南山的山头（今金紫山）一看，看到凡间没有人了，伤心得昏死过去。南山幸存一位小妹，没有被洪水冲走，她看到这场洪灾劫难，伤心得泪如雨下，气死在地。太白仙人看到这情景，就拿仙丹下界将姜良姜妹（也叫南山小妹）救转来，并有意要将他们做人种。姜良很是愿意，南山小妹却很害羞，怎么办呢？姜良想出一条妙计：各人在东山和南山烧起一把火，火烟能在天空会合在一起，说明有缘，否则就无缘，南山小妹也认为是个好主意。于是双方按约定的时间准时点火。说也奇怪，这时南风停止，东南两山的火烟徐徐升空，慢慢靠拢，凝聚在一起，真是天意啊！“夫妻一对，子妹一双，三条月日上身，九条月日解担。生下一块肉，无手无脚不成人，大莫仙人来破烂，破成三百六十四块，就是三百六十四姓，丢落凡间做人种。”

苗族关于人类起源的传说中有《兄妹结婚》的故事，城步苗族也有此类神话故事，且都跟洪水有关。关于洪水的古歌和故事，在城步苗族中也广泛流传。这是苗族先民远古时期居住在河湖地带，经历过洪水泛滥所留下的记忆。苗族先民所创造的洪水滔天歌和故事，都是同兄妹结婚联系在一起的，这便是和原始时代血缘群婚有关。除上面所说有关姜良和南山小妹的传说外，城步苗族中还有伏羲、女娲《兄妹结婚》的古歌。据《城步苗款》传唱，在人类的发展进程中，有位卷氏夫人没有丈夫却生了九个子女，其中七个是“乱阳世界”的，分别叫“大得力”“铁大时”“冷清清”“皮喇哈”“张三郎”“张长手”“李长脚”。他们七个都很恨雷公雷婆，不许他们在天上嘈耳。一天，无雨而雷，他们断定是雷公雷婆所为，便将雷公夫妇捉住，这个说要吃雷公肉，那个说要喝雷婆汤。但是雷公雷婆刀枪不入，奈何不得。七兄弟只好修建铁仓一座，将他们关起来，用柴火烧死。已烧了七天七夜，近边深山的树木都烧尽了，仓也烧红了，但雷公雷婆仍没有烧死，弄得天地不合，阴阳不合，自然规律反常，世界又乱了。“家鸟会说话，乌鸦会唱歌，老鼠会弹琴，恶蛇会吹叶，蛤蟆会相骂，乌龟走上树，樊婆（猩猩）爬上藤，铁树开金花，虎狼满山是，恶蛇满山岗，人无道路走，脚穿铁鞋走路，身穿铜甲上山。”结果，他们七兄弟的恶行造成天理不许，地理难容，遭到了应有的报应。“一个青天雷打死，一个深山虎咬伤，三个南蛇把路口，四个江边落水乡，五个不知事鬼无影，六个金花树上死，七个火上亡”。九个子女中只有伏羲和女娲是好心人，他们本分、善良、懂道理，不做恶事，天天送米饭给雷公雷婆吃，雷公夫妇很欢喜，“当面牙子取一个，变粒仙瓜种子送兄妹，把放后花园里秧，只怕后头有大难，后日若有大难到，你们兄妹走到瓜里藏”。果然，兄妹俩按雷公雷母的嘱咐种好瓜子，给雷公雷母送来清泉解渴。雷公雷母喝了水，心中高兴，只听一声巨响，他们打烂铁仓，飞上了天堂，顿时间黑云罩天，狂风大作，暴雨倾盆。“四月初七落铁雨，四月十三淹天门，上面淹到天门口，下面淹到地府溶四山。……伏羲、女娲走进葫瓜里，葫瓜内里藏乾坤。葫瓜浮到天上东门口，停落在大罗岩上山。等到九年洪水退，大莫仙人来逢着，金刀破出人一双，正是伏羲、女娲兄妹两个人。”伏羲出来后，走到东方山头一看，山中的鸟兽都淹死光了，草木树林也荡然无存。女娲走到西边山林一看，村中无烟火，凡间绝人迹，不由眼泪双流。看到人间这般大劫难，伏羲女娲双双气死过去。天上派太白金星下界把他们救醒，安慰说“人没绝种，乾坤存在”。劝他们兄妹成婚，重创人类。伏羲觉得为难之处，于伦理不合，女娲也认为兄妹结婚不可。在此情况下，“罗呆仙人用计，金龟老人作媒，左追三转不成对，右追三步成了双。”成婚三个月后，女娲便怀了孕，九个月而分娩，生下一个胎衣裹着的小孩，不见手足不见头，错以为是个大肉块，将它丢了不要。后大莫仙人下界来将这个胎衣剪开，由于生出来的时间长，没有及时将胎衣剪开，剖出的小孩已死，便将尸体用刀碎成三百六十四块，播在三百六十四个地方，作为人的种子，这三百六十四个地方的人，就是三百六十四姓。其他破碎的东西，也变成了不同物种。“头发落地，黄土岩石；牙子落地，黄金白银；血水落地，长江海水；肉身落地，稀泥烂凼；脚手落地，大田长丘；肝心落地，钢铁金宝，置出金宝大殿。伏羲做种又做帝，女娲补天又制衣。白头岩上取出火，沙洲底下取出柴，不吃生牛肉；条条山冲出水，不吃泥沙；皮皮毛叶出烟，有团部。山河水溪年年在，块块地方有人种，咯个世界蛮长。”这就是城步苗族先民对人类起源的认识。城步苗族通过将伏羲、女娲兄妹结婚的神话故事组成古歌，使他们对人类起源和万物形成的认识口耳相传告诉后人。

此时的民间故事中，最著名的有《盘瓠的传说》、城步“杨”“阳”“羊”“扬”四姓由来的传说，同胞兄弟分为“吴”“胡”二姓的传说等。

第三章

羁縻时代的城步苗族社会

第一节 从郡县制到羁縻州制

一、郡县制的推行

公元前221年，秦始皇统一六国，建立了我国历史上第一个封建专制的中央集权国家——秦朝。秦统一全国后，普遍推行郡县制，苗族地区随之也逐步建立了郡县，设官治理，征调赋役。从秦、汉历经魏、晋、南北朝，到隋、唐、五代、两宋为止的1500年中，苗族社会的发展，呈现着极大的差异。有的在中原文化的强大影响下，开始走上封建的道路，进入地主制的发展时期，并完全汉化；有的随着他族的奴隶制向封建制过渡；有的从农村公社直接向封建地主制转化；但比较偏僻闭塞的地区，仍然停留在农村公社阶段①。

秦朝分全国为三十六郡，在苗族地区设置了六郡，即南郡、巴郡、黔中郡、长沙郡、象郡及桂林郡，其中黔中郡是苗族比较聚居的地方。

公元前206年建立了西汉王朝，进一步推行郡县制度，改黔中郡为武陵郡，将长沙郡分为长沙国和零阳、桂阳两郡。在武陵郡以西增设牂柯郡②。

东汉时期，各郡虽有所调整，但其辖区与西汉的行政区划基本不变。

① 《苗族简史》编写组:《苗族简史》，贵州民族出版社1985年版，第40页。
② 《苗族简史》编写组:《苗族简史》，贵州民族出版社1985年版，第41页。

魏、蜀、吴三国到两晋、南北朝时期，由于政局长期动荡，郡县的变化较大。三国时，苗族主要分布区，长期为蜀、吴两国所统治，蜀国据有巴郡、犍为郡、牂柯郡，分巴郡东部置涪陵郡，分犍为郡南部置江阳、朱提、建宁、兴右诸郡。吴国据有南郡、长沙、零陵、武陵、桂阳、苍梧诸郡地，分苍梧郡北部置临贺郡，分零陵郡北部置昭陵郡，分桂林郡东北部置始安郡[①]。

两晋至南北朝时期，仍然对苗族地区实行郡县制度。州有刺史，郡有太守，县有县令，县以下设峒（亦作洞），有峒官、峒长。

二、羁縻制度的形成

隋朝建立以后，隋文帝把州、郡、县三级改为州、县两级，在边疆少数民族地区开始设立羁縻州。州的行政长官称刺史，用郡时则称太守。州以下设县。自唐贞观元年（627 年）起，在州之上设道，全国划为十五道，道的长官有巡察使、节度使、经略使、采访使、按察使、观察使等名目，但以节度使为主。

早在南北朝时期，由于各地经济文化发展的不平衡，已有“内郡”和“边郡”，“左郡”和“初郡”之分。“内郡”是指在中原和江南经济文化发展水平较高的地区所设的郡。在西南边区和偏远的少数民族聚居区，经济文化水平一般较低，这些地方归附后所设的郡，则称为“边郡”“左郡”或“初郡”。在这些郡县中除派少数汉官进行统治、监督外，经常笼络和利用当地土著豪酋来统治其辖区内的土著民族，即实行“以蛮夷治蛮夷”的羁縻政策。至唐代，高宗总章二年（669 年）在西南地区实行“铨注法”，即州郡官吏，不由吏部任命，而改由都督推荐。于是，州郡正式分成了“经制州”和“羁縻州”两类。由吏部正式委任刺史治理的叫经制州，凡由各都督府推荐的当地土著首领代理的就叫羁縻州。羁縻州同中央王朝的关系比较松散，但已纳入版图，负有一定的封建义务。未正式入版籍的则称为“化外”[②]。从贞观到开元（627—741 年）的 100 多年中，

① 伍新福、龙伯亚：《苗族史》，四川民族出版社 1992 年版，第 95 页。

② 伍新福、龙伯亚：《苗族史》，四川民族出版社 1992 年版，第 98 页。

唐王朝在南方各族地区建立的羁縻州，多达856个，其中苗族最多的辰、沅、靖、黔四州就有56个[①]。

唐末五代，由于政局混乱，藩镇军阀割据称雄，争战不休，中央王朝和地方政权削弱，原在南方少数民族地区设置的州县，或被废弃不顾，或为少数民族首领起兵自保，有的被外来大姓豪族乘机拥兵割据。许多苗族地区都是这样。如靖州为"飞山蛮"杨再思盘踞，后分其地为十峒，以十子分领其地。其中第三子杨正修封据城步赤水峒，即今城步蒋坊乡与绥宁县之关峡一带。杨再思之子杨正崖在后汉、后周争夺期间，又乘机自立，到北宋太平兴国四年（979年）才向宋朝归附，次年"输诚"入贡，被任命为诚州刺史[②]。

宋朝统治者对南方少数民族仍然是实行"以蛮夷治蛮夷"的羁縻政策，因势建立起大批羁縻州，利用这些土著"蛮酋""苗首"，或外来大姓豪酋，统治当地的苗族及其他少数民族。于是羁縻州制在宋代得到了进一步发展。

宋初将全国划分为十五路，路下设府、州和县。羁縻州大小不一，一般均归有关府、州统辖。当时苗族主要分布于荆湖南北路、夔州路、梓州路和广南东西路。当时城步属荆湖南路，由邵州（今湖南邵阳市）领辖[③]。

各族首领授官建州后，按规定必须定期朝贡，以表示归顺的诚意。唐代如此，宋代亦如此。朝贡时间一般是几年一次，也有每年一次的。朝贡人数通常数百，有时多到千人以上。封建王朝通过"蛮首"朝贡，优礼有加，示以恩信，使其"畏威怀德"，以利控制，但在客观上，也加强了中央与地方的经济文化交流[④]。

封建王朝为了加强对羁縻州的控制，还在各州驻兵监守。唐代在黔州各地都有驻军，宋代在各州驻有大量的禁军（中央军）和厢军（地方军）。但是驻军开支颇大，而且水土不服，民情不熟，也容易与各族发生冲突，

① 《苗族简史》编写组:《苗族简史》，贵州民族出版社1985年版，第43页。

② 《宋史》卷464《蛮夷2》。

③ 伍新福、龙伯亚:《苗族史》，四川民族出版社1992年版，第101页。

④ 《苗族简史》编写组:《苗族简史》，贵州民族出版社1985年版，第46页。

因此又从少数民族中招募乡兵，而湖南溪峒乡兵最多，大部分是从苗瑶等民族中招募而来。熙宁年间（1068—1077年），宋廷“以章惇经略五溪蛮事”，将各州改设为以军事统治为主的“军”和“砦”：靖州改设渠阳军，融州改设清远军，平州改设怀远军，并在武冈设武冈军，在今城步设城步砦。到元祐初年（1086年），苗、侗、瑶等族同时反对宋朝的残暴统治，这使宋朝不得不“废砦堡，弃五溪诸郡县”，仍然实行羁縻政策，恢复原来的羁縻州①。

第二节　羁縻制度下的城步苗族社会

一、中央王朝对城步苗区的统治

秦统一六国后，将全国分为三十六郡。据《元和郡县图志》（卷二十九）载：“秦并天下，分黔中以南之沙乡为长沙郡，以统湘川。”秦时长沙郡包括今湖南长沙、岳阳、湘潭、邵阳、郴州、零陵诸地市各县。自然，城步已包括在长沙郡内。

公元前206年，西汉王朝建立后，进一步推行郡县制度，长沙郡则一分为三，设置长沙国（治在今湖南长沙）、零陵（治在今湖南零陵）和桂阳（治在今湖南郴县）两郡。城步属零陵郡管辖。

三国时期（220—280年）城步苗区属吴国管辖。两晋时，城步苗区属邵陵郡管辖。

此后，又分“内郡”和“边郡”。“内郡”者其地汉人占优势，经济文化较高。“边郡”者又称“初郡”，人口不多，但地域辽阔，经济文化落后，与内郡差别很大，封建王朝控制力也很弱，除派有少数汉官进行统治、监视和派少数军队驻守外，迫于形势，不得不实行“以其故俗治”的羁縻政策，即对少数民族首领进行笼络，在承认他们原有势力范围和地位的基础上，予以封官赐爵，使之“复长其居”，世领其地，达到封建统治

① 《苗族简史》编写组：《苗族简史》，贵州民族出版社1985年版，第47页。

者“以蛮治蛮”的目的。

这段时期中，城步苗区属初郡范畴。

隋朝建立以后，把州、郡、县三级改为州、县两级，裁减了不必要的机构。在边疆少数民族地区则开始设立羁縻州。

唐代，封建王朝为了笼络各族首领，在南方各族地区普遍建立了羁縻州，任用各族首领为刺史，从贞观到开元（627—741 年）的 100 多年中，唐王朝在南方各地建立的羁縻州多达 856 个。

宋代南方各族地区，仍然实行“树其酋长，使自镇抚”的羁縻政策。

唐末五代时，在诚徽州（今湘西南）苗、侗、瑶各族地区，有飞山峒“蛮酋”杨再思盘踞，以飞山（在靖州境内）为中心，割据今靖州、城步一带，史称“飞山蛮”，自称飞山令公。马殷占据湖南后建立楚国，杨氏归附马楚，以其地为十峒，以其十子分领，号称十峒首领，建立起封建领主的统治。其三子杨正修居城步之赤水峒，即今城步蒋坊乡及绥宁县之关峡苗族乡一带。

宋熙宁年间（1068—1071 年），宋廷以“章惇经略五溪蛮事”，将各州改设为军事统治为主的“军”和“砦”。“城步砦”就是此时设立的。“城步”因此而得名。

秦时，秦朝的军事编制中设有“戍卒”，用于守边，对边境和少数民族地区进行军事上的控制和防范。秦始皇曾将中原数十万人中的一部分迁徙到城步现十万古田屯驻，以加强对城步苗区的统治，并防范在两广一带的百越民族北上。在此期间相当一部分世居城步的骆越民族被赶往广西、广东一带。这就是历史上封建王朝对城步的第一次用兵。

汉时，也曾对城步苗区多次用兵。如东汉光武帝于建武二十三、二十四、二十五年的三次征五溪，安帝、顺帝、桓帝、灵帝时对“武陵蛮”的多次征剿，三国时蜀相诸葛亮征南蛮，并在城步县城巫水（雄溪）旁边所建的南城；钟离牧“平五溪”；西晋荆州刺史陶侃的二次出兵五溪，南北朝宋荆州刺史沈庆之讨“五溪蛮”等等，这些战争无不给武陵五溪地区的苗族带来深重灾难，造成大批苗族同胞流离失所。如“武冈”即得名于汉王朝征讨“五溪蛮”。据嘉庆《武冈州志》（卷三〇）载：“后汉伐五溪蛮，蛮保此冈，故曰武冈。”后汉及唐时的武冈县城在今城步苗族自治县的县城所在地。那时的武冈包括今城步苗族自治县、武冈市、洞口县、邵阳县、隆回县的一部分和靖州苗族侗族自治县。由此可见，远在东汉时，由于封建王朝的“征讨”，苗族向南已迁徙到湖南的西南部定居下来。

宋以前，各封建王朝未曾在城步苗区驻有军队，更未设立过军事组织，一旦城步苗区事发，则从城步苗区的近邻武冈、靖州或广西桂林等地调集军队，加以弹压。事平之后，官军又返回原驻地。大约缘于此故，城步苗区虽说乃弹丸之地，往往动辄举事，给封建王朝带来诸多麻烦。为加强对城步苗族地区的统治，宋王朝总结前朝对城步苗区治理的经验教训，于宋神宗熙宁八年（1075 年）建城步砦。这就是封建王朝在城步屯兵之始，也系封建王朝在城步苗区最初设立的军事组织。

二、羁縻时代的城步苗族经济和社会制度

秦、汉至唐、宋时期，武陵、巴郡、邵陵等地，是苗族分布最多的地区，也是除南郡、江夏、庐江、九江、长沙等郡之外，社会经济比较发达的地区。此时，城步隶属邵陵郡。

这一带的生产普遍以农业为主，兼畜牧、狩猎。农业生产是“火耕水耨，民食鱼稻，以渔猎山伐为业，瓜果蠃蛤，食物常足。其水稻的栽种方法是：春季先将田间杂草除掉，引浅水种稻，稻生以后，草又长出，然后再灌水，将杂草淹死。其山坡地则种粟类，仍是刀耕火种，广种薄收”。农耕收入不足，则靠渔猎补充。生产中已普遍使用铁质工具。

秦汉时期，城步境内出现用碓舂米，一直延续至新中国成立后的 20 世纪六七十年代。明清时期，开始用水碾米，木榨榨油，石磨磨粉。直到新中国成立后，才开始利用现代化的电动机碾米磨粉。

到羁縻时代末期的宋末，城步苗族已开始掌握并使用淘采沙金技术。城步沙金矿分布多处，且泥沙含金量较高，达到每立方米泥沙产沙金 0.2—3.25 克。宋后，城步苗族利用冶金技术制作金银首饰的工艺逐渐推广开来。

至唐宋时期，武陵、邵、桂一带社会经济已有显著发展，农业方面，

湘、桂、黔边区，已是“稻粟再熟”，一年可收两季。耕地面积亦有所增加。杨、蓝、陈、潘、秦等姓氏苗族，对城步开发曾经作出过巨大的贡献。如诚徽州“飞山蛮”的潘金盛、杨承磊，他们于唐末以飞山为中心，割据今靖州、城步、绥宁一带。马楚时期自立十峒，号称十峒首领，并以其族分领各州峒，直至宋代虽以其地内附，但实际上叛服无常，自发建立起封建领主的统治，产生了以租佃制为特征的封建地主经济。他们世代据有大片土地和众多人口，显然已经是封建领主。北宋建中靖国元年（1101 年），苗族蓝氏一家，就在城步白蓼洲、落狗山、马鞍山以及拦牛峒处，垦田 4000 多亩，据城步苗族《蓝氏墨谱》记载，“有四十八个田坝口，昼夜流水响呵呵”。最典型的是，他们还在白蓼洲筑堤修坝，以加强稻田灌溉。现城步造纸厂白蓼洲电站大坝，就是蓝氏建中靖国年间筑水坝的旧址。它是城步苗族除筒车外，第二件人工利用水能的工具。其他诸如蒋、向、邬、肖等姓苗族，开田亦不少。这就说明，城步这块地方以前大部分土地为不毛之地，因人口稀少，无法开垦耕种，进入宋以后，经逐渐开发，耕地面积才多起来。当然，它与川、滇、黔等苗族集中聚居区比较而言，又属开发较早区域，或称之为被汉民族地区文化所裹挟。在汉族地区发达的经济和文化的影响之下，就全国苗区而言，它率先进入封建社会。如前所述，城步蓝姓苗族，于北宋建中靖国元年已成为封建领主，它不但有领地，而且还有部曲（武装），统治权长期世袭。苗族杨氏、蓝氏、李氏等领主，都各有部曲数百至千余人。如蓝氏苗族除拥有大面积的土地外，在沉江渡有渡船田，有祭祀祖宗的香火田。发展到后来，都相继变成封建地主，如蓝氏在拦牛峒所开的香火田，后为佃民杨盛聪，江通海所侵占……

随着土地的不断开垦、种植，与此相适应的社会组织逐渐出现。城步苗族早期的社会组织为“溪”和“坪”。故城步以“溪”和“坪”命名的地方较多，如宋溪、款溪、清溪、塔溪、城溪、中溪……汀坪、白毛坪、糁子坪、斋坪、茶坪、长坪……这些地名乃远古时代社会政权组织名称之遗存。

远古时候，城步乃原始森林区域，境内古木参天，藤萝缠绕，飞禽猛兽出没无常，不断伤及人畜。古人开始迁入时均沿平坦、低洼的地方迁徙。与高山峻岭比较，自然溪、河流经的地方适于远古人类生存。为防飞禽猛兽以及蛇蝎攻击、伤害，往往聚族而居，故一条溪流属一个支系盘桓，便于联络，便于团结一致对付恶劣的生存环境。久而久之，“溪”之名逐渐演变成他们的支系之名。此即“溪”的由来。

支系之中，有时为了向大自然获取食物，有时为分配所获，并处理与外支系在猎取食物上的矛盾等等，需要召集支系成员商议对策，这就需要一个平坦的地方集会。因人数众多，所选择的场地既要宽大，又要平整，这种场所就取名为“坪”。“坪”一旦确定，经久用之不变，故“坪”也就成了一支系的代名词。此即“坪”这一古代社会政权组织的由来。随着社会的发展和城步苗族地区的进步，“溪”这一支系的社会组织为其他组织名称所替代，“溪”这一支系名称逐渐消失。到后来，逐渐演变成溪水名，不再是苗族支系名称。“坪”亦然。

至于“溪”“坪”社会组织之大小，应是“溪”的社会组织大而“坪”的社会组织小，由若干个“坪”才组成一个“溪”。其依据是苗族杨、蓝、潘、李、秦、刘等姓氏最初进入城步时，在地盘的占有上，有一个“插标为记”的记述（详见《兰氏墨谱》）。

“溪”“坪”这种社会组织逐步组建后，得建立一些规章制度来制约本“溪”“坪”的组成成员，这样“苗款”就应运而生。

苗款是社会历史发展的产物。约在原始氏族社会晚期，社会生产力有了进一步的发展，生产资料的获取和领地的逐步扩大，社会上纷争事件日益增多，人们群体（氏族）之间矛盾也日益频繁。这时，苗族社会内部产生了一种带有军事联盟性质的、以地域为纽带的民间社会组织形式。这些民间组织邀集各村寨头人族众“彼此相结，歃血盟约”，以处理氏族与氏族，村寨与村寨之间的重大事务（诸如抵御外侮、组织战争等）以及矛盾、纷争，这种规约，苗族曰“款”，或“合款”。“合款”既是苗族的立法组织，又是苗族的执法机构；既是一种内部自治的法权组织，又是一种抵御外侮的军事组织。款对合款的氏族或村寨具有法律法规的性质。款组织有大有小。大小款均有款头，款头一般由款众推选德高望重、办事公正的长者或寨长担任，几年一换，并不世袭。款区有坪或曰款坪，是聚众合款、制定款约、发布款规、处理违款事件的地方。

款有款规款约，款规款约由款众共同协商议定，盟誓执行，由款头当众发布，付诸实施。这种款规款约称为款词。苗族的原始款词是埋岩为盟。如广西融水苗族自治县有“埋岩古规”民俗，这种盟诅要约、乡规民约等是不成文的法——又名石头法，款民视之如金科玉律。尔后，为了便于讲诵和记忆，款头们采用生动形象的汉文字加以记录。内容上有所发展，将苗族祖先的一些历史事件，诸如氏族起源、迁徙、习俗等记录下来，并在族众聚会时宣讲，使广大苗民受到教育，因此它的内容由社会规约（法学）方面发展到历史、文学、艺术、民俗、宗教等领域。

榔款的主要形式都是通过会议来制定规约形成习惯法的。其进行方式有两种：一种是祭酒议事，一种是歃血盟誓。所谓“祭酒议事”，就是众人制订条款，通过举酒对天地、对祖先、对神灵发誓，使之成为大家共同遵守的规约。所谓“歃血盟誓”，就是一寨或数寨乃至数十寨结盟共同议定大事，通过吃血酒对天地、神灵发誓，使之成为神圣不可逾越的条律。大家坚守信用，死不反悔。这两种议事方式都可以称为“榔款”，“榔”就是地方，“款”就是条文或规约。此等所议各事，每以碑刻记事，其碑埋插在地，永远遵守；也有一些临时议事的不一定刻碑，而是“刻木记事”。

以“合款”或“吃血酒”形成的一寨、数寨乃至数十寨的民众组织，都是一种通过立誓议事的会议组织，它是以地缘为主的一种民众组织形式。款有大有小，独立存在不相统属。款规一般都是由民主议定，可一年一议，也可数年议一次。

款的内容包罗万象，有关苗族社会的政治、经济、军事、文化、风俗习惯、宗教信仰到民事诉讼等等，它都涉及。

在历史上，对于苗族内部来说，“合款”是政治、法律、经济的一个综合体，是苗族社会结构的一种主要组织形式。首先，它是组织、团结苗民共同抗暴驱恶，反对封建统治阶级民族压迫的坚强堡垒；其次，合款还是苗民制定习惯法和对内部管理生产维护社会治安的主要组织形式。南山苗民雍乾大起义，苗民起义军首领粟贤宇就是利用合款来联合湘、桂、黔三省边境各族人民（主要是苗族人民）进行反抗斗争的。

苗款对苗族人民思想意识的影响非常深远。苗族人民的不畏艰难险阻，不畏强暴，除了民族的因素以外，另一个因素就是苗款的维系作用，是与款的长期存在和流传分不开的。

三、羁縻时代的城步苗族文化

（一）习俗文化

1. 服饰文化

秦汉至唐宋时代，由于苗族大部分已迁徙至武陵五溪地区，于是形成了某些适应山区生活的风俗习惯，有着苗族独特的民族语言和服饰，“衣服斑斓”，“好五色”，“赤髀橦裙”，“以斑布为饰”。苗族妇女自古以来喜爱有颜色和花纹的衣裙，其颜色用树皮木叶煮染而成。城步苗族妇女的裙子大多数绣有三条有波浪的粗花边（俗称梅条），据说是代表黄河、长江和湘江，小花边代表溪流。男子的披肩上绣有山字形状图案，代表山川；绑腿上的菱形图案代表城市。远古时期，蚩尤苗军在涿鹿大战中失败后，苗民分批向西南方向迁徙逃难，经历了历史上最悲壮的“长征”。为了让子孙后代永远牢记苗族先辈们这段苦难史，苗族妇女们将迁徙途中渡过的河流、翻过的山川绣在裙子与披肩上，代代相传，使苗族迁徙的痛苦历程通过服饰标志流传至今。

2. 丧葬文化

关于宋以前的苗族丧葬习俗，唐代《朝野佥载》（卷十四）有记载：“五溪蛮，父母死，于村外阁其尸，三年而葬，打鼓路歌，亲戚饮宴舞戏，一月余日。”从记载看，唐宋以前，苗族中流行“拾骨”葬（即二次葬）、崖葬等不同习俗，往往因地而异。但其中“无被发袒踊”、“无丧服”、“亲疏咸哭”、饮宴鼓歌等则具有普遍性。近代以来苗族的某些丧俗，早在唐宋以前即已有之。[①]

苗族历史上的丧葬方式经历了风葬、火葬、树葬、崖葬、悬棺葬、岩

① 伍新福、龙伯亚：《苗族史》，四川民族出版社 1992 年版，第 148 页。

洞葬等多种葬式，近代才普及土葬。风葬是将尸体放置枫树枝上让其自然风干的葬式；火葬主要用于战争中死亡或难产妇女及重大传染病患者的葬式；树葬是将尸体塞进古树洞内的葬式；崖葬则是将装有尸体的棺材藏于悬崖下岩穴内；悬棺葬是将尸体装进棺材升至数十丈高的悬崖上方的天然岩洞内摆放，若无天然岩穴，则在悬崖上方人工凿洞成穴，据说棺木摆放的位置越高越吉利，其后代越兴旺发达；崖洞葬则是将棺木置于坡度不太陡的山坡岩穴内。后来因棺材过多、崖洞越来越少，受汉族的影响，至清代后期苗族地区普遍流行汉族民间“入土为安”的土葬方式。我国福建、江西、云贵和武陵山区等苗族聚居区曾发现有多处悬棺葬、崖洞葬的遗迹，这是苗族和其他民族历史上最久远的葬俗。岩洞是人类祖先灵魂的理想安居之处。苗民的宗教观念认为，人死后其灵魂虽然与肉体分离，但永远存在并护佑其子孙。人死后其灵魂一分为三：一个居守在坟地，一个住在家先神龛上，一个则沿着祖先迁徙而来的路线回到先祖最初居住地与先祖的灵魂团聚。道士为新逝亡者念经“开大路”就是指示新亡灵，告知其路线回到祖先最初居住处的“送别”仪式。苗族宗教观还认为，原来居住在黄河下游的祖先灵魂为了方便护佑儿孙后代，也随后代的迁徙路线来到西南大山区，但因后代们的服饰、饮食习俗和居住环境都发生了新的变化，无法识别后代们的屋居，只好居住在村寨附近的岩洞里。苗民将新逝者的遗体安置在村寨附近的岩洞内，就是方便新逝者的亡灵与先祖的亡灵在岩洞中团聚。这就是苗族先民西迁南下定居后兴起岩洞葬式的主要原因。我们现在仍可看到的城步杨姓先祖杨令公再思墓就属典型的崖洞葬。杨再思墓地位于城步县城儒林镇十里树村与大竹坪村东面半山腰岩洞“龙开口”处。据《杨氏族谱》载：杨再思生于十二月二十六日，系湘西南、黔东北杨姓苗族始祖，是唐末统管飞山十峒政治、文化、军事的首领，五代时奉守沅州。后唐明宗李亶丙戌（926 年）授湖南省都钤辖使、左仆射尚书等职，为唐朝西南地区的社会稳定作出重大贡献。他先后两次封王、两次封公、五次封侯，深受万民拥戴，殁后被世人尊称为“令公”。后周显德元年甲寅（954 年）卒于靖州，享寿 94 岁，葬于城步，立祠于靖州之飞山。据民间传说，杨再思之妻一品夫人潘氏（民间称杨令婆婆）为给

杨再思墓

杨再思寻找墓地，令本家族的地理先生们分成几组赴贵州、广西和湖南三省寻找风水宝地。地理先生们找到多处岩穴，经筛选后只有贵州黎坪长岗岭和湖南城步十里树东山两处洞穴最为理想。而黎坪距靖州太远，沿途山高路遥，水深流急，后代祭祀不便，又难以守护。而城步十里树东山的“龙开口”岩穴海拔不高，距靖州较近，后代祭祀方便；墓地前地势平坦，左边云雾岭山脉“青龙”起伏有序，右边“白虎”水口坚守。墓地后面的十八罗汉山千姿百态，气势磅礴，形神厚重，势雄力足，是日后出文臣武将的最贵吉穴。于是杨令婆婆决定将杨令公的遗体葬于此处。为防不测，在扶柩出寨时，杨令婆婆下令将九副棺材同时抬出寨门各奔东西，令世人真假难辨。在长岗岭和靖州飞山等地设疑冢八处，秘密地将遗体安葬于十里树东山“龙开口”岩穴，乾山巽向立坟，并将真实葬地记载于《杨氏族谱》。刚安葬完毕，岩穴上方一块巨石轰然坠落，严实地盖住洞口。这种葬式一般是选择在远离村寨的山坡高地岩穴内，不占用耕地，不毁坏林木，不污染水源，对村寨周边的自然环境不造成影响。[①]

① 杨盛科:《杨再思墓葬式探源》,《城步文史》第九、十合辑，2013年版，第101页。

3. 节庆娱乐文化

铜鼓是我国南方一些民族在历史上广泛使用的重要乐器。苗族是最早创造和使用铜鼓的民族之一。根据考古学界对已发现的铜鼓的测定，它最早出现于春秋时代，兴盛于秦汉至唐宋。唐宋的典籍中关于铜鼓的记载很多。刘询《岭表录异》载："蛮夷之乐，有铜鼓焉。形如腰鼓，而一头有面。鼓面圆二尺许，面与身连，全用铜铸，其身遍有虫鱼花草之状。"朱辅《溪蛮丛笑》云："溪洞爱铜鼓甚于金玉"，"蛮地多铜鼓"。《宋史·蛮夷传》载："其族铸铜为大鼓。初成，悬庭中，置酒以召同类，争以金银为大钗叩鼓，去以金钗遗主人。相攻击鼓以集众。"作为乐器，铜鼓多用于征战、婚丧、节庆和祭仪，并常同歌舞结合，苗族地区盛行的"调年鼓"习俗，早在唐代就已形成。[①]

芦笙也是苗族古老的乐器之一，且是苗族最具代表性的乐器，我国南方苗、瑶、侗、水、彝等族均有芦笙，而在苗族中最为流行。据考察，早在春秋时代就已出现，至唐宋时代，在苗、瑶等民族中盛行。芦笙常伴舞，叫芦笙舞，至唐宋时代已十分流行。芦笙舞是苗族最具代表性的舞蹈。跳芦笙舞人数不限，一般是且吹且跳，或一部分人边唱边跳。芦笙曲激昂洪亮，变化较少。芦笙舞舞步轻快，变化有序，舞步动作快速摇摆、旋转、矮步等，其动、静、徐、疾多运用曲调的抑、扬、顿、挫进行调节。跳芦笙舞时，男以吹芦笙为主，动作粗犷豪放，女以跳舞为主，动作娇美、稳重。圆润的女声配以洪亮的芦笙曲，节奏分明，娓娓动听，令人陶醉。芦笙舞一般在重要喜庆活动、宗教节日举行，通过跳芦笙舞以增添节日的喜庆气氛，同时达到愉悦身心的目的。

苗族爱过端午节，早在唐宋时代，端午节龙舟竞渡的习俗在苗族中已很流行，农历五月十五日划龙舟的习惯，至今在不少苗族地区还保留着，谓之过"大端午节"。武陵五溪地区包括城步至今流行既过五月初五的"小端午"，又过五月十五大端午的习俗。城步杨姓苗族盛行五月初四过端午，相传杨氏应朝廷征召，农历五月初五要赴前线打仗，故提前改在初四

① 伍新福、龙伯亚：《苗族史》，四川民族出版社 1992 年版，第 150 页。

过节，其俗流传至今。

城步苗族在饮食民俗中保持了农历四月初八吃乌饭的习俗。城步蓝、秦两姓苗族四月初八吃“乌饭”，是为了纪念自己的祖宗。所谓“乌饭”，就是用糯米与新鲜的乌泡草、南天竺、夏粑藤等草木叶子浸成乌汁的水煮熟而成的呈乌红色的饭。如果将乌饭再倒入碓臼舂成粑粑，就叫乌饭粑粑。城步杨姓苗族吃乌饭，是为了祭祀传说中的祖先杨文广和杨金花兄妹。相传宋代杨家将领杨文广南征广西柳州时被俘，其妹杨金花每次送进饭菜都被狱卒抢吃。聪明的杨金花便做出一锅乌饭和乌饭粑粑装进篮子，内藏一把短剑和一封密信，狱卒见饭色难看，不敢抢吃，便送进狱中给杨文广吃了。杨文广久饿难忍，饱食一顿，顿时力气倍增，便按密信所言，持短剑杀出牢狱，与其妹里应外合，终将敌军打败，占领了柳州内罗城。这一天正好是四月初八。杨氏后裔为了纪念杨文广、杨金花兄妹，便形成了每年四月初八吃乌饭的习俗。

（二）宗教信仰文化

伍新福、龙伯亚在《苗族史》中指出，自秦汉以后，苗族逐步进入了阶级社会。在原始时代所产生的宗教信仰和崇拜，不少仍继续保持了下来。但同时，与阶级社会相适应，又产生了某些新的宗教信仰和崇拜，它主要是产生于对阶级社会中各种社会力量的神化……由于社会发展的相对滞缓和其他原因，原始时代产生于“万物有灵”的原始观念基础上的自然崇拜、图腾崇拜和祖先崇拜等，秦汉以后在苗族中依然有不少沿袭了下来。

城步苗族自治县的每个苗族脉系、每个村寨都有各自的崇拜对象。每一个家庭都有供奉的崇拜偶像图腾，他们把崇拜图腾供奉在家仙神龛位置上，寄托着苗族人民对美好生活的追求，对避灾免祸、健康平安、五谷丰登的期盼。希望图腾显灵，保佑出入平安，子孙发达，添财添喜添寿。主要的图腾崇拜有：

1. 龙图腾崇拜

龙，原是我国远古时期苗族先民的图腾，苗族民间舞龙文化是古代龙图腾的直接发展与延伸。《山海经·海内经》载：“南方……有人曰苗民，有神像人首蛇身。”苗族先民以龙为崇拜图腾是因远古时期的生活环境所决定的。远古时期的蚩尤部落由中原南下到江淮流域一带，这里江河湖泊纵横，苗民逐步形成了水陆两栖的生存方式，因而在他们心目中产生了一种形似鳄鱼的崇拜偶像，后来这种偶像发展为鳄唇、牛鼻、马耳、鹿角、狮须、鳞身、鸡足、鳅尾等综合体的“龙”神，被尊称为能呼风唤雨主宰生灵的神圣。他们认为有龙神护佑会风调雨顺，五谷丰登。随着封建社会统治势力争相割据，民族压迫愈演愈烈。作为弱小民族的苗族先民被迫向西南山区迁徙，有的顺流而上，有的进入深山老林，无论是刀耕火种还是狩猎为生，都期盼有劳有获，有种有收。所以龙的图腾在苗民的意识里就根深蒂固了。时至今日，城步苗乡依然盛行舞龙（又称舞龙灯）活动。[①]

龙凤呈祥石雕

2. 狮图腾崇拜

狮是自然界中的凶猛动物。据史料记载，狮子在唐朝以前就由西方波斯国进贡给我国龟兹（今新疆库丰地区）放养，以后逐渐传入内地。人们喜爱狮子勇猛无畏的形象，而城步苗族人民则把狮子作为民族崇拜图腾，把它用石头雕刻坐在寨门或风雨桥头左右两边，有的寨主或富庶人家

石狮护院建筑

① 杨进步：《苗族原始图腾崇拜与体育文化》，《城步文史》第九、十合辑，2013 年版，第 52 页。

则把狮子安放在门口两侧，作为高尚宝贵的象征。在长期的生活过程中，城步苗族人民还模仿狮子的嬉戏与捕猎等动作创造了一种传承至今的舞狮文娱活动。[①]

3. 凤图腾崇拜

凤是传说中的神鸟，也是美丽年轻姑娘的化身，她的图腾代表着吉祥、和美、幸福。早在西周时代就出现了《关雎》的诗篇，描绘了年轻男子向女子示爱亦即凤求凰的美好情节。到了汉唐以后的楚越文化便把美丽女子描绘成凤了。城步苗族人民非常看重凤图腾，把青年男女婚姻比作龙凤相配，新婚床上要雕刻龙凤图案，新婚仪式要举行“摆轿落凤”活动。结婚那天，男方用八抬大轿到女方家迎娶新娘，在到达新郎家约100米的地方就开始摆轿行“落凤礼”。主婚人边燃放鞭炮边唱道：“一只金凤飞过坡，选得梧桐要落脚，选得才郎配貌女，恩恩爱爱得长久。”抬轿的八个男子则齐声回应：“嗨呃，恩恩爱爱得呀得长久啰！”

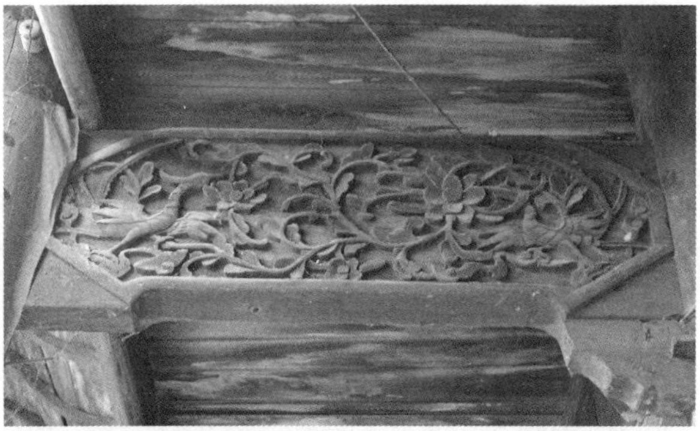

双凤朝阳廊雕

随即摆起轿来，八男一齐向右边跨出一大步，轿子向右边摆斜30度左右，八男齐喊：“嗬嗨！”然后又向左边跨出一大步，让轿子向左边倾斜30度，再同喊“嗬嗨！”这样边前进边摆轿，一走要走九九八十一步，轿子左右摇摆八十一次。这样，新娘被摇得天旋地转，头晕目眩，就如现今“晕车”“晕船”“晕机”，实现了“落凤”的效果。[②]

① 杨进步：《苗族原始图腾崇拜与体育文化》，《城步文史》第九、十合辑，2013年版，第52页。

② 杨进步：《苗族原始图腾崇拜与体育文化》，《城步文史》第九、十合辑，2013年版，第52页。

4. 梅山图腾崇拜

梅山娘娘原名叫吴彩鸾，是前汉时期楚国西南山区梅山一位十分刚烈的女子，她因不满父母贪图富贵逼女嫁给年老凶残的财主做妾，即在出嫁的当夜烧毁嫁妆而赤身裸体离家出走。在山溪边啼哭时被一猛虎驮入山林，百兽仰慕其美貌如仙，尊之为"山大王"，听其驱遣，苗族人民称她为"梅山娘娘"，那些以狩猎为主的苗民，更是尊其为"山神"。而其图腾则是一个双手着地倒立的女神，谁家将她的图腾供奉在家仙神龛边上，谁家就五畜兴旺。猎户在上山打猎前，由师傅主导拜梅山上香，并画符念咒"奉请梅山娘娘大驾光临，用五路兵马将野猪、野熊、麂子、乌獐、豹子速速赶来，赶过三坊四坳，赶过九冲十八槽，赶过山坡山岭，从四方八面齐聚到弟子铳口上，一炮一个，有喊有应，百呼百灵"。然后大家进山，并将符咒放在山口主道上用石头压着。一声哨筒吹响则猎户个个散开，从大山的各个方向进入并放出猎狗搜索，将猎物从灌木山溪边、山洞草窝里赶出来。猎物驱出来后，首发现者即吹响二声长哨筒，让各个猎户注意守好山岭隘口。三声连续的短哨，即示意猎户快进入隘口，请枪炮手做好准备。铳响之后猎物被打中，枪手即吹长哨通知其他猎手报喜。如猎物带伤逃走，则用短促哨提请下一个隘口的枪手注意，不要放过机会。凡围猎到的猎物，兽头及四足给枪手用来敬梅山神，其余即所有围猎者平分。枪手占两份，其余每人一份，甚至参与围猎的旁观者也有一份。二是放夹、张套。猎户在野兽必经之道口开挖一个小坑，然后放上钢夹或麻绳活套，再用细土、树叶、杂草掩饰。放置前要请梅山神，放好后必须在兽道两头行人可能经过的地方一米二高处横缠一根木棍或小绳，中间系上一丝红布条，告诫人们不要通过，以免套夹伤人。套夹放置后，猎户要每天看一次，连续七天，如没有夹住野兽则收回套夹，如夹住野兽后即背回来摆香案敬梅山神。三是放弩铳。猎户发现有大型野兽盗食红薯、苞谷等，估计当晚又会出现，即在土地周边用柴草夹住围栏，留一个必经道口，傍晚时分在家里敬了梅山神，去道口边绑架上弩铳，装上火药、铁码、铁砂，再在道口横上一根绊绳连到枪扳机上，用柴草掩饰着。铳口只能架 1.4 尺高，在行人道上用柴棍拦着连上红布条，提醒经过的夜行人。在家里半夜若听到铳响，家里的男人提着猎枪赶往现场，将猎物抬背回家，摆香案谢梅山神。[①]

5. 吞口图腾及其镇妖避邪活动

吞口菩萨是一个木雕的凶猛形象面具，面容竖眉鼓目吊睛，青面獠牙，口大如盆。吞口的原型是钟馗，相传为商末周初时玉帝赐予姜子牙麾下的三员大将（二郎神、土行孙、钟馗）之一。商纣王时，纣王依赖妲己等妖魔鬼怪危害苍生，天下灾疫横行，民不聊生。周武王替天行道讨伐纣王，姜子牙请求太上老君赐将灭妖，玉帝便差钟馗下凡助阵。钟馗冲锋在前，张开血盆大口，将妲己等众妖孽尽数吞入腹内，扫清障碍。纣灭周兴，姜子牙奏请太上老君为钟馗记功，并请玉帝降旨令钟馗永留人间，擒妖捉怪，永保苍生安宁，玉帝准奏。自此，苗家人便将钟馗首像悬挂在大门正中上方敬奉，祈祷吞口菩萨显灵，避妖除怪，人丁平安。

吞口图腾不能随便悬挂。凡悬挂吞口图腾的村寨或家庭，是村寨或者个人遭受了特殊的变故，或是天灾人祸，或是瘟疫霍乱，或是癫痫发疯等厄运，苗民认为是妖魔鬼怪作祟，于是寄托于吞口菩萨驱鬼除妖转危为安。因吞口属于道法神圣。凡遭遇上述厄运的村寨或人家，必请抛牌过法的道士主持设傩作祭。驱邪活动分两种类型，一是摆香案请神驱邪。如果是一户人家遭遇灾祸或久病缠身，便请法师上门求神施法。道士在堂屋正中摆上香案，上设三牲果品，燃香焚纸，然后穿上道袍，戴着吞口面具，左手拿惊堂木，右手拿桃木剑，口中念念有词，用剑向四方猛砍猛杀一阵。接着在神案前翻跟头，连翻七七四十九个，其中要有三个腾空跟头。然后杀雄鸡倒煞，将鸡血滴在驱邪道符上，滴在吞口面具上。祭祀仪式结束后，道士将吞口图腾挂在堂屋门上方或槽门口，再将道符贴到楼房的各个门口，再给一家人每人一张贴身收藏，以示吞口已将妖怪驱尽捉绝，会保一家人出入平安。二是设坛作祭驱邪。这是大型的傩祭活动。主要是一个村寨或一个地方遭遇流行瘟疫、霍乱等病害，就请三位有名望的大法师和众多弟子开坛作祭。可在庙堂、大晒谷坪进行。傩坛设祭时间是三天，

① 杨进步：《苗族原始图腾崇拜与体育文化》，《城步文史》第九、十合辑，2013 年版，第 52 页。

白毛坪乡黄伞村悬挂“吞口菩萨”的古民居

家家户户要捐钱、粮或鸡鸭，村寨还要杀猪宰羊煮酒，老老少少到场帮忙，看傩戏，开傩席，吃傩饭。第一天设坛上香开祭，唱傩戏。所有道法弟子身穿道袍，头戴吞口面具，手握桃木神剑，敲锣打鼓吹唢呐，围着祭坛边唱边跳边舞，表演钟馗大破诛仙阵、扫灭妖魔鬼怪的神话故事。第二天是上刀山下火海抛牌过法。这是傩坛的最高潮。先是下火海，在禾坪里燃起熊熊火堆，木炭宽 1.5 米，高约 60 厘米，长约 10 米，热浪灼人。这时只见一位法师念念有词，向神坛三鞠躬，喝一口神水当空一喷，然后脱去鞋袜和衣服，只穿一条裤衩，光着脚向火堆走去，从炭火堆中这头走向那头，尽管炭火熊熊燃烧，而法师却若无其事，走完火堆竟无半点烫伤。随后又从炭火中夹出两个火花熠熠的犁头，法师双脚穿进透红的犁头里，就像穿鞋一般，只见“叶”的一阵烟雾腾起，法师穿着犁头绕场一周，吓得观众连连后退，法师脱去通红的犁头，若无其事地拍拍脚板穿上衣服鞋袜。再是上刀山。法师在祭坛前竖立一根高约八米的杉木杆，上面横绑着 216 把刀口向上锋利的杀猪刀。法师在祭坛前三鞠躬后，脱去长衣长裤，只穿短裤短袄，双手向观众行礼问候，如有生病的小孩，则让法师背着上刀山，法师口中念念有词，双手攀着刀锋，双脚踩在锋口上，一步一步向上攀登，直到108坎顶峰，此时生病的小孩也不再哭闹了。师傅拱手向观众行礼，再踩着刀口一步一步下来，将小孩送还家人，小孩破涕为笑，病情已痊愈。三是抛牌过法，即为弟子授真传。三个法师各带一个徒弟在祭坛前诵经唱法，为徒弟穿上道袍，戴上吞口面具，向祭坛行三鞠躬礼。法师便用碗装着法水和几十根锋利的竹签或铁钉让自己的弟子当众喝下去，仪式叫“滚龙过江”，意思是竹签、铁钉化作水，妖魔鬼怪一口吞。然后师傅将法符纸贴在徒弟的喉咙上，用一把锋利的尖刀对着符纸，让观众用力拍打刀柄，而徒弟皮肤无损，这叫“刀枪敢挡”。最后请观众从山上砍数捆锋利的杉枝厚厚一层铺在地上，让三位过法的徒弟脱光衣服，光着背脊在上面滚来滚去，滚36次，站起来，背上却无半个血点，这叫“金铠铁甲”。过了三道关，弟子便是授了牌位，可以独立开坛施法了。第三天便是挨家挨户施法清扫。师徒们戴着吞口模具，穿着道袍，手握尺令（即镇妖木），舞着桃木剑，敲锣打鼓上门到各家去，为每家舞一道剑，敲敲吊楼木柱，洒一圈神水，在堂屋门上贴一个吞口图腾，便消除了邪恶，然后在寨门上挂一个木雕吞口菩萨，象征吞口菩萨镇守一方，妖魔鬼怪不敢侵犯，保佑村寨平安吉祥了。[①]

6. 其他崇拜

“盘瓠”崇拜。这一图腾崇拜在秦汉以后仍盛行于武陵五溪及邻近地区。城步称“盘瓠”为“盘古”，苗话叫“婆古”，自称为“婆古之后”，“婆古”“扁古”的故事至今仍在城步苗族地区流传。

“土地”神。城步苗寨地区随处可见土地庙，相传“土地”精于卜卦，信之者甚众，“苗人相信土地为管野兽之神，祀之可免野兽伤人”。

“飞山”神。城步杨姓苗族居住的村寨均建有“飞山庙”，为纪念杨姓始祖杨令公而建，至今香火旺盛。

“三十六堂神”（或称“七十二堂鬼”）。这是苗族进入阶级社会以后，所出现的各种统治权力和社会矛盾的产物，其形成时间一般应是在秦汉至

① 杨进步:《苗族原始图腾崇拜与体育文化》,《城步文史》第九、十合辑，2013年版，第52页。

唐宋的1000多年间。

（三）巫傩文化

城步苗民绝大部分都有“万物有灵”观念，信仰多种鬼神，一旦遇到灾祸或患疾病，就认为是鬼神作怪，便要延请巫师敬神驱鬼，开展傩仪活动。城步古时处于荆楚、骆越边界，境内有“巫山”和“巫水”，历来巫风极盛，傩仪活动长年不断。其中早在三国时期就有关于“巫山”“巫水”的传说。相传秦始皇二十六年（前221年），命尉屠睢为统帅，发兵五十万，分为五路南征。其中一路塞镡城[①]之岭。秦军在桂东越城岭山地同骆越人鏖战，擒杀广西骆越人君主西瓯君译吁宋。骆越人很激愤，遁入深山密林，伺机出山骚扰，并“相置桀骏”以为将，大攻秦人，大破之，杀尉屠睢，伏尸流血数十万，尸骨遍野，血流漂橹，致使山中溪流受到尸体污染，不能饮用。[②]直到蜀汉建兴三年（225年），诸葛亮率领大军南征九溪十八峒，深入城步的雄溪南岸边，因为涉过雄溪河，饮过雄溪水，结果人人腹痛难忍，上吐下泻，羸弱不堪，无法行军，只好就地安营扎寨，在雄溪北岸修筑土城。[③]驻在土城中疗养的战士们，每到夜晚便听到河里传来众人啼哭之声，而待到举起火把去河中探照时并不见人影，哭声亦息。待火把熄灭后，啼哭之声又不绝于耳。诸葛亮觉得好生奇怪，找到当地老人询问，得知此水叫雄溪，是从东南面楚越边界的古田山上流下来的，因被秦时战争污染，此水不可饮用，否则腹泻腹痛，难以医治。诸葛亮又问，雄水两岸百姓如何饮水？老者答曰全仗巫师举行傩祭，施治法术，祀神驱疫，澄清河水，方能饮用。于是诸葛亮令帐下备好三牲祭礼，亲赴雄溪岸边，设立祭坛香案，对着河面行傩施法，祭奠冤魂，驱逐疫鬼，并用羽扇指着东面的古田山叫巫山，将眼前的雄溪叫巫水。这一传说印证了城步苗族自秦汉以来就巫风盛行。

而且，从文献古籍记载来看，城步巫傩文化自古盛行。

---

① 镡城：即先秦时的镡城县，包括今黔阳县和城步县南部一带。

② 林河:《古傩寻踪》，湖南美术出版社1997年版。

③ 土城：诸葛亮于蜀汉建兴三年（225年）在巫江之滨修筑一座土城，遗址在今城步县城南隅，现称为南城。

位于兰蓉乡青云村的巫山

巫水风光

据《宝庆府志》记载：“信巫鬼，重淫祀，荆湖延连溪峒，祠祷华延。”“邵俗尚淫祠……迎巫歌舞其家，男女聚观。”其中所说的溪峒，就是指包括城步在内的“五溪”地区。

明代顾景星在《蕲州志》中写道：“楚俗尚鬼，而傩尤甚……刻木为神首，被以彩绘，两神散垂，项系杂色粉帨，或三神，或五、六、七、八神为一驾焉……高髻步摇粉黛而丽者曰金花小娘、社婆，髯而翁者，曰社公……迎神之家，男女罗拜。蚕桑疾病，皆祈问焉。其徒数千，列僮歌舞，非诗非词，长短成句，一唱众和，呜咽哀婉。”蕲州即明代的蕲州县，包括今绥宁、城步两县。

《武冈州志·风俗志》载：“都梁祷雨禳灾，皆用巫祝。”又据《武冈州志·岗蛮志·祭祀》载：“徭民畏鬼信巫，人病则曰‘有鬼’，延巫祈祷，名曰‘作鬼’……其崇奉尊信之神曰白帝天王，即竹王也。”城步时属武冈，文中所说“徭民”即指城步苗、瑶等少数民族。

从以上方志和历史文献记载可见，城步苗族自古至今，信神畏鬼，盛行巫风傩祭，“淫祀”甚多，素有“三十六堂神，七十二堂鬼”之说。

举行傩仪活动的原因，一是遇到瘟疫流行，死猪死牛，大人小孩生病，尤其是患疯癫，则要举行傩仪活动，以祈驱逐疫鬼，镇邪治病，人丁康泰，六畜兴旺，团坊清吉，村寨平安。

二是遭遇洪水泛滥，久旱不雨，或虫灾、风灾、火灾，或战乱年代的其他祸害，要举行傩仪活动，以祈神灵护佑。

三是见了怪异现象，如陨星坠落、麂子、山羊进寨入屋、豺狼虎豹伤害人畜，或老鼠变鸡婆叫，母鸡变公鸡叫，半夜牛叫等等，都被认为是不祥之兆，也要举行傩仪活动，以求祓除不祥，禳解灾殃。

四是媳妇久婚不育，或家人久病不起等，以为是鬼魂缠身，便要举行傩仪活动，驱逐魔鬼，以期生儿育女，家宅平安。

五是家有丧事，或遇到阵亡将士，都要举行傩仪活动，演唱《葬歌》，以祈祭奠冤魂，超度亡灵。

六是与人发生争田、争地和山林、水利纠纷，或丢失财物，也要举行傩仪活动，请求神判，对天盟誓，砍鸡头、捞油锅，以祈神灵降罪，惩罚恶人，期待因果报应，解决纠纷，以息争讼。

七是巫师授徒，飘牌过法，也要举行庆祝性的还愿傩仪活动，以求神灵和祖先呵护，道法有灵，祖师显应，香火通行。

八是为了求官求财，祈子祈寿，举行傩仪活动，祈福纳吉，以期官运亨通，子嗣繁衍，益寿延年。

（四）口头文学

秦汉至唐宋时期，是苗族口头文学的初步发展时期。这一时期所流传下来的诗歌、传说等口头文学作品是比较丰富的。与原始时代所产生的关于远古的各种神话和传说不同，由于逐步进入了阶级社会，各种社会矛盾和社会问题日益突出，故苗族在这一时期所创作的口头文学作品，就不再以反映人与自然的斗争为中心，而大量的是反映各种社会矛盾和社会问题。其中最富有时代特征的是反映城步各苗族支系向不同村寨迁徙的《迁徙歌》和关于男女青年爱情的“情歌”。

秦汉以后，苗族由江湖平原地带迁徙到武陵五溪地区，又从武陵五溪地区逐步向西迁移。城步苗族被迫离别江湖平原，跋山涉水迁徙到沅江支流巫水（又名雄溪）上游，途中历尽千辛万苦，进入城步境内后，苗族人民披荆斩棘，开田辟土，创造自己的生活。城步五峒四十八寨便是这时期开辟出来的。城步口头文学的杰作《学公爷》(又名《城步苗款》) 中就有对于城步五峒四十八寨的叙述。

《城步苗款》流传于城步苗族地区，通过“学公爷”的形式传承。“学公爷”内容丰富，有天地起源款、人类起源和艰难迁徙款、政权起源和行政区域款、苗族流源款、苗民起义款、款源款、合款、款坪款、坪头款、议事款、祭祀款、规款、条款、坪尾款、礼款、藏款等等。“学公爷”以口传心记的形式传承下来。

如“学公爷”关于城步“五峒”的传唱：

爷里，
当初多（侗）坐十团，
莫（壮）坐古宜龙胜，

苗坐九溪阳峒。
五峒的人众，
一婆天心挂良，
二婆地心雨落，
三婆同古五歌，
四婆落入黄土，
五婆上拦牛，
六婆下坪水，
七婆上石冲漫塘，
八婆十团横岭，
九婆九溪胡泥（扶城）。
杨同开天立地，
开府衙门。
景定元年立五峒，
立起莫宜峒，
蓬峒、横岭峒，
扶城峒、拦牛峒。
五峒乡里，
莫宜大峒。

又如“学公爷”中关于城步这支苗族开发城步的吟唱：

爷里，
说开公入，
地崽公爷，
不学公爷一出，
明月一落，
歌无言头唱起礼无根，
油草扯起来得远，

话里讲起来得长。
公爷出身有图，
落身有步，
礼数从北起，
百草从地开，
蒙搬过怪，
洞庭湖搬到洞庭湖。
初初年间，
老苗怕新苗
生苗住老苗，
去了云贵，
过了四川，
去了湖西，
人往高山，
水流低处。
一盘天心挂良，
二盘地心雨落，
三盘同戈五魁，
四盘大二黄土，
五盘上拦牛，
六盘下坪水，
七盘石村慢塘，
八盘十塘横岭，
九盘九溪阳峒。
大也小客到南京，
有也无畲破原有种，
十等聪明没落图。
的的京助不起长短。
初初年间，

东京不真，
南京不真，
西京不真，
北京不真，
正是大地出身。
开天进地，
出落洪龙州，
洪龙县，
西州白马县，
湖广大沙洲，
龙州太和县，
今州米粮府不落，
落入江西州鹅颈大丘头，
三十六个田坝口，
二十四条冷水圳，
乌鸦飞不过，
百鸟飞不到，
鸡捡米不熟，
人捡肚里全。

这段“学公爷”讲述了苗族源于北方即黄河中下游，后又由此向西南迁徙。城步苗族和绥宁、龙胜、资源等地苗族一道，都是从江、淮、荆迁来的。城步的原土著民族“蛮民”，自称“老苗”，有一部分又从城步往云南、贵州、四川方向迁徙，城步苗民后裔又往广西迁徙，融入苗族社会大家庭。

“学公爷”中还有关于城步苗族各大氏族如杨氏、蓝氏、银氏、阳氏、龙氏等苗族始祖分头开发五峒四十八寨的叙述。

远在上古时期，苗族先民们对天体运行，万事万物的存在和演变，就作出种种臆测，产生了许许多多的神话。城步苗族创作的口头文学《开天辟地歌》就是其中杰作，诗歌充满幻想，内容积极，全诗分为三部分，是轮回问答体，长达 730 多行。

《开天辟地歌》的第一部分叫《起歌》，叙述混沌初开，盘古诞生，日月升轮，天地产生。“混沌初开分天地，盘古出世第一人。两手举斧安日月，手托日月照乾坤。”

《开天辟地歌》的第二部分叫《盘歌》，采用轮回问答的方式，叙述了盘古开天地、日月星辰形成、人类产生、“三皇”（“天皇”“地皇”“人皇”）“五帝”治天下的过程。关于盘古开天地的神话，城步各地苗区广为流传。《盘歌》中传唱：“不提盘古不问你，提起盘古自有根，盘古怎么来出世，怎么来把天地分?”“混沌之时出盘古，大荒野岭来出生……清气上升成了天，浊气下坠成了地……盘古用斧来砍开，方才成了天地形。”盘古开天辟地后，《盘歌》又详细叙述了“三皇”治天下治乾坤的历史，“天皇出世人烟少，淡淡薄薄度光阴……造成天干定年岁，又立十二地支名……暑来寒往一年春。”“地皇太阳把日定，又有太阳把夜分。三十日来为一月，十二月来为一春。那时才有年和月，黎明才有昼夜分。”“人皇出于什么地，一姓共有几多人？人皇出世定天下，他在何处救万民？……行马山前来出世，兄弟共有九个人。九人九处治天下，他在当中照万民。……选取才德作用人，那时才有君臣分。”

关于“五帝”。“五帝”是传说中的上古帝王，时在“三皇”之后，是原始社会末期部落或部落联盟的领袖。有五种说法。一、《史记·五帝本纪》称是黄帝、颛顼、帝喾、唐尧、虞舜；二、《礼记·月令》称是太皞、火帝、黄帝、少皞、颛顼；三、《帝王世纪》《尚书序》称是少昊（皞）、颛顼、高辛（帝喾）、唐尧、虞舜；四、梁武帝称是黄帝、少皞、帝喾、帝挚、帝尧；五、《皇王大纪》称是伏羲、神农、黄帝、尧、舜。但在城步苗族的《开天辟地歌》中，尧、舜、伏羲、神农、少昊、颛顼、高辛都被提及。对伏羲的陈述是：“把伏羲说你听，他是五帝为首君……伏羲人君观天文，日月星辰山川影。又画八卦成三爻，六十四卦达神明。才来作起嫁娶事，治起婚姻礼仪生。女儿当嫁男为妻，人伦礼仪到如今。”关于神农的陈述是：“神农教民耕稼穑，女子采桑蚕吐绳。神农山中尝百草，十二毒神聚成群。神农尝得毒药剂，翻肠痛肚不安宁。……神农教民兴街市，事事相换得便宜。”从《开天辟地歌》对少昊、颛顼、高辛的陈述中看出，他们的政绩平平，历史贡献似乎不大。尧帝的功绩，主要是射杀风伯，平定妖风，射落九日，百姓安宁。至于舜帝，《开天辟地歌》中传唱：“舜帝勤耕于历山，雷泽地方打鱼人，当时牧羊黄河丘，又烧瓦器任河滨……四海威服称明君。”

《开天辟地歌》第三部分是《尾声》，共八行，是对全诗的总结。“盘古传，果然妙，开天辟地谁知道。又古怪来又蹊跷，堂前歌师无一逃。我把全本说与你，你今一一谨记牢。两军阵前武艺高，万马军中逞英豪。”

《开天辟地歌》是城步苗族先民对天地起源的模糊认识和对原始社会末期部落首领治政的扼要总结，教给后人，传承上古时期历史。这部口头文学代代相传，直到 20 世纪 60 年代，汀坪、五团、兰蓉、白毛坪一带仍在传说，由县文化工作者搜集整理，编辑成《民间文学资料第三集》（城步苗族古歌、风俗歌选），1980 年由湖南省民委、省民族研究学会、省民间文艺家协会整理编辑出版。①

第三节　羁縻时代城步苗族的反抗斗争

城步苗族的反压迫反征服斗争由来已久，远在汉代就已见诸史志。

据《武冈州志 · 大政志》载：汉光武帝建武二十五年（49 年）三月，伏波将军马援等伐五溪蛮，至十月平定叛乱。

据《后汉书 · 本纪》记载：孝桓帝元嘉元年（151 年）秋七月武陵蛮叛。“武陵蛮詹山等四千余人反叛，拘执县令，遣窦应明伐之，筑城守御。蛮亦屯结深山，有保都梁县山中者，号曰武冈。”

唐朝宪宗元和七年（812 年），武冈蛮獠乱，朝廷命潭邵戎师、御史中丞柳公绰招抚之。其招抚的详情，柳宗元著《武冈铭并序》，其铭记如下：

① 《开天辟地歌》摘引自《中国民间歌谣集成湖南卷 · 城步苗族自治县资料本》。

> 元和七年四月，黔巫（指城步——笔者注）东鄙蛮獠杂扰，盗弄库兵，贼胁守帅，南钩牂牁，西诱西原，置魁立帅，杀牲盟誓，洞窟林麓，啸呼成群。皇帝下铜兽符，发庸、蜀、荆汉、南越、东瓯之师，四面讨问。畏罪凭阻逃遁，不即诛。时惟潭部戎师、御史中丞柳公绰，练立将校，提卒五百屯于武冈（武冈此时在今城步县城），不震不骞，如山如林，告天子威命，明白信顺。乱人大恐，视公之师如百万，视公之令如风雷，怨号呻吟，喜有攸诉，投刃顿状，愿完父子，卒为忠信，奉职输赋，进比华人，无敢不耆，母弟甥壻，继来于潭、咸至天廷，皇帝休嘉式新，厥命凶渠，同恶革面向化，如醉之醒，如狂之宁。公为药石，俾复其性，诏书显异，进临江汉，益兵三倍，为时硕臣殿于大邦，文儒申之有此武功，于是夷人始服。闻公之去，相与舞蹈，……专务教诲，俾邦复平。我老洎幼，由公之仁，小不为虺蜮，大不为鲵鲸，……黔山之巅，巫水之磻，鱼骇而离，兽犯而残，户恐合窜，披攘叛乱，王师来诛，期死以缓。公明不疑，公信不欺，援师定命，俾邦克正……

唐末政治腐败，国势由盛转衰，各藩镇乘势纷纷拥兵自立，割据称雄。当时割据湖南的马殷，为了扩大自己的势力范围，不断派兵征伐五溪少数民族领地，以拓宽马楚疆界。五溪地区的一些大小首领慑于马楚政权的威势而纷纷献土“归附”，惟徽州（今绥宁、城步）、诚州（今靖州）首领潘金盛、杨承磊为了维护以苗族为主的“飞山洞蛮”的自主自立权利而奋起抗争。乾宁四年（897 年）马殷进军飞山峒，潘杨率义军主力偷袭马楚军的后方重镇武冈（时设于城步），马殷急调邵州（今邵阳市）率 5000 衡山兵往救援。起义军退守飞山峒。直到乾化元年（911 年）正月，吕师周率楚军击败了杨承磊进攻武冈（今城步）的义军，并抄小路偷袭潘金盛的心腹之地飞山峒。潘见飞山峒危急，急令杨承磊回师救援，遭吕师周沿途伏击，伤亡惨重，杨奋勇杀敌，壮烈牺牲；潘不幸被俘，押至武冈楚军大营斩杀，余部 3000 多人被杀戮。潘、杨牺牲后，杨承磊族人杨再思迫于楚军威逼，为保民族生存，也以其地附于楚，被奉为诚、徽州刺史。杨再思分其地为十峒，以其十子分别掌管，他自己则自尊为“十峒首领”，称“飞山令公”。

据道光《宝庆府志·大政纪·四》载，宋朝嘉祐三年（1058年），武冈（县治在今城步）苗族人民起义反抗朝廷，被时任邵州知州的郭逵镇压，90个团峒被毁。

庆历三年（1043年），宋军竟颁布“杀一蛮人，赏钱十千”的告示，鼓励宋军多杀“蛮人”。当时，宰相欧阳修曾为此上书曰：“蛮人可招不可杀”，但遭到了宋朝最高统治者的拒绝[①]。北宋元祐二年（1087年），绥宁、城步、靖州等地苗族人民在其首领杨晟台的领导下举行起义，举起了保“封土”斗争的大旗。宋朝廷遣湖北转运使唐义顺率10000多官兵镇压，义军联合广西融州苗人共同抗敌，宋军大败，大将王安阵亡。义军声势震动朝廷。当时任尚书右丞的苏辙在给宋皇帝的札子中建议放弃五溪蛮地所设置的州县，但未被朝廷采纳。朝廷又先后派谢麟、李湜督军镇压义军，“经制蛮事”。俩人在了解绥宁、城步的地形后认为在以苗族为主体的城步、绥宁一带少数民族地区设置州县的条件尚未成熟，向朝廷主张放弃所设州县，以缓和民族矛盾，后经苏辙做工作，才统一了朝廷大臣的思想，宋哲宗下诏对杨晟台免予“追讨”，“诸路所开道路，始置砦堡并废”。这次以南山为中心，以苗族为主体的城步、绥宁、靖州、融州等今湘桂两省边境的少数民族在苗族首领杨晟台领导下的苗族起义，迫使宋王朝罢兵，保住了“封土”，使城步、靖州、融州等湘桂边区，即南山苗区仍不划入“省地”，维护了以苗族为主体的少数民族自主自立的权利。

宋朝宣和二年（1120年）苗人再次起义，武冈进士周钦挺身前往招抚，苗人心悦诚服，归顺朝廷。[②]

据《宝庆府志》卷二和《武冈州志》卷二载：绍兴元年（1131年），爆发了杨再兴及其子杨正修、正拱所领导的苗、瑶、侗各族人民起义。南宋“招讨之”，不能平。绍兴四年（1134年），湖南安抚制置大使席益派

① 《续资治通鉴》卷143、174。

② 《武冈州乡土志》。

统制吴锡率官兵征剿，“大破之”①。义军虽然遭受挫折，但仍据险守御，继续坚持斗争。绍兴十一年（1141 年）杨再兴率领苗族义军攻绥宁，迫使地方官吏仓皇将“绥宁县治移武阳砦”②。宋廷在“内忧外患”的情况下，不得不改“剿”为“抚”。“帝曰恩威不可偏废，可怀则示之以恩，否则威之。不侵省地则已，或有所侵，奈何不举俾之所畏哉。”③朝廷以义军不侵犯“省地”为条件达成和解。是年“十二月，成忠郎充武冈军，绥宁县管界都巡检兼溪峒首领杨进京，率县族三百人，备黄金朱砂方物求入贡献，先请其子孝友陈请，诏本路帅司阅旧制以闻，给孝友钱三百贯，俾还叫进止”。绍兴十五年（1145 年）十月，杨再兴亦接受“招抚”归附南宋，受到高宗召见，“正修侍其父再兴入觐，献还省民疆土，遂令为官”④。

但是，南宋王朝仅仅给苗族酋长许以小官，并没有恢复其领地，加之“砦官每纵深入，略财物”，使民族矛盾再度激化。绍兴二十四年（1154 年）三月，杨再兴再次率苗族等族人民起义。南宋“遣边前军统制李道”征讨。义军与官兵激战数月，至七月，终因寡不敌众，义军首领杨再兴及其子杨正修、杨正拱不幸被俘牺牲。这次起义前后延续 20 余年。

秦汉至唐宋时期城步苗区的上述起义和反抗斗争，自然不会纯粹是由苗族单独发动的，其组织和领导成员也不一定都是苗族，但上述起义和反抗斗争都发生在城步苗族分布区域，无疑都有苗族群众参加。从范围看，这些起义和反抗，最后都以失败而告终，但每次起义和反抗都不同程度地打击了各封建王朝的统治，迫使统治者不得不整顿吏治，对其施行的政策做些调整，以缓和其阶级的、民族的矛盾。

城步苗族人民通过斗争，赢得了生存和生活条件的暂时改善，使得城步苗族人民能在艰难的环境中得以生存和发展。

---

①《宋史·高宗本纪》。

②《宋史·地理四》。

③《宋史·蛮夷传》。

④《宋史·蛮夷传》。

第四章

土司时代的城步苗族社会

第一节　土司制度的形成

元朝取代金、宋，统一全国后，袭用汉法，建立和健全了全国的行政管理机构。中央设中书省，地方设行中书省，简称行省，这是我国行省制的最初起源。行省长官称为平章政事。行省之下，设二十二道，长官称为肃政廉访使。各行省再划成若干路，路长官称宣慰使，边远地方的路称宣抚司、安抚司和招讨司，其长官则称为宣抚使、安抚使、招讨使。路下一般领州、县，少数民族地区州、县外还有长官司，下辖寨、峒、坪、村、团、部等，为最低一级的行政单位。在边远和少数民族地区，宣慰使、宣抚使、安抚使有由当地土著首领担任的，长官司长官和寨、峒等“蛮夷官”则均由土著首领担任，此外，有的府、州也任用土官治理，称“土府”“土州”。这些设在少数民族地区，由土著首领担任长官的宣慰司、宣抚司、安抚司、长官司和寨、洞等，以及土府、土州，后来即统称为“土司”。

土司制是我国元、明和清初时期湖广、黔、川、滇、甘肃等地区各少数民族委派该族人为文武官员，分封境内各少数民族世袭官职的一种与中央集权制对应并行的地方分权管理制度。元代产生的土司制度，实际上是唐宋时代羁縻州制度的发展，是封建王朝实行“以夷制夷”的一种形式。它最早始于南宋，元代普遍实施，明代逐渐发展完备，清初继承，是当时封建王朝统治南方少数民族的主要制度。各土司长官也像羁縻州土官那样“代袭其职”，“世有其土”。但与羁縻州又不尽相同。比较而言，土司跟中央王朝的关系要密切一些。土司要受路、府、州、县控制，要承担赋役，接受“征调”。而羁縻州与中央王朝则只是以定期朝觐和进贡的方式，保持着一种松散的联系。

土司有文职和武职两种：武职掌握军队，如宣慰使、安抚使、长官及土千百户之类，文职不掌握武装，如土知府、土同知、土通判、土推官、土州、土县丞、土主簿、土巡检等等。初期，武职隶属兵部，文职隶属吏部，统称土司或土官；后期，土司长官升任，不再经过吏部、兵部委任，而是由地方少数民族首领直接就任，上报兵部、吏部备案，子孙世袭。

元代苗族的分布区域主要属湖广行省，其次是云南省和四川省。从现今区划看，元代的湖广行省包括湖北、湖南、贵州、广西诸省大部和广东的部分地区。武陵五溪和原夜郎、牂牁地区基本上均在其辖区内。四川行省包括四川省，以及贵州北部和云南东北部。云南行省，除云南省大部分地区以外，还包括有贵州西南部。当时的苗族，有一部分归属湖广的常德、辰州、沅州、靖州、武冈、全州、融州、定远，四川的绍庆、叙州、永宁，云南的曲靖、东川、楚雄、临安、普安、普定等路、府、州，受流官的管辖；其余有相当部分处于各土司领地之内，受土司、长官和“蛮夷官”统治。

城步明代弘治十七年（1504 年）改土归流以前所有的土官，主要是苗族，其他族很少，但没有形成一个统治全城步的苗土司。

土司制度是一种经过充分发展和完备的封建政治制度。土司有私人武装，有一套完整的统治机构——土司衙门，有掌管各种事务的官员，设有监牢，使用刑具。苗族分布地区的土司，大都属武职，都有自己的武装。这种武装，贵州、湘西、鄂西、川东一带称为“土兵”，湘西南一带（含城步），称为“峒丁”。广西称为“俍兵”。一般统称为“土兵”。土兵有两种，一种是人数不多的职业兵，是世职兵。另一种是由广大的农奴组成，平时各自在家耕种，有事则聚集为兵。这部分人是土兵的主体。由于土司领地内的苗族多，加之苗族人民生性骠勇强悍，又能吃苦善战，因而苗兵在土兵中占有很大分量。

土司的权力和活动是受封建王朝的严格控制和管辖的。土司官职不论大小，均由封建王朝中央直接委任。土司机构的设置、人员编制的多寡，也由中央规定和认可。土司官职的袭替、升降、裁革，亦由中央主宰。土司要经常向封建王朝朝贡，还要缴纳赋税和提供劳役。封建王朝如有征讨之事，土司得毫无条件地率所部应征或提供物力财力，以表示忠实臣服。

元至正十六年（1356年），活跃于江浙一带的红巾军起义农民领袖张士诚，攻陷平口，嘉兴告急，元军无力应付。元朝廷急调城步苗帅杨完者（原名杨通贯），率领苗兵十余万到江浙一带协助抵抗。苗兵到江浙后，却受到元人的歧视和不信任，认为“苗蛮不当使之窥中国”[①]，不少苗兵因此愤而起义，参加了张士诚的农民军。这些城步苗民因此流落江浙各地。当然，有一部分苗族后来逐渐融合到汉族中去了。

在元末农民起义军中，以朱元璋为首的农民军最后统一了全国，建立了明朝。在朱元璋反元建国的事业中，城步苗族沐英和蓝玉两人，建立了丰功伟绩，成了明王朝的开国勋臣。

封建王朝和土司是彼此利用，互相依赖的。土司把封建王朝当靠山，他们需要封建王朝的册封和支持，使其统治合法化，用以巩固自己的统治地位。封建王朝则利用土司做代理人，以巩固其统治地位。尽管如此，他们之间仍然存在诸多矛盾。封建王朝的最终要求是中央集权，并认为土司“非我族类，其心必异”；土司则表面上对中央王朝毕恭毕敬，但一旦不如意时则反对朝廷。所以封建王朝在设置土司时，就尽可能将土司划多，以分其势。又在一些大姓土司之下，设立异姓土司，使之互相牵制。同时，封建王朝并不满足于对土司的单纯控制，一旦条件成熟便执行“改土归流”，以流官代土官统治其地。明弘治首次对城步苗区实行“改土归流”，就是例证。

明初，朱元璋推行“调北征南”战略，不少苗族被调远征，后来就留居他乡。湖南城步、武冈地区有一批苗兵（3万余人）由胡大海率领，被

① 《续资治通鉴·元纪》。

征调到贵州西部戍守，后留居下来，现贵州晴隆、普安、郎岱、水城等地被称为“喇叭苗”的一部分苗族，即其后裔。据《郎岱县访稿》载：境内部分苗族系“明初移来之楚人”，“即古之荆蛮”。又据镇宁县马场乡苗族调查材料，这里的苗族老人说，他们的祖先就是“调北征南”时迁来的[①]。

第二节 土司时代城步苗族的政治状况

汉、隋、唐、宋，城步苗族人民的反抗斗争一天也没有停止过，从而极大地动摇了当时朝廷的反动统治。到了元代以后，城步苗民的反抗斗争则愈演愈烈。

据史料记载，元朝泰定二年（1325 年），城步一带苗、侗、瑶等少数民族群众因县官搞诉讼舞弊，不公正判决，让有理一方苗民苦服徭役，因而当事双方均有怨气，进而导致以赤水、大箐两峒苗人进兵官府，争相攻杀。官府相顾失色，无计可施。后来武冈县尹欧阳元（当时武冈县治在今城步）率领随从前往说服，动之以情，晓之以理，喻之以利弊，才将事情平息下来[②]。

元朝后期，随着元王朝政治上的日益腐败和蒙、汉地主阶级对各族劳动人民盘剥压榨的加重，国内阶级矛盾急剧尖锐化，全国各地各民族人民的反抗斗争此起彼伏。湖南靖州、武冈（治址在今城步）一带的苗、瑶、侗各族人民在吴天保、杨留总领导下发动起义，率先揭开了全国起义的序幕。据《元史》（卷四十一）记载，这次起义爆发于元顺帝至正六年（1346 年），“冬十月，瑶寇犯武冈。”又，《武冈州志》（卷二十五）载：“至正六年，吴天保、杨留总等啸聚凶丑，震惊各部。十一月，寇黔阳。”《宝庆府志》（卷二）载“十一月，傜贼杨留总、吴天保反。”关于后来起义的发展情况，《元史·顺帝本纪》有多处记载，现摘引如下：

至正七年（1347 年），二月，“傜贼吴天保寇沅州”。五月，“傜贼吴

① 贵州省民族研究所：《贵州民族调查》（之三），1985 年版。

② 《武冈州志》大政志 11–12。

天保陷武冈路，诏遣湖广行省右丞沙班统军讨之”。秋七月，“吴天保复寇沅州，陷溆浦、辰溪县”，九月，“傜寇吴天保复陷武冈，延及宝庆，杀湖广行省右丞沙班于军中”。冬十月，吴天保攻占靖州，“命威顺王宽彻不花、镇南王孛罗不花及湖广、江西三省以兵讨之。八年（1348年）三月，吴天保第三次攻沅州。十一月，吴天保等率义军六万，攻全州。九年（1349年）三月，义军第四次攻沅州。十二月，吴天保陷辰州。”从此以后义军的活动再未见诸记载。

《武冈州志》（卷二十五）载有一些正史所缺的情节。如“七年二月，寇沅州。五月八日，突入武冈，城陷……湖广右丞沙班复之。九月，天保复陷武冈，杀沙班。朝命江西、湖广二省兵合讨之，以行省平章苟尔公掌兵事。九年，诸将至零溪，深逼贼巢。三月七日，生擒留总，械送国都。余寇悉平。”

从上引记载看出，至正七年以后，吴天保、杨留总领导的苗、瑶、侗各族义军势力曾获得很大发展，人数达6万以上，义军四攻沅江，二克武冈，处死湖广右丞沙班，占据靖州，往北连克黔阳、溆浦、辰溪、辰州、宝庆等地，进军千余里；南下广西全州。杨留总于至正九年（1349年）三月被擒遇害，吴天保于十二月攻占辰州。据吕振羽《简明中国通史》记载：至正十一年（1351年），红巾军起义爆发后，“吴天保为首的苗、汉义军，也北入河南，攻占荥阳一带州镇。十五年元帅天保死后，他们便与刘福通的‘红军’联合……”

在朱元璋领导的农民起义爆发以前，以城步吴天保起义声势最大。吴天保、杨留总领导的苗、瑶、侗各族起义军，坚持了数年的斗争，转战千里，给元朝统治者以沉重打击。当红巾军大起义爆发后，城步又有大批苗族群众参加了朱元璋的起义军。城步苗帅杨完者曾奉调率十万苗兵，赴江浙协助抵抗张士诚，后因遭元朝官员的歧视，完者被害死，不少苗兵分别归附了朱元璋和张士诚领导的农民军，如沐英和蓝玉就投奔朱元璋帐下，辅佐朱元璋成就统一大业，立下了汗马功劳，为明王朝的建立打下了江南半壁江山，成为明朝的著名将领和开国元勋。

明代时，明太祖朱元璋刚刚建立王朝，屁股在宝座上尚未坐热，各地人民就奋起反抗。据《宝庆府志·大政纪三》载，洪武四年（1371 年）夏，武冈（城步）中州峒蛮杨青甫反，江阴侯吴良急调胡海前往征剿，杀其首领，生擒 365 人。

据明《一统志》载，永乐十一年（1413 年），城步爆发苗民起义，明政府派镇抚康信前往征剿，攻破 10 余峒，追至绥宁县界之白岩，康信因“援不继，手刃六人，遂遇害”。

据道光《宝庆府志·大政纪》载，永乐十二年（1414 年），拦牛峒杨壮子率众起义，明廷派镇远侯顾成率都指挥王玉征剿，大肆砍杀，杨壮子被获解往京城，英勇就义。

正统元年（1436 年），城步横岭峒和广西蒙顾峒（今龙胜县境）爆发了以蒙能为首的苗民起义，先后攻下新宁、绥宁、靖州、新化、会同等州县。到正统十四年，起义扩大到今贵州黎平、天柱等地。景泰元年（1450 年）十二月，明政府派都御史王来总督湖广军务，以总兵梁瑶、参将李震等领兵镇压，迫使蒙能退往广西。景泰五年（1454 年）二月，蒙能攻打平溪卫牺牲，由芷江麻城苗族农民李天保继为首领，称“武烈王”，以城步长安坪为根据地。从此，李天保就成了湘西南苗族人民世世代代歌颂的英雄。同年十一月，明廷命南和伯方瑛为总兵官，调兵七万余人“围剿”，经多年鏖战，直到天顺四年（1460 年）才算平息，李天保被俘后在北京遇害。这次起义几起几落，长达 24 年，是苗族人民古代斗争中最壮丽的篇章之一。

元至明代前期，城步苗族先后处于蒙古族、汉族的贵族和封建地主阶级的统治之下，在这一时期中，为反抗民族的、阶级的压迫和剥削，苗族人民曾多次起义，同统治者进行了英勇顽强的斗争。尤其在明代前期，大小不等的起义和反抗斗争几乎连年不断。但正是城步苗族人民前仆后继、不屈不挠的斗争，才使自己的民族得以生存和发展。

“压迫愈甚，反抗愈烈”，最终导致明弘治年代李再万领导的苗民大起义。

第三节　土司时代城步苗族的经济状况

苗族社会生产的发展，主要是农业、林业、手工业、畜牧业等，是随着农业、林业的发展而发展的。

在农业方面，苗族乃水稻民族，据1998年湖南澧县遗址所出土的稻壳，经碳14测定，距今约8000年，是世界上迄今为止发现最早的稻谷。而湖南澧县靠近洞庭湖，乃“三苗”时期苗族先民的生息之地。故可推断，苗族很有可能是水稻最原始的种植民族。城步苗族以种植水稻为主的农业生产也相当发达。其次是苞谷、麦类、豆类、粟等。由于种植水稻的历史悠久，城步苗族农民积累了相当多的生产经验和技术。他们对土壤性能、作物习性以及农田水利等方面，都有了一定的知识。并且，还保留了一定数量的优质稻种，历数千年未让此稻种消失。如城步蓝姓苗族用来祭祖的“乌米”，据蓝姓苗族老人逐代传承：其先祖蓝昌见光化（899年）年间随杨再思征“飞山”，后定居城步扶城峒时就有了。该物种虽单产不高，但稻秆、稻壳特殊——呈现紫色，米亦紫色，似现今缅甸称为世界级优质稻之“黑米”。经蒸煮，芳香四溢，营养价值极高。

在水利的利用上，农田有水圳、水枧，溪流旁有水坝。家用有水碓水碾，利用水力加工大米，磨麦、榨油。

在生产工具上已开始使用铁质的农具，而且早于湘西和贵州。

从明代开始，城步苗民掌握了铁矿开采技术。城步境内铁矿分布较为广泛，矿点有花桥老屋堂褐铁矿、西岩周山赤铁矿、蒋坊铺头褐铁矿、柳寨洞底赤铁矿、丹口澗洲铁矿和白毛坪卡田赤铁矿等多处矿源。随着铁矿资源的开发开采，铸铁翻砂业兴起。到清光绪年间，城步金紫周家请外地师傅传艺开炉熔铁，制造耕地用的犁头等，西岩境内共建有10余处铁炉。

明代，城步苗族还掌握了烧制砖瓦技术，他们以柴草做燃料，用土窑烧制，砖瓦同窑并出，均为青砖青瓦。同时用土窑烧制石灰。此法沿用至

20 世纪 70 年代。与此同时，境内苗胞还掌握了手工纺织技术，用木制纺车织成棉纱，纺麻为线；用木制织布机织布。到晚清民国时期，县城仍保留有 10 余家染坊，煮染、蜡印花布、蓝布和青布。

经济作物有人工培植的油茶、油桐、生漆、薏米等。

随着农业的发展，畜牧业也得到了相应的开发。城步苗区，自古多牛，家有数头或十数头，村寨上百头。这种现象延续至 20 世纪八九十年代。

随着人口的增加，稻田的产量日益不能满足人们对生产的需求，垦荒种植旱粮，逐渐成为一种谋生辅助手段。因境内山峦重叠，山高坡陡，水土流失严重，常年土极少，大部分为轮休土，种不上几年，土地变得贫瘠。其耕作方式大多为“刀耕火种”，这种粗犷的原始耕种方式一直延续到 20 世纪 70 年代。随着杂交水稻的发明和普遍推广，用粮矛盾得到解决之后，这种粗犷的耕作方式才得以终止。

城步苗区自宋代就萌发了封建地主经济，到元、明已得到进一步发展。随着卫所屯田制度的建立，流官增多，这时，在江西填湖广的移民过程中，不少汉民进入城步苗区，带来了汉族地主经济的生产方式。随着款丁制的实行，土地租佃和买卖开始萌芽；青黄不接时借贷关系也随之产生，土地渐渐向封建地主集中，无土的苗民随着封建地主经济的发展，其队伍也逐渐增大。这时，城步苗区的地主经济较之其他苗族聚居区发展更快，许多地主都是土官后裔或部曲演变而来的。改土归流后做官的更多，颇有势力。弘治年间（1488—1505 年），城步扶城峒蓝氏家族，仅水田一项，就有 99000 多穳，约合 1 万亩。蓝氏家族仅拦牛峒一处所置的祭祀田，就有 63000 多穳，合 6000 多亩。

第四节　土司时代城步苗族的文化教育状况

城步苗区官办教育始于宋代。其时，城步境内私塾逐渐兴起。元代出现书院。据《宋史・蛮夷二》载，宋神宗熙宁二年，已“归附”朝廷的绥宁、城步苗族杨姓先祖杨光僭“颇负不从命，诏湖南转运使朱初平羁縻之，未几亦降，乃与其子曰俨请予其侧建学舍，求名士教子孙。诏潭州长史朴成为徽、诚州教授；光僭皇城使、诚州刺史致仕，官为建宅；置飞山一带道路巡检。光僭未及拜而卒，遂以赠之，录其子六人。”这种“建学舍，求名士教子孙”的心愿，并非偶然，因为，宋代苗族与朝廷全面交往，有着深层次的沟通，苗族内部出现了大姓、富豪和土官。他们在与省民、朝廷的频繁往来中感到：汉语是国内交往的基本语言，用汉文字撰写的书籍，记录着全国政治、经济、文化发展的历史经验和教训，学好汉语汉字，不仅可以从中求得汉族的科技文化知识，而且还可以在当朝为官。因此，杨姓先祖杨光僭这样的苗族名流，大都希望教子孙读汉书、习汉文。同时科举制度始创于隋唐，它对苗区的影响颇大。五代后梁贞明己卯岁（919年），“飞山蛮”首领杨再思之三子杨正修（895—969年）夺得“经魁”，次年中进士被朝廷敕差邵州都统，并授银青光禄大夫[①]。元皇庆二年（1313年），城步县尹延承直，眼见境内山川秀丽，民俗质朴，不胜感叹：“胜概若是，惜未有申孝悌，明教化以淑人心者。”其后不久，赤水图（今蒋坊乡杉坊一带）绅士杨再成，主动找到县尹延承直，表示愿意捐款创建书院，延县尹即向府官申报，并在耆宿杨景清、普和寺长老江正顺、紫阳向善者张茂卿等人的资助下，在儒林乡诸葛城（今城步苗族自治县人民医院处）修建规模较大的院舍，延师讲学，因书院所在地为儒林，故用儒林二字命名，叫作“儒林书院”。学录赵长翁来此视察，题“儒林书院”匾额并撰《儒林书院记》镌刻于石碑。

《儒林书院记》全文如下：

皇元一统区宇，列圣相承，颂玉音，下明诏，崇重学校，教养人才，惠至渥也。武冈郡僻在万山，一郡三邑，庙学皆称儒林乡，地名城步砦，自古屯兵，控制溪峒，其他四十八团，盘错联络，延袤四百，东邻荆湘，南通广桂，西接古徽，北界大水，其俗居民，知书尚义。皇庆二年，县尹延公承直因公委经其地，目击山川秀丽，民俗质

① 见《杨氏墨谱》。

朴，叹曰：胜概若是，惜未有申孝悌、明教化以淑人心者。言未既，绥宁真良赤水图杨再成者，自陈愿捐财创建书室，招集团峒子弟，立师教之。顗助化民成俗之万一。公嘉其志，申于府官，敦勉劝谕，克竟其事。再成幼知书，长好义，见善明，用心刚，信道笃，不谋利，刻意儒风，确乎不可拔。爰筮爰卜，乃经乃营，正殿、讲堂、门壁、斋庑、墙垣、厨甓，内外完具。先圣先师，十哲从祀，塑绘禁严，庙貌相称。耆宿杨景清，普和长老江正顺，紫阳向善者张茂卿等，向道慕义，亦协力焉。此建学之大概也。

伻来请记，且致辞曰：殿前一峰，高矗云表，四山如屏，层环叠拱，一水涟漪，横练如带。堂右古杏，合抱数围，真天造地设素王之居也，而今而后，儒道之风，骎骎昌盛，皆建学之功也。呜呼！昔为要荒鳞犊之地，今为申夭燕居之官，子衿子佩，游息修藏，冠带如云，弦歌盈耳。化其民为君子士夫，易其俗为礼义廉耻，乃教之成效也。其可忘县尹延公承直之建立乎？与杨再成创设之德乎？长翁科录郡庠，适逢盛举，乐助嘉美，敢不拜手作记？因摭儒林乡名，匾曰：儒林书院。若夫芹藻生香，苔菜增色，檟棘化为梧檟，荆榛易为杞梓，雨露所润，日夜所息，栋梁榱桷，皆为大用，称儒林命名之意，不无望于后之来者。

该书院明初被废，明万历二十三年（1595年）知县元宗孔复建于隘头山麓，天启年间再度被废。

明正德元年（1506年）建秋江书院；明嘉靖元年（1522年）建潜龙书院。

元皇庆初年创办“儒林书院”后，影响很大，从此以后，城步苗区，“儒道文风，骎骎昌盛”，“冠带如云，弦歌盈耳”[①]。至明代，城步苗族举人进士、文臣武将代不乏人[②]。如明成祖至英宗时的杨洪，以武功升

① 《武冈州志·艺文·儒林书院》。

② 同治《城步县志·勋旧》。

至镇朔大将军，封昌平侯，赠颖国公，是当时著名的军事家[①]。万历八年（1580年）杨逢时考取进士。曾任广西提学道副使和四川布政使司，“有文誉”[②]。嘉靖十九年（1540年）中举的高冈风，崇祯十五年（1642年）中举的杨永泰等[③]。此时的城步苗区已成为全国文化教育比较发达的苗族地区。

土司时代城步教育得到发展的原因：一是封建王朝规定土司必须学习汉礼，土司子弟必须入学，因而各地都办了一些学馆；二是随着流官的增多和军屯的增设，各州县卫所屯堡都设立了书院；三是地主势力的兴起和改土归流，土司子弟垄断文化的局面被一步步打破。

第五节　土司时代城步苗族的反抗斗争

一、蒙能、李天保领导的城步苗民大起义

明朝建立不久，就派兵到西南各民族地区，强令土官归顺，人民纳款。被明廷派来戍守苗区的文武官员，又与土官沆瀣一气，致使广大苗民困窘怨怒；屯军霸占田地，骚扰人民，驿站经常派夫派马，勒索钱财。因而苗族人民反苛派、反卫所屯田、反官吏、反土司的斗争，也就不断发生。

在城步苗区，统治阶级对苗族人民的压榨有增无减，盘踞武冈的明朝宗室岷王，更是骄横暴戾，残害百姓。据《武冈州志·卷三十》载，“宗藩日横侵府县之权，而奸民充王府校尉，倚以为奸，勾结内外，动至数百人，小民日受其害，府县之吏不敢问。”因此，从明弘治初年起，小股起义就不断发生，明军前来镇压时，他们就分散隐蔽，明军败走之后，又“复作乱不已”。

明正统元年至天顺年间（1436—1464年），位于湖南、广西、贵州三省边境的南山苗区爆发了蒙能、李天（添）保领导的苗民大起义。这次起

① 同治《城步县志·人物志》。

② 汀坪乡横水村《杨氏房谱》。

③ 道光《宝庆府志》选举表。

义，波及湖南、广西、贵州三省的大片苗区及邻近汉区，前后历时达24年之久。

据道光《宝庆府志》卷三记载，正统元年（1436年），广西蒙顾（今龙胜县境）和湖南武冈横岭（今城步县境）等峒爆发了蒙能领导的苗民大起义，一度攻下新宁、绥宁、新化、靖州、会同等州县。肖授奉命同副总兵吴亮，都指挥郑通“剿平之”。

正统元年（1436年），城步苗民蒙能发起了南山苗民大起义，他们以广西蒙顾峒（今龙胜县境）和城步的横岭峒为根据地，一度攻下新宁、绥宁、新化、靖州、会同等州县。到正统十四年（1449年），起义扩大到今贵州黎平、天柱等地。景泰元年（1450年）十二月，明王朝派都御史王来总督湖广军务，以总兵梁瑶、参将李震等领兵镇压，迫使蒙能退往广西。景泰五年（1454年）二月，蒙能率军五万余人，浩浩荡荡打回黔东、屡败官兵。景泰二年十月丁卯（初二，1451年10月26日），先是湖广武冈州民段友洪等十余人，投入广通王徽煠府为家人，导王不法，友洪父洪山复以妖术进，友洪又言致仕后府都事于利宾善相术，引以见王。利宾言王有异相，当主天下，且言当于去年六月起兵，否则不过今年五六月，当据南京登殿。王悦其言，遂有反谋。以金造轰王之宝，银饰灵武侯、钦武侯印二，改元玄武，作伪敕，分遣友洪、蒙能、陈添仔等，并赍印币等物，封都厫寨苗首杨文伯为灵武侯、天柱寨苗首苗金龙为钦武侯及以银牌赐横岭峒苗首吴英显等，诱使起兵三五十万，八月初旬来并攻武冈等处。

据《明代宗景泰实录》卷260载，景泰六年十一月壬申（初一，1455年12月9日），镇压湖广太监梁达奏：“岷府庶人徽煠家僮蒙能以从徽煠谋反，窜伏苗蛮，今伪称蒙王，作为妖书，纠集生苗三万余攻隆里等处城。”兵部请移文湖广、贵州、广西总督、总兵等官，相机抚捕。

此时，起义军声势浩大，曾一度东进打到宝庆、长沙。后朱徽煠、徽焟事情败露，均被“降为庶人”。

景泰二年（1451年）十月十一日，总督军务右都御史王来、总兵官保定伯梁瑶管奉命移兵东路，对湖广苗民义军全面“进剿”。十二月，陈添仔、蒙能率领义军与官兵战于武冈青坡、木洞等处，义军失利，牺牲五百余人，“堕崖溺死者甚众”，“添仔被创，单骑遁去”，蒙能率苗兵退入广西。三年（1452年）四月，依湖广右都御史李实奏，官兵于新化、新宁、祁阳击溃东进苗兵。

景泰五年（1454年）九月，当蒙能从广西率领一支苗兵返回湖广后，湘西南一带又立即掀起了苗民起义的新高潮。据记载：“景泰五年九月，蒙能复领苗兵入境，称王号，伪造印章，以文武官秩封其党羽，有众五万，攻围隆里守御所”，指挥庄荣被围，陈友遣刘傧等率兵救援，“信等力战死”。陈友又统兵来救，“殊死奋击”，才将苗兵击退。时“远近溪洞蛮苗为蒙能响应党援”者，“凡五百余寨”。巡抚王永寿奏请“添调各卫官军，议大征”。

苗民起义烽火迅速向贵州境内蔓延。据记载，景泰六年（1455年），“天柱、邛水苗乱，时沿边溪洞因武冈蛮贼蒙能等妖言煽惑，迭起为乱……邛水十四寨苗寇相效僭逆，结连洪州生傜，四万余众，大肆归拢”。同年，苗首田总千等，伪称总兵等项名目，纠合洪江等七十二寨苗蛮七千余徒，攻围清浪、镇远等卫城池；平越等处黎从等寨苗首阿孥、王阿榜、苗金虎等，“伪称苗王，造妖言惑众，攻劫诸处寨堡，实与湖广铜鼓等处”苗势“相倚”。

十一月初四又载：陈友、王永寿等“俱奏”，蒙能伪称蒙王，作为妖书，纠集生苗三万余众，攻隆里等处，“遂移文湖广、贵州、广西总督、总兵等官，相机抚捕”[①]。

天顺四年（1460年）九月，有湖广麻城人李天保（又作添保）“伪称唐太宗之后，僭王号”，立蒙能子聪为总兵官，一并“得能所遗镇印，伪作敕书，纠集苗兵万余”，屡攻城堡，“声言欲武冈，直抵湖广至南京登殿”。

景泰六年十二月庚戌（初九，1456年1月16日），巡抚湖广工部尚书王永寿奏：“贼首蒙能率众攻龙里城，官军击却之，寻分遣贼众破亮寨司橘等屯寨，遂破铜鼓所及罗围堡，又为攻城梯，声言欲破龙里城，据为

① 《明世宗实录》卷260。

巢穴，都指挥汪迪卒（率）兵策应，官军六百余俱为所毙。”

景泰七年四月辛亥（十二日，1456 年 5 月 16 日），征进湖广、贵州总兵官南和伯方瑛奏：“贼首蒙能纠苗贼二万攻围平溪卫城，守备都指挥郑泰等率兵出城，用火枪击之，中贼二十余人，战败奔遁，官军乘胜追击，斩获无算。”

景泰七年（1456 年）四月十二日，方瑛奏：“蒙能纠苗贼二万，攻围平溪卫城，守备都指挥郑泰等率兵出城，用火枪击之……能为火枪击伤，还寨而死。”大概自蒙能牺牲后，方瑛率明朝官兵对起义苗民展开了全面进攻。据记载：方瑛等共凑集各省土汉官兵七万余人，分为三路，于同年八月二十七日自沅州进发，“一路自清浪由朱砂堡进，一路自平溪由羊儿堡进，一路自镇远由马场坡进，克期于九月初七日，次于贼境会兵，直抵巢穴”。

天顺元年四月丁酉（初四，1457 年 4 月 27 日），征进湖广、贵州总兵官南和伯（方）瑛奏：“湖广贼首蒙能等既诛，其党尚屯聚铜鼓、藕洞等处。臣等率师分路进剿。”

蒙能牺牲后，义军拥立李天保为首领，蒙能之子蒙聪为元帅，杨昌富为将军，用蒙能所遗之银印作敕书，以城步横岭峒为根据地，继续坚持战斗。李天保自称“武烈王”，定年号“建元武烈”，筑将台高九丈，悬挂黄白旗，建立真龙殿，设立了长坪府、大寨县，称要“攻武冈，直抵湖广至南京登殿”。朝廷大为惊骇，当年十一月，明代宗朱祁钰派遣南和伯方瑛为总兵，调集四省粮草，七万官兵，数路进剿，残酷镇压。起义军英勇斗争，鏖战五年之久，直到明英宗天顺五年（1461 年），终因众寡悬殊而遭到失败。据英宗《天顺实录》载，天顺五年（1461 年）正月，李天保又“潜入贵州鬼池及绞洞苗寨，煽惑诸苗攻劫中林长官司及隆里所”。总兵官都督李震“率兵剿捕”，“擒天保送京师卜诛之”。李天保被害于北京。时至今日，在长安营一带还有一段神奇的传说，李天保在城步横岭峒顽强战斗五年，终因敌我力量悬殊而被迫撤离根据地，在撤离据点时，他拔了三棵杉树苗，分别“倒栽”在大寨、飞山寨和广西小江的寨门前，他用“倒栽杉树”的办法来占卜吉凶，激发义军士气，若倒栽的杉树成活了，象征着义军富有生命力，把杉树的命运与义军的命运联系在一起。苗族人民相信树有神灵，也就相信树神能保佑义军获得胜利。因此，李天保在倒栽杉树时，慷慨激昂地告别故乡同胞说："这棵杉树如果栽活了，我李天保必定打回来！"他当年倒栽的三棵杉树不仅都活了，而且至今都还健在，一共长出十八个树尖（其中大寨这棵有三个树尖，飞山寨那棵有六个树尖，广西小江那棵有九个树尖）。哀兵必胜，神树显灵，城步至今还流行着一首民谣："长坪府，大寨县，长安有座真龙殿；湖广三杉十八尖，树树连成一条线。"①

相传为城步苗民起义领袖李天保所栽植的大寨杉树王

这次起义几起几落，长达 24 年，是苗族人民古代斗争史中最壮丽的篇章之一。

蒙能、李天保牺牲后，苗族起义斗争并没有因此而中断，在贵州又出现了"天保"英雄的继承者"苗天保"。据记载："凯里土司杨世慰叛，合安邦彦兵，与平茶群苗……复窥香炉山，摇动四卫"；"思州三山苗叛"；"黎平府属地青苗叛"。又据记载："自平越至兴隆、清平二卫，有苗二百余寨，盘踞其间，以长田苗天保、阿秧为魁。邦彦初反，授二酋都督。"

① 尹建德：《神奇的长安营》，香港新风出版社 2001 年版。

天启五年（1625 年）六月，总督贵州军务兵部右侍郎蔡复一遣兵“三道并进，大战于米墩山，生擒天保及阿买……破焚百七十四寨”。

据《熹宗天启实录》卷 60 载，天启五年十一月壬子（初七，1625 年 12 月 6 日），蔡复一“题报征通剿逆苗魁天保、阿秧等，前后攻破一百七十四寨，馘贼首五十四名，斩级二千三百五十颗。”叙署道同知周鸿图、总兵参将充为事官鲁钦、杨明楷等功次。

李天保起义，是苗族斗争历史上的一个典型事例。以前苗民历次的反抗斗争，均以“保疆土”“复封地”或最后以“招抚”而平息，起义首领或被杀戮，或“封刺史”，从来还没有建立过自己的政权，而李天保起义，制定了年号“建元武烈”，首领自称“武烈王”，封“元帅”“将军”，将苗疆划为“省”“州”“县”，这说明了苗族斗争从反压迫剥削，到自治立国，走上了一个新的阶段。李天保领导的苗民起义虽然失败了，但“苗王”李天保成了湘、桂、黔边境苗族人民世世代代歌颂的民族英雄。

二、李再万领导的城步苗民大起义

李天保起义失败后，许多达官显贵乘苗民起义失败之机，大肆侵占民田、欺压苗民，特别是居武冈的岷王府“横侵府县之权，而奸民充王府校尉，倚以为奸，勾结内外，动至数百人，小民日受其害”[①]。五溪各族人民被迫不断举行反抗斗争。成化二年（1466 年），“武冈（包括城步）、沅州、靖州、铜鼓、五开苗复蜂起，而贵州亦告警”。成化十二年（1476 年），“苗复犯武冈、靖州、湖南火扰”[②]。到弘治年间，南山苗区又爆发了一次以李再万为首领的苗民起义。

弘治十四年（1501 年），绥宁、城步等地苗族人民在李再万的领导下举行起义，义军张挂黄旗，设立了天王、总兵等名号。李再万号称“天王”，聚众数万，攻城夺地。他们将官府霸占的良田分给苗民耕种，并对那些作恶多端的豪强地主乡绅进行镇压。据《城步县志》载，“靖州杀了刘巡检，武冈杀了欧战辉，次岩杀了李员外”，民心大快。苗民纷纷参加

① 光绪版《武冈州志》卷 30。

② 《通鉴纲目三编》及道光《宝庆府志・大政记》。

起义军，义军很快控制了五峒四十八寨和广西义宁、新安等地，声势惊动朝廷。

据城步苗族学者银龙先生的《城步苗款》记载，李再万的身世是这样的，李再万明朝成化年间生于茶元十林头南面的田垄名为“高坪”的山脚边一普通农民家庭，有三兄弟，老大再百，老二再千，老三再万，他为第三。由于家庭不宽裕，没有请先生施教，无文化，身材高大魁梧，力大无穷，石狮当作玩具耍，水牛当作鸡崽抛，有万夫不当之勇，好行侠义，爱打抱不平，对封建统治不满，朝廷多次招他为军服役不去，常以自己收益济于民，扶助落难者，在周围数百里很有声誉，深得民众拥爱，誉他为“民之天柱”，后他造反时，人民群众誉他为“勇平王”，勇者，敢于反抗朝廷，平者，给平民百姓以利益，平等对待。这说明李再万在湘桂边境深得民心。

十月，明朝廷急遣湖南巡抚阎仲宇、总兵官永康侯徐铸率官兵前来“征剿”。起初，阎仲宇集三司商议“围剿”事宜，拟调4.4万名官兵会

五团镇茶元古苗寨

剿，并已得到朝廷谕允，可是，老奸巨猾的阎仲宇仍不放心，又召集各将官反复商议，认为义军居遥远险要的地方，桃林、边溪、横水、扶城等四十八寨都是义军的根据地，而兴安、义宁、泥田、小江、杨乌、大步、万山等处，又有很多可供逃避的岔路。如果不分路进攻，逐处堵截，义军既可以集中兵力拒敌，又可以乘机突围。官兵撤走后，义军还会卷土重来，这不是长远之策。他们想把义军重重包围，一网打尽。可仅靠原调的4.4万兵力还不够用。于是决定，复添调清浪等卫及麻林等所汉土兵民计13232名，共调动兵力5.7万余人，分四哨犄角并进，并于各要道口设疑兵，以迷惑义军和切断各路义军的相互联系。

义军首领李再万得知阎仲宇率57000多官兵来进攻的消息后，立即召集义军将领商议对策。他们根据敌强我弱的情况，制定了“三紧三慢”的战略战术。“三紧”就是：敌寡我歼，敌疲我打，敌退我追。“三慢”就是敌进我藏，敌驻我扰，敌强我散。充分利用千山万洞的有利地形与敌人周旋。在官兵进攻前，义军先抢占岩险，竖立砦栅，准备滚木礌石，充分做好临战的准备。得知朝廷大军压境，李再万立即下令将远征之义军收缩回根据地，并根据各将领所熟悉的地形情况，进行了严密的兵力部署，各路分头把守隘口要地，利用千山茂林、万水岩洞和悬崖陡壁的险要地形，分头抗击敌人。

义军的兵力部署如下：

西北方面，即牛石战场，以吴通平为将领，在牛排山坳口阻击以明军将领朱英为首的9780人的敌军，使敌军长时间不能攻破。

北方石羊防线，即下团战场，以吴通保、吴通南为将领，把守敌人必经之路的坳隘路口，埋设伏兵，阻击以杨升和王震为首所率的8220人的敌军。

北方大桥防线即边溪战场，以杨三保、杨通伯为将领，阻击王寿、王恺率领来犯的8450名敌军。

西方横坡防线即横坡战场，以蒙正狗为将领，在青山口土地坳把守，阻击以张镇、王润率领的8480名敌军的进犯。

以上四支义军英勇善战，顽强抗敌，打得敌人抱头鼠窜，无法前行。

据清同治《城步县志·兵战李再万》载，“参谋司犒期以四路俱进时”，义军“各据险立棚自固，多积滚木、礌石及长枪、药矢，百般拒敌”。至次年即弘治十六年，由于义军的滚木、礌石和枪药用尽，供给困难，义军据点失守，官军蜂拥而上，攻克义军的西方和北方第一道防线，扶城、边溪、牛石、横岭等地失守，义军1571人被斩首，劫抓无辜群众“男女四百余口”。义军余部退至八十里大南山的深山密林拒敌，明军因“雪雨冱寒、箐深难进”而“各就所抵山隘”搭棚设营，待雨雪停止，天气暖和后，又“搜山寻洞”，“逐山剥薮”，在南山“陆续推斩”负伤义军“二千余首级”。

义军北方的第二道防线，即莫宜峒门楼坳战场，以银晚禾为将领，在扶城峒通往莫宜峒的要道门楼坳把守。这支义军战斗力强，作战勇敢，将敌人打得鬼哭狼嚎，死伤甚众，无法突破门楼坳防线。据《五峒风土记》载：“阎仲宇征茶元贼李再万，遣别帅攻门楼坳，贼避坳上下木石，以击官军，官军不能进”。正当明军苦无良策之时，苗民当中有一叛逆之人向明军告密：“此地峻险不可攻，去此东南五十里许，横龙界有一小径可达茶元，差以千人度界，贼必走矣！”明军听此意见，另派一支千人队伍从小路攻击义军。

东北方，义军设立了以拦牛峒为中心的东北方防线，以银富财、雷通为将领的义军把守在拦牛峒通往广西资源县的要道四岩冲，以罗潘、杨子为将领的义军把守在通往资源的孟公坳要道，两支义军合力阻击广西全州来的敌军。

西南，以银宗保为将领的义军把守在巡头九斗界和猫鼻孔要道，阻击以张镇为首的明军越过南山窜下巡头腊里。同时，以广西义宁杨再兴为将率领的伟江、小江、陈田等地义军，活动于地灵、小江、陈田、望天狮子、眉大山一带，在坪定塘阻击以朱英为首的明军第四路9780人的进攻，并接应横岭峒突围的义军在大南山疗养。

在广西芙蓉，义军设了西南防线，由银四保率领一支义军会同银勾子率领的广西芙蓉、张家塘义军，把守盐井坳，阻击广西明军进犯。

南方，义军任命廖一廖二廖三兄弟为将军在太阳水设立了第一道防线，把守牛心岩，以阻击广西兴安来的明军。而以李再旺为首的另一支义军在高桥设立了第二道防线，把守皮水隘阻击广西义宁兴安来的明军。

东南方防线，以杨光贤为将领，率兵把守羊角岭、十万古田、金紫山等隘口，以阻击广西兴安来的官兵。

而以广西东兴里市银晚奇为首的另一支大军，负责在大箐深山整治岩洞，搬运粮草，这是义军的最后一道防线。

从以上兵力部署来看，义军的抗敌措施是合理有力的。但是随着战事的发展，横岭峒的牛石、横坡，扶城峒的下团、边溪、丹口、岩头寨等村寨相继失守，而拦牛峒战场因义军战斗力薄弱也已失守，明军先后突破义军防线侵入蓬峒、莫宜峒，直抵义军司令部茶园寨，向义军首领李再万驻地发起了总攻，企图一举消灭义军，情势万分危急。

在南山战场，杨再兴、蒙正狗率领的义军英勇抗击由王寿、王恺率领的明军第二路军 8400 余人，义军利用有利地形痛击官军，打得官军晕头转向，溃不成军，共歼敌近 3000 人。

以湖北佥事杨升和靖州指挥使王震为首的官军第三路 8200 余人，攻取门楼坳失败后，改道小羊坪、大侯，企图与王寿、王恺率领的第二路军会合，共同进攻茶园义军总指挥部。当明军到达大侯时，遭到了在此埋伏的义军的猛烈攻击，义军在这里修筑了长达 20 多里的横路界战壕，堆积了大量的滚木和礌石，多次打退了敌人的进攻，歼灭了明军的有生力量，打击了官军的嚣张气焰，粉碎了明军速战速胜的黄粱美梦，逼迫明军大量向这里调兵。为解大本营之围，以李再旺为将领的东南方防线的义军，立即赶往茶园救援，与从扶城峒、拦牛峒和大竹坪三方赶来的明军遭遇，李再旺沉着应对，将自己的旗号改为李再万的旗号，以此迷惑敌人，并将敌人引向山高林密、悬崖峭壁的炮溪山方向，利用有利地形牵制和打击敌人，大大减轻了明军对主帅李再万的压力。李再旺与明军的纠缠长达数月，有效地打击了明军。

当明军缩小包围圈进剿茶园大本营时，义军首领李再万决心率兵与敌人展开血战，他命令部属在茶园周围的村寨山岭做好防御，修筑战壕，层层设防。李再万本人力能拔山，功夫了得，骁勇善战，有万夫不当之勇。

得知明军已经来犯茶园，李再万怒火燃烧，一声令下，埋伏的义军四起反击，杀得敌人鬼哭狼嚎，四散逃窜，人仰马翻，全部被义军包了“饺子”。李再万本人不打旗号，单枪匹马，如猛虎一般冲向敌群，所向披靡，杀敌如麻，敌军魂飞胆丧，死伤惨重，纷纷退往初水、独宿、小羊坪和大侯一带驻扎，锐气全无，斗志尽散。

面对义军的英勇抵抗，明军束手无策，只好召集各路将领前来岩洞商议对策。将领们总结分析后认为，义军强于近战，明军要改变策略，使用小股明军引诱义军上当，再使用明军先进武器火炮和飞箭攻击。义军不知是计，果然上当，当明军再次来犯时，李再万又率兵出击，追杀明军，当追至与茶园、恒州、石空三村与广西东升村交汇之山谷——洞背之地时，被预先埋伏在此的明军主力用远距离火炮和骑兵飞箭击中，因伤势过重，失血过多而身亡。为纪念苗族英雄李再万，苗族人民将洞背岩山称为“将军岩”，其山岭称为“将军岭”。

李再万牺牲后，义军余部退往湘桂接壤的广西龙胜之黄墙（现广西龙胜县江底乡龙塘村之界头溪山）和炮溪（今城步汀坪乡内里村冬茅坪与广西龙塘交界之山）二山，被明军围困，死伤惨重。第二年二月，李再旺余部乘冰雪封山之机，攀藤而入吊丝洞中藏匿。雪化后，明军上山搜索，斩断巨藤，封堵洞口，义军 1 万余人皆因饥冻而困死于洞内。而天王李再万的余部，突围至广西坳头的深山老林中，这里山高林密，山中亦有一个名为吊丝洞，又名七层岩屋的山洞，能容纳数千人，进出洞口都需攀爬巨藤，义军入洞后，由于官军守山封洞的时间过长，义军粮食吃光，全部困死洞中。腊里和巡头战场的千余义军，由于义军主力被歼，明军大部队从南北两方攻入五团，逐村逐寨围剿，义军也进入山洞中躲藏，被明军用土石封死洞口而亡。

爆发于湘桂边境的李再万苗民大起义，人数不过四万，武器也不精良，无非是滚木石头、扁担锄头柴刀，且是未经专门军事训练的“乌合之众”，即使这样，义军仍然消灭了大量的敌人。而明军数量近倍于义军，史籍上记载有 57000 余人，实际上有 10 万之众，其带兵的将才都是经过朝廷考中的文官武将，其兵丁也是经过多年正规操练的，大部分士兵有实战经验。义军战场分散在东南西北各方，兵力分散，各自为战，首尾不能照应，当强敌压境时，义军自然难逃厄运，正如当时民谣所唱的“大兵到来杀不尽，洪水到来挡不住，打烂田”那般悲惨。这次起义，义军 82 个首领和 6000 余人被斩首，加上广西义军遇难者、深山岩洞饿毙者、火炮阵亡、负伤死于深山老林和无辜被杀的普通苗民，受害者人数达 4 万余人。在汀坪乡大俣村，明军将被俘义军统一放在一个山冲斩首，以致尸体堆积如山，血流成河，稻田泥土全被血水染透，这片田垄后来被称为“红大头”，这座山冲被称为“杀人冲”。据苗族古款《城步苗款》记载，大俣、茶园等地，死尸遍地皆是，血流成河，人头比河中的卵石还多，走得快的走脱了，走不快的被抓住杀害了，即使投降求生的也难免一死，村寨被烧光，被抓获的义军家属，男的被发配到其他州县服役，女的视年龄相貌被作价变卖或封赏给有功将士。经过这次浩劫，城步五峒四十八寨的苗民存活者不及十分之二。据当年参与镇压苗民起义运动的刽子手吴宗周在向明廷所上的《处理城步与蛮事宜疏》所述，城步苗区原有五六万人口，被剿灭后仅存万余人口，可见明军镇压之残酷，苗民死亡之严重。在义军根据地茶园村，不仅村寨全部烧毁，就连周围的所有山脉龙颈都被挖断了，而且还被淋了狗血，打了铁桩，谓之曰斩断“人气”。自此浩劫，湘桂边境许多村寨有村无人，有名无实，茶园村原来人口以李姓为主，李姓是大姓，被剿的结果是“三光”政策，现有的人户都是后来移民去的，即使现在的数百户人家，李姓的也不过几户，且都不是李再万的后裔。兰蓉乡报木坪村现有银家冲、瑶人坪等地名，丹口镇平林村现有银家宝地名，五团镇巡头村现有银家寨地名，这些地方的银姓人家都参加了苗民起义，遭到剿灭，自那以后这些地方全无银姓人口了。广西龙胜县马蹄乡有个张家塘，是个以张姓为主体的村寨，李再万妻子张纳珍就是张家塘人，但在李再万起义后，张家塘人几乎被赶尽杀绝。还有广西马蹄乡芙蓉村，以及东升村、里市村等地，原来银姓人口很多，因为全部参加了李再万起义，银氏被明军斩尽杀绝。

起义失败后，统治阶级为了进一步加强对绥宁、城步等地苗族人民的统治，湖南巡抚阎仲宇于弘治十五年（1502 年）正月班师时，向明孝

丹口镇易家田清代古村落

宗上言，建议“割绥宁七里半、武冈二里半，拓城步巡检司旧址置城步县，隶宝庆”。他的建议被明孝宗皇帝采纳。弘治十七年（1504年），正式设置“宝庆府城步县，割绥宁安化八里附之”。同时还采用民族同化政策，强迫大批苗族人民改装易服，“化为汉民”。但是，苗族人民群众没有被统治阶级的野蛮屠杀所吓倒，也没有为同化政策所屈服，他们仍不断开展斗争。正德元年（1506年）三月，绥宁等地苗族人民在“镇溪苗”（今吉首）黄吉的带领下，在绥宁、溆浦县交界之地开展反抗斗争，后被靖州都指挥段辅、武尉守备王翰率官兵“剿平之”。嘉靖五年（1526年），李政、段文谏等在绥宁、武阳等地发动“诸蛮”反明，被靖州参将童昶和武冈守备王表率兵“平之”。嘉靖十四年（1535年），苗民杨晟松发动起义，随即被守备周浩镇压。嘉靖二十年（1541年），城步横岭峒苗民吴光亥起义，遭守御所千户陈万策镇压。嘉靖三十年（1551年），翟廷相、肖子连发动绥宁等地苗、瑶等族人民起义，“总督张岳委派镇箪守备张玉，靖州守备何清，各率部掎角夹攻”。义军坚持斗争了两年多。嘉靖三十二年（1553年），绥宁知县张炫同靖州守备何清施奸计，义军首领翟廷相等不幸中计被俘，起义失败。万历二十五年（1597年），城步拦牛峒苗民雷盛聪、江通海等带领苗民起义，反抗城步知县谌廷锦的清丈行动，遭明廷镇压。崇祯十七年（1644 年），城步横岭峒苗民再次起义，仍遭明廷镇压。此后，明王朝采取软硬兼施的办法，一方面，进一步加强了对苗族地区的军事控制；另一方面，又采取了一些宽和的政策，笼络苗族头人。这样一来，对“苗疆”的稳定起了一定的作用。自嘉靖后期至崇祯以前，城步等地没有发生过苗民起义。直至崇祯十六年（1643 年），张献忠率领农民起义军进入湖南、湘西南一带，苗族、瑶族人民积极响应，武冈、绥宁、城步等地苗民在袁有志的领导下举行起义，攻陷武冈，杀死岷王，有力地配合和支持了张献忠领导的农民起义军。

第五章

改土归流时代的城步苗族社会

第一节 全国的改土归流制度

清朝初期，清廷将主要精力用于对付汉族人民的反抗，因而对土司采取笼络迁就的政策，只要表示归附的，就一律准予袭职。但随着清王朝对全国的统一，从康熙中叶开始采取加强中央集权，逐步削弱和消灭土司的政策。自康熙四十二年至道光二十年，是苗族地区政治经济文化发生重大变化的一个历史时代。这时期清政府在西南各民族地区全面实行改土归流，以流官统治代替土司统治，原来自主自立的苗族地区也设立了厅县，领主制因而急剧衰落，地主经济得到了较快发展。据苗族史专家伍新福、龙伯亚研究，康熙雍正年间，清王朝在全国的统治已经稳定，经济得到恢复和发展，国力日益增强。正是在这种历史条件下，清朝统治者对苗族和西南其他少数民族，改变了清初期的缓和的“绥抚”政策，而大力实行改土归流，以加强统治和掠夺。改土归流主要在两类地区进行，一是在土司统治地区，裁革土司土官，设置府、县，代之以流官的治理；二是用武力开辟“生苗”地区，改变其自立自主的状态，消除“化外”，建官设治。“改土归流”制度直接干扰和改变了苗族内部生活，影响了苗族社会历史的发展。

就全国土司地区改土归流而言，在康熙初年即已有之。据《苗族史》记载，康熙三年（1664 年），吴三桂平水西安坤和乌撒安重圣，以其地置黔西、平远、大定、咸宁四府；四年（1665 年），废教化三部和王弄山二长官司，以其地设开化府。康熙中叶以后，改土归流活动更为频繁。康熙二十三年（1684 年），在贵州废黎平赤溪南峒和西山阳峒司，裁安顺十二营长官司。三十五年（1696 年）废云南阿迷州土知州。三十七年（1698 年）安胜祖病故，以水西土司辖地改归大定、平远、黔西三州流官管理；同年，云南东川府“改土归流”。四十一年（1702 年），贵州普安州土州同龙氏，“因病故无嗣承袭，改土归流”。四十三年（1704 年），废云南蒙氏土县丞。四十五年（1706 年），贵州凯瑞安抚司“因土酋大恶案内，改土归流”。四十六年（1707 年），湖广五寨司长官田宏添“肆行不法”，“苗民赴诉不已”，巡抚赵申乔奏请裁革停袭。至雍正年间，清朝统治者在包括苗族地区在内的整个西南土司地区，大批裁革土司土官，形成了改土归流的高潮。

康熙死后，雍正即位，将改土归流运动全面展开。雍正四年（1726 年）云贵总督鄂尔泰上奏，建议全面实行改土归流。雍正接受了这个奏议，任命鄂尔泰为云南、贵州、广西三省总督，又把四川的东川、乌蒙、芒部三处划归云南，以便其全权行事。雍正四年（1726 年），鄂尔泰首先用兵于乌蒙府、东川府、芒部三土府，击破了土司们的联合反抗，以其地设乌蒙府、东川府和镇雄州，并将投降的禄鼎坤等三土司远徙河南和江西，以绝后患。对受战争影响而流离失所的苗、彝人民，一律招抚。雍正五年至七年（1727—1729 年），鄂尔泰以剿抚兼施的策略，又废除了云南沾益土州、镇沅土府、者乐长官司及威远州土官土目。广南土同知、富州土知州也归顺清廷。在贵州，鄂尔泰于雍正四年（1726 年）夏向黔南进兵，进攻广顺的长寨，镇压了苗族和布依族的联合抵抗，招抚了苗、布依、仡佬各族 680 余寨。随后又以兵威招抚了镇宁、永宁、安顺一带土司和苗、布依、仡佬族 1398 寨。而贵州雷公山地区原本是苗族自立自主的区域，没有土司统治，也没有流官统治。雍正六年（1728 年）夏，极端仇视少数民族的贵州巡抚张广泗奉鄂尔泰之命，由贵州率大军至都匀，向八寨发起进攻，烧毁苗寨数十座。随后又用武力镇压了丹江、清江苗族。雍正八年（1730 年）一月始，张广泗血腥镇压古州苗族，历时一年零七个月。雍正十年（1732 年），清军血洗台拱。这样，清廷在黔东南用兵六年，设置了六厅，这就是八寨厅、丹江厅、古州厅、清江厅、都江厅、台拱厅，总称“新疆六厅”。

就湖广地区的改土归流情况，《苗族简史》有详细记载。雍正四年（1726 年），桑植土司向国栋与容美、永顺、茅冈各土司“相仇杀，民不堪命”，土官唐宗圣、向国佐、向朝先等“请内附”。于是先后设永顺同知一员和保靖同知一员，开始做改土归流的准备，尤其是在军事上进行部署，令“诸土司皆不敢动”，“弹压土苗”，“再委谙悉苗情参游一员，统领官兵，直入其地，抚绥辑宁，分设汛兵”，然后再“度量形势”“建立州县”。在这种情势下，湖广各土司完全处于武力威胁和军事控制之下，均不敢进行反抗，因而顺利地实现了改土归流。雍正五年（1727 年），镇筸总兵杨凯由桑植率兵赴保靖“弹压”，途经永顺，“谕”宣慰司彭肇槐“纳土”，彭惧而“献土投诚”，遂改永顺司为府，分其地为永顺、龙山二县。同年，又追缴桑植宣慰司向国栋印篆，改其地为桑植县。七年（1729 年），改保靖司为保靖县。十三年（1735 年），“析永顺、安福、慈利并永定卫地，置永安县”。

在土司地区实施改土归流的原因，《苗族简史》引用云贵总督鄂尔泰雍正四年（1726 年）所上《改土归流疏》所叙：“前明流土之分，原因烟瘴新疆，未习风土，故因地制宜，使之向导弹压。”但迄今“以夷治夷，遂至以窃盗。苗倮无追赃抵命之忧，土司无革职削地之罚，直至事大上闻，行贿佯结，土司亦不深求……若不铲蔓塞源，纵兵刑财赋，事事整饬，皆治标而非治本。”这就是说，清朝统治者认为，土司制度已不能适应自己的需要，必须废除土司，以加强对土司地区“苗倮”的政治统治。另外，中央王朝与各地土司存在一个尖锐的剥削利益的分配问题，土司地区的资源和物产不少，土司治下的人民交纳的租赋税银实际上也很可观，但清王朝所能得到的却寥寥无几，大部分利益都被土司土官从中攫为己有了。为加强对土司地区的经济剥削，必须对土司地区实行改土归流。另外，从土司地区内部来说，由于土司制度的日趋腐败，其治下的苗族和其他少数民族人民愈来愈不满，强烈要求废除土司，设置流官，这为清王朝在土司地区推行改土归流政策，提供了比较有利的客观条件。清朝统治者实施改土归流的基本方针和策略，即“计擒为上，兵剿次之；令其自首为上，勒献次之”。也就是以招抚为主，抚、剿结合，对于裁革的土司土官，一般均做了安置。一部分是迁出原土司辖区，安置于内地；一部分则给予某种世袭头衔，就地安插。从史实上看，土司地区的改土归流，基本上是以和平的、不流血的方式进行的。

而对“生苗地区”进行的改土归流工作，则比对土司地区要“血腥”得多了。清朝对“生苗”地区的“开辟”，自康熙中叶开始，其高潮也是在雍正年间。因为在“生苗”地区并无土司可改，所谓“开辟”，消除“化外”，实际上就是将原来较为自由、自主的“无管”“生苗”，套上封建王朝的统治剥削的枷锁，矛头并不是指向少数压迫和奴役苗民的土司土官，而是指向苗民群众，这就必然引起反抗。清朝对“生苗”区的“开辟”，以武力进剿为主，实行“先剿后抚”的方针。如对湘西和黔东北以蜡尔山为中心的“红苗”区的“开辟”，基本上是在康熙中叶完成的。康熙四十二年（1703 年）十一月，尚书席达尔与湖广总督喻成龙、提督俞益谟、湖南巡抚赵申乔、贵州提督李芳述、广西提督张旺、镇筸镇总兵雷如等集聚镇筸，向各苗寨发动进攻。俞益谟攻天星、龙蛟洞、排六梁等寨，李芳述攻粮塘山、上下葫芦、兜河等寨，张旺攻马鞍山、打郎等寨，雷如攻毛都塘、两头羊、湄亮等寨，喻成龙、赵申乔率官应援，四路并进，共屠杀苗民近万人，迫使腊尔山“生苗”大部分归入版籍。

清廷实行的改土归流工作，总的来说是一次进步的改革。《苗族简史》对此有一个总的评价，认为改土归流适应了当时政治经济发展的需要，符合人民群众的要求，促进了社会经济的发展，促使腐朽的领主制在大部分地区迅速消亡，推动了封建地主制的发展，使各民族不同程度地从落后的封建领主制束缚下解放出来。改土归流也加强了国家的统一，加强了内地与边疆的联系，推动了边疆地区的政治经济和文化的发展。另一方面，改土归流是在封建王朝的发动下进行的，其目的是要对少数民族进行政治上的统治和经济上的剥削，在形式上是以民族征服为主要特征，因而必然会引起苗族人民的强烈反抗。在清廷统治者看来，改土归流并不纯粹是解决土司问题，同时也是压服少数民族，在有土司的地方，清廷既剿土司，又打人民；在没有土司的地方，清廷是以征服和镇压人民为主，从而导致当地社会经济遭到严重破坏，迫使许多苗族人民迁徙、逃移。而改土归流后，清廷又不可避免地对苗族人民进行严酷的统治，从而激化了民族矛盾和阶级矛盾。改土归流后的某些措施，如强夺苗族人民田地安设屯军，使苗民耕地大量减少，生产条件更加恶化，居住地区日渐缩小，严重阻碍了苗族社会的发展。

第二节 城步的改土归流状况

所谓“改土归流”，实际上包括两个不同的内容。一是在土司统治地区，裁革土官土司，设置府县，代之以流官的治理；一是以武力“开辟生苗”地区，改变其自立自主的状态，消除“化外”，建官设治。城步苗区的“改土归流”乃全国之始，实施时间是明弘治十七年（1504 年），而就全国而言，直到清雍正四年（1726 年）春，云贵总督鄂尔泰才正式上陈《改土归流疏》，提出“云贵大患，无如苗蛮，欲安民必先制夷，欲制夷必改土归流”。雍正五年（1727 年），雍正皇帝下“诏谕”，批准在西南各省“改土归流”，于是在西南各省形成了“改土归流”运动的高潮。当时就整个祖国西南各少数民族而言，正处于土司制度不断发展完善的阶段，城步为何就实行“改土归流”，使土司制度在此地并未经过限制、削弱，以致衰落，最后不可避免地走向灭亡这一发展过程？看来，这与城步苗区广大苗民不堪明王朝残暴的政治压迫和经济掠夺而招致的多次起义有关。

据《武冈州乡土志·瑶种志》记载：自明太祖朱元璋开国（1368 年）至城步苗区“改土归流”（1502 年）的 134 年中，共发生见之于史书方志的城步苗族人民起义达 16 次之多，每八年发生一次，不能不谓之多事的苗疆。城步的苗民造反周期，远远高于全国苗族地区“三十年一小反，六十年一大反”的造反周期，从而成为明王朝的心腹之患。

城步境内崇山峻岭，峰峦重叠，交通闭塞，一旦苗民举事，镇压之旅极为艰辛；加之起义军来自湖南和广西，不但势众，且地域广阔，易守难攻，令明朝统治者倍感棘手。明洪武四年发生了杨清甫起义；明正统十四年发生了杨文伯起义；明景泰二年发生了蒙能起义；景泰六年蒙能牺牲后由李天保继续领导这次苗民起义；天顺三年发生了杨光拳起义；弘治十四年爆发了规模空前的李再万大起义……如果说，自明朝开国至城步“改土归流”前所爆发的一系列苗民起义是远因，那么，明弘治十四年（1501年）城步茶园寨苗酋李再万领导的苗民起义，则是明弘治十五年（1502年）在城步实行“改土归流”的近因，也可以说是导致这次“改土归流”的直接原因。李再万作为一个苗族首领，竟敢号称“天王”，张打黄旗，聚众数万，攻城略地，“戕杀官军”，劫夺印信，驱杀地主，分占田地，控制了城步五峒四十八寨及广西全州、兴安、义宁等广大地域，明王朝统治者不得不连根除之而后快。

据《湖南通志·武备志·苗防三》记载，起义平息后，吴宗周给弘治帝上奏《处理城步与蛮事宜疏》，提出了对城步的处置意见：“臣闻此（城步）四十八寨，通约不上五六万人，控引广西、襟带湖广，矫虔内地，三边皆藩，臣闻此周处郡县向来叛服靡定，屡经剿抚，只以溪峒险僻，未得处置之方，故至今缘之，则豺噬鸱张，千纪而流毒。急之则鸟惊鸟散，依险以逃诛。而李再万者辄敢僭称名号，虔刘官军，掳劫印信，荼毒生灵，污蔑妇女，四旁之民不胜惨蹙，仁人君子所不忍闻，亦何惜而不为处置，以活此一方人也。迩来镇巡等官受命讨贼，又恐滥及无辜，遣兵招抚，盖谓肆逆者。李再万与胁从有称号者，故诛其身恶，而抚驯其大众，征之抚之皆足以尽一时之良法，贼平奏，故可想见矣！但未思夷犹为患，自古为然，其与征剿抚驯以尽一时之良法，不若使之久安而长靖也……臣愚以为莫若因征剿即平之后，编籍其人民，此依施南芒部请宣慰宣抚长官司例，为设一二衙门，命诸苗有所弹夺。而为长官者亦借官禄以传子孙，此上策也；又或不然，莫若量其道路远近，分隶贵州、广西、湖广。旧额抚慰司衙门之附近，分瓜裂辐以来，杀其乌合之势，此中策也；二策果行上者，可使输税服役，化为良民。不者亦可羁縻，使备调遣。富者得与州民通贸易，贫者得出四方，庸作衣食，小民有定业……”

由此可见，明王朝为了加强对这一地区的统治和控制，是颇费了一番心计的。对此，明弘治十七年建县碑记更有颇为详尽的记载。其碑记写道："城步去武绥各百余里，昔为林木险阻之区，密迩五峒四十八寨，苗寇窃发，出没不常，旧虽设有巡检司，弗能制。弘治辛酉守巡夏公、张公暨藩臬决议于巡抚阎公，巡按玉公，其以状请剿。许之遂提师讨平，随请立县，以保障其地，亦许之。因仍巡检旧名，以城步名县，割武绥接壤地合九里半（即绥宁七里、武冈二里半），隶府，分靖州卫中所千户守御之，更新由此始也……"

于是，当起义被镇压下去的第二年（1502 年），明廷即对湖南城步苗区实行"改土归流"，强迫大批苗族民众"化为汉民"。并于弘治十七年（1504 年）将城步建县。

关于明代城步千户所的史实，现城步苗族自治县文物局收藏有玉石关防印一颗为证。该印的主人为明代城步千户所正千户张昌，玉色米黄，印长 9.5 厘米、宽 5.5 厘米，厚 3.5 厘米，印把高 5.5 厘米，印面阳刻："湖广靖州卫守御城步正千户所千户张关防"十八个篆字（见右图明代千户所官防印），作三行排列，每行六个字。印把上阴刻有"鼎曰正千户张九箴清"九个字。据《宝庆府志》记载，张昌为城步守御千户所正千户，原籍浙江金华。明弘治十四年（1501 年）从靖州卫调城步，为世袭军职，统兵 1120 人，系武职五品，相当文职宝庆府同知级别，比县令高两级。

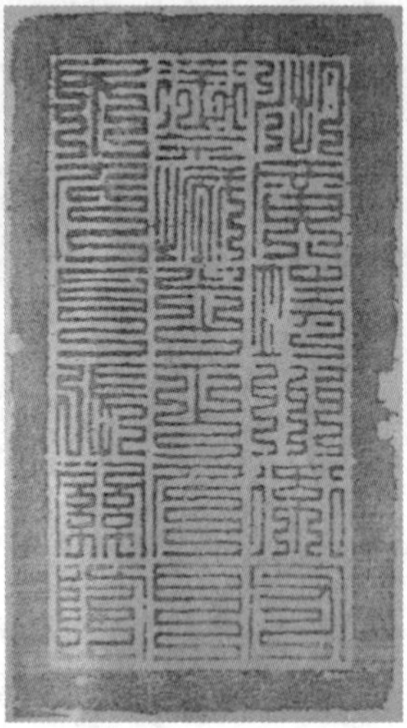

明代城步千户所官防印

明王朝最先对城步苗区开始实行"改土归流"，就整个西南各少数民族而言，无疑是进一步加强对各少数民族地区政治统治和经济剥削及控制的一种尝试，它的成败直接关系到封建王朝对西南少数民族地区统治措施的更异，成则循规蹈矩，败则改弦更张，另觅他法。历史证明，城步苗区的"改土归流"的具体措施和做法，总的说来是一次进步的改革，客观上适应了政治经济发展的需要，促进了该地区社会政治、经济、文化的发展，使腐朽的领主制度迅速走向消亡，推动封建地主制度的发展。为后来清王朝在西南各少数民族地区全面推行“改土归流”提供了宝贵的经验。

城步苗区“改土归流”的具体做法是：

一、拓城步巡检司置城步县，设官驻兵

城步于宋熙宁八年（1075年）建城步砦，隶武冈。元至元二十七年（1290年）为儒林乡城步图，仍隶属武冈。明洪熙元年（1425年）置城步巡检司，仍然隶属武冈。明弘治十七年（1504年）置县后，设置了知县、教谕、典史等文武官员。据《城步县志》载：“弘治十四年辛酉茶园寨苗首李再万乱，大兵剿平，分靖州卫中所官军六百余名守御，城步所立于治东门内，以习熟苗情者为抚苗。十七年甲子瑶民归化者佥为款，在城步大水峒六百一十名，发纳秋粮，不编均瑶，惟当里役。遇地方有警，调以防守城池，把截要路，内立千长，以统百长，百长以统款丁。”

城步县治的建立，使明王朝加强了对城步苗区的统治和控制，避免了历朝以来隶属武冈、武强、武攸、靖州、临冈、时竹等州县管辖之鞭长莫及的弊端，加之城步驻扎有军队，一旦事发，可立即发兵，不必远距离调兵遣将。

事实上，自明弘治十四年李再万起义后，一直至清乾隆四年的238年中，城步苗区没有发生大的苗民起义。直到清乾隆五年才爆发粟贤宇、杨清保所领导的苗民起义。

二、编籍县民，课以粮赋

城步苗区“改土归流”前，基本上处于“不籍有司，无所统属”的状态。李再万起义后，明中央政府派去的流官即在城步编造户册，设立峒长、寨长，并每峒拥有数量不等的款丁，以控制峒苗，维持治安。据城步县志载：仅城步大水峒，计有款丁六百一十名，并设立了千长、百长，千长统领百长，百长统领款丁。

在全面编籍人民的基础上，又普遍丈量土地，课以粮赋。又据《城步县志》载："……除邵阳、新化、新宁拨济，外带靖绥所属芙蓉、黄柏、地连等峒堡屯田一百三十七亩，共七十五顷三十八亩五厘一毫六丝六忽，每亩科粮一斗二升，载粮九百四石五斗六升六合二勺，每石征银三钱三分以作官军口粮。"

三、教化苗童，潜移习俗

"改土归流"后，明王朝在元皇庆二年所建的儒林书院的基础上，进行复修，并增加学额田，以教化苗童。凡来儒林书院求学的苗童，供给食宿。无疑，这对城步苗区的文化发展，起了一定的促进作用。对祖国西南各少数民族地区的政治、经济、文化的开发和发展，起了十分重要的示范作用。由于明朝政府推行的"强行汉化"政策的实施，城步苗族的民族特点、风俗习惯保持甚少，尤其是其服饰特色更少，这是城步苗族有别于湘西、贵州苗族的重要特征之一。

明王朝这次对湖南城步苗区的"改土归流"，尽管是初试，其彻底性、完备性尚存在诸多问题，但它为明、清王朝加强对西南少数民族地区的统治做了尝试，开了先河，为清王朝雍乾以后的改土归流的全面实施，提供了依据和经验，在历史上起了不可磨灭的积极作用。

第三节　改土归流后城步苗族的政治社会

清朝建立初期，由于要以主要力量对付汉族人民的反抗，因而对过去设置的土司不能不采取笼络迁就的政策。自李定国抗清斗争失败和"三藩之乱"平定后，国内大的反抗不复存在。从清康熙起，就采取加强中央集权，逐步削弱和取消土司的政策。政治上加强统治，经济上加重剥削。城步自康熙三十二年（1693 年）清丈田土以来，就有雷盛聪、江通海的阻丈之举。尽管如此，从明朝的 839 石田赋，增加到 1700 多石，较明代增加了一倍多。不仅如此，苗民的租役负担也相当重。

据同治年间的《城步县志·峒粮碑记》描述当时苛捐差役“派索多端，过于前辙，难堪苦果，老幼嗟号。”《城步县志·改屯》中记载：“城距靖、绥四五百里，以隔属之官征隔属之粮，呼应不灵，官疲民累，抢地呼天，真如沉疴在体，恨不须臾即去……”

《城步县志·折征》记载，城步初设卫所至明弘治十七年割绥宁七图，截武三图，编为八里，以成一县，共有田八百余顷，米八百九十三石九斗六升。“康熙三十二年丈田科粮，误将加征八百八十七石之米，填入实征数内，实征米一千七百余石，所征之粮是其他属地的双倍，……只以弹丸城邑，地狭烟稀，云生峰起，不堪征米，致土民路泣，哀声彻天。”

城步苗民勤劳勇敢，日出而作，日落而息，自给自足，并非难事。但是，朝廷那些狡诈的汉人官吏经常滋生事端，官军的军需，亦要向苗民索取，他们到达峒苗地区之后，或调戏侮辱民妻，或哄骗财物，为所欲为。如果苗民稍微扫了当官的贪欲，就要想方设法进行打击报复，使得被害者要么倾家荡产，要么全族遭殃。

据同治《城步县志》记载，巫水原产獭，獭皮作为贡品，县令征收。沿河原有猎户十余户，历年承办獭皮，但经多年猎捕，水獭几乎灭绝，不得已远赴广西觅猎，如果运气好，还能如数完成征缴任务，否则只能自掏腰包购买獭皮完数。猎户本是贫民，家资浅薄，长年如此，导致倾家荡产，背井离乡，逃离城步。另外，县衙所需柴米，原在市场购买，但从清朝开始，负责采购柴料的差役将任务分派给团保，团保又分派各户，差役下乡，还得好酒好肉相待，加重负担，那些远离县城几十里的苗民深受其害，读书无力之人和孤寡老孺人家苦不胜言。县衙所需蜡烛，历年由下六都蜡户按数承缴。乾隆三十年发大水，蜡树被冲，蜡虫受伤，无法缴蜡，县令强行将采蜡任务分派全县，搞得怨声载道。

城步虽于明弘治置县设治，并且实施了“改土归流”，但在苗族集中聚居的五峒四十八寨，至清初并未编户入籍，苗民仍处在某种自立自主的“化外”状态。清王朝建立初期，由于要以主要力量对付汉族人民的反抗，因而不得不对苗族地区放松一些统治。至康熙初年，“三藩之乱”平定，全国得以统一，即着手加强中央集权，加强对苗族地区人民的统治和剥削。城步于明弘治十七年（1504年）设县时，在册的田只有八百余顷，共征粮米八百九十三石零，康熙三十二年（1693年）清丈田土，将秋粮增至一千七百余石，极大地加重了城步苗、侗、瑶等各族人民的负担，致使苗民“难堪苦果，老幼嗟号”。

官吏、驻军和差役，对苗民更是恣意搜刮、欺凌。其时城步盛行“彩买”陋规，凡官府欲购柴薪山货时，即派遣差役进入苗区，差役坐落团保，团保分派各户，“一限柴薪，荒该农工百日，而差役下乡，不无酒食脚发，有买之名，无买之实”，“苗人出作入息，自给非难，所苦者……军健之需索耳……”[①] 正因为苛捐杂赋及官派差役十分沉重，城步苗民反抗朝廷的斗争也就持续不断。据康熙《宝庆府志》记载，顺治三年（1646年），城步苗民造反，很多苗胞被杀害；顺治五年（1648年）三月，城步石灰寨瑶民李癞子与沈老珰带领270余名苗民起义，攻打县城，县丞张铨婴据坚固防，千总官张启凤单人匹马前往迎击义军，砍伤20余人；雍正十二年（1734年），城步家浆山瑶民蒲寅山率众起义，抗击官兵。第二年，蒋德重为城步知县。蒋德重会同武冈游击兰美林统率清兵围剿蒲寅山，分兵接应，镇压苗民起义。蒲寅山投靠绥宁瑶民凤老一，联合抗拒官兵，杀伤无数。

乾隆元年，绥宁游击兰美林带宝庆协把总李如松进攻家浆山苗族起义军，起义军奋力抗击，打死敌酋李如松。第二年，襄阳总兵李琦再度统兵，调遣靖州副将王臣、绥宁游击兰美林及宝庆、辰州、镇筸各营兵众共3000余人，于四月初十围剿义军，义军在竹岔山阻击清军，清军大败。至六月十六日，因寡不敌众，苗军失败，蒲寅山、凤老一等起义领袖在绥宁被清军活捉。

从上不难看出，城步苗族人民于清前期的数次起义均系清王朝残酷的政治压迫和经济剥削所致。从中也可以看出清王朝统治时期城步苗民是过着非人的生活，与其坐以待毙，倒不如为了民族的生存和发展，揭竿而起。但是，由于起义的规模小，参与人数也不多，涉及面不广，对清王朝

① 同治《城步县志》卷九。

的打击也不大，未能动摇朝廷，清廷反而变本加厉，继续施行其淫威，导致民不聊生。清乾隆五年，终于爆发了以粟贤宇、杨清保、吴金银为领袖的苗民大起义。

改土归流后，朝廷对城步采取了如下统治措施：

一、重兵驻防

明弘治十七年（1504年），巡抚阎仲宇奏请立县，随调靖州卫中所官军619名驻防。（同治《城步县志·屯政》）城步至此仍然未曾设立专门的军事机构，其军事驻防由靖州卫代管。后又隶武冈营代管，由武冈营派兵驻防。

自康熙十九年知县王谦团练乡勇，立团长什长以备守御，后乾隆七年平定“逆苗”（指粟贤宇、杨清保所领导的苗民起义），设守备一员，拨永州镇兵127名驻城内（此为城步设置独立的军事机构之始）。

县西安冈汛外委一员，汛兵30名。

县西南应声岩分防外委一员，汛兵30名。

县东拦牛峒分防外委一员，汛兵30名。

县南莫宜峒蜡里分防把总一员，汛兵30名。

县东南蓬峒红沙洲分防外委一员，汛兵30名。

长安营旧设马步战守兵丁共1000名；随护理瑶厅标兵100名在内……

其余如三浪田、大寨、风界等各处险隘均分别驻兵数名至二三十名。共计以理瑶府所在地的长安为中心，在全县37处派驻兵员达1694名，其中游击一员，守备三员，千总一员，把总三员，外委五员。

即使如此，清廷对城步苗疆的驻军设防还不放心，又设立保卒多处，以填补正规军驻防之不便和不足。

乾隆七年，清出横岭、莫宜等峒及瑶山（指参加起义的瑶族）分叛产设堡卒13处，分隶横岭巡检、江头巡检、典史管辖，其堡卒即当乡勇愿充者予之耕，每岁操归于同知……堡卒有缺，以其子弟顶补。就中晓事者立为堡目，以统堡众。

横岭司管大定、久安、武安、武定、长宁、武威、三才共七堡，堡卒

182 名，每名受田九亩。

江头司管咸宜一堡，堡卒 23 名，每名授田八亩。

典史管永宁左一、左二、左三、永宁右一、右二共五堡，堡卒 139 名。

正规军加上地方军，清朝乾隆年间在城步苗疆的驻军已达 2000 余众，不能不谓之重兵驻防。

二、加强吏治

明弘治十七年（1504 年）建县之后，派驻流官，为城邑苗疆专设吏治之始。历明至清，其间百余年中，苗民滋事不止。除明代而外，仅清顺治、康熙、雍正三个朝代的九十二年中，就有三次，这已使清朝统治者棘手。至清乾隆五年，又爆发了以粟贤宇、杨清保为首的苗民大起义。起义被镇压下去之后，清朝统治者在如何治理城步苗疆问题上，大费了一番周折。先之安营设汛，派重兵驻防。贵州总督兼管巡抚事务大臣、镇压城步苗民起义的刽子手张广泗又于乾隆五年（1740 年）十月初四日上疏皇上："……伏查苗瑶不法，办理妥竣之后，一切善后机宜，自应乘时筹议。绥宁、城步二县，为湖南极边紧要之地，义宁县相距粤西省城仅六十里，为省会北面藩篱，两省联界地方，悉属苗瑶盘踞，声势隔截。臣前次奏报军情，已将应安设营汛，以联两省声势。谨附陈梗概具奏在案。今钦承谕旨，仰见圣主轸念边氓，永靖苗疆之致意。臣猥以庸愚，谬膺任使，敢不殚心竭力，筹虑万全。窃查善后事宜，不仅安营设汛之一端，如移驻文员，以资治理；改征实米，以济兵粮；预筹积贮，以备不虞；建筑城垣，以为保障；苗地险峻，最易藏奸；亟应开通道路，以便兵役巡查；逆类跳梁，尽由煽惑，亟应严禁邪术，庶免汉奸唆拨。至叛苗绝产，应需清出，作何安顿，以绝觊觎。苗人甫受约束，心彼词讼，应暂照苗例，以息纷争。凡此数端，皆善后要务……"[①]

张广泗的十条善后之要策的第二条，系移驻文员，以资治理。清廷对张广泗的条陈，言听计从。故而于起义镇压下去之后，新设长安理瑶府，

① 中国第一历史档案馆、中国人民大学清史研究所、贵州省档案馆编：《清代前期苗民起义档案史料》上册，光明日报出版社 1987 年版，第 423 页。

移宝庆同知驻之。至此，城步苗疆吏治由明弘治之设县升格为府。吏员由七品官升至从五品。城步县则受之于双层领导，既隶属于宝庆府，又从属于宝庆理瑶府。不能不谓之吏治刻意加强。

三、建筑城垣，以为保障

明弘治十七年建县时，城步县治乃一简易署衙。自清乾隆五年粟贤宇、杨清保苗民起义之后，清廷深知城邑累遭苗瑶入城劫库之虞，深感城垣不固，难以昭垂永久，故在县丞张方佳的主持下，扩建城池以自保，建有东、南、西三门。于城南巫水河畔始建谯楼，以防南来之苗瑶。

为防湘、桂、黔三省之苗瑶再度举事，在偏远荒凉的横岭峒之长安坪建筑较大规模的长安营城，占地数百亩，并筑有城墙，内设理瑶同知署、游击署、千总署、把总署，驻军1500余名，成为当时湘桂黔三省交汇处一新兴军事重镇。乾隆七年以后，清廷曾派遣特使多名，前来长安理瑶府检查防务，了解民情，以防范苗民的再次举事。清乾隆二十一年春月的陈宏谋（广西临桂人，官至清乾隆时期宰相，病故于任上）长安理瑶府之行，就是其中之一例。陈宏谋返京时，于城步应声岩（丹口镇内）留下“光天化日”四个大字，至今清晰可鉴。

四、开通道路，便于兵役巡查

清乾隆以前，城步虽则建县，但城邑北至武冈，西至绥宁，南达桂林，西南至通道县及横岭峒长安营，并无像样通衢，更谈不上官道。所通实乃傍山之羊肠小道，宽不过尺许，加之山高路陡，道旁荆棘杂草丛生，陌生人根本无从认道。如此道径，无向导者寸步难行。即使寻得向导，也因战马难过而不便调兵。故清朝定鼎，尤其是乾隆五年粟贤宇、杨清保起义之后，清廷采纳张广泗之奏，在建营设汛，移驻文员，扩建城垣之后，紧接着大力着手开通道路。自乾隆八年始，陆续开通了县城至长安理瑶府、县城至桂林，县城至武冈、西岩至绥宁茶江等几条主要交通要道。其路宽为三尺，全都用青条石或卵石铺设，这就是后来人们普遍认可的官道。时至今日，这种“官道”仍隐约可见，有的路段还保存得很完好。

五、清收苗产

乾隆五年苗民起义之后，苗民已全部丧失产业，沦为赤贫。清廷于乾隆五年对城步苗区横岭、莫宜等峒的用兵，名为镇压起义，实是对整个城步苗民的镇压和蹂躏。张广泗作为清廷镇压此次起义的主要将领，他集政治、军事大权于一身，统领三省官军，又实地深入苗疆，对于此次起义始末了如指掌。他明知此次起义有主谋，有胁从，也有不参与者，可他对苗民疾恶如仇，采取残酷的斩尽杀绝政策。他在给皇上弹劾大臣杜恺的奏章中就称："……查楚属叛苗其恶迹显著者，只有界溪、新寨、老寨、岩寨、大寨、下河、倒仰、长坪、长安、横坡、地闷、江头、普头等，通计大小共二十一寨，不足二千户……"[①] 然而实际上，凡此次起义所涉及峒寨的苗民所占之田地，均作为叛产清出。所谓"逆苗绝产"，实际上都是苗民早已垦殖成熟，只因大批苗民惨遭屠杀而暂时抛荒的田土。如长安营出产稀少，地方瘠苦，田地寸土归公，十室九空，一遇歉岁，得赴武冈、城步挑运米粮，每石光脚钱得花二三千文，百姓只能以薇、蕨等充饥。由此可见，当时朝廷对城步苗疆的统治，是何等的残酷。

六、设堡屯田

乾隆五年（1740 年）以后，张广泗又将黔东南苗区的设堡屯田制度，推行到湖南城步、绥宁苗族地区。据记载，张广泗在镇压粟贤宇、杨清保起义后，即在城步、绥宁二县，"清出叛产"，设堡卒十三处，"分隶横岭、江头典史督操，归同知统辖，有缺即以堡卒子弟充补，择晓事者拔为堡目"。计横岭巡检堡卒一百八十二名，每名授田九亩；江头巡检堡卒二十三名，每名授田八亩。"无事则耕操，有事听同知调度"。屯军户承耕屯田，一般需要按年完纳一定的田粮。如，古州四十堡共征米一千五百六十七石零；城步县典史管辖的五堡，共授田八百六十八亩。每亩科条饷八厘、秋米一升一合。也有不纳粮的，如，横岭、江头二巡检司管辖之武安、绥怀等堡，"向无额粮"。按定制，凡"苗疆"屯田，无论纳粮与否，

---

① 中国第一历史档案馆、中国人民大学清史研究所、贵州省档案馆编：《清代前期苗民起义档案史料》上册，光明日报出版社 1987 年版，张广泗奏提臣杜恺全务虚浮不尚实际折。

均属“官田”，屯军子弟可以世袭耕种，但“不得私行顶卖，以致辗转无着”。各堡屯田亩数丘段，都要“确查”“造册存案”，厅县“不时稽查”，并且每年“令堡目具结送核”[①]。

七、编立瑶峒甲长

城步苗疆虽于明弘治设县，并首次在全国实施“改土归流”。但此次“改土归流”仅限于县邑之北境，南境和西南境的五峒四十八寨，仍处于“化外”“有族属无君长”，赋役免征。无编户籍民。清乾隆五年苗民起义之后，清廷深感此等“化外”“生苗”如不向化，仍会数年一叛，每叛数年尔后平。如此痼疾，不宜再留。于是在设营屯兵，加强吏治的同时，对城邑苗区的五峒四十八寨，强制推行编立瑶峒甲长的举措，规定寨大者十户立一牌，十牌设一甲长。按户发给门牌，将大小丁口逐一备载。不得容留汉人和面生可疑的苗瑶人口居住。如有故违，不行首报，牌内一家有事，连坐九家，治寨长失察之罪。

八、禁止使用苗文

清乾隆四年（1739年），粟贤宇、杨清保所领导的苗民起义中，曾广泛使用过苗文。

在起义过程中，起义领袖为了逃避清廷的侦缉、围剿，所刻制的印信、图章，所印发的文告以及往来书信、手札，均系苗文。这种文字似篆非篆，城步苗民以外的其他任何人均不认识，自然亦为当时清廷官兵所不识。这种文字在当时起义军及湘桂黔三省广大苗族聚居区广泛流传、使用。

乾隆五年七月二十一日，贵州总督兼管巡抚事务臣张广泗给乾隆皇上的奏折——《张广泗奏查获杨成保等人折》，奏折上写道：

> ……又据独山州知州李应机，守备闻劳远禀报，拿获苗民莫六元等，讯据莫六元供，系独山州鸡袍寨人，曾向黎阿兰、陆石保买得铜

① 《湖南通志》卷八四。

印一颗，去银五两。据岑阿定供，系独山司平正寨人，买得韦阿兰长小铜印一颗，去银一十二两。据韦阿兰说，这印是我向平州黎阿兰处得来的，今日卖送你，可保一生无灾无难。又韦纲供，系独山司蛮庄寨人，买得黎阿兰铜印一颗，去银四两。今据黎阿兰说，南海县东门有个朱老三做头人，今年八月二十八日要出兵，挂的是黄旗号，从南丹州到平州来，但有了这颗印，可保无事等语，其印俱以搜获。又据讯岑阿定供出，韦阿春亦买有假印一颗，并据该州将抄录符纸、印摹呈送到臣，臣将送到符纸详细查阅，类系巫师祈禳，并无句读文义可寻，印摹似篆非篆，亦不成文，实系愚顽匪类，希图诳骗财物起见。但黎阿兰、陆石保等捏造妖言，卖给假印，与粤西惯习邪术之蒙朝正等往来勾结，妄称招兵做事，谋为不法，甚属可恶……①

乾隆五年七月二十九日，贵州布政使陈惠荣也给乾隆皇帝上奏折——《杨成保捏称仙女出世惑众情形折》，上有：

……其首犯黎阿兰、陆石保等，现已悬赏，责成土官严拿，尚未报获。再验其牌票，系用黄白纸朱书词语，不可解说，其旗长有尺余，每一条用红土写一十字或耳字，其印方止寸余，亦有三尖者，篆文不可识别……②

另外，贵州总督、云南巡抚张允随、贵州提督王无党也给乾隆皇帝上奏说：

窃臣张允随奉旨赴黔，于途次接督臣张广泗手札并抄咨内开，本年七月初三日，据署都匀府陈于中、都匀协副将五友文会禀，拿获府

① 中国第一历史档案馆、中国人民大学清史研究所、贵州省档案馆编：《清代前期苗民起义档案史料》上册，光明日报出版社 1987 年版，第 349–350 页。

② 中国第一历史档案馆、中国人民大学清史研究所、贵州省档案馆编：《清代前期苗民起义档案史料》上册，光明日报出版社 1987 年版，第 359 页。

属平浪司地方苗人骆阿乔、杨成保、杨计留，供出为首平州司王蜡寨匪犯黎阿兰、陆石保捏造妖言，卖给印符……所散符纸、假印，亦无句读篆文……①

直到此次起义被镇压下去之后，清廷方才醒悟，从而认识到这种似篆非篆的图文，实为城步苗民内部使用的特殊文字（苗文）。为防止苗民使用这种文字再次举事，清廷于是明令“永禁学习”。众所周知，清王朝的“文字狱”是中外闻名的。从此，苗文逐渐离开苗族人民，成了无源之水，无本之木。之后，随着清廷高压政策的加强和实施，苗文渐渐地在中国这块土地上销声匿迹。

九、设义学、教诲苗童

城步苗区的五峒四十八寨，清乾隆五年以前，并无学校。上述五峒的苗童求学，需往县城，且都是富家子弟。至于一般的贫困苗民之子，很少有机会求学。清廷为教化苗民，将“化外之苗民”化为“化内之苗民”，于是在五峒设立义学，对五峒四十八寨苗民施行文化上的统治，使之知书达理，接受王法，化为顺民。

十、开设市场

清乾隆以前，城步苗区之五峒四十八寨，亦无集市贸易。自此次苗民起义之后，为防止官吏差役的无端需索，始开设市场。市场开设后，晓谕苗人，凡有售卖薪米牲畜等物，都按时赴场，公平交易。市场开设初期，仍派文武员弁前往市场弹压。不许兵役人等抑买强取，如有违犯，或经明察暗访，或经苗民上告，县丞立派兵役缉拿严加处理，以维护市场秩序。

十一、平抑赋役

为平抑赋役，湖南宝庆理瑶同知府特意立碑告知民众，其碑文是：

① 中国第一历史档案馆、中国人民大学清史研究所、贵州省档案馆编：《清代前期苗民起义档案史料》上册，光明日报出版社 1987 年版，第 390–392 页。

需用物料及用人夫挑运草炭、买卖米粮等项，务照时价平买平卖。用夫按时给价，不许少勒，使庶贫苗得以安生。尚有强悍兵丁不遵往例，许于就近换管武职衙门禀控。

从清道光二十年（1840年）至辛亥革命（1911年）止，这段时间是西方列强从自由资本主义朝代向垄断资本主义过渡时期。自鸦片战争失败后，西方资本主义列强势力全面入侵中国，苗族社会的发展也进入了一个新的历史阶段，即进入了半封建半殖民地时期。但由于我国领土辽阔，各地政治经济发展极不平衡，因而各地半殖民地半封建化过程，也就在时间和程度上形成差异。我县地处湘、桂、黔边缘结合部，交通极为不便，政治经济文化比较落后，帝国主义侵略势力的伸入，较其他地方较晚，社会仍处于封建化状态。

随着资本主义侵略性的空前加强，各帝国主义国家更加疯狂地掠夺殖民地和半殖民地，中国已成了列强在东方争夺的焦点。英、法、美、日、德、俄等国，争相在我国划分势力范围，并多次对我国发动大规模的侵略战争，如1844年的中法战争、1894年的中日甲午战争、1900年的八国联军入侵等等。从此以后，帝国主义的侵略势力，就全面地深入了苗族地区。随着帝国主义政治经济侵略势力的深入，刺激了苗族地区商品经济和资本主义因素的发展，促使封建经济解体，把苗族社会逐步变成了半封建半殖民地社会。

自清乾隆五年（1740年）粟贤宇、杨清保所领导的苗民起义失败后，城步苗区已完全置于清王朝的直接统治之下。在行政建制上，不但设立有县，同时还设置府（即宝庆理瑶同知府）。县内设乡，并在各村寨实行“保甲”制，故城步苗区受置于双重领导。这是湖南其他县没有的机构设置。

县以下，编立瑶峒甲长。“楚粤苗瑶多能汉语、粗识字，宜编立保甲。寨大者十户立一牌头，十牌立一甲长；每寨择小心知事者，合立寨长一二人；寨小者不必限定牌甲，亦必合立一寨长，责其稽查。按户发给门牌，将大小丁口逐一备载。不许容留汉人及面生可疑之苗瑶居住……如有故违，不行首报，牌内一家有犯，连坐九家，治寨长失察之罪”[①]。

从此，城步苗区的土司制度被彻底铲除，封建领主制亦不复存在。在苗族地区盛行和遵从多年的“苗款”，也为清朝的律条所完全取代。款头的社会、政治地位被寨长、牌头所占有。

除了政治治理上的“保甲制”以外，作为政治统治手段的后盾和辅助力量的军事统治，也予以极大的加强。粟、杨起义前，城步隶属于武冈营管辖。起义失败以后，清廷针对城步这块多事的土地，派重兵驻防。据《宝庆府志·大政纪》记载，当时清朝廷在城步设置的兵力总计达一千七百多人，“……添设长安营游击一员，守备二员，同知厅把总一员，江头司巡检一员；移寨头巡检于横岭，设江头寨巡检一员，管莫宜、蓬峒、拦牛三峒，设堡卒十三处……”

如此的政治建制和驻军，自乾隆五年（1740 年）一直延续到宣统二年（1910 年），长达 170 年。

以上是清至辛亥时期城步苗区的大致政治情况。

第四节　改土归流后城步苗族的经济社会

清乾隆以前，商品交换基本上是以物换物，且无固定的交换时间和场所。加之清廷明文规定，不准汉人和面生瑶人进入苗族聚居区，所谓以物换物，基本上是在苗族聚居区的内部进行。故商品经济处在极其原始、古老的阶段。

自清乾隆五年以后，清廷明令城步苗区五峒四十八寨开设市场，晓谕苗人，凡有售卖薪米、牲畜等物，俱按期赴场。城步苗区延至当今的赶场习俗始于此时。从此，从物物交换，逐步演变成商品货币交换。五峒四十八寨之土特产品，诸如兽皮、桐油、生漆、薏米，自此时起开始向外输出，以换回食盐、布匹、铁器家具等日常生活用品。

---

① 《宝庆府志·大政记》。

巫水流域的木材贸易，也开始兴起。巫水上游之兰蓉、白毛坪（即拦牛峒所属之村寨）盛产的杉木资源，此时已开始开发，沿巫水向绥宁、洪江方向对外输送。

伴随着木材贸易的兴起，县城出现了铁匠铺、伙铺、南货铺等。使从事流送木材的放排工有了购置、修理工具的店铺，有了购买日常生活用品和食宿的场所。

至清代，城步苗族已掌握了熬糖酿酒制茶叶技术。据光绪《城步乡土志》载："金缨子土人喜采之，熬糖略如栗子法"，"梨子打碎榨汁，亦以布袋滤之去渣，用汁熬糖甚佳"。民国时期，使用红薯煮熟取汁熬糖较为普遍，糕点制作斋铺盛行，多为前店后坊。县城有姚合隆、元本斋、同庆斋、喻义斋、庆盛斋、长瑞斋等数家斋铺。此时，长安虫茶制作技术日臻成熟，虫茶为当地茶之精品，深受山民喜爱。县内民间还加工家用茶，将在每年春季谷雨节前后，采摘鲜茶洗净，掺入微量稻米拌匀，置入甑内高温蒸煮之后，倒出用手搓揉，紧压成饼，熏干或晒干即可，名曰："饼茶"，供煮清茶和打油茶之用。清末，有铺头农民易某放木排至常德，饮当地名酒，觉酒味极佳，遂在当地拜师学艺，学成归乡，依法酿制，再请来常德师傅加以指点，酒艺大进，遂在家开设酒坊，名"太平酒店"，后改为"易泰清酒店"，专以酿酒为生，所酿之酒，清亮透明，芳香四溢，名扬城步武冈诸地。

清代，城步苗民还掌握了造纸印刷术。据同治《城步县志》载："制竹为纸，业此者三百余家。"其法，先将嫩竹砍倒晒枯，去枝切片，投入凼内加拌石灰浸泡至腐，然后捞出，擂成竹浆，置缸内加水搅成稀浆，滤干拂于烤室外壁烘干即成。至民国时期，城步的手工造纸快速发展，据民国二十四年（1935 年）《中国实业志》载：造纸工场之分布，城步 284 家，工场职工 457 人，工场资本 48108 元。是年产老仄纸 7600 担，砣砣纸 3500 担，裱节纸 1900 担。造纸术的盛行促成了印刷业的发展。清末，县城有"三元堂""永德堂"等 6 家手工印刷作坊相继兴办，初为木刻板，后发展为石印，木板印制纵横行纸、信笺、作业本、账簿、公文纸等；石板承印公文、书纸、请柬、广告、招贴、报刊等。

清乾隆五年（1740年）粟贤宇、杨清保起义失败后，许多苗民被杀被赶而放弃自己的家园，许多田土被官府以“逆苗叛产”的名义查抄，归为公田，从而另行招佃收租。特别是横岭峒，几乎所有苗民都无地，沦为赤贫。横岭峒以外的其他乡村民众生计同样艰难到了极点，每到夏季青黄不接时，则要靠上山采集薇、蕨充饥。其余民众则靠佃种公田、帮工来维持生计，再不足者，则靠借贷，以度饥荒。还有的迫不得已就借高利贷，不少家庭被高利贷盘剥得倾家荡产。

据长安营乡光绪年间《积谷常存》碑文记载：光绪十三年（1887年）积谷一百四十二石六升，至光绪十八年（1892年），积谷已增至七百七十八石五斗五升，五年净增六百三十六石四斗九升，由此可见，高利贷盘剥到了何等程度。这还是借公有的积谷，私有高利贷者，其利息就可想而知了。

不过，乾隆五年粟杨起义失败后，清廷在残酷镇压起义的同时，痛定思痛，为了进一步巩固清廷对城步苗区的统治，也采取了一些让步政策，如苗瑶命盗案件，允许照“苗例”完结，“文武各官，一切需用人夫，公事则照给官价，私事则自行雇募，不许索诈鸡酒”；“各设文武衙署所需一切食物，不许差遣兵役持银入寨强买，务于附近城厢之处，开立市场……公平交易”，“不许兵役人等抑买强取”。这样一来，广大苗民得以休养生息，给城步苗区经济的恢复发展起了一定的推动作用。至清朝末年，人口数目和耕地面积均大有增长。

至鸦片战争前后，城步的社会经济在乾、嘉时期发展的基础上得到了新的发展，苗族人民使用的铁质农具，种类不断增多，有水犁、旱犁、水耙、踩耙、薅耙、钉耙、挖锄等，生产技术有所提高，刀耕火种落后的生产方式已有减少。牛耕很普遍，施肥习惯开始普及，同时因人口增多，耕地面积不断扩大，此时，因为水田已开垦完毕，不得不大量开垦旱地，广种杂粮。

农业方面，除极少数偏僻大山区外，粮食产量已接近邻近汉族聚居区的水平，犁、耙、镰、锄等铁制农具亦已被普遍采用，水田一般做到了两犁两耙，旱田则三犁三耙，肥料的使用上有猪牛粪、人粪尿，杀青肥田、烧制土灰。特别随着人口的增加，为取得生活的食料不得不增辟荒土，以种杂粮。个别山冲的深泥田、沼泽地，耕牛无法进去，则以人力锄挖开垦，然后种上水稻。在作物病虫的防治上则采用山野滋生的草药，如蒿筒杆、黄藤根煮水，以杀死作物害虫。

除了粮食作物以外，城步苗民利用富饶的山地，栽种油茶、油桐、生漆等经济作物而且其产量逐年上升。

商品经济开始萌芽，首先表现在木材和竹制品上。城步苗区盛产杉木，产杉之乡的兰蓉与巫清下乡为最，扶城、蓬峒、咸（莫）宜次之，延青、赤水、威溪更次之；兰蓉乡多古杉，围大六七尺，高达七八丈。竹以威溪与巫清下乡为最多，碧云、延青、赤水次之。除威溪、碧云均有纸槽造纸，余供制作玉兰片之用。此外，上五乡产厚朴等药材，与巫清上乡各种果品，亦甚有名。

木材则是沿巫水扎排送洪江、益阳、常德以至武昌销售，故有了木材商和河运放排工。土纸和玉兰片则销于武冈县城，由武冈商人转销他地。

在养殖业方面，山地黄牛为大宗，次以牲猪、鸡鸭鹅等。养蜂也渐成习俗，其养殖方法原始。蜂房悬于岩隙，每秋八九月，置一人于篾箩中，系索悬岩，凭高而下，以蒿火燎去其蜂而取之。据《五溪苗族古今生活集·二》记载："养蜂之法亦较昔日进步，昔时取蜜于悬岩，常觉艰险，后来则每当季春，常见蜂子分群而附于岩下或树上时，伊辈皆知以蜂桶糊蜜罩蜂群上，口中以苗语念念有词曰：'蜂娘蜂娘上桶'，而以木棍对桶连连敲之，群蜂即爬上桶内，然后移桶至室内或檐下养之，因之取蜜便利。"

加工业主要是食粮。特别是苗族集中聚居的五峒四十八寨，山高坡陡水资源丰富，稻谷的加工工具为水碓，无汉族地区的碾、砻；磨粉主要是石磨。其加工工具原始、古老。

农副业方面，耕地面积大幅度增加。此前，所经营的土地为溪流两岸和地势比较平坦、灌溉条件较好的丘陵地区，随着铁质农具的大量引进，人口的逐渐增加，溪流两岸和广大丘陵地区的土地所生产出来的粮食已不能满足人口不断增长的需要。人们为了生存，不得不向山区的土地要粮，城步的梯田，大都是这个时期开垦出来的。其谷物种类与邻近汉族地区大致相同。其品种有稻谷、玉米、红薯、小米、高粱、黄豆、杂豆、旱稻、薏米等。一般以种植水稻为主。山地以种植杂粮为主，其种植方法仍然是“刀耕火种”。由于耕作粗放，产量不高，一亩山地所产杂粮不过几十百余斤。此时，桐油、生漆、茶叶也多有种植。牛羊猪鸡鸭都有饲养，特别黄牛饲养多，繁殖快。由于苗区多草山，牛畜个大膘肥，体格健壮。其饲养方法为粗犷放牧，将牛羊终年弃之荒野，让其自食自长。只是到了春耕时节，才将牛赶回圈养，用于翻耕农田。但苗民视牛为宝，农忙时常有给耕牛加强营养之习，常煮些谷物、豆秸喂牛。冬天圈养黄牛，是为了积肥备耕。此时的粮食产量是很低的，以稻田而言，每亩不过两三百斤。又因为地处亚热带向温带过渡，禾苗年年遭“寒露风”袭击，一旦寒露风到来禾苗仍未能抽穗扬花，则所种几近颗粒无收。另外，此地山区多野兽，一旦深夜驱兽不力，到口的粮食会被野兽夺走，故而饥荒连年不断。

此时的工商业，亦颇发达。光绪三十二年（1906 年）的统计：全县共有 17695 户，其中手工业工人及雇工、放木工人有 1304 户，占总户数 7%，经商（包括造纸商及菜农在内）的 2639 户，占总户数 15%；教师医生等占 4%，农业户 13041 户，占总户数 74%。苗族最聚居的扶城、蓬瀛、横岭、莫宜、拦牛五峒，共有 6744 户，从事工商业的达 1088 户，占五峒总户数 16.13%。在拦牛峒 733 户中，从事木商的就有 230 户，占全峒户数 31%。有些苗族商人资本已达万元以上。

第五节　改土归流后城步苗族的文化教育状况

明弘治十七年（1504 年），明廷首次在城步苗区实施的“改土归流”，因为首例，前无此举，属尝试性质，因而其改土归流是粗略的、肤浅的、不全面不完善的。在县的北面丘陵区，已全面实施了“改土归流”，而县的南面和西南面的五峒四十八寨，基本上没有触动。此时的五峒四十八寨，其政治上仍处于“化外”，其统治者不是派驻的“流官”，而是土司。到了清乾隆五年粟贤宇、杨清保所领导的苗民起义失败后，清廷从粟杨起义中吸取了惨痛的教训，在明弘治“改土归流”的基础上，全面地、彻底地实施“改土归流”。这样一来，在五峒四十八寨地区的土司制度被彻底废除，取消了土司割据状态，废除了束缚生产发展的领主制，使农民、手工业者，有了较大的人身自由，生产、经营的积极性高涨，加强了苗族地区与外界的经济联系。汉族的劳动群众也得以更多地进入苗区，他们以较高的生产和经营技术，促进了苗族地区贸易和农副业生产的发展。

在文化上，为了加强思想统治，自乾隆五年“粟杨起义”失败后，清廷同意在城步五峒四十八寨普遍设立义学，共设扶城、拦牛、蓬峒、莫宜、横岭等义学五所，令内地生员前往训诲，以教诲苗童。此前，学堂大多设置在县城和县北“向化”较早的苗区，至于五峒四十八寨，几乎无学校。能有机会进县城读书者，多乃富家子弟，而广大贫家的儿童，大多目不识丁。因而，“结绳记事”的现象此时普遍存在。就全县而言，文化差异悬殊。县北之赤水图，宋代已有进士（杨正修），县南之五峒四十八寨，清乾隆时大部分仍处在原始的“刻木为契，结绳记事”阶段。

清以前历代封建王朝，均不准苗人子弟参加科举考试。康熙至雍正年间，随着苗族地区学校教育的兴起，清朝统治者逐步改变这一政策，首先在湖南允许苗族童生参加考试，苗童生可以“苗籍”应试，取进各府州县学，并给城步“新生”县学学额三名。五峒四十八寨义学的设置，无疑是文化教育的一大进步，为广大苗童掌握文化，获得知识提供了条件。

清乾隆七年（1742 年）知县张方佳在城东五里白云洞左侧将原有之庵改建为书院，名叫“白云书院”，该书院原有额田一亩，后被大水冲毁。乾隆七年平定粟贤宇、杨清保起义后，知县张方佳清查叛产时拨田三十七亩八厘于书院。乾隆二十九年（1764 年）知县卢九云劝谕生员饶开物捐田一十四亩给白云书院，逐年收租为三十七石九斗七升五合、收租米二十七石八斗一合五勺、租钱二千九百六十文，以充馆师聘金及一切杂费。

乾隆四十二年（1777 年）署县事王诰捐钱三十四千文，薄息营积至四十六年，实得钱六十千文。署县事倪为贤买田四亩七分二厘，又清出紫云庵田二十五亩移交儒学经营，逐年监田监收贮入学仓，按月支给生童膏火。

至此，原额学田加新增之数，共计三百零二丘，约二十五亩零。

从学田数额可以看出，入学人数微乎其微。尤其五峒四十八寨，其苗童入学者，均系富家子弟，而且数量甚微，仅八名，平均每峒不到两名苗生入学。至于广大贫苦苗童，不知儒学为何物，记数仍“结绳”，借贷仍“刻木”。

清乾隆七年（1742 年），清廷为进一步加强对城步苗区的统治，决定在苗族集中聚居的五峒设立“义学”，以教诲苗童。每处（馆）给师资薪水银十六两，由政府财政支给。义学的设立，乃城步苗区五峒办学之始。之后，苗区入学儿童逐年增加，人口的识字率逐年提高。故义学的创立，为提高城步苗区文化，促进苗族聚居区民族教育事业的发展，起了一定的推动作用。

至清光绪二十八年（1902 年），县衙将白云书院改设为初等小学堂。是年六月，王锡爵以旧考棚为校舍，县学款作基金，创办官立高等小学堂。宣统元年（1909 年），绅士刘克俊在县城安公祠（今中山堂地）创办预科高等小学堂；王者瀚用私有财产在县城清蘸宫（今隘头口地）创办洪范初等小学堂。县内较大的村寨也创办初等小学堂。至宣统三年，全县共有初、高等小学堂 25 所，学生 609 名。

第六节　改土归流后城步苗族的反抗斗争

明朝灭亡以后，清朝统治者沿袭了明朝后期的制度，只不过对明朝时期的“一条鞭法”稍加改革，使之变成“摊丁入亩”政策并加以推行。

康熙末年，伴随着地主经济的恢复与发展而重新出现了土地兼并高潮，导致佃农人数激增，丁徭负担日重，且越来越集中地压在了无田农民的身上，赋役负担空前繁重。如城步这样“九山半水半分田”的穷乡僻壤，佃农比比皆是，其赋役之重更可想而知。据同治年间的《城步县志·改屯》记载：“城距靖、绥四五百里，以隔属之官征隔属之粮，呼应不灵，官疲民累，抢地呼天，真如沉疴在体，恨不须臾即去。官斯土者绘图屡请，案牍如山，未蒙题允。”同治《城步县志·驭苗论》称：“军健之需索耳。予稔知若辈之入峒，必戏侮其妻子，诈骗其财物，稍拂所欲，则设计吞噬，或倾一家，或败一族，恶可胜言哉?”同治《城步县志·禁止派买款文》亦称：“衙门仆役……亦藉（以）凌虐，百方压勒，任意刁难。似此显悖功令，鱼肉小民，殊堪发指……”

至乾隆初年，官吏仗势欺民，一如洪水猛兽，迫使苗、侗、瑶等各族人民不断起来反抗。其时，恰逢白莲教在北方举事，在白莲教和李天保的影响下，终于爆发了以粟贤宇、杨清保领导的苗民大起义。

一、竹岔山惨案

清朝统治阶级严重的政治压迫和经济剥削，致使广大苗民精神恐惧，生活无着，失业逃荒者日益增多，加之维护苗疆社会治安的款会组织活动被禁止，而新的管理制度又未建立，社会秩序极为混乱。一些不法之徒乘机混入苗疆趁火打劫，浑水摸鱼，烧杀掳掠之事不断发生，偷盗扒窃更加频繁。清朝地方官吏实行的是“连保连坐制”，屯军则倚仗其武力，擅专“讼词”，“无论大小案件，动言用兵”，所以一处被盗，四处株连；一户烧杀，全寨遭殃。流窜的惯偷惯盗难于查获，逍遥法外；而安分守己的土著苗民尽受牵连。闹得苗疆怨声载道，鸡犬不宁，酿成了一起又一起诛杀苗民的惨案。

雍正十二年（1734 年），清军以军装被劫为由，诬称绥宁苗民凤老一和城步苗民蒲寅山所为。第二年，绥宁营游击兰美林和城步知县蒋德重率领官兵，气势汹汹闯进苗寨抓人。绥宁和城步二县的苗族人民平日深受满汉官吏的压迫、欺凌和剥削，对官府弁兵早已怀恨在心。见官兵来势凶猛，气焰嚣张，更是义愤填膺，忍无可忍，于是在凤老一、蒲寅山的组织下奋起反抗。苗民拒敌于应声岩，以弓箭和石头痛击敌人，“杀伤官兵”。雍正十三年（1735 年），兰美林和蒋德重报请永州千总龚作、宝庆协总李如松率官兵前往镇压，又遭到苗民的坚决抵抗，活捉宝庆协总李如松，杀死官兵和乡勇 30 多人。地方官吏十分惊恐，请求朝廷发大军进剿。乾隆元年（1736 年），湖广总督史贻直与湖南巡抚高其倬命襄阳总兵李琦统兵，调靖州协副将王臣，绥宁营游击兰美林同宝庆、辰州、镇筸各营弁兵 3000 余人征讨。经过周密的部署，清军于第二年四月初十进攻竹岔山。苗民在竹岔山龙开口设伏，消灭官兵 300 余人。官兵进剿受挫后，被迫退下山，他们见硬攻不行，便使用奸计，一方面佯装撤兵回城，另一方面，用重金收买了苗民中的叛徒，上山谎报官兵已经撤退，瓦解苗民斗志。苗民果然上当受骗，认为官兵被打败吓跑了，于是，设酒筵欢庆胜利。六月二十六日，当苗民正在醉卧之时，叛徒引官军从家浆山攀绳而入，发起突然袭击。苗民猝不及防，凤老一、蒲寅山等首领不幸被捕并遭杀害。驻扎竹岔山的义军将士和全寨 15 岁以上的苗民男子都被杀害。竹岔山寨死尸枕藉，血流成渠，惨不忍睹。清军还对竹岔山寨大肆洗劫，将苗民的家资财产抢掠一空，房屋全部烧毁。竹岔山苗寨顿时成为一片火海。清军还将剩下的苗族妇女和 15 岁以下的苗族幼小 600 多人全部掳走。乾隆四年（1739 年）三月，将义军家属尽发往边外，其余妇幼则“于附近省全隔越苗疆之外变卖，得价即以分赏有功之兵丁”[①]。

二、湘、桂边境苗民大联合准备起义

竹岔山惨案以后，官府为了防止苗民再聚众而起，在绥宁等地建筑城垣，添设哨、堡、营、汛，增兵防守，并严饬各哨、堡、营、汛特别是安设于苗疆中心寨落之营、汛官兵，严密监视苗民的动向，控制各地苗民的聚集等。当时，苗疆处于一片恐怖之中。苗族头人（包括族长、寨长等）大都亲身经受了官府欺虐，平日委曲求全，忍辱负重，不敢辄动。凤、蒲被杀以后，民族公愤促使他们再也不能自禁，愤然而起。苗族头人特别是一些有文化的苗族首领，他们大都有阅历和见识。竹岔山惨案的沉痛教训使他们认识到，仅一寨或数寨而起，力量单薄，寡不敌众，等于送死。只有互相联通，共同起事，才可能奏效。为此，他们还创制了篆体苗文，统一号令，统一行动。乾隆四年（1739 年），苗民首领粟贤宇、李克茂、杨清保、杨元保和广西义宁张老金等，举行秘密集会，共商举义。

---

① 《清高宗实录》。

当时在苗疆各地大都安设了清兵的据点，清军实力相当强大；满汉豪门势力基本上控制了各保各甲，苗族头人大都在他们的监视下，动辄即受嫌疑甚至吃官司株连全寨，而广大群众久无款会组织，群龙无首，一盘散沙；苗民的兵械早被缴，即使起事，也无兵器可使。在这种情况下，首领们决定先做好准备工作：第一，他们为迎合苗族人民期望有自己的“王”的愿望，以明代苗民起义军领袖“苗王”李天保（李天保曾称武烈王）之名号，采取“挖窖敛钱”“上朝”方式，宣传和发动群众；第二，恢复“款会”组织，使之成为联合苗民的纽带；第三，确定“阁老”“将军”名号，推举城步横岭峒龙家溪苗民首领粟贤宇为“阁老”，各起义军首领皆为将军，阁老、将军下设军师，并铸制阁老、将军印；第四，收集和制造武器装备和其他用品；第五，约定于次年中秋同时起事；第六，迅速普及苗文，以便统一号令，统一军纪。

根据聚会的布置，苗民首领回到各地，分头开展起义前的准备工作。据史料记载，乾隆五年（1740 年）二月，“湖南与粤西接壤之城步县长坪等寨有苗三四百带刀过粤合款，绥宁县岩子田，桃家水溪上各处亦有男妇苗瑶百余，带标枪由城步县横岭过粤入伙”①，“绥宁都垒三丰家苗子，普头二百七十家”“暗邀中步、紫坛苗子一齐合款”②。

在恢复款会组织的基础上基本实现了湘桂边境苗民大联合的局面，同时，苗区的“苗王”运动也迅速开展起来。“苗王”运动的具体宣传形式，就是以明代苗民起义领袖“武烈王”李天保之名，组织群众开展“敛钱”吃素、“上朝”的活动。

据记载：乾隆四年（1739 年）七八月，“时楚苗粟贤宇、杨清保等，粤西苗吴金银、张老金等互相勾结，分头敛银，名曰上朝，甚私立阁老、将军名号”③。

城步横岭峒龙家溪苗民首领粟贤宇自称“李天保再世”，称阁老；城步莫宜峒苗民首领杨清保自称“李天保太子”、会“法术，村上三百余都

① 《朱折》湖南巡抚冯光裕折，乾隆五年三月六日。

② 《朱折》湖南提督杜恺折，乾隆五年五月二十九日。

③ 《朱折》贵州总督张广泗折，乾隆五年三月二十日。

服他，给钱使用呼他为贡将军”[①]。广西义宁县江底村首领张老金则在群众中宣称“李天保出身已有八年，现聚苗兵九百零”[②]，吴金银、吴万金和黄顺等其他各地首领也都以“苗王”李天保的名号，发动和组织群众进行“敛钱”吃素、“上朝”等活动。湖南巡抚冯光裕在后来给乾隆皇帝的奏折中亦称，绥宁、城步等地苗民“俱历来未经惩创，不知王法”，“公然张示称王称将”。各地苗民能工巧匠，暗地里绣制了起义军的五色旗和衣甲，收集和打造兵器，一场较大规模的苗民武装起义即将爆发。

三、武装起义的爆发

乾隆四年（1739 年）十一月，在绥宁县耙冲地方发生了“铜石事件”。即汉族奸商黄三奇在官府的庇护下，带领民工在绥宁苗区耙冲地方开采铜矿，他们恣意砍伐苗山林木，修建厂房，还毁坏苗民田地。苗民们气愤不过，先后于十一月初九、十三、十四、十五日四次劝阻。但奸商黄三奇倚仗官府，狐假虎威，侮辱苗民，并把前来劝阻的苗民赶走。苗民平日深受汉族奸商的盘剥和欺虐，早已恨之入骨，但慑于官府权势，不得不忍气吞声。此时，苗族的款会组织恢复了，又听说苗族出了自己的“王”，因此在多次劝阻无效、忍无可忍的情况下，高寨、雷团、地连三寨苗民，在头人姚和卿率领下，于十一月二十九日将黄三奇的铜矿毁掉，放火烧掉厂房，赶走民工。“铜矿事件”发生本来是奸商黄三奇引起的，连湖广总督班第在先后派靖州协副将姜瑞曾和辰永道道员机辅臣进行确查后也不得不承认：“绥宁县地方高、雷二寨苗人阻挠铜矿一案，实由地方官办理不善，并奸商黄三奇等滋扰起衅。”[③]可是，当时奸商黄三奇为了对苗民进行报复，竟歪曲事实，以“苗人放火烧人，毁铜抢物，掳人滋事不法”[④]为由，请官府派兵弹压，各级官府也因民族歧视而偏袒汉族奸商，层层转报。当时担任湖南巡抚的昏官冯光裕竟不问青红皂白，下令靖州协副将

① 《朱折》广西巡抚安图折，乾隆五年三月二十日。

② 《朱折》湖广总督班第折，乾隆五年五月十二日。

③ 《朱折》湖广总督班第折，乾隆五年三月二十九日。

④ 《朱折》冯光裕折，乾隆五年三月六日。

姜瑞曾、靖州知州刘尚质和绥宁营游击王贵捉拿“滋事苗人”[①]。并于乾隆五年（1740 年）正月十五日向皇帝上奏，建议将镇压镇筸、永绥、乾州等地苗民起义之清朝官兵“临压高寨、雷团、地连三寨，勒献凶苗姚和卿等惩治，如有党恶抗拒，即行剿惩”[②]。乾隆皇帝阅后，批示道：“知道了，相机而行，勿致事可也。”[③]在接到朱批之前，靖州协副将姜瑞曾、靖州知州刘尚质和绥宁营游击王贵已派官兵前往苗寨捕人，随着官兵深入苗疆内地，苗民的合款和“敛银”“上朝”活动开始暴露。乾隆四年（1739 年）十二月，城步县横岭司巡检王淦禀报，风闻“义宁已有起事奸人，横岭愚苗业有附和”[④]。乾隆五年（1740 年）正月，广西义宁县防弁向广西提督谭行义密禀：“风闻本县与湖南城步、绥宁两县交界苗地，近有汉奸妖言惑苗僮，但离县二百四十里，远闻不确，现在会商文员往查”[⑤]。正月十六日，谭行义密令永宁营参将马士英会同文员速派人调查，并命令毗连苗疆的全州营汛一起“访缉报夺”。不久，黄顺和吴万金在潜入义宁县桑江“敛钱”时暴露，义宁县向广西巡抚安图报告，有黄顺、吴万金等“口称（李天保）名号，向在楚地挖窖敛钱，今年内闻潜入桑江境内，哄诱愚苗”[⑥]。二月内，绥宁营游击王贵亦密报：“亲见城（城步）属之横岭、长坪等寨有三四百苗人赴广西合款，绥（绥宁）属岩子田等处瑶人百余名，随带标枪，奔横岭峒，过广西入伙”[⑦]。于是，官府开始在绥宁和广西义宁等地苗区大肆搜捕为首合款、“敛钱”者，二月初一，广西义宁知县和桑江司巡检受广西巡抚安图的密令，设计令熟苗亦假称挖窖敛钱，将黄顺、吴万金、梁学度、吴华学、吴华富等人诱出逮捕，并押解至广西省府审讯，他们中有人供出了广西义宁方面为首“挖窖敛钱”的吴金银等。官府即令堡目 2 名堡卒 26 名，将吴金银、于老袁、吴富安等逮捕。义宁秦

① 《朱折》冯光裕折，乾隆五年三月六日。

② 《朱折》冯光裕折，乾隆五年三月六日。

③ 《乾隆朱批谕旨》，乾隆五年二月。

④ 《朱折》张广泗折，乾隆五年十二月八日。

⑤ 《朱折》广西提督谭行义折，乾隆五年三月二十五日。

⑥ 《朱折》安图折，乾隆五年三月二十日。

⑦ 《朱折》张广泗折，乾隆五年十二月八日。

新祖立刻报告苗民首领粟贤宇，粟贤宇与杨明楼、秦新祖率领苗众前往营救，于初七，在苗地荒田头，将押解途中的吴金银等人救出，并将押解吴金银的 2 名堡目及 26 名堡卒全部抓获，押回横坡苗寨拘禁。粟贤宇又率领苗众赶到独车，平邓苗寨，将告密的李才山、李才居抓获，带回横坡关押，由于没有抓到石仁富、粟万田，就抄了他们的家。

义宁县知县倪国正得知粟聚众劫走朝廷要犯吴金银和堡目、堡卒后，飞报广西提督谭行义，请求发兵剿擒。三月，谭行义委令桂林知府牟永喜、永宁营参将马士英带官兵 200 名前赴义宁弹压，“两省苗疆毗连，纵横四百里，山险箐密，兼楚省红苗凶顽异常”①，“惟恐前兵单弱，不能震慑，蔓延为患”②，又派守备赵斌带领 200 名官兵前往策应，并咨会湖南巡抚冯光裕、湖广提督杜恺，请令城步、绥宁二县文武官吏会同“追陷缉凶”。湖南巡抚冯光裕即令署城步知县李百奎、靖州知州刘尚质、靖州协副将姜瑞曾、武冈营游击许天良、绥宁营游击王贵等调拨兵役严拿。官兵压境，形势危急。粟贤宇率领龙家溪、赤板、下界溪、中界溪、上界溪、机家团、他林冲、塞林口、五冲、岩坡、龚家田、平溪、槽山、粟子坳、王桑田、竹坪、岩子田、沅头山、大坪、枫香、安阳山、牛路坡、白水洞、竹林寨、六甲、六马、扒树、石岩、古孟、传素、长安、横岭、横坡、长坪、大寨、新寨、老寨、到仰、下河、岩寨、地闷等数十寨苗民首先举行起义。粟贤宇称阁老。之后，各地纷纷响应。城步莫宜峒苗族首领杨清保称太子，亦率众起义；广西义宁吴金银率大罗、黄沙、平坝、龙坪、小寨、石灰窑、韦里、野畬、昌背、盘胖、白杆、寨章、都敖、独车、大加、小加、地林、包田、庄远、白土、平邓、布笼、里市、平定、平鱼和绥宁之都垒、普头、中步、紫云等数十寨在广南大冲起义；张老金率张家村、江底村、寨那村、马蹄村和龙胜之白竹、白平包、里木、江口、囊其、囊背、冲峒、峒中八寨在张家村起义；曾于乾隆二年（1737 年）参加凤老一、蒲寅山起义的苗民均赶来参加，同时，广西怀远、融县、永宁等地也有千余群众赶来义宁参加起义。至此，苗民起义在绥宁、

① 《朱折》谭行义折，乾隆五年三月二十五日。

② 《朱折》谭行义折，乾隆五年三月二十五日。

城步和广西义宁、龙胜等地全面爆发。

苗民起义以后，斗争目标首先是指向平日为非作歹、欺压苗民的地方官吏和营汛官兵。四月初一，城步长坪、大寨苗民义军一举攻占清军据点箄子汛；四月二十八日，黄桑营新寨汛等处兵役10多人，至横岭各苗寨“晓谕”。声称“如苗瑶就抚，肯献为首勾结之人，即可先结；若不就抚，再行请兵剿擒”[①]。企图威胁苗民义军放下武器投降。义军“阁老”粟贤宇闻讯大怒，率百余人将欧国璋、王淦、邓岐山并随行兵役擒捉，后均处死。二十九日，粟贤宇率长安、长坪、新寨、老寨、到仰、下河、岩寨、横岭、横坡、地闷等寨苗民义军五六百人，围攻新寨汛，武冈营游击许天良率汛兵顽抗，义军奋勇攻打，攻克新寨汛，许天良因牛石奸苗救护，侥幸脱逃，汛兵尽被捉。义军乘胜一路扫平清兵镇守的六甲、六马、镇彝三个据点，缴获其刀枪、弓箭、军装等军需物资。五月一日，粟贤宇又率

拦牛峒新寨古苗寨

① 《朱折》张广泗折，乾隆五年六月五日。

1000余人围攻箄子隘汛，张纲率汛兵仓皇逃脱。五月二十五日，城步县莫宜峒苗民首领杨清保、杨元保等率义军千余人越过广西兴安，攻占羊角汛，烧毁汛营。五月二十九日，广西怀远、融县、永宁等地群众千余人投奔起义军。义宁县知县倪国正同桑江司巡检、卢田司巡检、临桂县丞带兵丁12名和衙役人等前往“招谕”。义军首领杨老岩率众抗“抚”，打伤随行兵丁多人，将倪国正等5员官吏及随从捉拿回寨，仅桑江司巡检蔡多奇以村里同乡掩护得以逃脱。之后，义军将镇压苗民起义的刽子手倪国正等5名官吏处死。

各路苗民义军四面出击，杀官吏、烧营汛，地方官吏和营汛纷纷向清廷告急。

四、清军会剿

苗民起义爆发后，扫荡了以黄桑为中心的湘桂边境苗区的清军据点，致使“数邑震恐”。湖广总督班第、提督杜恺，湖南巡抚冯光裕，广西提督谭行义等地方文武大员纷纷向乾隆皇帝具奏，请朝廷调集大军对苗民义军进行镇压。乾隆五年（1740年）五月二十日，湖广总督班第在《奏请用兵楚粤苗寨折》中称：“楚粤顽苗勾结滋衅，亟请用兵擒剿，以靖边疆”，“除分拨弁兵前往救援及亲带兵役于本营在隘防堵外，若非请兵惩创，何以上遏苗风，惟是粤西桑江苗峒与横岭顽苗复逞凶不法于楚，而附近莫宜等各峒及绥邑、界溪、门甲等一带苗瑶，向系声气相通，恐致结党横行，内地亦为震动，且四处苗瑶峒寨山深箐密，非用大兵万名分布，断难济事。”[①] 湖南巡抚冯光裕亦奏：“城绥苗瑶不法”，“臣屡檄该地方文武查拿，而靖州协副将姜瑞曾为惟不拿，并两县所报各案俱为讳匿，并以无人过粤饰复。更以绥宁营游击王贵禀为多事妄禀，而隐匿盗情不言。直至于今见苗瑶聚集数千，攻围营汛，捆捉官弁、杀伤兵丁，焚烧营房，始同辰永道会祥请兵。是势以渐大，非多兵扼亢附背，不能压伏，非痛加剿锄，不足示惩”[②]。他又建议委镇箄镇总兵刘策名、辰永道员杨辅臣为领兵

① 《朱折》班第折，乾隆五年五月十二日。

② 《朱折》冯光裕折，乾隆五年五月十三日。

大员，宝庆府知府张琳总理军粮，衡永郴桂道刘应鼎为军前监纪。乾隆五年（1740年）五月，乾隆皇帝下旨：一方面对靖州副将姜瑞曾、靖州知州刘尚质以“任地方，而玩纵苗瑶劫掳，本地邻邑报案累累，殊属溺职。姜瑞曾、刘尚质俱着革职，留于军前效力赎罪”①。一方面令湖广巡抚冯光裕为主，湖广提督杜恺、镇筸镇总兵刘策名为副，调集楚兵；广西方面以两广总督马尔泰为主，广西提督谭行义为副，调动粤兵，从两广方面对苗民义军进行会剿。

乾隆五年（1740年）五月，湖南和广西两省开始调集官兵征剿。湖南方面，先调集镇筸镇兵600名，靖州协兵300名，武冈、绥宁、宝庆、沅州、辰州、永绥等协营兵各200名，共计官兵2100名，于要隘对苗民起义军进行分防堵御。随后，又调杜恺提标兵1000名，委标下右营游击韦国英、后营游击区明带领，还从湖南抚标、长沙协、永州镇标及衡州协、九溪营、澧州营、洞庭营、常德水师营抽调官兵1900名，共计官兵5000名，委令熟悉苗疆情况的镇筸镇总兵刘策名和辰永沅靖兵备道道员杨辅臣总理调度，以宝庆知府张琳总理军粮，衡永郴桂道刘应鼎为监纪，“相机擒剿”。又抽调官兵5000名作为后备队。其中从湖南各营抽调2500名，湖北各营抽调2500名。不久，湖广总督班第、提督杜恺恐“顽苗素称凶顽，所在官兵虑不敷遥用”，又从预备队调用的5000官兵中，将湖南提督等协营官兵1500名，令衡州副将冶大雄、桂阳营参将薛瑞、保靖营游击张朝栋分别带领，星夜赶赴绥宁军营，拨归总兵刘策名指挥。并将湖北均房营参将杨通仁、湖南永顺协副将刘士魁2员“熟谙苗情，优娴军旅”②的悍将拨归刘策名军前效力。广西方面，两广总督马尔泰和广西提督谭行义于五月二十八日接到湖南巡抚请派广西兵2000名前赴交界地方会合湖南官兵剿苗民起义军的咨文后，即拨派抚标提标及各营官兵2000名，令梧州副将统领。正在调拨间，突然收到兴安县、永宁等地禀报：“城步红苗统众于二十五日侵犯粤省之羊角隘、烟竹坪等处”③，义宁、融县、怀远交界

① 《乾隆上谕档》，乾隆五年五月二十八日。

② 《朱折》班第折，乾隆五年六月八日。

③ 《朱折》行义折，乾隆五年六月十三日。

之大罗、黄沙等地，千余苗瑶群众“被楚苗杨老岩、杨老吊等勾引去楚，聚集在桑江四地方”[①]，“顽类恃险为匪，扰我边疆，伤辱职官，凶横已极，必须添兵剿除，以安边境”[②]。于是，广西又增调官兵3600名，共计5600名，均委梧州副将总领，与湖南方面官兵会剿苗民起义军。犹恐“山险箐密，纵横数百里”，“兵力不敷用”，至此，湖南、广西方面共调集官兵13000余人，准备“再抽拨汉土官兵三千名接应”[③]。同时，地方官吏也大量招募乡勇，帮助清军分防堵隘，围剿苗民起义军。

五、白石之战

朝廷大军压境，义军毫不畏惧。苗民修堑壕，筑炮台，设障碍，据险以守，严阵以待。首先于白水洞和义宁石村两地，打响了抗击清军万兵会剿的“白石之战”。

乾隆五年（1740年）六月初一，总兵刘策名率大军进驻绥宁县黄桑营，根据湖广总督班第、湖南巡抚冯光裕关于“宜于大兵一到，不必急攻中坚，先相其易攻之逆寨，剿洗一二处，以振兵威而扬士气，则官兵更加奋勇，从逆众苗望风胆落，抚之斯易”[④]的旨意，与辰沅永靖兵备道杨辅臣查明苗疆的地形后，得知界溪三寨和竹岔山寨的战略地位重要，而且这四个寨子人少易攻，可以旗开得胜，以振军威，所以，他们“相机度宜，必先克三界溪并竹岔山，斯安内榱外，粮运可通”[⑤]，决定于六月初六率7000官兵四路进攻界溪三寨和竹岔山。刘策名率官兵主力为一路，由赤板而进，进攻下界溪和中界溪；湖南标抚右营游击谢珑为一路，率官兵910名由牛路坡攻上界溪；靖州协副将姜瑞曾率兵900余名从枫香进，永州镇标游击殷起龙率兵900名从峒头两路会攻竹岔山。义军阁老粟贤宇也已料到官兵必先攻界溪三寨，虑及此三个寨子易攻难守，所以事先通知义

① 《朱折》行义折，乾隆五年六月十三日。

② 《朱折》行义折，乾隆五年六月十三日。

③ 《朱折》行义折，乾隆五年六月十三日。

④ 《朱折》冯光裕折，乾隆五年五月二十七日。

⑤ 《朱折》杜恺折，乾隆五年六月十四日。

军家属和粮食转移到山上较为安全的地方，寨里只留年轻力壮的苗民义军守寨以抗击官兵的进攻。

六月初五四更，总兵刘策名令均房营、九溪营、沅州协、镇筸镇守备等官兵由赤板而入。刘策名亲自督阵前进。六月六日丑时，当官军快接近下界溪苗寨时被义军发现。阁老粟贤宇率义军千余人占据有利地形，用鸟枪、弓弩射击官兵，弹箭如雨。官兵亦枪炮齐发，来势凶猛。义军料难抵敌，主动向绥宁与城步交界的竹岔山和白水洞撤退。六月初六未时，游击谢珑一路官兵到达牛路坡，打算于申时发兵进攻上界溪，与姜瑞曾和殷起龙两路会攻竹岔山，义军得知，事先设伏。游击殷起龙率领的一路官兵于六月初五夜起身，黎明到达杨谷山顶时，义军伏兵齐起，官兵死伤莫能敌，败退到应声岩扎营。姜瑞曾率领的一路官兵从枫香攻竹岔山，于初六寅时，行至大洲夹坳时，亦被埋伏的义军击退，官兵退回蛳蛇坳扎营。

刘策名率领官兵占领界溪三寨后，一面将苗寨尽行烧毁，一面向上司飞报大捷。湖广提督亦向乾隆皇帝飞报大捷："经镇臣刘策名会商道协，派拨官兵于六月六日连破三寨，实仰仗我皇上天威振叠，远播遐方，而在事官兵亦欢欣鼓舞，奋勇争气。其余不法顽苗，业已闻风丧胆，旁落恶寨，不难扫灭。"[①] 乾隆皇帝看过捷报后批道："所奏欣悦览之。将士奋勇争光，甚为可嘉，俟事竣之日从优议叙。"[②] 由于姜瑞曾、殷起龙两路官兵六月六日会攻受阻，总兵刘策名复而与靖州协副将姜瑞曾、永州镇游击殷起龙相约，定于六月初十卯时，刘策名率清军主力由中界溪山梁而进，殷起龙率兵由鸡笼山而进，姜瑞曾率兵由白水洞而进，三路夹攻竹岔山。正在分派官兵之际，苗民义军已围攻湖南抚标游击谢珑的营盘，重创清军。刘策名闻讯，急派守备万世臣等带兵前往救援，初十，游击殷起龙率兵攻打竹岔山，行至鸡笼山，浓雾弥漫，大雨如注，深山箐密，不能前进，即率兵退回。而靖州协副将姜瑞曾不知道其他两路官兵停发，仍从蛳蛇坳率官兵 900 余人孤军深入，进攻竹岔山。义军探知消息后，决定在白水洞山腰伏击敌人。首先，他们在此堆积滚木、礌石，占据险要地形埋伏，然

① 《朱折》杜恺折，乾隆五年六月十四日。

② 《乾隆朱批谕旨》，乾隆五年六月十四日。

后派出小股义军诱敌深入。当小队清军赶到，义军稍加抵抗，即往回败逃。清军不知是计，还以为义军不堪一击，紧追义军不放，直追到苗寨，附后靖州协副将姜瑞曾率大队清兵赶到，得知义军向白水洞方向败逃，立即派大队官兵追到白水洞山腰，义军见官兵进入埋伏圈，一声喊打，顿时滚木、礌石如雨，官兵阵脚大乱。义军乘胜杀来，时天下大雨，官兵枪炮难以施展，“双方扣手交接”，自辰至未，激战七八个小时，靖州千总张文英、把总王宗江、常德水师把总张童等均战死。“死者数百，遂溃奔大竹坪……”①

白水洞战斗的胜利，鼓舞了苗民起义军的斗争士气。不久，广西义宁方面的义军在抗击清军的“进剿”中也打了一个漂亮的歼灭战。据记载：六月二十六日，广州梧州副将许应虎带领官兵 2000 多人进攻石村，义军见官兵势大，稍加阻击，即主动撤往深山密林，官兵占领石村扎营。闰六月初二，许应虎派遣官兵 300 余人进山搜捕义军。义军在首领吴金银等率领下，将官兵包围，义军勇猛冲杀，经过激战，击毙广西提标千总冯选、外委廖定帮、平乐协外委石永贵、梧州协外委谢策，杀死兵丁 86 名，击伤兵丁 74 名，俘虏兵丁 43 名，缴获官兵大炮 5 门，其他枪械缴获也甚多。十二日，广西提督谭行义移营石村，数千官兵于高山扎营 7 座。十四日夜二更时分，义军攻官兵营盘，与官兵发生激战。至十五日未时，义军六七千人，执五色旗蜂拥而进。因官兵火药用尽，回营取药，不料星火落于桶内，猛然起火，烧死官兵 43 名，伤 40 名。义军乘势抢夺官兵营盘 4 座，缴获大炮 11 门。十八日，起义军五六千人，再次向官兵营盘发动进攻。双方激战数时，后因天降大雨，义军主动撤退。

白水洞和石村两次战斗胜利后，首领粟贤宇乘胜率义军千余人，于六月十九日，再次围攻牛路坡营盘，各路苗民也纷纷出击。总兵刘策名深知“兵力不敷分布”，急忙收缩兵力，将驻扎在蛸蛇坳和赤板的两路官兵撤回黄桑营，自率驻界溪的一路官兵也撤回黄桑营，固守待援。起义军乘机出击。六月二十四日和二十五日，白水洞苗民义军先后在绥宁与城步交界的

① 道光《宝庆府志·人物志·刘策名传》。

梅口洞、枫香等地杀死乡勇，清除这一带的州县地方势力。二十六日，总兵刘策名带领各协营官兵由凉伞进驻六甲、六马，扎营盘7座。苗民数千人也在对山扎营两座，对官兵放枪呐喊，激怒官兵。三十日，苗民义军派老寨苗民数十人将抓获的兵丁杨秀送到官兵军营，向刘策名提出官兵退出黄桑营，义军即将被捉的官兵一起送回。刘策名不答应。于是，义军于闰六月初三，将抓获的新寨汛兵丁9人处死。初九，大寨的义军在岩寨后山放枪呐喊，袭击官兵。游击谢珑用子母炮轰击，义军退走。同日，义军在六甲山脚吊沟地方截击清军粮食，十一日，义军得知黄桑营官兵和乡勇欲解粮至六甲，即派兵到凉伞坡埋伏截粮，大胜而归。十二日，义军百余攻打磨石取胜。十三日，梨子坳、坡脚、鸡婆岩等地苗民义军惩治奸商，大快人心。官兵"草木皆兵"，惶惶不可终日。

六、清军再次增兵，义军奋勇抗敌

湖南、广西两省自乾隆五年（1740年）四月调兵进剿苗民起义军，至六月底止，历时两个月。由于苗民义军的顽强抗击，清军进剿屡遭挫败，地方文武官员互相埋怨，推诿责任，矛盾重重。乾隆皇帝大为不满，他看过两广总督马尔泰等于六月二十九日《奏调兵剿捕楚粤滋事苗寨情形折》后批道："此事至今方奏，亦未见别有经理之方。汝等俱系封疆重臣，无事之时，尚可清白自持，一经有事，即乏于济之才，徒有推诿之求！如何如何。"① 在阅过湖广提督杜恺《奏预备官兵攻打苗寨折》后批道："蕞尔之苗数千之兵，几月之久，尚不能成功，此皆督抚不和、属员观望所致。以前实非汝咎，以后责任在于汝。勉之，慎之，莫思苟且了事，以救目前。"② 地方文武大吏屡遭训斥，不得不竭尽全力，不断调兵遣将，后增调官兵5900余人，招募乡勇2万余人，使官兵增加到18000余人。

六月十八日，湖广提督杜恺急调湖南预备之兵1000人星夜驰援，并与湖广总督班第、湖南巡抚冯光裕咨商，飞调湖北预备之各营官兵2500余人速赴绥宁军营应援，又考虑到"苗瑶峒寨墙垣高厚，屋宇坚实，地居

① 《乾隆朱批谕旨》马尔泰折，乾隆五年六月二十九日。

② 《乾隆朱批谕旨》杜恺折，乾隆五年闰六月十七日。

险峻，攻打不易，若非大炮冲击，不克覆巢捣穴。随于局内拣选得威远炮二位，伏郎机炮二十位，实可攻坚致远。随同炮子、火药等项，运送军营。又行军冲击莫如火器，而短兵相接，以及护粮守卡，又莫利于棍”[①]，“又苗路两旁深林密树，需要斧头砍伐，道路始得开通”[②]，于是又给军营送去齐眉棍 500 根、板斧 500 把和腰刀、新造之鸟枪，以加强官兵武器装备。至此，湖南方面已调集官兵 1 万余人，招募乡勇 2 万余人，分防堵隘。湖南巡抚冯光裕认为官兵受挫的主要原因是各地抽调的官兵不听指挥，“凡有调遣，多不能如期会合”，因此，他于六月二十四日向乾隆皇帝具奏，请朝廷下旨，令“各领兵将弁均归刘策名约束”，朝廷采纳了他的建议。闰六月十三日，乾隆皇帝下诏曰：“今闻湖北、湖南先后派发之兵已及万余，而管兵将弁皆系各标之人，非该镇（即镇筸镇）所辖。凡有调遣，多不能如期会合，恐致有误军务，所系非轻，用是特谕督、抚、提等，务各严饬本标将弁，凡派往军前者，均受总兵刘策名的约束，而刘策名亦得军令严明，不得少有瞻顾。”[③] 闰六月以后，各路援军陆续到达，大军云集绥宁。

广西官兵于石村失利后，即增调官兵 2400 余人，连同原派人马 8000 余人，分三路进攻：第一路由梧州副将许应虎领绿营镇标官兵 4000 余人，由瓢里进攻石村、独车、广南等寨；第二路以广西抚标参将张霖带领官兵乡勇 2000 余，由贝子堡进攻坳头、芙蓉、张家等寨；第三路由广西提标游击杨刚带领汉土官兵 2000 人，由龙胜进攻里五、冲马、罗群潭等寨，然后会合攻四峒、五峒，与楚兵会剿。至此，朝廷已调集了 18000 多官兵镇压起义军，但是乾隆皇帝仍不放心，还下旨令清军大员亲临督阵。他在闰六月二十五日的谕旨中曰：“今楚省大兵云集，自应详查地势险夷，分别寨分之首从，与粤省会商，克期并进，蠢兹小丑，自不难次第荡平，乃朕察情形，仍系各省各办，彼此不相关会。其余进剿之始，既不能策励官兵，又不知审度地势，使逆苗据险拒敌，我兵亦有损伤，且胸无定见，一

---

① 《乾隆朱折》杜恺折，乾隆五年闰六月十七日。

② 《乾隆朱批谕旨》杜恺折，乾隆五年闰六月十七日。

③ 《朱折》杜恺折，乾隆五年闰六月十七日。

举失利，遂将进剿之兵撤退，损威示弱，无逾于此。诚恐勾结浙广，逆苗尚未成擒，而内地不免惊惶。军务所关重，力理无得人，前朕降旨，今杜恺酌量情形，是否亲往军前，自行定夺。今再四思维，杜恺以新往统领楚兵为是，顷广西提督谭行义奏报已经起程，前往军营，是统领粤兵，亦有大员。两提臣可就近会商，亲为指示，不存意见，不分疆域，寅恭和协，一秉公忠，裨将弁有所遵循，兵丁悉旨奋勇，则成功自然迅速，不至稽延。总督班第现赴湖南，诸事可以调度。前贵州总督张广泗奏请秋间来京陛见，朕允其请，今道经湖南，伊详看军务情形，若事已就绪，即便来京，若尚未就绪，即留楚办理，具折奏闻，班第仍回湖北本署，该部可即行文前去，钦此。”[①] 湖广提督杜恺接旨后即动身前往军营，在杜恺未到达之前，清军已开始从湖南、广西两路大举进攻。面对官军更大规模的围剿，苗民义军采取“官有万兵，我有万山，其来我去，其去我来”的战略战术，巧妙地与敌人周旋，灵活机动地打击敌人。他们预先将家口、资财藏在深山密林之中，只留义军战士守寨，当官兵进剿时，他们略为抵抗，即主动分期撤退，躲在岩坎或大树后面，偷放火枪、标杆袭击敌人。当敌军后退，他们又集中起来，尾追放枪攻击，每致伤兵；当敌军安营以后，他们又在清军营四周山上聚集，“时时放枪呐喊”，以骚扰敌人；甚至经常派小股义军潜入清军后方或营盘附近，杀死单个或少数外出官兵和乡勇，截击清军粮草，搅得清军官兵日夜不宁。

据记载，朝廷增兵以后，于闰六月初，开始从湖南、广西两方面向苗民起义军大举进攻。湖南方面，总兵刘策名率领官兵 1 万余人和乡勇于闰六月初四开始进攻。由于白水洞失利，唯恐再致伤兵，再也不敢贸然进攻，而是采取稳扎稳打的策略。每攻一寨必用大兵，每到一处，即按兵不动。闰六月初四，刘策名派四路大军进攻仅 30 余户的小寨，苗民先已撤走，官兵入寨将小寨的两个苗民杀害，并将寨子烧毁。二十一日，刘策名亲自带领官兵 2600 名，三路进攻岩寨。刘策名同道员杨辅臣率参将、游击、守备及兵丁 800 余名，由右路山梁随堵随下，围攻岩寨西面；署靖

① 《乾隆上谕档》，乾隆五年闰六月二十五日。

武协副将薛瑞同监纪道刘应鼎及都司、守备、千总、把总、外委、兵丁共700余名，由左路山梁随堵随下，攻打岩寨东面；永顺协副将刘士魁同原任靖州协副将姜瑞曾，率游击、都司及千总、把总、外委、兵丁800余人，由中路之溪直攻岩寨前面。三路官兵同时并进。守寨义军数人稍加抵抗即撤往大寨。官兵占领岩寨后，即将寨栅烧毁，从寨后山梁而上攻大寨。义军千余人合力拒敌，但见敌人势大，又弃却大寨，撤走长坪。官兵乘势攻打长坪寨，苗民起义军3000余人并不正面迎战，全部分散入山上树林之内，以及岩坎之下，偷放火枪，当官兵将长坪寨焚毁后撤兵扎营，义军又聚集起来，围攻官兵营盘，打伤清军靖州协都司高启迪及兵丁10多名，义军也有一名战士牺牲。闰六月二十五日，刘策名令副将薛瑞、刘士魁，参将杨通仁，都司徐有容，守备万世臣、曾应凤、孙成龙、周文分别带领官兵共1350名攻打拦头寨，义军首领粟贤宇率众拒敌，自寅至辰，激战五六个小时，后主动撤往深山密林，清军即将拦头寨焚毁。从闰六月四日至七月二十五日，刘策名率清兵大队进剿，先后攻占并烧毁苗寨白水洞、岩寨、扒树、大寨、长坪、拦头寨、卡蓬、盐井口、客寨、龙家溪、飞毛坪、竹林寨共十二寨，并将大寨及三五十家无名小寨尽行焚毁。

广西方面，提督谭行义由龙胜移驻石村，亲自指挥官兵，先后攻占并烧毁石村、平境、平填、围里、昌背、石灰密、布笼、里市、寨那材、右孟、传素等20余寨。但这些寨落都是义军有准备而撤退的空寨。尽管清军大员“铺张粉饰，入一寨如克坚城，搜一箐如摧大敌，考其擒戮，究属无几。且或称杀死数十人，或称连击数苗，或称枪炮伤死甚多，或称砍坏不计其数。杀贼以首级、目记为据，即当时不暇割取，贼退何难补割。”[①]实则“五月、六月、闰六月、七月共四个月，军不过烧打苗瑶空寨，并未擒获一叛”，如闰六月二十一日，官兵将“大寨、岩寨、长坪三寨焚毁，割取逆苗耳记一副。是日撤兵时，逆苗尾追，靖州协都司高启迪带伤者弁兵丁十余人”[②]。七月二十五日，官兵攻占长安寨，“一无擒斩，兵丁带伤

① 《朱折》署理湖南巡抚许容折，乾隆五年八月十五日，乾隆五年九月十九日。

② 《朱折》张广泗折，乾隆五年十二月八日。

者三名，逆苗尽入蓝山（即南山）大箐矣”[①]。此时，调来征苗的云贵总督张广泗也在奏折中指责刘策名说：“楚省自白水洞失利后，镇臣刘策名统领官兵，只进攻横岭一处，焚毁数十空寨，斩杀不及数十人，至莫宜峒则竟不过问，反谓其在楚省并无逆迹。是以首恶粟贤宇、杨清保等各率党羽数千人，盘踞八十里蓝山（即南山）大箐，而粤省首犯张老金、杨胜聪等亦带领伙党群聚于此，负固不散，且敢时出跳梁。”[②]由此可见，官兵自五月进剿以来，由于义军采取了机动灵活的战略战术，与清军周旋了四个月，不仅有效地保存了自己，而且杀伤了敌人的有生力量，这充分显示了苗族义军不仅敢于战斗，而且善于战斗，掌握了以弱胜强的斗争技巧。

七、张广泗率五省官兵会剿南山

贵州总督张广泗在贵州苗疆十多年，“谙悉苗情”，曾于雍正末年及乾隆初年镇压了以包利、红银为首的黔东南苗民起义，颇受清朝统治者的赏识。乾隆五年（1740 年），乾隆皇帝宣召他于八月“上京陛见”。时值湘、桂边境苗民起义爆发，军机大臣耿心认为：“事关两省，势难一心，若军无总争功，我若逞智，各官平等，彼此不相下，兵家之忌，亦败事之一端”[③]，并于五月二十五日向皇帝具奏曰：“贵州总督张广泗熟谙苗情，颇具见识，现准来陛见。湖南系必由之路，去城绥亦不甚远，可否降旨令张广泗便道前往，详察情形，细询机事，与冯光裕、杜恺等悉心商量，如大局粗是，布置无难，即令暂留湖南，总制全军，调度一切，候剿抚事定，然后赴京”[④]。

闰六月十六日，乾隆下旨：“楚粤苗瑶勾结滋事，势颇猖獗，数邑震恐，朕已降旨湖广，责成冯光裕、杜恺办理，广西责成马尔泰，就地办理，乃五月至今，两月有余，尚未竣事，恐师老于外，贻误地方。朕念贵州总督张广泗熟悉苗情，颇具识力，前降旨令尹来京陛见，湖南系必由之

① 《朱折》张广泗折，乾隆五年十二月八日。

② 《朱折》张广泗折，乾隆五年十月四日。

③ 《上谕档》，乾隆五年五月二十五日。

④ 《乾隆上谕档》，乾隆五年五月二十五日。

路，着便道前往详察情形，细询机势，与冯光裕、杜恺等，会期于适中之地而相商讨，或大局已定，布置无难，该抚提即可完结，或事无绪，尚费周章，须张广泗留楚办理，着张广泗一面据实陈奏，有应实料理处，即一面该抚提等商酌调度毋得瞻顾，亦不必谦让，俟奏到之日，朕另降谕旨，至前旨令张广泗候张允随到黔署理总督印务后，于八月起身来京。今此旨到日，可一面知会张允随令速赴黔省，一面将地方之事交布政使署理，营伍之事交提督署理，伊即速起程赴楚。”①

贵州总督张广泗接旨后，于七月十四日具奏：“查楚省进剿官兵，虽经攻克岩寨、长坪等寨，稍震兵威，然顽苗穿伏林箐，只不过烧空寨，并未多有斩杀俘擒，是以顽苗等目无法纪，愈肆跳梁，粤西官兵进剿石村，苗众又复屡挫兵威，详阅先后并探来报情形，现在尚无头绪，但军机碍难遥定，百闻不如一见，探报情形，亦未必尽皆确实，臣当亲临绥宁军营，将该处地势如何险峻，何处宽夷，苗寨孰为首恶，孰为附众，兵已逾万，时经数月，何以尚无就绪，凡此经理未善之由，必皆深咎其故，使了然于目，洞然于心，然后与抚提二臣期合适之地要商办理。但楚粤两省苗瑶勾结不法，必应两省文武合力会办，方能有益。今两省督臣马尔泰现驻桂林，广西提督谭行义已驻扎石村军营，臣到彼酌定机宜，当即飞咨会商广西提督二臣，克期并进，分路夹击，使逆苗首尾难支，腹背受敌，兼可痛加征剿，大震兵威。然后将首恶勒拿搜索，不容漏网。”

又七月十四日具奏：“已经深入查楚兵苗数，逆苗不知畏惧，尚敢于营垒左侧恣肆跳梁。且大兵万众，不知作何分布，并不周密防维，使逆苗绕出我兵之后，潜入大路伏草，往来兵役、乡勇、粮草等多被杀害抢掳，甚至将近城村寨屡行烧劫，看来楚省兵力，似觉不敷分布，前项黔省预备官兵，似应即时遣发，况臣奉命前赴楚军营，若毫无军势，不足以壮军威，而慑敌胆。臣与贵州提臣王无党会商，即将从前预备官兵二千兵内抚标兵丁三百名，贵阳营兵丁一百五十名，镇远镇标兵丁三百名，铜仁协标兵丁二百名，黎平营兵丁一百五十名，共官兵一千名，委令黎平营参将刘维刚

① 《乾隆上谕档》，乾隆五年闰六月十六日。

统领。提标兵丁四百名，思南营兵丁一百五十名，石研营兵丁五十名，平越营兵丁一百名，遵义协兵丁二百五十名，长寨营兵丁五十名，共官兵一千名，委令提标游击董国栋统领。以上官兵二千名，陆续遣发至湖广之靖州地方会齐，臣即带同前往楚省，得此生气精锐之兵协助，以重声势，以壮军威，与军务似有裨益。”①

张广泗于七月十四日起身，经贵州天柱至湖南靖州，二十八日抵达湖南绥宁，驻营黄桑坪竹林寨，不久，朝廷下旨，任命张广泗为钦差大臣，“凡在阵前文武，不分楚粤，自提督、总兵官以下俱受张广泗节制，一切功罪听其赏罚”②。至此张广泗受朝廷钦命，调集湖南、湖北、两广、贵州等五省官兵，向苗民起义军展开大规模进剿。

张广泗到达绥宁黄桑营以后，详细地了解和分析了以往官兵进剿的情况，认为以往进剿收效甚微的原因有三：一是“此番系楚粤两省苗瑶勾结，而两省又各自各办，不相关照，彼合此分，是以敢肆意抗拒”③。二是“小股义军经常深入内地骚扰，后方不稳，附城村寨，屡被焚劫，杀伤居民、兵役、粮夫”④。三是“进兵迟缓，楚省之兵，惟进兵之始，攻剿界溪三寨，乘其不备，稍有斩杀，其余俱系焚烧空寨，总缘该镇每攻一处，即屯兵日久不进，以致苗民先将家口、资财预藏深箐，只留壮丁守寨，官兵进剿，稍加拒守，旋即奔逃，及我军撤兵安营，逆苗尾追放枪，每致伤兵”⑤。根据以上教训，张广泗提出“攘外必先安内”⑥。采取了以下三条措施：委任熟悉苗情、勇于任事的新任辰永沅靖兵备道员王柔前往城步、绥宁二县适中处所驻扎，督率弁兵并招募熟悉路径之乡勇，于内地一带协力搜缉。昼则四山搜拿，黑夜则坐草伏歇，悬以重赏，多方踩缉，并派绥宁营游击王贵率官兵500名前往绥宁县驻扎，协助查访，又派游击吴一清、守备贾启等领兵200名，在高包、竹岔、龚家田等处“逆瑶”出入隘

① 《朱折》张广泗折，乾隆五年七月十四日。

② 《乾隆朱批谕旨》，乾隆五年九月八日。

③ 《朱折》张广泗折，乾隆五年八月二十日。

④ 《朱折》张广泗折，乾隆五年八月二十日。

⑤ 《朱折》张广泗折，乾隆五年八月二十日。

⑥ 《朱折》张广泗折，乾隆五年八月二十日。

口岩坳驻扎，并经常派官兵巡游查缉。先后抓获“瑶犯”165名，“割获首级耳记八百三十副”。至此内地安定。二是“两省兵势通联”，使“苗势涣散”。他令湖南永顺协副将刘士魁带领1200余名官兵和贵州黎平营参将刘维刚带领的2000余名官兵，于湖南与广西交界之地驻扎“以通粤兵声势”，切断湖南绥宁、城步与广西义宁苗民义军的联系，实行各个击破。三是集中兵力，多路进攻。张广泗安定后方后，即令五省（包括湖南、湖北、广西、广东、贵州）官兵分五路向义军大举进攻：第一路，广西提督谭行义，自义宁入；第二路，总兵刘策名自寨头入；张广泗亲率官兵13000余人分三路自绥宁入。五路官兵分定，各自按时进发。苗民义军亦分五路拒敌。据记载：苗民义军“亦分其党，据长塘以扼行义军；据四川隘，横坡以扼广西间入之兵；据竹岔山以扼策名军；据风界以扼湖南兵；据岩款山以扼广泗军。诸军皆不能进。广泗至六甲河，遍寻向导，无应者”。后来，官兵抓住了一个采樵的妇女，张广泗施以布帛收买，向这个妇女询问路径，这个妇女告诉张广泗：“青岩头有小径，由高坪托三浪田可至长安坪，贼未之备也。”于是，张广泗率官兵按照妇人的指引，抄小路绕开苗民义军据守的险关，插到义军的后方长安坪，再分兵从义军的后面进攻长塘、横坡、五川隘、风界。八月初二，钦差贵州总督张广泗召集各路带兵将弁，“商议攻剿机宜”，决定各路官兵于初六黎明向义军发起突然袭击。初五晚，张广泗传令，于次日黎明由湖南永顺协副将刘士魁，保靖营游击张朝栋带领楚兵1200名，黎平营参将刘维刚，抚标守备方文柱等带领黔兵800名，共2000名官兵，由中路息鼓前进，直抵楚粤交界之五川隘扎营。均房营游击杨通仁带兵450名，由左路据盐井口，靖州协副将薛瑞带兵600名，由右路据飞毛坪。官兵占据各隘口之后，苗民义军才发觉，向官军发起进攻，争夺隘口，官兵枪炮齐发，义军不敌，奔于山箐。初六，湖广提督杜恺到达军营。初七，贵州黎平营参将刘维刚领兵抵小江地方接应粤兵。初九，张广泗“移营五川隘，以扼苗人出入之路”[①]。

广西方面，自与楚兵攻克传素、古孟二寨后，八月初一，广西提督谭

① 《朱折》署理贵州总督张允折，乾隆五年八月二十二日。

行义亲自到军前督战，派梧州协副将许应虎、提标参将刘宽带领汉土官兵2400名攻打吴金银、石仁刚等据守的都赘寨，吴金银率“五峒苗瑶”拼死相拒，血战竟日。义军不敌，败退独军寨。初二，官兵乘势攻独军，吴金银率义军奋勇抵抗。“官兵枪炮齐发，火罐、火炮并施”[①]，将义军寨子烧毁，吴金银料难抵敌，率部分义军退入白水村。独军失陷，石仁刚之父石成道、胞弟石仁飞及子石老二等义军头目被俘牺牲。这一天，总统抚标参将张霖率贝子堡一路官兵，从芙蓉寨进，总统提标游击杨刚率领龙胜一路官兵从峒头山进，合攻张老金的据点张家村，张老金率义军“负固拒抗”。官兵用大炮轰击苗民义军，“并发火罐、火箭，使各寨火起”[②]，义军“不能抵敌，奔箐而逃”。官兵追杀10余里，义军牺牲300余人，将军吴再元之子吴正等60余人被俘，张家村失陷，张老金等败退至小江一带。八月初六，谭行义与两广总督马尔泰、广西巡抚商酌，令参将张霖、游击杨刚、监纪张永喜、王溥，各领弁兵，留在桑江境内搜捕被打散的义军将士，令总统梧州协副将许应虎、监纪李锡泰、提标参将刘宽等带领广西官兵3000名移进小江，与参将刘维刚率领的黔兵会合。八月初七，由于叛徒的出卖，广西义宁义军首领吴金银和军师杨艾环在琉璃山不幸被俘，秦新祖、于老元、于万明、吕弘治等义军首领亦先后被捕。八月初十，贵州总督张广泗、湖广提督杜恺、广西提督谭行义齐集五川隘大营会商进剿事宜，决定搜剿南山大箐。

八月十四日，张广泗令绥宁营游击王贵等率领官兵800余人，九溪营游击阮王堂等带领官兵400余人，保靖营游击张朝栋等带领官兵600余人，贵州抚标守备方文柱等领官兵600余人，湖南提标游击董国栋亦领兵数百人，于十五日子时，分五路齐进，搜剿南山大箐。苗民义军数千人在粟贤宇、杨清保率领下，据险拒敌，杀死官兵9人，打伤官兵12人，官兵枪炮齐发，凶猛进攻，黔兵烧毁苗营9座，苗棚500余间，义军伤亡多人。八月十五日，张广泗又令沅州协副将郑元文、游击李登华领官兵1000人，湖南提标游击明辉领官兵800余人，定于十五日辰时，两路合

① 《宝庆府志・武功》。

② 《朱折》两广总督马尔泰折，乾隆五年八月八日。

攻横坡等寨。郑元文、李登华于巳刻到达横坡。苗民义军千余人诱敌，丁沿途略予抵抗，即退伏寨中，郑元文、李登华不知是计，督兵仰攻，逼近寨门，义军推倒寨墙，乱石压下，官兵大乱奔逃，义军乘势冲杀，杀死清军把总杜至、外委汪自成、兵丁12名，打伤清军千总1名，兵丁30余。郑元文大败而逃，后收兵于山梁驻扎，至次日黎明，游击明辉方率兵赶到，与郑元文分两路再攻横坡，义军料定官兵吃了败仗必来报复，早已撤走，官兵仅烧了几座空寨。

八、众首领遇害及起义的最后失败

八月二十日，张广泗令湖南靖州协副将薛瑞、抚标参将王钦、提标游击韦国英、贵州黎平营参将刘维刚、提标游击董国栋等官兵搜捕义军。邓林松、秧布胜、刘靖等义军将士于二十六日被俘，八月二十七日，张广泗委派湖南靖州协副将薛瑞带领楚兵1000人、贵州黎平营参将刘维刚带领黔兵1200人进攻杨清保起义据点莫宜峒十三寨，杨清保聚集义军抵抗，但因众寡悬殊，各苗寨相继失陷，杨清保、杨元保及杨金保等12名义军首领在莫宜峒之江头寨被俘，苗寨及粮食被官兵“尽行烧毁”。同日，绥宁县黄桑坪界溪苗民首领杨金龙、杨金明等11人也相继被俘。二十九日，官兵在小江泥梨子坪搜箐，苗民起义军主要领袖“阁老”粟贤宇及其妻蒙氏等被捕。义军余部3000余人，在张老金等人的率领下，退入楚粤交界的南山后通通水、平溪一带坚持斗争。九月初八，张广泗令湖南永顺协副将刘士魁，靖州协副将薛瑞，保靖营游击张朝栋，贵州黎平营参将刘维刚，广西梧州协副将许应虎统领三省官兵5000余人合剿通通水、平溪。张老金率义军2000余人迎敌，击伤官军把总1名、小外委1名，击毙兵丁5人，伤9人。义军也有30多人牺牲，最后义军不敌，退入深箐，通通水和平溪相继失陷，苗民2000余窗棚被官兵烧毁。初十以后，官兵分路搜箐，并剿洗小江、横坡上中下三寨等苗寨。二十四日，张老金、杨胜聪等义军首领在箐中被清兵搜俘。直至乾隆六年（1741年）二月，义军的最后一个据点竹岔山陷落。至此，以苗族农民粟贤宇为领袖的，杨清保、吴金银、张老金等人共同领导的，湘、桂边境以苗族为主体的各少数民族人民起义失败了。

这次起义失败之后，张广泗率清军对参与起义的各族人民进行了疯狂的报复。他们“趁此兵威，务期剿尽根诛”[①]，如对苗民领袖粟贤宇的家乡龙家溪苗民“遍处搜拿，已经擒获殆尽”；对苗民起义军首领杨清保起事的城步县莫宜峒、江头等十三个苗寨，原先攻打时，清军已抓俘苗民170余名，起义失败后，张广泗又派原任辰永沅靖兵备道杨辅臣、永顺协副将刘士魁、贵州提标游击董国栋等带官兵“围剿缚献凶犯二百零二名……连属一百四十四名口”[②]；老寨、江平二寨苗民曾参加广西起义军合款，又帮助过广西起义军在石村抗击过官兵，抢夺炮位，使广西官兵在石村惨遭失败；因此，张广泗认为“罪不可宽”，令衡州协副将冶大雄派拨官兵将江平、老寨围擒，苗民奋起反抗，当即被官兵杀害32人，掳走苗民家属24口，其余100多人被官兵放火活活烧死。统治者对已经“招抚”的苗民也要“痛加剿除”。当地苗民起义爆发时，他们害怕苗民团结对敌，难以对付，因此，就用阴谋诡计，采取“剿”“抚”并施，以“分其党羽，用就抚之苗，剿不就抚之寨”[③]。在官兵大军压境的情况下，苗民中有意志不坚定者接受了清朝官吏的“招抚”，有的甚至在官兵的威逼下帮助清军擒拿自己的同胞，但是，当苗民起义之后，清军见“大局既定，趁此兵威，扫尽根除”。例如，在清军进攻时已接受“招抚”的新寨、老寨、下河、倒仰等苗寨，当时未受攻剿，苗民起义失败后，张广泗立即命令临武营参将余忠带领官兵前往征剿。

这次苗民起义，绥宁、城步以及广西边境一带的瑶族同胞和“僮”民（一部分为壮族，一部分为侗族）也都参加了，他们是苗民起义军的有力支持者和可靠的同盟军。当清军大兵压境进攻苗民义军时，他们在首领戴名杨、沈老野、张老四的领导下，与苗民义军并肩作战，经常深入内地打击骚扰清军，被张广泗称为“穷凶极恶，必应尽夷种类”，“令辰永沅靖兵

① 《乾隆朱批谕旨》班第折，乾隆五年七月二日。

② 《朱折》张广泗折，乾隆五年十一月十日。

③ 《朱折》冯光裕折，乾隆五年五月二十七日。

备道王柔督同各处文武等，率领乡勇设法查拿”[1]。官兵不仅将戴名杨、沈老野、张老四抓获，还将当时瑶民居住的城步县属之大洲、行岔、白竹坪、里峒头、山地阡、黄皮水等寨和绥宁县属之龚家田、谭泥水、猴家溪、马蹄溪、竹坪、大坪、石岩、雅冲、更头、上洞、下洞、桑木、冲溪、上水、沅源头山、曹头山等寨，以及广西边境一带，“俱系阖寨围拿，并四处搜捕，共获瑶犯四百一十余名，逆瑶家属四百八十余口，斩首九十六级”[2]，使当地瑶族人民几乎被掳尽杀绝。官兵们对同情、支持或参加过苗民起义的汉民也不放过，如寨头一寨，系城步县汉民，“此番苗变，亦有百余家从逆”，他们将其为首的杨克茂、李在吾抓获后，“令严密搜捕，今已查拿净尽”[3]。张广泗不仅在湖南方面直接指挥官兵剿杀苗民，而且唯恐广西提督谭行义“将就了局”，于是，“切嘱”谭行义，要对参与起义的各族人民，特别是对参与吴金银起事的平填、龙塘、夹江、金坪、平境等寨，以及从前随张老金起事的龙胜县属之里木、江口、白竹、白竹包、囊其、囊背、冲峒、峒中等寨要“痛加剿除”。

面对统治者的疯狂报复，许多苗民起义军首领为了不使无辜的苗民惨遭屠杀，为了不使苗族灭族绝种，挺身而出，投案“自首”，想以个人的牺牲来换取族人的生存。例如苗民义军首领粟贤宇的军师李克茂，他文武双全，在突围后清军仍无法擒拿他，他不忍心苗胞遭屠戮，为了民族生存，不得不含耻忍辱，向朝廷写了一份降表，特摘抄如下：

> 从来英雄创业，本出处之不同。官吏居心，有仁暴之各异。故梁山累侵城邑，逢赦而竟作栋梁；瓦岗素伤官兵，遇恩而皆成砥柱。孔明之七擒孟获，关羽之三舍曹瞒，马援之穷寇莫追，岳飞之降人不杀，是以天下豪杰俯首归心，四海英雄远来近悦……今官兵巡缉，火炮矢石，魄走魂飞，心惊胆裂，将欲解归田里，而乡党不容；将欲结伴投诚，而官威莫测。嗟、嗟，鸟焉思于风尘，鱼岂安于沸水。是不

① 《朱折》张广泗折，乾隆五年十一月十日。

② 《朱折》张广泗折，乾隆五年十一月十日。

③ 《朱折》张广泗折，乾隆五年十一月十日。

得不流遁海岛，敛迹山林，罚固当诛，梗化难逃于国法，情有可悯，延生所望于大人。大人随领西越，迹至南邦，卖刀买牛，共力作于农田，瞻云就日，沾德化于辕门，焚香顶烛，恭候万代[①]。

这份降表，是想唤起统治者的怜悯之心，停止对苗民的恣意屠杀。据当地苗民传说，张广泗收到这份降表后，亦曾释放了一批无辜苗民，可是，像张广泗这样镇压苗民的刽子手，释放部分苗民的目的是为了将潜匿深山老林之苗民义军骨干尽行捕捉，以赢得皇上的恩宠，他们担心的不是苗民的生命和痛苦，而是怕以后苗民“生齿渐繁，老者已亡，少者继北，年代久远，不知今日官兵诛剿之威，惟恃该苗凶顽之性，再生事端”[②]，他们先后斩杀苗民2万余人。据《张广泗奏粤军务全竣折》中称：“臣自八月初二抵营后，楚省虽已将逆寨攻毁，斩杀无几，并未擒获一人；粤省稍有斩杀，擒获数百人，其余要犯党羽，尚多未拿获。正应严加剿捕，乃两省俱有将就了局之意。臣固严切告诫，务宜痛加剿除，方可永定苗疆，毋得稍存苟且之心，致遗将来后患，两省统兵大员，始各遵照办理，攻围搜缉，不遗余力。复经三月之久，造谋首恶咸就俘擒，附和余党并无免脱，实已净尽根株，不致稍留遗憾。通计楚省自八月以后，拿获首凶七十七名，解省审拟具题，拿叛逆苗瑶并逆属三千七百五十余名，内军前正法者五百名，审明释放者一百八十八名，其余逆犯解省并案审拟，逆属分尝有功，又阵斩首级耳记一千一百三十余副。至枪炮击杀，围寨焚烧，并冻馁病毙穷极自尽者，山林幽谷之内，到处皆是。”[③]

贵州古州镇总兵韩勋在奏折中亦称：“约计作恶苗瑶一带户口不满万户，三月以来，三省官兵斩杀获擒献共九千四百余口，以及深山饿毙、枪炮击死、穷极自尽者不下一万五六千名，其现存户口除未经附逆并胁从宽宥者尚不及十分之四，实在凶顽剪除净尽，苗瑶丧胆，军威不震已无远

① 根据绥宁县黄桑坪苗族乡兰家村苗族村民于光环口述笔录。

② 《朱折》冯光裕折，乾隆五年六月十五日。

③ 《朱折》张广泗折，乾隆五年十一月十日。

弗届矣。”[1]

统治者镇压苗民起义军后，将抓获的苗民义军家属和无辜苗民分发到长沙、宝庆、辰州、沅州等府，转发各州县“晓谕土著兵民人等，缴价承买，听其或为妻小，或为子女，或为服役”。变卖的价格：“苗女孩三岁至五岁者，价银一两，六岁至十一岁者价银二两，十二岁至十六岁者，价银三两，十七岁至三十岁者，价银五两，三十岁以上至四十岁者，价银二两，四十岁以上老弱及一二岁乳哺者，价银五钱”，将所“价银，分赏奋勇兵丁”[2]。

这次以粟贤宇为首的以苗民为主体的起义军，有湖南城步、绥宁和广西义宁（今龙胜和资源）、怀远、融县（今融水）、永宁（今永福）两省七县的苗瑶侗民族共万余人参加，英勇抗击清廷调遣的湖南、广西、贵州三省共 31200 余官军，击毙清军 3000 余人，其中有千总、把总、游击、外委等将校尉官 8 名，大灭了清军的威风。

粟贤宇、杨清保等领导的苗民起义，是湘、桂边境聚居的苗族人民举行的一次反抗封建统治阶级民族压迫的拼死斗争，不管从主观或客观等方面分析，这次苗民起义的失败都是不可避免的。

从客观方面来看，这次苗民起义仅仅是湘、桂交界的绥宁、城步和义宁、龙胜一带，户不满万，地仅四县。能够参加作战的不过一两万人，且他们都是在走投无路的情况下，为求民族生存铤而走险的农民，他们没有也不可能参加严格的军事训练，缺乏作战的经验和技能，他们抗击清军所使用的武器，虽然也有一些鸟枪、土炮，但主要的是刀、剑、梭镖、弓弩和棍棒等原始武器，而他们面对的是两万多训练有素、富有作战经验而又配备了当时最精良武器的清朝正规军队，还有数万名乡勇做帮凶，更重要的是起义军反对的是统治着几亿人口的清朝统治阶级，他们掌握着全国庞大的军队和巨大的财富，即使张广泗镇压苗民起义失败，清朝统治者还会增派更多的军队进行镇压。从客观条件上看，苗民起义军的失败是在所难免的。

---

① 《朱折》张广泗折，乾隆五年十一月十日。

② 《朱折》许容折，乾隆五年十月十二日。

从主观方面来看，苗民起义军还存在许多致命的弱点，一是苗民起义军没有提出明确的政治纲领，缺乏坚定的信念。湘、桂边境苗民起义的领袖们是以“敛钱”“吃素”“上朝”“可图富贵”宣传发动群众起义的，这虽然反映了苗族人民不甘心忍受封建王朝的民族压迫和剥削，追求自由与幸福，希望出“苗王”，建立苗疆新社会的良好愿望，但是，他们提出的实现自己理想和愿望的途径不是让人们去推翻清王朝的封建统治，以废除民族压迫和剥削制度。在社会、政治、经济和文化都比较落后的苗疆，这种利用宗教宣传和组织群众的方法，虽然也起了一定的作用，但是，这毕竟是虚伪的、不现实的、不科学的，因而缺乏号召力，使起义不能进一步扩大其影响，特别是起义爆发后，苗民们并没有得到什么“富贵”，而得到的只是流血和牺牲，使一些苗民的信念动摇。在朝廷大兵压境，“剿”“抚”兼施时，苗民中一些意志不坚定者接受了“招抚”使义军的力量遭到削弱。二是苗民起义军没有建立严密的组织和统一指挥的最高权力机构。湘、桂边境苗民首领们虽然都是统一用明代苗民起义领袖李天保的名号，通过合款结盟号召和组织苗民，但起义爆发后，各路义军首领有的自称为“王”，有的自称为“阁老”，有的自称为“大将军”或“将军”，并没有形成集中统一的整体，也没有确定正式的领袖和最高领导的权力机构，仍处于“有族属，无君长”的散漫状况。这样，在战斗中，各路义军虽然能互相联络，互相支持，但是，由于缺乏统一的指挥，苗民义军散漫有余而集中不足，出现了穷于应战或各自为战的被动局面，分散了力量，导致了起义的最后失败。

湘、桂边境的苗民起义虽然失败了，但是，这次起义仅以不足万户的以苗族为主体的各少数民族人民敢于与统治着几亿人口的清朝统治阶级相对抗；且能够采取机动灵活的战略战术，抗击清朝调集的五省 2 万多官兵和数万名乡勇的围剿；并先后坚持斗争达一年零两个月之久，给清军以沉重的打击。这充分显示了苗族人民是不可欺侮的，是紧密团结的，是敢于斗争的，使清廷不得不对苗族采取了一些让步措施，为苗族争得了某些基本的生存权利，在此后百余年内，苗疆社会的政治经济文化较以前有了一定的发展，苗民得到了相对稳定的繁衍生息，这正是湘、桂边境苗民起义不可磨灭的历史功绩。

九、清军班师与苗疆善后事宜

清军镇压苗民起义以后，贵州总督张广泗认为，“苗疆初定，不使空虚”，暂留下官兵6100人（其中湖南留下3000人，广西留下3100人），在湖南绥宁、城步和广西义宁等地分布驻扎，以资弹压。清军主力于乾隆五年（1740年）十月底至十一月初班师。张广泗于十一月二日移驻绥宁县城，查核军前文武功过，并料理善后，湖南提督杜恺、广西提督谭行义、镇筸镇总兵刘策名等也于十月初二、初五、初七，先后各返本位。

清军班师以后，清朝根据张广泗《署湖南巡抚许容等人关于苗疆善后事宜》的奏议，为了强化对湘西南绥宁、城步和桂东北义宁一带苗瑶各少数民族人民的统治，采取如下几项措施：

（一）筑城安营，增兵设官

当清军还正在镇压苗民起义之时，清廷统兵大员们开始酝酿苗疆善后事宜，把安设营汛、联通湘桂两省声势摆在十分重要的地位。乾隆五年八月二十日，贵州总督张广泗在上奏中称：“湖南绥宁县属之黄桑营起，至粤西义宁县属之桑江司止，绵亘三百余里，密箐深山，苗瑶盘踞，盖以地属两省，声势隔截，一任苗逆等暗中勾结，地方官全无知觉，以致酿成大害，贻患边陲，今经大军严行征剿，自应乘此兵威，将善后事宜，原始彻终，筹办妥当，以冀一劳永逸，长治久安。查绥宁、城步二县，为湖南边界紧要夷疆，绥宁原额兵丁五百八十名，除分守塘汛外，存营不过二百余名；城步县系武冈营分，存城亦不过百余名，兵势未免单弱。义宁县相距广西省城仅六十里，汛兵只有数十名，省城北边全无藩蔽，是以苗瑶敢肆鸱张。今若欲各守边界，湖广应于城步、绥宁县治并黄桑营等处，广西应于义宁县治并龙胜、瓢里等处，酌量安兵。大约每省各需添兵七八百名，即敷分布，但苗瑶俣聚于内，两省分守于外，声势仍属不通，兵威之势，可以暂安，而不可以经久，将来仍不免有勾结情事，若欲两省通达，必须要设大营于内，则苗势始能涣散。臣详加查看，楚省惟有现驻兵之长安五寨，地势宽敞，粤省则应在广西平邓等处相度形势，扼要设营，每省约需添兵一千五百名，分驻弹压，庶足以巩固地方，昭垂永久。”[①] 八月二十九日，署理湖南巡抚许容在《奏札商善后事宜折》中言道：“绥宁、城步相距粤西之义宁等处中间三四百里，重山复嶂，皆系苗瑶穴。虽目下平定，保无更起事端。若仅于各界添兵，则苗疆仍然中梗，惟披期腹里，弹压得宜……其地离城、绥俱在百里之外，北通长坪、大寨、岩寨等处，西通流丛箐山及镇彝哨、长安堡等处，东通莫宜峒、江头等处，南通八十里南山，即粤西界连之处，山深箐密，峭壁危峰，周围辽阔，道路崎岖，林木蔚塞，最为险阻，若长安五寨驻兵，则扼要设防，四面提帮，且粤西逼近设营，两相呼应，洵足巩固地方。”[②] 广西提督谭行义亦奏称：“必得于两省苗疆要处，安设营汛，以资捍御；彼此联络，以助威势。”[③] 乾隆皇帝将上述大臣的奏议批转“军机大臣等一并议奏”[④]。军机大臣们经过详细商议，认为“增署汛兵于各县边界，以防护城民；安设大营于苗瑶腹里，以联络声势。同为善后要策，自当筹酌举行。但两省添兵将及五千名之数，不但久远安设，事关钱粮，且只因苗瑶数寨蠢动之故，于三百余里之内，建两大营，增置多兵，于通省兵制，亦未免畸重。应令张广泗会同各该督抚，再加详议，酌定兵数，在于该省就近各镇协营内，查明腹地间调可以防移驻者，尽数抽拨，如实不敷用，再行招兵增添，其就添之将弁，亦照此办理”[⑤]。乾隆下旨：“依议钦此。”[⑥] 之后，张广泗“与两省督抚、提臣再四会商”，确定在湘西南和桂东北各添一协。湖南添兵九百名，委令衡州副将冶大雄和候补副将哈尚德统领官兵“贴防”。等足新兵贴防后，官兵陆续减撤，至苗疆城垣、衙署、营房修建竣工后，官兵全数撤离。委令原辰永沅靖道杨辅臣，宝庆府同知何麟负责办理湖南苗疆绥宁、城步善后事宜，右江道李锡泰负责办理广西义宁苗疆善后事宜。乾隆六年（1741年）于城步横岭峒之长安坪筑城。以原城步之宝庆府理瑶同知率厅把总一

① 《朱折》张广泗折，乾隆五年八月二十日。

② 《朱折》许容折，乾隆五年八月二十九日。

③ 《朱折》谭行义折，乾隆五年八月二十九日。

④ 《乾隆上谕档》，乾隆五年九月二十八日。

⑤ 《乾隆上谕档》，乾隆五年九月二十八日。

⑥ 《乾隆上谕档》，乾隆五年九月二十八日。

员、兵丁一百名移驻长安，“分防城步、绥宁二县苗瑶”[①]。设长安营，置游击一员，驻守长安营；守备二员，一个带官兵在绥宁县临口（今属通道）驻防，一个带官兵在城步老寨驻防，原横岭巡检专管横岭一峒。于莫宜峒江头寨设江头巡检一员，管莫宜峒、蓬峒、栏牛三洞。扶城峒靠近城步县城，由典史管辖。广西义宁方面，在龙胜和广南各建城一座。以桂林“捕盗”通剩移驻龙胜城，下设巡检二员，一驻龙胜，一驻社水，“专负理苗”，在义宁添一协，设副将、都司、守备各一员，千总四员，把总八员。外委马步兵丁列为左右二营。副将率都司、千总二员、把总四员及外委马步兵丁一半驻龙胜，为左营，守备领右营与千总二员、把总四员及一半外委马步兵丁驻广南，务营所辖险要之地，分派千总、把总、外委带兵驻防。分设七汛、三十九塘，“总计征兵九千余人，军资二十九万余两”[②]。这样，清朝廷先后在湘西南的绥宁黄桑坪，城步长安坪和桂东北义宁、广南、龙胜设清军大营四座，加之又广设汛、堡、哨、塘，相互环卫，遥相呼应，将苗疆禁锢得如铁桶一般。

（二）籍没叛产，召民立堡

“籍没叛产，召民立堡”，是清朝统治者“永奠苗疆”的“治苗”措施之一。所谓“籍没叛产”，就是将苗民的田地没收归官，因为苗民的其他财产早已被清军在镇压苗民起义时抢掠一空，房子已烧成灰烬，遗下的“叛产”仅剩烧不了、搬不走的田地而已。所谓“召民立堡”，就是统治者将没收的苗民田地，任意赏给汉民——堡卒，世代耕种。这些堡卒以堡为单位，每堡立堡目一人，堡卒若干人。他们“无事则农，有事则兵”，担负着监视苗民和协助官兵镇压苗民反抗的军事任务，是一种民兵性质的军事单位，所以称为民堡。广西提督谭行义在乾隆五年（1740 年）八月二十九日的上奏中称：“于剿过务宽广逆寨地面，清出叛产绝户田地入官，安插汉民，另筑屯堡间居，一令顽类渐染华风，一以助营汛犄角之势。”乾隆六年（1741 年），负责办理苗疆善后事宜的原任辰永沅靖道杨辅臣等率人对绥宁各寨苗民遗田进行清查，至四月清查完毕，“查明城步所属各

① 《湖南通志》卷 4。

② 《兴安县志》。

峒寨顽苗遗田三千五百七十余亩。内除九十余亩系零星四散，难以归并调换，令附近苗民佃耕，秋收纳租一，以充公用外，其并对成区共田三千四百七十余亩，按照肥瘠列为三等，拈阄分授，共立堡十座，共堡卒四百户，俱系城步县民及时耕种。绥宁县所属各寨顽苗遗田共一千六百五十余亩，内除二百余亩亦系零星四散，难以归并调换，召民立堡，已令附近苗民佃耕，对半纳租，以充公用外，其并对成区共一千四百余亩，按照肥瘠列为三等，拈阄分授，共立堡五座，共堡卒一百三十九名”[①]。

（三）安插苗瑶，编制保甲

清朝统治者认为苗瑶“犬羊群聚，易于勾结为匪”，必须将他们分散到各地，以达到“分散遣远，人少势孤”[②]的目的，遣散安插的方法视苗民起义当中反抗的程度不同而定。湖南巡抚冯光裕在乾隆五年六月十五日的《奏整吏治之法折》中称：“将伊等首凶并强梁者，军前问明正法，其余丁口分别议拟，其中有既非倡逆又非情愿附从，实系被胁同行之，当审其有无下手杀伤人及曾否持械拒官兵，果无伤人拒敌情事，请照凶惨土瑶家口例，迁徙六百里外之土司安插。又始而附和作逆，继见官兵势力，率其家口投诚，此等苗瑶，原应安插地方，万不可仍留本地，与众苗瑶为伍，致日后生齿渐繁，老者已亡，少者继壮，年代久远，不知今日官兵诛剿之威，惟恃该苗凶顽之性，再生事端，为地方害，应请照土司家口无免迁安插本省之例，分发于本省各州县，令佃官庄养治，如无官庄地方，即佃民田，均纳租谷。各犯原有田户入官，另招良善民苗耕种或安插作屯军，更为有益”[③]。可见安插的方法很多，但其性质是相同的，即实行“赶苗夺业”。据《绥宁县志》载：全县共安插苗民和瑶民 278 户，1137 口。这些苗民、瑶民原有的田产均被没收入官，重新安排后，给田安家落户。这 278 户中，有苗民 182 户，856 人，占安插总数的 75.3%，主要安插于六甲、扒树、下界溪、赤板、高林寨、龚家田、水头江、谭泥水、五冲、上洞、李家江头、李家盘、楼田等 13 处，共给田 1712 亩；瑶民，96 户，

① 《朱折》刑部尚书署理湖广总督那苏图折，乾隆六年四月二十六日。

② 《朱折》冯光裕折，乾隆五年元月十五日。

③ 《朱折》冯光裕折，乾隆五年六月十五日。

281 人，占安插总数的 24.7%，主要安插于大竹坪、凉江、上洞、茶江、黄桑田、安阳山、牙冲、白水、黄柏界、温水江、溪上等 11 处，共给田 421 亩。

清朝统治者为了加强对苗疆的统治，在湘、桂边境的苗族聚居区内普遍建立保甲制，以取代原来的苗族头人、寨长、百户制。保甲制是以“寨大者，十户立一牌头，十牌立一甲长，每寨择小心知事者，合立寨长一二人；寨小者，不必限定牌甲，亦必合立一寨长，责其稽查，按户发给门牌，将大小丁口逐一备载，不许容留汉人及面生可疑之苗瑶居住。所藏军器悉缴官，不许和行打造，其从前自造篆字，即行销毁，永禁学习。如有违故，不守首报，牌内一家有犯，连坐九家，治寨长失察之罪”[①]。据乾隆版《绥宁县志》载，乾隆年间，全县共有 26 里（里为行政区划单位，不是长度单位），其中“熟苗”和汉族地区为 21 里，除各村按规定牌设牌头、甲设甲长外，每里还设保正 1 至 2 名，练总 8 至 15 名不等，共设保正 25 个，练总 215 个。“生苗”地区有 5 里，114 寨，除牌设牌头、甲设甲长外，寨设寨长，每里设里正 2 至 3 名，共设里正 13 名，寨长 86 名。这些里正、寨长都是“小心知事者”，很多往往为“客民”所充当。从此，苗族人民完全处于满汉统治阶级及其走卒们的严密监视之下。

（四）实行“文字狱”，剿灭苗文

清朝政府兵部决定：“从前捏篆文，即行销毁，永禁学习，如有违故，不守首报，牌内一家有犯，治寨长失察之罪。”[②] 从此，一个抄搜、清查、销毁苗文的运动全面进行，不仅湘、桂苗民深受其害，对整个苗民可能也不例外，一律予以清查销毁，永远严禁学习、承传和使用。由此可见，清朝政府对苗民如此害怕。在封建王朝的统治下，少数民族没有平等可言，苗族连使用自己的文字的权利都没有，何谈其他政治权利。自此次苗民起义运动被镇压后，全国整个苗族区域只有苗语而无苗文。

（五）设立苗瑶义学，实行民族同化政策

清统治者认为：“苗人之非性恶而不可化也，唯是永远怀绥之策，既

---

① 《宝庆府志·大政记》。

② 《朱折》冯光裕折，乾隆五年六月十五日。

行奋武于前，宜即揆文于后。”[①] 所谓“行奋武于前”就是实行武力征服。所谓“揆文于后”，就是实行民族同化，使苗族人民的心理愿望、思想活动都统一在封建主义的道德观念上。这实质上是对苗族人民实行奴化教育和封建主义思想改造，因为只有这样，才能把封建制度和封建君主的统治深入苗民的头脑中去，实行思想上的封建主义专政，从而保障满汉地主官吏的特权和最大利益。他们改造苗民思想的主要措施是兴办“义学”，通过修建苗学、“延师教读”和宣讲清王朝的谕旨及政策，来达到其“施儒教而易其性”之目的。起义以前，绥宁只有“熟苗”地区建有社学、书塾，粟贤宇为首的苗民起义失败后，统治者下令，将苗民创造的像篆字的苗文“即行销毁，永禁学习”。乾隆九年（1744 年），湖南巡抚蒋溥奏请于绥宁、城步等地“各苗洞设立义学，令内地生员前往训诲”。乾隆五年（1740 年），根据张广泗等人所奏“善后事宜”，于城步横岭、莫宜、蓬峒、拦牛、扶城五峒各设义学一所，以教课苗童。乾隆七年（1742 年），张方佳调任城步知县，于城步东白云洞建立白云书院，以所勘“叛产”二十九亩，为“馆师膳修”和“童生膏火”。各义馆“每年赴司领给廪饩银十六两”[②]。统治者建立苗瑶义学绝不是为了帮助苗瑶人民提高其文化水平，而是为了“扬天子之鼓钟，其教化之隆待”[③]，但是，统治者在苗疆兴办教育，客观上对于提高苗族瑶族人民的文化科学水平也起了一定的作用。

清朝统治者在加强对苗、瑶等族人民的统治，继续进行民族压迫、民族同化和民族奴役的同时，还被迫采取了某些缓和矛盾的措施，以预防再起事端，如：规定“苗瑶命盗案件，向不与内地同，嗣后图财谋命及苗人与军人交涉，仍按律例究，拟户婚田户偷盗并雀角忿争，一时斗殴，杀伤人命者，照苗例具报到官，责成该寨头、甲长人等秉公理谕。其愿照苗例究结者，当官赔偿清楚，仍取其息结，遵依存案。地方官将起事原委，究

① 《绥宁县志·武备》。

② 光绪《湖南通志》卷四十八、道光《宝庆府志》“礼书”六。

③ 《绥宁县志·艺文》。

结缘由，通报上司，将该官查参”[①]；“文武各官，一切需用人侠，公事则照给官价，私事则自行雇募，不许索诈鸡酒；即各设文武衙署，所需一切食物，不许差遣兵役持银入寨强买，务于附近城汛之处，开立市场，晓谕苗人，凡有售卖薪木牲畜等物，俱按期赴场，公平交易。于设场之始，仍派文武官弁前往弹压，不许兵役人等折买强取，偿违纵滋扰者，或经上司访闻，或被瑶人首告，官弁严行参处，兵役立即拿治”[②]。

（六）蠲免租赋，减轻苗民负担

清廷还采取赋税减免的措施，适当减轻了苗民的一些负担，乾隆十年（1745 年），乾隆“诏谕”蠲免城步所纳“苗米”；乾隆十一年（1746 年）“诏谕”蠲免城步一切钱粮；乾隆十二年（1747 年）城步“被水”，“诏谕”“按数分别蠲免缓征”；乾隆十四年（1749 年），再次蠲免地丁钱粮并蠲免“苗米”[③]。前后“蠲免”达五次之多。诸如此类的措施，虽不能完全贯彻执行，更难长期治守不变，但在一定时期内、一定程度上还是使“苗疆”的矛盾有所缓和，苗族人民的生产和生活条件多少得到了一些改善。

① 乾隆版《宝庆府志·大政记》。

② 乾隆版《宝庆府志·大政记六》。

③ 同治《城步县志》卷五、光绪版《湖南通志·蠲恤》。

第六章

民国时期的城步苗族社会

1911年，孙中山领导的辛亥革命，促使宣统皇帝退位，使长达297年的清朝统治寿终正寝。但清朝政府腐败无能所招致的我国半殖民地半封建社会，仍在延续。苗族地区的半殖民地半封建社会性质，仍在加深。城步苗族地区也一样。民国七年（1918年）第一次世界大战结束后，帝国主义又重新加紧了对我国的侵略，政治上扶持各派军阀，使苗族地区进一步形成军事割据状态。经济上加紧在苗族地区倾销商品和掠夺原料，文化上加紧渗透，使苗族地区人民的苦难进一步加深。在这种情况下，民国八年（1919年）发生的五四运动和民国十年（1921年）中国共产党的成立，极大地影响了苗族地区的政治生活，促进了苗族人民的觉醒，把苗族人民的斗争推进到无产阶级领导的人民民主革命的洪流之中。

第一节　军阀混战时期的城步苗族社会

袁世凯称帝失败后，在帝国主义操纵下，北洋军阀开始分裂，苗族地区也出现了军阀割据的局面。当时盘踞湖南的军阀为谭延闿、张敬尧、赵恒惕等。长期的军阀混战，加深了统治阶级的分裂，给地方豪绅、匪首等封建势力的崛起创造了有利条件。我县戴、肖宗派势力即是民初军阀割据的历史条件下形成的。军阀无休止的混战和豪绅的械斗，使各族人民苦不堪言。民国十四年（1925年）我县苗族地区遭川军熊克武所部的骚扰，

“耕牛杂粮，搜索罄尽”[1]。

在军阀统治时期，苗族地区的政治制度，大体上有三种表现形式：即原始公社末期的寨老制，以封建领主统治为基础的土司制，以封建地主统治为基础的保甲制。城步苗区属于第三种情况。此时，清代所实行的都图、峒寨制概行废止，一律设立乡、保、甲，乡设乡长，有乡的武装，称乡丁，故城步出现了下六乡、上五乡。上五乡即原来的五峒四十八寨。乡长、保长由政府委派，甲长则是轮流担任。保、甲长主管派兵、派款，调解民间的纠纷。这就是军阀统治时期的城步政治状况。

第一次世界大战期间，各帝国主义国家互相忙于厮杀，一度放松了对我国的掠夺。大战结束后，即掉转矛头对准我国。由于辛亥革命和五四运动的影响，帝国主义公开的资源掠夺受到限制，加之苗族地区的交通不便，帝国主义的经济侵略主要表现在商品倾销和原料掠夺上，使苗族地区的自然经济遭到了破坏。随着农副产品商品化程度的逐步提高，种类也逐步增长，在城步，每年都有大宗的木材、桐油、薏米、生漆、皮张、土纸、药材等，运往洪江、常德、武汉及武冈、邵阳等地销售。

民国初年，城步苗区遭军阀混战和土匪的烧抢，商业曾一度萧条。自民国十七年至二十六年（1928—1937 年）间，农村经济略有复苏，商品经济又有振兴和活跃，木材年输出达十余万立方米，桐油在百万斤以上。

农业、林业和手工业中商品生产的增长，促进了商业的进一步发展，因而城镇商户增多。小小的儒林镇，就有蓝三意、蓝三练、江藻毓等五六家专门从事木材、桐油等土特产及绸缎、布匹、日用杂货等买卖的商家，各有资本二三万元（银圆——下同）。我县丹口苗族地主杨光普，有田地每年可收谷 600 多石（每石 160 斤），有成材山林 1 万多亩，商业资本达 6 万余元。

商业的繁荣，进一步推动了运输业的发展，苗族人民从事木材运输的较多。我县沉江渡、羊石田、清源、白毛坪、城溪等地，成了木材的集散地，有上千名苗族放木排工人。他们受雇于资本家，沿巫水往来于绥宁、

① 曾继吾：《湖南各县调查笔记》。

丹口镇羊石田古苗寨

洪江、常德、武汉等地①。

这段时期，农业仍然是苗族地区的主要经济基础。在生产条件较好的县邑北部和中部，生产水平接近或达到了汉族地区的水平，稻谷亩产五六百斤。县邑南部，地处高寒，易受鸟、兽、虫灾和旱、涝以及“寒露风”的影响，其生产力水平仍然低于汉族地区。原始古老的“刀耕火种”习俗依然保持，粮食生产不足以供人口消费。

随着土地集中化愈演愈烈，广大苗民生活愈来愈贫困，地主对农户的压榨日益严重。佃租由过去的“对半分成”发展到“四六开”“三七开”。高利贷由过去的“加五”发展到“加六”“加七”。城步苗族地主杨光普，就是用加重地租及高利贷剥削积累了初期的商业资本，又用不断扩大的商业资本来加强对土地、山林的兼并。

由于土地、山林的日益集中，众多的苗族农民很少有地或基本无地，生活难以维持，除向山野垦荒种点杂粮，聊以度荒外，其余则靠向地主借贷购粮，度过饥荒。佃租或少量土地收入，还债后所剩无几。当时有民谚云：“扶起屌桶有饭吃”，就是苗民贫苦生活的真实写照。

① 曾继吾：《湖南各县调查笔记》。

第二节　国民党统治时期的城步苗族社会

1935年以后，以蒋介石为首的国民党势力逐渐取代了地方军阀势力，城步苗区也直接置于国民党统治之下。国民党为了求得其统治的稳定，在行政机构中，大力加强保甲制度，实行联保连坐法，一家有事，全甲牵连；一甲有事，全保受累。不仅如此，国民党政府还继承和发展历代封建王朝的民族歧视和民族压迫政策，不但对少数民族严加控制，而且还实行反动的同化政策。民国二十年至二十四年间（1931—1935年）湘、黔、桂、滇各省军阀，就先后根据国民党政策，公布了一系列同化法令，明确提出要消灭苗、彝、僮、侗等少数民族的语言和习俗。由于苗、侗、彝等各族人民的强烈反对，最后只好悄悄收场。

从抗日战争起到解放战争止，国民党蒋介石曾先后以“抗日”和“戡乱”为由，进行恶性征兵。征兵人数一年比一年多，征兵由乡为单位发展到以保为单位。当兵的结果生还的少，死亡的居多，群众对征兵非常害怕，乡、保长则乘机敲诈勒索。苗族人民为征兵所迫，倾家荡产者比比皆是。有的苗民为躲壮丁，竟在野外生活数年，有家不能归。

国民党蒋介石推行其反动的“攘外必先安内”的政策，也同样使城步苗区于1944年遭日本侵略者的铁蹄践踏。

城步苗区的封建地主有本族的，也有汉族的。封建地主的主要剥削形式为实物地租，夹含劳役，譬如地主家办红白喜事，佃户得无偿前往做事出力。货币地租极少。

城步苗区的高利贷剥削在国民党统治时期仍然非常突出，尤其是青黄不接时的借贷，秋后往往是成倍还本付息。不少往往与国民党政府名目繁多的各种苛捐杂税纠合在一起，致使广大苗族农民遭受的经济剥削比以往任何时候都严重。

抗日战争结束以后，由于税捐增多，通货恶性膨胀以及国民党发动内战带来的政局动乱等因素的影响，使部分地区的工商业日趋衰落。城步苗族的商户中，如陈立业、杨老细、杨伯清等，虽然各有数万银圆资本，但其生意却每况愈下。

由于农村经济破产，城步苗族人民生活已处于极度贫困状态，不少人家衣不蔽体，食不果腹。此时，已是借贷无门。故五峒四十八寨苗族集中聚居区域，一年中有三分之二的时间在高山上采蕨根度日。高山之蕨曾一度成为城步苗区民众赖以维持生计的主要食粮。

在国民党统治时期，官府军警、地方官吏钩心斗角，争权夺利，苗区是他们为虐最重的地方。1919—1927 年，城步县靠当团防局长而发家的官僚恶霸地主肖庆藩，5 口人占田 700 亩，杉竹林 200 亩，有佃农 31 户，每年收谷 3000 石。他身为团防局长，手中有 100 多支枪，派兵下乡收租催债，债务人要杀鸡宰鹅恭迎，所到之处，要交草鞋钱。他公开说："社会越乱越好。怎么乱也乱不到我姓肖的头上。越乱，田地越便宜越好买。"他残酷地杀害苗族人民，1921 年他已经杀了 99 人，过年时他说："再杀 1 个，满 100，好过年。"团丁抓一个过路人，被他当作土匪杀害了。人民称他为"肖阎王"。土地先后被这种恶霸地主占为己有。城步当时有 159234 亩田，占人口 10% 的地主、官吏、僧道占去 75521 亩，而人口占 90% 的农民，仅占田地 67131 亩。人民群众生活在痛苦的煎熬之中。

第三节　民国时期的城步农民运动

1926 年 6 月，北伐军在衡阳大捷，革命形势高涨，中共湘区区委派遣宝庆籍、广东农民运动讲习所学员、中共党员胡植（字滋墅，又名一安，今邵阳市郊区蒋河桥乡新林村人）来城步苗区开展农民运动。

6 月下旬，胡植从衡阳赴城步，途经家乡时，动员其叔胡静、同族胡廉一同前来。与此同时，在省城从事工运工作的城步儒林镇人戴伟（中共党员），受国民党湖南省党部派遣，以省农运特派员的身份回城步开展农运工作。7 月 11 日，北伐军攻克长沙，城步进步人士肖昂（又名肖鹏九）在经费和粮食方面给予胡植、戴伟所领导的农民运动以大力资助。

1926年8月，国民党湖南省党部在省城长沙召开了全省第二次代表大会，大会选举了领导机构，做出了严惩土豪劣绅以及反动团防局长的决议，发表了扶助农工运动宣言。胡植、戴伟根据大会宣言和中共三届一中全会关于“凡国民党有组织的地方，我党党员、团员一并加入。凡国民党无组织的地方，我党为之建立。在国民党中的我党党员和团员应建立秘密组织，一切政治性的言论和行动，必须受我党指挥。努力争取站在国民党的中心地位”的精神，抓紧时机筹建国民党城步县党部。同年8月，国民党城步县党部筹备处成立，胡植任筹备处主任，戴伟任农协筹备组长，肖昂任组织委员，戴良勋任宣传委员，王兆辰、杨坤、戴国儒、刘克明等人为常务委员，随后召开大会选举戴伟为主任委员，城步农协统一于湖南省农民协会的领导之下。

9月上旬，国民党湖南省党部派遣段森林（又名公爽，今城步西岩镇水口村人）、钟镇南（今西岩镇钟家坊人）为省工运特派员回城步苗区开展工农运动。

戴伟、段森林率先下到威溪乡，动员农民开展斗争。并由段森林出面，收缴了威溪乡团防分局的枪支。

随后，段森林、王兆辰等人又到白毛坪的上坪水、下坪水、腊屋宣传发动。不久，此三地农民协会相继建立。

同年9月，在中共武冈特支领导下，建立了中共城步县支部，并在各民族进步青年中发展党员，利用演讲会、出布告、发传单、演戏、办农民夜校等方式，宣传革命道理，唤起群众觉醒。

10月，在中共城步党组织的领导下，城步农民协会筹备处正式设立，推选出戴伟、胡植、段森林、钟镇南、胡静、戴良勋、肖昂、易明甫、张同馨为委员，戴伟为筹备处主任。筹备处成立这天，大会根据群众要求，将原县政府委员蒋儒戴上高帽子游行示众，公开呼喊“打倒土豪劣绅、打倒贪官污吏”的革命口号。

为了推动农民运动的发展，1926年12月1日，中共湖南省委在长沙召开了“湖南省第一次农民代表大会”。会议除讨论、通过有关农民运动的议案外，还就农民运动中的民族问题展开了讨论，通过了著名的《解放苗瑶决议案》。内容是:(1)设法使苗瑶等民族加入当地农民协会，或助其组织单独的苗瑶农民协会;(2)严禁汉族侵占苗瑶土地;(3)开办苗瑶简易学校;(4)汉族不得有侮辱苗瑶的言论;(5)请政府严厉剿灭苗瑶地区土匪;(6)请政府颁布解放苗瑶的明令，使其与汉人政治、经济一律平等;(7)援助苗瑶解除土司酋长之压迫。这个决议完全符合苗瑶人民的利益，反映了弱小民族人民的迫切愿望。在这次会议上，城步县农协主任戴伟作了《城步农运工作汇报》的发言，受到全体到会代表热烈赞扬，城步苗区成了全省的农运工作先进县之一。后来，毛泽东同志撰写的《湖南农民运动考察报告》一文对城步农运工作进行了表扬。省政府委派原新宁县农运特派员邓熙任城步县长，到任后即发布了《为打倒土豪劣绅，敬告城步全县民众宣言》，将原上五乡、中二乡、下六乡 3 个团防局共 200 多人的武装改编为农民自卫军。至 1927 年 1 月，城步苗区已建立区农民协会一个，乡农民协会 54 个，参加农民协会的会员达 5000 余名。

1927 年 2 月 17 日，城步县第一次农民代表大会召开，宣告了城步县农民协会正式成立，大会选举戴伟为县农民协会委员长，肖昂为组织委员，戴良勋为宣传委员，彭升平为禁烟委员。同时还成立了县总工会、商民协会，女界联合会。

城步县农民协会成立后，夺取了国民党右派掌握的县政大权，领导农民在政治上当家作主，在经济上给地主豪绅以沉重打击，收编了反动团防武装，组建了农民自卫军和特别法庭，审判土豪劣绅，废除苛捐杂税，没收庙田会产、兴办农民教育，大力提倡国货，反对洋货，宣传革命思想理论，发展民族文化。

在此期间，县农协组建成立了以邓熙、胡植、王兆辰为委员的城步县审判土豪劣绅特别法庭，立即采取措施惩治土豪劣绅，查抄其财产，将劣绅捉来游乡示众，处决了苗族大土豪李章甫和李春甫，使全县广大贫苦农民扬眉吐气，地主豪绅闻风丧胆。县农协还创办了“巫滨、育英、育才”三所农民学校，使城步苗区民众在文化上得以翻身。

1927 年 3 月，县农协委员长戴伟赴西岩做农协发动工作，遭混进城步农民自卫军二中队的伍宗汉、二中队副队长肖春萼、排长肖荣贵等人围攻，县长邓熙将围攻一事归咎于段森林，下令撤销段森林城步农民自卫军二中队队长的职务。县政府、县农协派何重刚赴西岩接任段森林职务，被肖春萼、肖荣贵等人毒打、游团，伍宗汉乘机恢复西岩团防局，自任局长。

1927 年“四一二”事变后，革命形势急转直下。5 月 21 日，许克祥在长沙发动“马日事变”。5 月 23 日，威溪乡农协委员长肖善生及农协主要成员刘仁成、刘易成、刘正余被肖荣贵杀害。

5 月 27 日夜，伍宗汉以攻打大土豪戴国璋、戴国瓒为名，蒙骗近万民众，由肖春萼、肖荣贵带领，攻打县城。县政府、县农协被迫退守蓬瀛并设立行署。

5 月 29 日，县商民协会主任黎和海被西岩团防局杀害。

1927 年 7 月，胡植、邓熙、戴伟相继离开城步，县政府工作由王巨川、江世兴主持，县农协工作由廖曙晖和蓬瀛乡农协委员长秦康太主持。

1927 年农历八月十五，伍宗汉指派杨卓惠率领团防军进攻白毛坪，廖曙晖带兵阻击，杨卓惠兵败回城。

不久，伍宗汉指派肖定国带兵第二次进攻白毛坪，又败回县城。

农历十二月底，伍宗汉派杨卓惠率兵第三次进攻白毛坪，将腊屋（苗寨名）的 20 多座民房及龙角寨到石桥子的几十座房子烧光，并杀死杀伤 12 人，制造了城步历史上有名的“白毛坪惨案”。

不久，全省农民运动遭反动派血腥镇压，城步也不能幸免，许多农会负责人和会员被打成“暴徒”，惨遭杀害。被迫害的农民达 22441 户，92955 人，其中绝大部分是苗族。

1928 年春，湖南“清乡军”师长陶广到达武冈、城步，大肆搜捕共产党和农运负责人。清乡军团长王炽昌令伍宗汉在一定时期内抓获城步主要“共暴”。新任县长张绍宽见伍迟迟不能抓获指名要犯，以伍宗汉、杨卓惠“买通要犯、私通共党”为由，逮捕了伍杨二人。其时上五乡苗族民众强烈要求当局查办火烧白毛坪的肇事者。陶广就以伍宗汉、杨卓惠、廖曙晖、江世兴四人为首制造火烧白毛坪惨案的罪名呈报省高等法院查办。伍、杨、廖被湖南省第三区清乡军处决，廖曙晖被杀害以后，城步农民运动宣告失败。

第四节　红军长征过城步

中国工农红军长征的第一步就跨入了苗区。自邓小平、张云逸 1930 年 4 月进入苗岭山脉黔东南榕江县算起，至 1935 年底红军主力离开乌蒙山脉黔滇止，红军在苗区迂回转战的时间长达 5 年。红军在苗区于黔北召开了历史上有名的遵义会议，确立了毛泽东同志的领导地位；四渡赤水之战创立了军事史上灵活机动战略战术的光辉范例。红军在苗区所作出的《关于苗族问题的决议》《关于瑶苗民族中工作的原则指示》《关于对苗瑶民的口号》以及《李富春关于注意与苗民关系加强纪律检查的指示》《关于争取少数民族的指示》等等，为中国共产党民族政策的制定提供了历史依据并在实践中积累了宝贵经验。红军在苗区的一举一动，处处展示着共产党领导的人民军队的光辉形象，事事体现着无产阶级革命志士的伟大品格。苗族人民拥戴红军，积极支持并参加红军，帮助红军战胜艰难险阻，战胜强大敌人。红军是播种机，在其主力北上以后，留下少数人和苗族人民一道建立并发展了苗族人民武装力量，为最后推翻苗区的国民党反动派统治做出英勇的斗争；红军是宣传队，红军在苗区 5 年余，就等于在苗区举办了 5 年马克思主义毛泽东思想的集训中心和实习基地，为新中国的建立培训了许许多多的优秀骨干，并广泛地教育了广大苗民，为推翻封建制度和建立新政权而斗争。

1934 年 7 月 23 日，中共中央军委命令红六军作为一方面军长征的先遣队突围长征。由任弼时为首组成军政委员会具体指挥。8 月 7 日，红六军团 9700 人，由江西横石和新江口出发，实行战略转移。12 日，通过藻林、左安、高坪等地，迅速突破了敌人封锁线，到达湖南省桂东县的寨前圩。在这里，宣布中央指示：任弼时为中央代表，萧克为军团长，王震为政治委员，李达为参谋长，组成军政委员会。在政府方面任弼时为主席，萧克、王震为委员。23 日，红六军团抵湘江东岸，26 日到达阳明山地区，29 日到嘉禾县城附近。9 月 4 日首渡湘江，进入西延地区。8 日，接到中央军委训令：要红六军团放弃在新化、溆浦之间建立根据地的计划，要在苗区城步、绥宁、武冈三地建立根据地，并坚持到9月，力求在此消灭敌人一个旅，然后，沿湘桂边移动，经绥宁、通道到贵州锦屏、天柱、玉屏、铜仁，再转向湘西北与红三军联系，发展苏维埃及游击运动，并于凤凰、乾城、永绥等地建立巩固根据地，以吸引湘敌于湘西北山区。

1934年7月，任弼时、萧克、王震同志率领红六军团由湘赣根据地突围西征，于9月初从湘南进入广西全州，9月8日到达广西资源之车田。根据中央指示，立即从车田出发，经黄龙翻越老山界分两路进入城步县境。一路即主力部队下到今汀坪乡之新寨、沙基铺、蓬峒村一带宿营；一路由老山界经大坪头、岩屋溪到大河村宿营。9月9日，红军主力从沙基铺、蓬峒村出发经隘上、糁籽坪、汀坪、红沙洲到上岩、桥头寨一带宿营。另一支从大河出发，经打铁厂、条寨到隘上与主力部队会合，宿营于上岩、桥头寨一带。当日，红军与湖南保安第二十三团谭有晋部在横水界发生激战，谭部败逃城步县城，红军追至离县城9公里的贺家寨宿营。9月10日，红军主力从营地出发，经横水、杓杓、边溪、上栗坪、天鹅界、岩头寨到丹口、下团一带宿营。另一部分红军则从贺家寨出发，经漏通峰到仙鹅界与主力会合，宿营于丹口、下团。

9月11日，红六军团与李觉部之独立三十二旅、五十五旅在观音阁、下团莲花桥发生激战，战斗从当日下午4时打到次日凌晨，将敌军击溃。

9月12日清早，红六军团进丹冲、上围洲界、应声崖、白木山、乌鸡山，进入绥宁县之上堡、界溪、赤板一带宿营。

9月14日进入通道县境。

红一方面军86000多人，在党中央直接领导下，1934年10月中旬，从福建长汀、宁化和江西瑞金、于都出发，开始进行长征。红一军团、九军团于该年12月4日从资源车田和堑头两地出发，经大湾进入城步杨梅坳的下牛水到蓬峒的横路口一带宿营。此地世居苗民，在红军到来之际，苗民都表示友好和支持。

12月6日，一、九军团从横路口出发，分两路向茶园进发，一路经大水、栗树坳、内里、沙子界至茶园；一路从横路口经蓬峒、隘上、汀坪、长滩、冷水溪、虎形界至茶园。

12月8日，九军团从茶园出发，经粗水、江头司，上南山烂泥塘，在大坪、鸡爪坪、胡家坪一带宿营。另一小支经粗水、蜡里、大坪界至玉河溪宿营。一军团从茶园出发，经恒洲至五团，分三路：一路经独树、广西芙蓉、布弄、中洞到白竹坪一带宿营；二路经巡头、脚板界至广西龙胜潘寨宿营；三路经塘泥至广西龙胜甘甲等地宿营。

12月9日，九军团主力从南山大坪等处出发至长安营宿营。

12月10日，九军团分两路前进，左路经三浪田、地闷、麦塘、青山口，进入通道县之瓦厂坪；右路在长坪、大寨、岩寨一带宿营。

12月11日，九军团右路经老寨、六马、六甲进入绥宁平溪，又经陇底、木脚至临口与主力会合。

从12月4日至11日，中央红军在经过城步南境的8天中，惩办了一些作恶多端的土豪和惯匪，给当地反动民团和土豪劣绅以打击。在蓬峒处决了血债累累的“地头蛇”杨进东，在长安营击死了反动民团的副团长龙仲林。

五团镇恒洲古苗寨

红军长征，沿途要经过湖南、贵州、广西、云南、四川等省广大少数民族地区，在确定战略转移时，同时确定了“争取少数民族，消除民族隔阂，团结各族人民，共同对敌”的民族政策，从而独创性地制定了具有中国特色的马克思主义的民族政策。1934 年 11 月 29 日，中央红军到广西龙胜等地的苗、侗、壮、瑶民族聚居区时，总政治部发布了《关于瑶苗民族中工作的原则指示》，号召全党全军“在一切的工作中，必须不疲倦地”做民族工作。总政治部发布《关于对苗瑶民的口号》中，着重指出“共产党是主张民族平等、民族自治、解放弱小民族的”。1934 年 12 月 21 日，发布了《关于创立川黔边疆根据地工作的训令》，规定在中心工作时，“要明确执行本部对苗瑶少数民族的指示”。红军在《关于争取少数民族的指示》中，要求红军战士向各族人民“宣传红军主张，特别是民族自立和民族平等”的政策。《中国工农红军总政治部布告》宣传，对苗瑶等少数民族实行“民族平等与汉族工农同等待遇”。在贵州镇宁、锦屏县，红军郑重宣布：“不论汉族、苗族、布依族，不论各族人口多少，都一律平等，政治上、经济上，苗人、侗人与汉人有同样的权利。”1934 年 12 月 24 日，《李富春关于注意与苗民关系加强纪律检查的指示》：“最近我军经过之地，地瘠民贫，苗民甚多，各部门更应向战士详细解释，严格督促”，“明确传达与执行本部对苗民的指示，不打苗民土豪，不杀苗民信仰的甲长、乡长”，“山田牛少，居民视牛如命，绝不应杀牛。土豪的牛要发给群众，严厉惩罚乱杀牛者”等。1935 年 1 月 1 日，红军总政治部发布《瓦解贵州白军的指示》，强调在瓦解敌军工作中，要注意民族问题，特别“对苗族士兵注意到他们的民族意识”。红军总政治部专门给各军团政委、政治部下达《关于争取少数民族的指示》，要求红军战士向各族人民“宣传红军的主张，特别是民族自立和民族平等”的政策，“野战军今后的机动和战斗，都密切地关联着争取少数民族的问题，这个问题之解决，对于实现我们的战略任务有决定意义。因此，各军团政治部必须立即把这个问题提到重要的地位”，“必须向全体战士解释争取少数民族的重要性”。贺龙率红二方面军进入湘西南时宣布：（1）要注意帮助苗民剿匪；（2）不经苗民许可不得进入民房；（3）对苗民之习俗、衣着不得干涉。所过之处，出布告，贴标语，宣传红军的宗旨及民族政策，深受各族人民的欢迎。

红军进入城步县邑前，由于国民党反动派在广大民众中散布“红军共产共妻”“杀人放火”等流言蜚语，而红军经过的地方，又系苗族比较集中的地区，故红军到达城步之前，绝大部分村寨苗民扶老携幼，躲进深山老林。由于红军沿途标语宣传，公布主张，又秋毫无犯，彻底戳穿了国民党反动派散布的谎言，五峒四十八寨的苗民纷纷回寨，为红军送米送菜，护理伤病员、送信带路。一时间，军民成了一家人。据不完全统计，为红军带路的有 90 多人，给红军主动挑担的有 80 多人，为红军报信提供情况的有 120 多人，冒着生命危险收养红军伤病员的有 70 多人，其中绝大部分为苗民。

由于给红军带路、收养红军伤病员而惨遭国民党反动派杀害的苗族民众达 100 余人。

红军长征过城步之后，使城步各族人民在黑暗中看到了曙光，极大地鼓舞了斗志，增长了与国民党反动派作殊死斗争的信心和勇气。解放前夕城步发生的两起起义就是红军长征过城步所播下的革命火种。

第五节　城步苗族的抗日活动

1937 年卢沟桥事变揭开了全国抗日战争的序幕。从此，城步的广大民众跟全国人民一样投身于抗日救亡运动。1938 年，武汉失守，中共湖南省委决定在武冈塘田寺（原属武冈管辖，解放后划归邵阳县至今）创办“塘田战时讲学院”，以培养抗日人才。

1939 年春，城步露润乡青年肖强欤（又名肖炎）、肖宝南、唐卓立、肖盛才、陈士善 5 人进入“塘院”学习。入校后他们勤奋学习，进步很快，并在课外同其他学员一起到附近举办农民夜校，办扫盲识字班，组织抗日宣传队，书写抗日标语，教唱《义勇军进行曲》《大刀进行曲》《在松花江上》等抗战歌曲。“塘院”党支部十分关注城步学员的进步，并指派中共党员刘逊夫对城步籍学员进行考察培养，分别与他们进行谈话，启发他们的政治觉悟，介绍他们阅读马列主义进步书刊，鼓励他们投身抗日救亡活动。3 月下旬到 4 月中旬，刘逊夫先后为唐卓立、肖强欤、肖宝南 3 人办妥一切入党手续，吸收他们加入了中国共产党，组建了中共城步县支部，指定肖强欤为书记，直属湖南省委领导。1939 年 4 月 21 日，国民党派出三路兵马包围“塘院”，封锁大门，贴出布告，强行解散“塘院”。肖强欤等 3 名党员返回城步后，时局发生了逆转，国民党反动派在邵阳城内制造白色恐怖，大肆捕杀共产党员。八路军驻湘通讯处和中共湖南省委也相继被迫撤离邵阳，中共湖南省委将党的工作由半公开状态完全转入秘密状态，对关系复杂和边远山区的党员停止了联系，肖强欤等人惧怕白色恐怖，于 1939 年秋脱离了党组织。

1942 年春，城步简易乡村师范学校，因中学教师奇缺，校长肖浩然在长沙募集招聘简师教员。当时在长沙市与党失去联系的中共党员陈琼璋（长沙市人）经友人介绍应聘到城步简师任教。到职后，被当时国民党县长张光国所器重，任命为简师教导主任。陈想利用这个机会与党组织取得联系。他知道在茶陵教书的妹妹陈绚兮是地下党员，便写信要她来城步教书，并要她设法寻找党组织。

陈绚兮在茶陵教书时结识了周建一，经联系由周建一介绍原江西省清江地下党任抗日宣慰队队长的梁中杰来城步简师任教。

梁来到城步，经一段时间观察后介绍陈氏兄妹重新入党，组织了城步乡村简易师范地下党支部，梁中杰任党支部书记。不久周建一到重庆找党组织回来，根据上级指示，向梁中杰布置了工作。梁中杰根据周的指示，开始了对敌情的调查了解工作，并对城步的派系斗争、反动派内部的矛盾、简师的教职员工以及学生的情况进行了全面的摸底，并在学生中教唱革命歌曲，宣传革命思想，传播抗日火种。当时在简师求学的杨文辉（苗族）、吴仲华（侗族）、杨盛俊（苗族）等进步青年，成为苗侗族的精英和民主革命、社会主义革命和建设的领头人，解放后相继出任县党政要职。

不久，叛徒熊志民（原名熊宗涛，江西人，在江西被捕叛变，受国民党特务冯奇派遣来城步跟踪赣西南党组成员的）向简师校长肖浩然告发了梁中杰、陈琼璋和陈绚兮三人。六月二十四日城步警察局将梁等 3 人逮捕。进步青年易克勇（银行会计）、罗晃（县法院法官）、蔡声硕（县邮局局长）受株连，从此城步简易乡村师范党支部被破坏。

抗日战争全面爆发后，城步苗乡青年踊跃参军参战，他们奋不顾身，积极投入抗日最前线，前仆后继，为国捐躯，谱写了一曲曲抗日救国的壮丽篇章。1938 年初，八路军驻湘通讯处主任徐特立多次在湖南广播电台讲演中国共产党颁布的《抗日救国十大纲领》，动员有志青年参军参战。城步各抗日团体积极响应徐特立号召，在全县范围内持续深入开展兵役宣传活动，动员苗乡青年应征入伍，抗日救国。广大爱国师生、公务人员和农村知识青年积极报名参军，全县青年共有 300 多名志愿者加入抗战队伍，他们着装出发时，县城民众沿街鸣炮欢送，盛况空前。这批热血青年以保家卫国为己任，英勇杀敌，血洒疆场，其中有名可查的抗战殉难军人就有 64 人。1938 年至 1939 年，城步还有陈鹤泉、段刚（戴全中）、段铭（戴朝枢）、鲁敏之（戴光远）、肖靳尤 5 名进步青年，冲破国民党重重阻挠，冒死来到延安，来到抗日最前线，加入共产党领导的抗日队伍，成为八路军和新四军战士。他们在中国共产党的正确领导下，不畏牺牲，英勇作战，有的战死沙场，以身殉国；有的历经抗战后又参加了解放战争和新中国建设，成为我党我军的高级领导干部，成为城步苗族人民的骄傲。其中陈鹤泉 1938 年 7 月奔赴陕甘宁边区参加革命，同年 11 月加入中国共产党，先后担任豫、皖、苏边区夏水砀中心县委组织部长、新四军敌工部组织科长、滨海县敌工部长、苏北地委组织科长等职。解放战争期间先后担任东光县委副书记、第三野战军民运部民运科长、威海舰军代表。1955 年被授予海军上校军衔，1964 年升授大校军衔，2005 年底病故，享年 90 岁。

段刚，1938 年入陕北公学，1939 年加入中国共产党，毕业后被分配到八路军一二〇师三五八旅担任教导大队政治教员，七一四团组织股长等职。抗战胜利后升任为七一四团三营教导员，率部参加了保卫延安战斗，1948 年为掩护部队脱围牺牲，年仅 30 岁。

段铭，1938 年 1 月进入山西民族革命大学，结业后被分配到山西青年抗敌决死十纵队，同年 7 月进入延安抗日军政大学学习，同年 9 月加入中国共产党。先后担任晋察冀三分区二团三连政治指导员、十八团党总支书记。解放战争时期先后担任团政治部主任、团副政委、团政委，1952年升任四十六军一三七师政治部主任，参加了抗美援朝战争，1955年被授予上校军衔，1964年升大校军衔，1972年升任四十六军副政委。1977年病逝，享年55岁。

鲁敏之，1939年2月赴延安入陕北公学参加革命，先后担任华北联合大学保健股长、陕甘宁边区医药专门学校教导主任，华北军区卫生部教育科科长。1946年加入中国共产党。解放后长期在解放军总后勤部卫生部担任领导职务，参加过我国第一颗原子弹爆炸对家禽等动物的辐射试验工作。1964年晋升为大校军衔。1970年1月担任解放军军事医学科学院副政委（副军级）。1986年10月离休。

抗战时期，城步有志青年也有加入国民党军队参加抗日战争并建功立业的。1922年出生于城步儒林镇的李荣忠，1938年考入黄埔军校第二分校，编入黄埔第16期第8中队。1940年3月毕业，分配到国民党第五十军任少尉连长，他在前线英勇抗日，不怕牺牲，多次负伤。1944年在平江县九岭抗击日军的战斗中身负重伤。伤愈后被调任九十七军上尉参谋、营长等职。1949年随国军过台湾，历任团长，副师长，师长，第十五军军长，金门、马祖前线副司令员，被授予少将军衔。1985年退休，1988年后先后10次回乡探亲，大力支持家乡经济建设，被城步县委统战部评为“爱国台胞”。2002年在家乡病逝。

而出生于城步长安营乡长坪村的苗族青年蓝彰，更是在抗日战争中立下奇功。1935年，蓝彰从省立一中毕业后，只身奔赴南京考上“中央陆军军官学校”第12期步科，1938年毕业后，走上前线带兵打仗，奋勇杀敌。他在多次激烈战斗后感觉到国军没有空军掩护，遭受敌机疯狂扫射而哀鸿遍野，遂决意改当空军，于是再次投考设在杭州笕桥的“航空学校”，考中并录入航炸科第5期，1941年夏毕业后留校任教，担任高级班教官兼教育长参谋。后调入新疆，主持迪化航空站工作，配合地面部队剿平民族分裂分子的叛乱，为捍卫民族团结，维护祖国统一建立了卓越功勋。1943年，他被调入中国空军总指挥部，担任空军负责人毛邦初将军的侦察参谋和王叔铭将军的防空参谋，负责西南防空任务。当时蓝彰的宿舍与美国第 14 航空队司令员陈纳德将军毗邻，两人常常在军官餐厅共进自助餐，蓝彰经常得到陈的指教，受益匪浅。他全身心投入工作，为总部提供准确无误的侦察情报，精准可靠地预测敌机动态以防袭击。他的精明谋略和过人胆识得到了指挥部的一致好评。1944 年夏，他再次被推荐到“空军参谋大学”和“三军联合大学”深造。1949 年 4 月，蓝彰受蒋介石命令护送“美龄号”赴台北，以后负责在台湾建设沿海碉堡和防空雷达。直到晚年，他仍不忘自己的桑梓之地和苗族族裔，渴盼祖国统一和中华崛起，发出了“万马奔腾促统一，共振中华胜汉唐”的慨叹！

另一位苗族抗日英雄叫陈长高，是丹口乡羊石田人，1916 年 3 月出生在一个贫苦的苗民家里，长大成人后，先后给地主做过短工，打过长工，也随师公学过徒弟。1940 年，24 岁的陈长高主动报名参军，1942 年 4 月被编入国军六十六军新编三十八师一一三团迫击炮连当炮手，随后又被选入“中国远征军”，开赴缅甸参加对日作战，先后经历了仁安羌大捷、甘卡战斗和八莫战斗。尤其在八莫战斗中，他左腿中弹负伤，差点被日军俘获，成为从死人堆里爬出的英雄。因立下大功，陈长高获得了由蒋中正亲自签发的奖章：“陆军新三十八师第一百一十三团迫击炮连下士副班长陈长高因缅北战役著有功绩，今依海陆空奖励条件第三条第一款量准，国民政府给予二等奖章一座，合发执照以资奖励。委员长蒋中正。中华民国三十四年七月。奖章第一三一一号”。1945 年 8 月 15 日，日本天皇宣布无条件投降，陈长高作为被选中士兵代表，随同其他官员一起，出席了在日本东京湾美国密苏里军舰上举行的日本投降签字仪式，成为一名亲眼看见日本帝国主义在本土签订投降书的历史见证人。

1944 年，日军发动豫、湘、桂战役，国民党数十万大军从郑州一溃千里，使大好河山惨遭敌人蹂躏。11 月，城步、武冈，广西兴安、资源、龙胜、三江、融县，贵州独山、丹寨等县相继沦陷。这年美军在太平洋采取越岛进攻战略成功，使日本的“绝对国防圈”开始崩溃。1945 年初，美军对东京等地进行大规模轰炸，战火已经烧到日本本土。在中国战场，日军虽在形式上打通了大陆交通线，但中美空军仍以芷江、老河口（鄂豫边境湖北境内）机场为基地，对日军占领的水陆交通及其设施进行轰炸，使其交通线实际上成为半瘫痪状态。八路军和新四军又从日伪手中夺回数十个县和上千个据点。在此形势下，日本驻中国派遣军总司令冈村宁次不得不缩短战线，收缩兵力，华南方面除留少部分兵力驻守香港和广州外，大部调往华北、东北和沿海地区，准备对付苏联和美国在沿海登陆。为此，冈村宁次命令华北方面军攻占老河口机场，第六方面军攻占芷江机场，以保证交通线的安全，达到收缩兵力的企图。

1945 年 3 月 27 日，老河口机场失守。随即，日军第六方面军开始进攻湘西，做摧毁芷江机场的准备。日军以第四十七、一一六两个师团集中于湘潭、湘乡及衡山、衡阳至邵阳一线，准备沿湘黔公路西进，从安江、洪江方面攻向芷江；以第三十四师团及第六十八师团一部集结于东安、零陵及广西全州一线，从东南方向攻向芷江；以第六十四师团集结于益阳、长沙一带，从东北方向攻向芷江。总兵力约 8 万人，飞机 135 架。其作战计划是：以第四十七师团第一三一联队和第六十八师团五十八旅团分别由新化和新宁两侧向洞口方向包抄，主力第一一六师团则由邵阳沿公路前进，正面进攻洞口，预计将中国军队主力包围在洞口、武冈地区加以歼灭，然后向芷江突进。国民党则以王耀武的第四方面军和汤恩伯的第三方面军以及第九十四军、第十集团军、第六军，中美空军混合大队协同作战，总兵力约 11 万人，准备湘西会战。其作战计划是：利用既设阵地逐次抵抗，遏阻两翼日军，粉碎日军三路合围的企图，将日军进攻的中路主力围困在洞口雪峰山地区予以痛歼，确保芷江机场的安全。

入侵城步的日军为第五十八旅团，旅团长关根久太郎，下辖独立步兵第一一五、第一一七大队，步兵第二一七联队（配属），独立炮兵第二联队。4 月 15 日，坂西一良在邵阳指挥一一六师团为中路主力，从邵阳正面逼向芷江；关根支队为左翼，从东安向芷江东南方向迂回，气势汹汹地向新宁县逼近。新宁的中国守军抵敌不住，于 17 日撤出县城。日军占领新宁后，于 20 日晚上兵分两路出发，21 日入侵城步县境，妄图快速向武阳、瓦屋塘、洞口方向推进。4 月 21 日，日军第二十军三十四师团步兵二一六、二一七联队从新宁边境突破国军第四方面军七十四军五十八师（蔡仁杰部）的防线窜入城步境内，兵分两路，西路 2000 余人企图经土桥，过绥宁，犯芷江；北路 2000 余人于 23 日下威溪，趋武冈蔡家塘、唐家寨，再与五十八师交战。21 日，日军五十八旅团右纵队从新宁安心观、麻林窜入城步威溪乡的灯草塘、张家丫，再到杨家铺、杨家山。在杨家山吃早饭后经桂花园、唐家寨，至观音阁，再过花桥。在洗劫威溪后，23 日，这股日军由花桥转入武冈，沿城武边界向绥宁武阳前进。日军西路军的先头部队 100 余人于 21 日携钢炮 1 门，在分水坳、花溪山以北遭四十四师一三一团迎头痛击，交战数小时，日军伤亡惨重。尔后，日军由左翼经梓木山迂回运动，又遭该团阻击未逞。与此同时，日军五十八旅团的主力部队从新宁黄金侵入城步大古山，分成多股，相互策应，经梓木桥、七里山、平水江、奇龙坳、白牛坨、桐木坪、土桥、真良、白竹山、彬昌至蒋坊，在土桥附近与蔡仁杰部九十八师发生激战。四十四师一三二团闻讯，急由绥宁长铺子驰援该营。22 日，蔡部将士勇猛出击，毙敌甚多，但因寡不敌众，援军未至，土桥、真良一带相继陷入敌手。其后，日军又分为两股，一股 400 余人继续西进，于 23 日下午 4 时在峰溪界与一三二团遭遇，国军抢占有利地形，奋勇阻击，日军一再猛攻，均被击退。至 24 日，双方仍在梅口东南地区对战。另一股日军 500 余人为掩护其主力西进，于 23 日下午从真良出清溪，遭国军四十四师一三一团猛烈堵击，苦战一日两夜，均未突破国军防线。

25 日，又一股日军赶来增援，再度强攻，激战一天，到傍晚时分，日军攻势渐弱。当晚，一三一团撤至城郊阵地，退守城步县城。26 日，日军转变策略，弃城不攻，沿河而下，转向蒋坊、彬昌、梅口方向运动。一三一团复出县城，奋勇进行追击，牵制日军。

此时，城步境内发生了一起鲜为人知的中美空军误炸城步县城的“乌龙”事件。27 日，国民党湖南省人民政府误断城步县城已被日军占领，命协同作战的中美空军混合大队出动飞机三架向县城扫射，并向县城彭家团空投炸弹多枚，炸死炸伤城步居民 20 余人，炸毁店铺和房屋 30 多座，给城步县城带来巨大灾难。其实，27 日这一天，城步县城并未失守，中国守军仍在顽强抗敌，一三二团在梅口东北磨石塘与敌鏖战，一三〇团在向珠玉山进击，策应一三二团，一三一团在蒋坊一带尾追日军。

28日下午，日军2000余人携钢炮数门由莲子塘偷渡巫水，一三一团发觉后，乘其半渡之机出击，并集中炮火向东岸猛轰，激战半小时，日军遭受重创，掉头向东溃逃。

21日至30日，日军第五十八旅团主力纵队在城步境内被阻止迟滞9天，遭受重大消耗后，北走关峡、武阳。至此，城步境内抗日阻击战结束，战斗重心转向绥宁、洞口、武冈。

5月5日，日军在绥宁、武冈、洞口县境内被国军击败后，部分残兵溃入城步北境，又遭当地抗日自卫队和民众围剿。当夜日军10人窜至威溪，藏匿于山中，威溪抗日自卫队围剿日军，放火烧之，烧死日军9人，逃出1人，在杨家铺被威溪村民张如兰抓俘。

国军在城步境内展开的抗日阻击战基本达到了预定的作战目的，对整个雪峰山战役具有重要战略意义，为雪峰山会战的胜利提供了保障。一是击毙击伤了不少日军，削弱了日本侵略军的力量，减轻了正面战场的压力，使其痛感兵力不足，难以突破国军防线，只好转向武阳，从而使企图与邻军会合，缩小目标，集中兵力，迂回安江，窜犯芷江的三面合击中国军队的作战计划化为泡影。二是迫使担任侧翼作战任务的日军在城步滞留了9天，造成日军主力孤军深入，失去策应，为国军实施全面反击，夺取战役胜利赢得了宝贵时间。5月9日，中国军队发动全面反击，日军第五十八旅团主力被重创，其所属的步兵第二一七联队战死的将校就有14名，士兵300余名；独立步兵一一五大队伤亡很大；第一一七大队被全歼于高沙西北的茶铺子。各路日军残部逐次退回宝庆地区，中国守军收复了所有失地，恢复了战前态势。

第六节　民国时期城步苗族的文化教育

民国初年至抗日战争期间，城步苗区的文化教育有了较大的发展。其原因：一是国民党政府为巩固其统治，曾经一度重视过少数民族教育，以作为其推行“同化”政策的重要组成部分。其次是苗族人民的觉醒，积极争取和要求。三是苗族知名人士的努力、呼吁和倡导。

县内民国时期的教育基本上采用现代资本主义的教育模式。初期，存在着两种体制，即私塾和现代教育。这段时期私塾在乡间仍然普遍存在，据 1949 年统计，县内有私塾 184 所。现代教育则从无到有，最后成为主宰我县教育的主要形式。现代教育由普通教育、扫盲教育和师范教育三个部分组成。普通教育是最重要的教育形式，分小学、中学两个阶段，中学只办有初中。

国内小学教育起步于清光绪二十七年（1901 年），在变法维新的思想推动下，光绪皇帝颁诏建立小学堂。翌年，县府即将青云书院改建为小学堂，此为城步兴办现代教育之始。自此之后，县内陆续兴办了一批官立小学，同时出现了私立小学。全县共计办小学堂 25 所，学生 600 余人。辛亥革命后，因经费困难，小学堂减至 9 所，学生 301 人。后又因匪盗和社会动乱，至民国十一年（1922 年），小学堂降至 8 所，学生 200 余人。

北伐战争以后，时局趋于稳定，民国十八年（1929 年），小学堂增至 22 所，学生达 600 人，还出现了女生入学的现象。

民国二十六年（1937 年），为适应抗战需要，教育部制订了《国民教育实施纲要》，推行国民教育制度，要求县设教育科，主管全县教育，乡设中心小学，保设国民小学。

民国三十年（1941 年），县长王强毅改县立小学为儒林镇中心小学，西岩小学为安仁乡中心小学，其他各乡均建立中心小学 1 所，每保建国民小学 1 所。全县计有中心小学 16 所，保国民小学 132 所，入学儿童达 600 余人。另有县师附小 1 所，私立达时小学 1 所。至民国三十七年（1948 年），全县计有公立小学 17 所，私立小学 1 所。

城步初级中学的兴办应追溯到由邵阳、新化、武冈、新宁和城步诸县于宣统元年（1909 年）联办的宝郡联立中学。县内第一所初级中学是民国三十一年（1942 年）9 月创办的，校址在县城南门口。民国三十三年（1944 年）9 月私立达时初级中学在西岩沙基头创办。

为了适应国民教育的发展，以满足对教师的需求，民国九年（1920

年），县创立了乙种师范讲习所、知事肖文铎兼校长。民国十八年（1929年），县立师范学校创办，县长卢忱毅兼任校长，学制两年。民国二十九年（1940年）2月，县长王强毅为改变城步文化教育落后的面貌，加速小学教育的发展，在县城创办了四年制简易乡村师范学校（简称县师）。

民国三十年（1941年），又于县师附招一年制简易科一班。同年，还开办县师附属小学，为该校师范生提供实习场所。

这一时期，扫盲教育也已出现。民国二十一年（1932年）县内还开办了两所成人夜学班。

民国二十四年（1935年）短期义务教育班开办，至民国二十九年（1940年），共计办班100个，使贫困儿童得以接受一年制短期义务教育。

另外，在这一时期中，还出现了农民运动小学三所，即巫滨、育才、育英3所小学，招收贫苦儿童入学。

民国以前，教育宗旨是以“忠君尊孔”为主导思想，在康有为、梁启超变法维新思潮的推动下，封建的教育思想虽有所减弱，但其本质并没有多大改变。民国时期，受资本主义教育影响颇深，彻底废除了科举制度，全面推行现代的西方教育，其指导思想，办学目的均有了极大的变化，学制、课程、招生、考试、教材、学校管理，以及教育机构的设立，都大大地不同于封建主义教育，为城步苗区现代教育的开创和发展开辟了新的途径。

民国时期的教育宗旨是在所谓三民主义思想指导下制定的，其目的是要让教育为之服务，“使知识道德融会贯通于三民主义之下”，反对学校宣传革命思想，发展革命组织。甚至连宣传抗日也被视为不轨而加以禁止。民国末年，还在学校作戡乱动员，镇压革命组织和革命活动。

第七章

新中国成立后的城步苗族社会

第一节　新中国成立后的城步苗族政治社会

抗日战争结束后，国民党为了消灭革命力量，消灭中国共产党和它所领导的军队，悍然发动了全国规模的反革命内战。中国共产党为了推翻国民党统治，领导全国各族人民进行了轰轰烈烈的解放战争，城步苗、侗、瑶、汉等各族人民纷纷响应，为推翻国民党在城步的统治，争取自身解放，进行了卓有成效的斗争。

一、城步苗族人民迎接解放斗争

（一）桂北游击队城步支队的斗争情况

1949 年 10 月初，中国人民解放军在“衡宝战役”中一举歼灭白崇禧 10 个精锐师，人民解放军即向贵州、广西大西南进军。白崇禧在桂北集结残部，纠合地方匪、警、特反动势力，企图负隅顽抗。白崇禧残部 5 个兵团，12 个军，15 万兵力，余汉谋 4 万余人，地方部队 10 万人，计 30 余万。追踪而至的中国人民解放军 4 个兵团、9 个军，同桂滇边区纵队、粤桂边区纵队共 40 万人，分西、南、北三路大军，经湖南湘西进军广西。第三十八军一一二师从湖南向广西挺进，进入城步，受到城步人民的热烈欢迎。为了配合解放军的军事行动，在桂北人民解放总队龙胜游击队的影响和发动下，我县长安营、茶园、恒洲一带的进步青年纷纷加入龙胜游击队，投身到翻身求解放的革命洪流中。当时自动加入桂北人民解放总队龙胜游击队的队员一共 18 人，其中苗族占 14 人。加入时间是 1949 年 5 月，个别为 6 月。

为扩大武器装备，打击瓦解国民党的地方武装，我县游击队员吴俊作为侦察员，冒着生命危险，单身一人赴伪城步县江头司乡公所侦缉自卫队的行动去向，及时向桂北人民解放总队龙胜游击队坳头支队的支队长杨仁忠汇报，并于同年 8 月 5 日配合资源游击队廖敏部（廖敏，城步杨梅坳人，所部约 200 人枪），袭击伪城步县江头司乡公所。

由于武力解决没有奏效，吴俊又受广西龙胜地下党组织派遣与其父亲一道，前往策反江头司乡公所自卫队长银干。谈判当天，双方荷枪实弹，各占山头，稍有不慎，就会立即交火。为了民族的解放，吴俊父子不顾个人安危，及时赶赴谈判地点。经过长时间的唇枪舌战，吴俊又同意留下父亲做人质，终于达成了于 1949 年 9 月 2 日在江头司乡蜡里村举行起义的协议。未费一枪一弹，200 多人枪的伪自卫队立即转为人民武装，并定名为“桂北人民解放总队城步县江（头司）南（山）支队”。

不久，长沙、武冈相继解放，白崇禧一个团的兵力经城步往广西龙胜、资源溃逃。当城步县江南支队侦缉到这一情报后，主动出击。白匪原打算在城步做短暂停留，见解放大军紧紧尾随，地方游击队又活动频繁，遂成惊弓之鸟，纷纷向广西溃逃。江南支队抓住战机，利用白水头的有利地形，打了一个漂亮的伏击战，打死敌班长一名，士兵多名，并缴获了一批枪支弹药。

（二）江南别纵队的斗争

正当桂北人民解放总队江南支队频繁活动之时，江南别纵队又乘机而起，夺取伪县政府政权，迎接中国人民解放军的到来。

远在 1947 年秋，进步青年段采如（汉族）、刘远护前往长沙伪《中央日报》社寻找在该报工作的同志陈贯荣（中共党员）。交谈中，陈见段、刘两人爱国之心溢于言表，即把一些进步书刊（如《新民主主义论》）给其阅读。

当陈完全掌握段、刘的思想倾向之后，隐隐约约把湖南省地下党组织负责人周里“我党要在城步、武冈、绥宁、新宁等地创立革命游击区，开展敌后游击战争”的指示透露给他俩，要他俩回城步开展这一工作。

同年9月，段、刘回到城步。恰在此时，刘笃一也从解放区返回城步，经商量，决定开展宣传抗租抗征和控制或夺取地方武装的工作。

不久，这项工作得到湖南省伪“中央日报”社社长段梦晖（城步人，原系中共党员，后脱党，但其思想一贯倾向革命）的赞赏。经段在湖南省保安司令部和省警务处活动，1948年春，刘笃一被任命为城步县自卫总队副总队长，段彦任（进步人士）为西岩警察所所长，到此，控制地方武装的大事告成。

后由于县民社党头子杨心谷及县反动头目戴国璋的告发，刘笃一被撤职，并通缉捉拿段采如、刘笃一。

后又经段梦晖在省府多方活动，打通关节，通缉令被撤销，伪县政府留下刘笃一任县自卫大队中队长，仍然掌握一批武装。

1949年4月上旬，周里指示：为牵制敌人兵力，扰乱敌人后方，支持解放军南渡长江，应立即开展地下武装活动。经商定，决定派员赴洞口县找贺锄非（曾参加过“八一”南昌起义），趁西南联军（由李济深授意，贺锄非并洞口县人士尹立言组建之军队，其建军宗旨是反蒋扶李）从城步县内经过之机举起义旗。

4月下旬，西南联军由洞口花园向城步西岩进发。

西南联军行至城步水东时，经派员做工作，贺脱离西南联军，率部来到县邑靠近绥宁茶江之山口村，经协商，决定成立“中国人民解放军江南别纵队”。

江南别纵队成立后，立即开展武装斗争。

当尹立言率所部途经城步县城时，伪城步县政府县长及县府逃亡到与广西龙胜接界的毛寨[①]。

随即，江南别纵队先后在西岩和儒林建立了区、县两级工农民主政府，西岩地区工农民主政府主席由刘刚吾出任，县工农民主政府县长由饶

① 广西敌伪档案126—9—25卷。

沛南担任。

此时，江南别纵队已发展到2000余人，其中苗族指战员约占四分之一。

1949年5月7日，江南别纵队一举推翻国民党城步县政府，随后与南部桂北人民翻身总队资江部队联合行动，对国民党在湘桂边境的地方部队，实行南北夹击，并配合中国人民解放军向蒋白残余部队发动进攻，活捉了国民党湘桂边区联防指挥部直属兴（安）、全（州）、灌（县）、资（源）4县联防办事处少将主任王彝，打垮了白崇禧部一个师的进攻，攻下了广西资源县城。

其后，主动攻打武冈县城，夜袭绥宁武阳镇，再袭武冈县城。

1949年10月10日武冈解放后，江南别纵队奉命迎接解放军的工作。根据指示，在西岩、京凉、县城设立3个粮食供应站，以供应中国人民解放军进驻部队的口粮。书写张贴标语口号，沿途设立多处茶水供应站，当中国人民解放军天津支队进驻城步县城时，由段采如率领江南别纵队官兵打着红旗迎接。新任副县长赵志光到任后，负责移交政府工作。

至此，江南别纵队的使命圆满结束。

二、城步苗族人民建立并巩固人民政权

（一）建立人民政权

城步苗族人民富有光荣的革命传统。民国八年（1919年）5月4日，北京爆发了“五四”反帝爱国运动，消息通过在长沙求学的城步学生和在武汉、南京的城步木商传到了城步山乡，各族人民积极声援，在城镇出现了抵制日货和焚烧日货的活动。民国十五年（1926年）8月，广东农民运动讲习所党员胡植和城步籍先进青年戴伟等人，由当时国民党湖南省党部委派为农运特派员来到城步，随即组建国民党城步县党部筹备处。同年9月，在中共武冈特支领导下，建立了中共城步县支部，并在各民族进步青年中发展党员。利用演讲会、出布告、发传单、演戏、办农民夜校等方式，宣传革命道理，唤起群众觉醒。10月，成立了城步县农民协会筹备处，选举戴伟为主任委员，统一于湖南省农民协会的领导之下。在此基础上，进一步发动农民起来“打倒为富不仁的土豪”“打倒专吃冤枉的

劣绅”。仅一月之间，城步成立区农协1个，乡农协54个，会员总数达5000人。当年12月，县农协主任委员戴伟出席了在长沙召开的湖南省第一次农民代表大会，汇报了城步农运的情况，通过了《解放苗瑶决议案》。会后，省政府委派原新宁县农运特派员邓熙任城步县长。县长邓熙发布了《为打倒土豪劣绅，敬告城步全县民众宣言》，将原上五乡、中二乡、下六乡3个团防局共200多人的武装改编为农民自卫军。次年12月下旬，成立了以邓熙、胡植、王兆辰3人为委员的城步县审判土豪劣绅特别法庭。立即采取措施惩治土豪，查抄其财产，将劣绅捉来游乡示众。各地通过“民食会”“清算委员会”等组织形式，同地主算剥削账，查抄他们的粮食、衣物和其他财产，或向地主“借谷”“借钱”，若遭到拒绝，农会就发动会员到地主家吃“排家饭”。有的采用减租减息的办法同地主进行斗争。

民国二十三年（1934年）9月8日至12日，中国工农红军第六军团在任弼时、萧克、王震的率领下，长征北上时路过城步南部苗族聚居区。是年冬，中国工农红军第一方面军于12月4日从广西进入城步县南境，路经蓬峒、杨梅坳、茶园、五团、江头司、南山、长安等地，12月11日便离开城步进入通道县境。中央红军在路经城步县南境的8天中，惩办了一些作恶多端的土豪和惯匪，给当地反动民团和土豪劣绅以打击。在蓬峒处决了血债累累的“地头蛇”杨进东，在长安营击毙了反动民团的副团总龙仲林。红军在艰苦卓绝的长征中，一直把争取少数民族的工作摆到重要的位置。早在红军进入城步之前，便以中国工农红军总政治部名义，向各军团下达了《关于争取少数民族工作的指示》。11月29日，红军总政治部又向全军发布了《关于对苗瑶民的口号》13条。红军进入城步苗区，严格遵守“三大纪律，八项注意”、尊重少数民族风俗习惯，深得苗区各族人民的信任和支援，许多群众冒着生命危险掩护、抢救红军伤病员，给红军带路、做饭，至今还广泛传颂着当年拥军爱民的许多佳话。红军离开后，国民党反动派大举清乡，搜杀红军伤病员和掩护伤病员的老百姓，宣称:“谁留红军一人一物，格杀勿论!”但苗区人民不畏生死，把红军伤病员当作自己的亲人掩护起来，把红军所送的物品当成珍宝收藏起来。

民国三十七年（1948年）以后，城步南境苗瑶同胞纷纷参加中共桂北工委领导的桂北人民翻身总队，城步北境苗汉同胞也组织了“江南别纵队”，开展武装斗争。

1949 年 10 月 14 日，中国人民解放军第三十八军一一二师解放城步，随后挺进广西。23 日，中共湖南省委组织的南下工作队（共 39 人）由人民解放军第三十九军一一七师某部护送到西岩。24 日，南下工作队抵达县城。中共城步县工作委员会成立，陈甫林任县工委书记。10 月 26 日，城步县人民政府宣告成立，赵志光任副县长（代县长）。县工委和县人民政府一面开展征粮和剿匪工作，一面敦促旧县政府职员到县人民政府办理移交手续。由于旧县政府县长祝澄清、国民党县部书记长戴绍书及其部属在城步解放时逃离，文书档案大多散失，致使接管工作无从着手。直到 11 月中旬，原县政府主任秘书祝锡球等人才将县政府的财政、粮食、税务等方面的账目、资料及办公用具等移交给县人民政府。接管工作结束后，县人民政府设立秘书处、公安局、财粮科、教育科、税务局、邮电局等机构。县工委设秘书处和县直机关党支部，另配组织、宣传、青年干事分抓有关工作。

同时建立中共一、二、三、四区工作委员会和区人民政府。1950 年 5 月，废除保甲制度，将民国时期的 10 个乡调整为 49 个乡（镇），建立起新的人民政权和村公所基层政权组织。

（二）剿匪斗争

1949 年 10 月，城步县正式解放，从此，城步各族人民翻身得解放。

对于人民翻身作主人，国民党反动派十分仇视。早在 1948 年 8 月湖南和平解放前夕，白崇禧以“华中军政长官”的身份，网罗湖南境内的一伙反革命武装，成立了所谓“湖南游击司令部”，妄图在湖南省建立“游击根据地”，“开展敌后游击战争”。为实施这一反动计划，仅在城步邻近各县就留下反革命武装 29000 余人。

11 月 26 日，城步解放不几天，一小撮亡我之心不死的反革命分子即在城步组织了“华中长官公署直属湘桂边区绥靖司令部”的庞大匪特机构，准备在城步、绥宁等县做大规模的反革命武装暴动。城步县安凤乡刘光润匪股自编为“中华民族自救军第三方面军第五纵队第一指挥部直属第二大队”；碧溪肖荣贵、肖定明组成“湘桂边区游击指挥部第七纵队”，自称司令、副司令；还有以罗亨沛为支队长的“湘桂边区反共前进指挥部”、蓝灵耀为首的“湘桂边区反共游击第一大队”等匪股，在绥、靖边境骚扰。以杨心谷为首的一伙匪特人员潜入我公安机关和人民政府内部，刺探情报，发展党羽；以罗亨沛、刘光润、肖定明为首的武装股匪串联黔东南惯匪杨彪及国民党绥宁县长龙怀麟部，烧杀抢掠，骚扰城步各地。1950年6、7月间，匪首罗亨沛率领所部3个分队抢劫了长安营、平定塘、长塘和横坡一带的公粮100余担，并攻打咸宜乡乡政府，当场杀害群众4人，烧毁房屋42栋，抢走枪支10条。不久，匪首杨朴率匪众300余人袭击杨柳乡寨头村，杀伤民兵2人，抢走枪支6支。7月20日，匪首刘光润率匪徒200余人妄图偷袭西岩区公所及区中队，后探得有所准备，未敢贸然进攻。8月22日早晨6点钟，匪首刘光润又率匪徒40余人袭击金峰乡乡政府，当场杀死乡农会主席李庆贺等多人，抢去民兵鸟铳8支。其时，匪首肖定明率匪徒100余人袭击三水乡乡政府，并将学校基金谷全部抢光。匪首肖荣贵等人亦率匪徒活动于城步与绥宁、武冈两县的边界地区，杀害干部，抢夺民财，肆意进行反革命破坏活动。地主恶霸见城步匪特横行，社会秩序较乱，认为复辟时机已到，也纷纷出笼，有的公开组织暴动，有的乘机外逃为匪，仅西岩区外逃的地主就有97人之多。

为肃清匪患，安定社会秩序，确保人民生命财产安全，巩固新生的人民政权，县人民政府成立了剿匪委员会，统一指挥剿匪斗争，随即召开全县各界人民代表大会，民主协商了剿匪的具体措施。中国人民解放军第三十九军一三六师和一三七师指战员与县大队、公安局、民兵紧密配合，在广泛发动群众的基础上开展了大规模的剿匪运动。

通过政策宣传、政治攻势，发动群众参加，形成了压力。共整编土匪5股280人，收缴长枪257支，短枪24支，机枪4挺，招降散匪16人。1950年3月14日，解放军四十六军一三六师四〇七团一营，奔袭梅口邓淮海匪部，土匪闻风而逃，解放军连夜围剿沙沛杨伟匪股，经15分钟激战，全歼匪徒，缴获机枪10挺，长枪16支。3月22日，解放军在大古山击毙匪首李松清。农历四月，县武装大队派侦察员打入驻梅口“第九路军第三纵队第三大队”李成匪部做瓦解工作，经过外逼内谈，李成率100余人携带枪械投诚。1950 年 6 月，匪首罗亨沛、蓝灵耀盘踞南山、长安一带。下旬，解放军四十六军一三六师增派一个连至长安剿匪，追至绥宁小水、杉木桥、陇底，将罗亨沛匪部击溃，毙匪 8 名。8 月下旬，一三七师高连长率部队从长安出击六马，击溃杨朴匪股。9 月 30 日，从岩寨追击蓝匪至长坪、桐油田、三浪田，沿途屡战，击毙匪副大队长刘俊、特务长龚建业等。10 月，刘光润、肖荣贵、蓝灵耀、罗亨沛等股匪在绥宁被解放军击溃，罗、蓝逃往广西三江。12 月下旬，绥宁县武装大队在长铺子杨氏宗祠包围绥宁土匪“城防司令部第三纵队第三大队”杨威、李世坤残部，缴枪 50 余支，子弹数千发。至此，城步股匪基本消灭，漏网匪首也于 1951 年陆续活捉归案。在剿匪中，共俘虏土匪 435 人，击毙土匪 157 人，缴获武器 1050 件。

1951 年 1 月，中共城步县工委又建立了清匪肃特委员会，对公开的和暗藏的匪特进行全面清剿。

在全面清剿土匪的斗争中，广大群众（尤其是广大苗族群众）都积极为剿匪部队带路、报信、站岗放哨。城步籍的解放军某部侦察员肖雀，在当地苗族同胞的协助下，数次只身一人闯入匪穴，招降了 10 余名土匪头目，俘虏了 100 多名土匪，收缴了马、步、机枪 100 余支，被剿匪部队多次嘉奖。城步龙凤乡武装队长（姓名不详）亦只身偷袭匪巢，活捉土匪 5 名。金峰乡 6 名民兵自费追踪土匪至广西三江县，捉回潜逃土匪 9 名。苗族农民杨宗家在大雪纷飞的冬天，不畏严寒，带领部队深入崇山峻岭，活捉匪徒多名，被群众誉为剿匪英雄。

在剿匪斗争中，自始至终贯彻了“首恶必办，胁从不问，立功赎罪，立大功受奖”的政策，不少土匪家属规劝土匪回家向政府投案自首。一些外逃的地主、富农，在党的政策的感召下也纷纷脱离匪巢，回乡自首。

根据“坦白从宽，抗拒从严”的方针，镇压了 150 余名罪大恶极又抗拒到底的顽匪。

在党和政府的正确领导下，由于广大军民的共同努力，通过一年多的时间，城步剿匪斗争取得了伟大胜利，从而肃清了危害城步百余年的匪患，保障了社会秩序的安定，巩固了新生的人民政权，保障了土地改革运动的顺利进行。

（三）土地改革

在彻底肃清匪特危害的基础上，为了实现“耕者有其田”的千年夙愿，摧毁农村封建土地所有制，城步从1951年1月开始，开展了历史上绝无仅有的“土地改革”运动。

城步本来是个“九山半水半分田”的山区县，就是这“半分”田土，也大部分集中于少数地主手中，作为无土地的贫苦农民，只能靠“打工”度日，生活十分清苦。当时流传的民谣对此做了真实的写照。

如：《长工苦情歌》唱出了苗族长工一年四季的辛酸：

正月里来正月中，正月长工去做工；
三言两语定个事，一心上主家来做工。
二月里来二月中，二月长工去上工；
主家办起上工酒，劝我耐烦做年工。
……
十月里来十月中，十月长工做满工；
请来主家算一算，还说今年欠起来年工。
十一月里来正立冬，长工完工回家中；
妻儿子女门前望，只见两手拿个烂斗篷。

又如《度日难》对无地苗民生活艰难的倾诉：

好不苦来好不穷，鸡叫出门做早工；
一年三百六十天，堂屋点灯挂斗篷。
好不苦来好不难，苦菜野蕨拿当饭；
沙罐煮来筷子夹，何时才得饱一餐。
草鞋烂了倒转穿，衣裳烂了草来缠；
裤子烂了棕来补，度日如同度一年。

在这样的情况下，讨米乞丐便比比皆是。有资料显示，当时全县乞丐不下千人。

西岩地区的周安村，百来户的乡村，竟有乞丐 16 户。1949 年，寒冬“无衣裸体之人甚多”，“国民政府”面对如此国民，仅空言一句“不胜怜恤”而已。[①]

解放后的城步苗、侗、瑶、汉各族人民，为了政治上、经济上的彻底翻身，在中国共产党和人民政府的英明领导下，有计划有步骤地开展了轰轰烈烈的土地改革运动。

苗区土地改革，大的部署一般采取三个步骤：首先是培训骨干，学习《土地改革法》和有关政策，组织工作队（团）；其次是摸索试点，取得经验，指导全面；第三是分期、分批，全面展开。土改运动具体操作按照程序分四步进行：（1）访贫问苦，扎根串联，组织阶级队伍，建立农民协会组织和民兵队伍。（2）划阶级，依靠贫雇农，团结中农，限制富农，打击地主阶级。（3）斗争地主，清算剥削账，没收地主按人头平均数多余的土地、财产、山林、资金以及富农的多余出租的田地。（4）合理分配地主的土地、山林、财产给贫雇农和少数下中农，实现人均地权，耕者有其田，林者有其山，居者有其所。

1951 年 1 月至 9 月，是开展减租反霸斗争阶段。分三步进行：

第一步从该年 1 至 2 月底，在 10 个重点乡开展减息退押的活动。第二步是第二批 10 个重点乡开展减息退押运动，从该年 3 月至 5 月 20 日结束。第三步是其余 22 个乡同时铺开减租反霸斗争。经过几个月的斗争，终于达到了打倒地主当权派、削弱了地主经济、培养土地改革骨干、建立乡村人民政权的目的，使 4109 户贫苦农民在向地主减租退押中获得了胜利果实，计有稻谷 10603 担，人民币 5735150 元（旧币），银圆 5079 块。

从 1951 年 10 月起至 1952 年 3 月是划分阶级成分，清算地主，分配土地的阶段，即土地改革运动。

1951 年 7 月 3 日，中共城步县工委、县人民政府组成 57 人的土改工作队，先在南青（含清溪、楠木、永勤、永安、落凤、南门 6 个村）、大

① 1946 年 3 月《城步县政府工作报告》。

坪（含枫香、白良、大竹坪、罗家、三联、十里树 6 个村）两个乡进行土改试点，至 9 月 11 日结束。10 月 3 日，成立县土地改革委员会。中共湖南省委员会、中共邵阳地区委员会派出 147 人组成的土改工作队来城步开展工作。同年 11 月 17 日至 12 月 3 日，中共城步县工委召开了全县第二届第五次扩大干部会议。会议重点学习了有关土地改革的政策法令，讨论了开展土地改革的步骤，介绍了南青、大坪两乡进行土地改革的试点经验。会后，全县组织 453 名土地改革工作队员下乡开展土改。通过访贫问苦，扎根串联，发动和组织贫苦农民与地主阶级进行面对面的斗争。全县于 1952 年 3 月结束了划分阶级、分配土地和地主财产的工作。

在为期四个月的斗争中，发动贫苦农民清算了 1552 户地主，斗争地主分子 2239 人。其中有 267 名地主分子因破坏活动被判处徒刑，73 名罪大恶极的地主分子被处决。没收和征收剥削阶级霸占的田地 96037 亩 3 分 3 厘，山林 35882 亩 9 分，房屋 12886 间；没收地主耕牛 2875 头，农具 4544 件，家具 24502 件，稻谷 40679 担 4 斗 2 升。全县 62586 名贫苦农民分得了土地，占全县总人口的 65%，使全县 61494 名贫困的农民分得了胜利果实，占当时全县农村人口的 64%。在土改中，贯彻中央的土改总政策，经过 4 个步骤，根据土地改革法的规定，没收地主的土地，从政治上和经济上推翻了封建土地制度。全县划地主 1793 户，富农 519 户，中农 7006 户，贫农 11158 户，雇农 5190 户，其他 284 户。

在开展土地改革的同时，进一步整顿和健全了乡村政权和农协组织，扩大了民兵队伍，建立了青年团和妇代会等基层组织。

1952 年 11 月 18 日至 12 月 25 日，全县又开展了土改复查。

从此，千百年来套在劳动人民脖子上的枷锁被彻底砸烂，世世代代被压在地狱的各族贫苦农民成了国家和土地的主人。

（四）社会主义三大改造

1. 农业社会主义改造

1952 年 2 月，全县土地改革基本结束，农民获得土地和生产资料，生产积极性高涨。但由于家庭经济底子薄，生产力水平低下，难以抵御自然灾害的威胁，遇到天灾人祸，一部分农民仍会破产而变卖房屋和田地。

中共城步县委认真贯彻《中共中央关于农业生产互助合作的决议》（草案）和省人民政府《关于推进劳动互助、加强组织起来的指示》，本着自愿、互利的原则，积极引导农民建立具有社会主义萌芽性质的农业生产互助组。县委在兴隆乡蒋家团（今儒林镇城南村）组织了袁安水等4户农民的第一个农业互助组。3月27日至4月3日，县委召开扩干会议，对组织互助组发展生产作了部署。是年，全县互助组发展到534个，2900户。是年冬，县委认真贯彻《中共中央关于发展农业生产合作社的决议》，在兴隆乡以袁安水互助组为基础，试办初级农业合作社，实行土地入股，按“地四劳六”比例分配收益。

1954年6月17日至23日，县委召开全县扩干会议，部署重点互助组转初级农业合作社的工作。同年秋，全县建立初级农业合作社80个，入社1454户。

1955年冬，全县初级农业合作社发展到371个，入社16113户。县委派出工作组将袁安水办的初级农业合作社转为高级农业合作社。

1956年4月，全县试办高级农业合作社22个。土地由私有制变为集体所有，耕牛农具折价归公。取消土地和劳力股份分红，实行按劳分配。至9月，全县建立高级农业合作社210个，26086户农民入社，占全县农户总数的99.4%，基本完成对农业生产资料私有制的社会主义改造。

但是，由于有的高级农业合作社是在行政干预下发动建立起来的，入社中存在经济问题处理不够好，加之当年干旱严重，粮食减产，因而1957年春一些地方出现“退社风”。县委及时采取措施，组织生产自救，广泛开展社会主义思想教育，对一些规模过大的高级农业合作社缩小规模，全县由210个高级农业合作社调整为324个，使高级农业合作社得以巩固。

2. 手工业社会主义改造

1954年，县内手工业有木业、缝纫、竹篾、造纸、铁业、棉织等26个行业，计338户，从业926人。中共城步县委根据“自愿互利”的原则，采取说服教育、典型示范和国家扶持等办法，引导手工业者组织起来，由手工业供销生产小组发展到手工业供销生产合作社。是年成立铁工社1个，入社28户、32人，有铁炉10座；铁工生产小组1个；竹篾生产小组3个；缝纫生产小组1个。共有资金2669元。1955年召开全县手工业代表会议，当年二轻手工业生产合作社发展到4个，计100人；建立供销生产社1个，80人；供销生产小组5个，76人，社组总产值15.25万元。到1956年，手工业生产合作社发展到17个，生产小组5个，共有社员900人，占全县手工业总人数的95%，全县手工业社会主义改造基本完成。

3. 资本主义工商业社会主义改造

新中国成立时，县内儒林镇、西岩的小贩和家庭工商户，一般不雇用店员，有的农、商兼营。1950年前后，全县共有工商户359户，分布于棉布、杂货、饮食、旅社、国药、书纸、屠宰、百货等行业，从业571人，共有资金58888元。1956年11月，县委贯彻中共中央《关于对资本主义工商业社会主义改造的指示》，对县内私营工商业进行社会主义改造。私营工商业176户，从业人员236人，自报经营资本24.32万元整（银圆），通过和平赎买，将资金作为公私合营的股金入股，每年付利息1216元。将私营工商业纳入社会主义经济轨道。对工商业者实行“利用、限制、改造”政策。同时建立县工商联机构，选举工商业上层人士作为代表，管理内部事务，自觉接受改造。

（五）“三反”“五反”运动

1950年至1951年，人民政府机关成立不久，对私营工商企业和个体工商业者给予一定扶持和帮助。同时打击投机资本，限制私营工商业消极作用。国家机关和私营工商业中的一些不法分子不满足所得利益，他们企图通过行贿把干部拉下水为其服务，与税务干部勾结而偷税漏税、偷工减料将次品废品充当上品卖给国家和军用，不顾一切图取暴利。1951年12月1日和8日，中共中央发出《关于实行精兵简政，增产节约，反对贪污，反对浪费和反对官僚主义的决定》《关于反贪污斗争必须大张旗鼓地去进行的指示》，强调“三反”和“镇反”一样重要，要像“镇反”一样发动群众，一样大张旗鼓地进行。对贪污分子要分别予以教、惩、判、杀。

城步苗族地区根据中央的决定和政策，开展了“三反”运动。第一阶段是集中干部学习，发动群众揭发检举，领导作认真自我批评，层层进行检查，号召群众揭发。第二阶段号召贪污分子坦白交代，争取从宽处理；追查定案，宣判处理。第三阶段为制度建设。在总结经验的基础上，建立必要的制度。

1952 年 1 月 26 日，中共中央发出《关于在城市中限期开展大规模的坚决彻底的“五反”斗争的指示》，要求在全国一切城市向违法资本家开展一个大规模的坚决的彻底的反对行贿、反对偷税漏税、反对盗窃国家财产、反对偷工减料和反对盗窃国家经济情报的斗争。城步苗区随着“三反”紧接着开展“五反”运动。“五反”运动也分为发动群众、定案处理、建立制度三个阶段。

城步县 1952 年 1 月开展“三反”运动，主要在干部和机关工作人员中开展。经过群众揭发检举后，有贪污行为的 30 余人，其中 10 人被列为重点对象，送邵阳地区参加“三反”学习班；有 4 人受到纪律处分。随后在资本主义工商业者中开展反行贿、反偷税漏税、反盗窃国家财产、反偷工减料、反盗窃国家经济情报的“五反”运动，集中县工商业者学习、交代“五毒”行为，并发动职工揭发检举。最后定案处理，1952 年春结束。

三、城步苗族自治县成立

中国历代封建王朝及其统治阶级一直把苗族人民视为“异类”，称之为“苗蛮”“蛮夷”“苗夷”，当作征伐、驱逐、杀戮的对象，剥夺了苗族的一切权利、地位和尊严。即使是最开明的王朝，也只宽容到“以草捆草”“以苗治苗”的地步。清朝末年至国民党统治时期，苗族仍被歧视和压迫。中国共产党领导的新民主主义革命和社会主义革命历史过程中，把马克思主义民族理论联系中国民族实际制定和实施了民族平等团结和民族区域自治的政策，苗族与其他少数民族人民才获得自己应有的权利和地位，自己当家作了主人。自 1949 年 9 月《中国人民政治协商会议共同纲领》颁发后，苗族区域自治机关先后建立，中国各民族一同进入了真正平等、团结、互助、进步的历史新时代。

实行民族区域自治，是中国共产党解决国内民族问题的基本政策，也是共产党的一贯主张。早在 1926 年土地革命时期，中国共产党在长沙主持召开湖南省第一次农民代表大会所通过的《解决苗瑶决议案》中就提出“组织单独的苗、瑶农民协会”①。1934年11月29日，中央红军长征邻近城步苗区的时候，红军政治部在《关于对苗瑶民的口号》中又提出:“实行民族自决，苗人的一切事情由苗人自己解决。”② 1949年9月29日，中国人民政治协商会议第一届全体会议通过的《中国人民政治协商会议共同纲领》便将“各少数民族聚居的地区，应实行民族区域自治”作为国策提出来。③ 1954年通过的《中华人民共和国宪法》更明确地规定:“各少数民族聚居的地方实行区域自治。各民族自治地方都是中华人民共和国不可分离的一部分。”

党中央、国务院对民族工作高度重视，各项民族政策的具体落实被及时提到议事日程上来。1951年8月15日，中央民族访问团第三分团在武冈下车后又步行140余华里，风尘仆仆地来到城步，对城步进行了为期半个月的访问和考察，受到城步各兄弟民族的代表及各界人士等数千人的热烈欢迎。第二天中央民族访问团便在县城中山堂召开2500人大会，宣讲党的民族政策，解除苗胞顾虑。访问分团副团长王克代表中央人民政府向城步各族人民赠送了毛主席题写的“中华人民共和国各民族团结起来”的锦旗和毛主席相片及书画、手巾、丝线、钢针、药品等礼品。17日召开兄弟民族代表会议，访问团同志向与会代表宣传党中央和中央人民政府的民族政策，勉励城步各族人民团结互助，共同进步，齐心协力建设社会主义新城步。会后，访问团分三个组，跋山涉水进入少数民族聚居村寨访问，一组访问县城及附近乡村；一组由吴仲华陪同，依次访问丹口、岩寨、长安营、南山蕨枝坪、江头司、五团、平林、塔溪等苗乡侗寨；另一组由吴键陪同，依次访问腊屋、上坪水、白毛坪、兰蓉、清源、大阳、蓬峒等苗乡瑶寨，同群众促膝谈心、问寒问暖，宣传民族政策，听取他们的要求和愿望。根据苗乡人民的要求，访问团将调查的情况向中央作了如实

---

① 湖南省农民协会编:《湖南农民协会全省代表大会宣言和决议案》, 1926年版。

② 贵州省革命文物、历史文物调查征集办公室:《黔山红迹》, 贵州人民出版社1981年版，第201–203页。

③ 中央人民政府法制委员会编:《中央人民政府法令汇编》(1949—1950), 人民出版社1952年版，第24页。

而详细的汇报。于是，从 1951 年下半年起，先后在少数民族聚居的新岭、安乐、蓬峒、平安、回龙、言平、大新、清源、大阳、羊石、永兴、清河、飞凤、大平、长安、汀坪、丹口和五团等地成立了 17 个民族联合乡，使党的少数民族政策在城步得到较好的贯彻落实，实现了少数民族当家作主，管理本民族内部事务的自治权利。

1956 年 8 月 18 日，城步县人民委员会根据本县苗族人民的意愿和要求，向湖南省人民委员会递呈了要求设立"城步苗族自治县"的报告。8 月 26 日，经湖南省人民委员会第十三次会议讨论，通过了"关于撤销城步县，建立城步苗族自治县"的决议，并于 9 月 1 日呈报国务院。

1956 年 10 月 10 日，周恩来总理主持国务院第三十八次全体会议，正式通过了《关于撤销湖南省城步县，设置城步苗族自治县的决定》，并将成立城步苗族自治县的庆典日定在 11 月 30 日，规定每 5 年一小庆、10 年一大庆。10 月 26 日，国务院批准建立城步苗族自治县的文件下达到县。湖南省民委，中共邵阳地委和邵阳专员公署派出 28 人组成的工作组赴城步，帮助建县筹备工作。10 月 28 日，在中共城步县委的统一领导下，成立了"建立城步苗族自治县筹备委员会"，具体领导建县筹备工作。

1956 年 11 月 26 日至 30 日，在城步县城召开了城步苗族自治县第一届人民代表大会第一次会议。出席这次会议的代表共 192 名，其中少数民族代表 112 人，占代表总人数的 58%。会议还选举了以宋名堂（县委书记，汉族）、杨本连（苗族）、方宗柏（苗族）、唐芳阶（汉族）、杨文辉（苗族）、吴键（苗族）、江勤宽（苗族）、马道全（回族）、游庆美（侗族）、蒲仕珍（女，瑶族）、肖盛德（汉族）、刘德余（汉族）等 17 人为委员的城步苗族自治县第一届人民委员会。杨本连为县长，方宗柏、唐芳阶、杨文辉为副县长。选举杨齐平（苗族）为城步苗族自治县人民法院院长。会议通过了《城步苗族自治县人民代表大会和人民委员会组织条例》以及《关于继续加强民族团结的决议》。11 月 30 日，在县城举行 3000 人大会，热烈庆祝城步苗族自治县成立。全国人民代表大会常务委员会、国务院分别发来贺电；中共湖南省委统战部部长、湖南省政协副主席、湖南省民族事务委员会主任谢华，中共邵阳地委副书记、邵阳专署副专员李长校等省、市领导到会祝贺，广西和湘西、湘南各少数民族州、县来宾83人参加了庆典。大会向中共中央、国务院和毛泽东主席发出致敬电。清溪、丹口、白毛坪等的各族群众，徒步赶到县城参观庆祝活动。这一天，后来被确定为自治县成立纪念日。

城步苗族自治县的成立，标志着城步各族人民在中国共产党的正确领导下和民族区域自治政策的光辉照耀下，步入了各民族团结互助、共同发展、共同富庶和繁荣的新时代。

四、城步境内新型民族关系的建立

城步苗区处于千里苗疆的东部前沿，又是我国最早“改土归流”的苗区，接受汉族的先进文化和生产技术较早，受汉文化的影响也较深。但是在新中国成立以前的漫长岁月，封建朝廷与城步县境各少数民族的关系，总的来说是兵戎相见多于招抚怀柔。苗族等少数民族与汉族之间，既有互相影响融合，也有隔阂和不信任。只有在新中国和中国共产党的领导下，城步各民族之间，才逐步形成平等、团结、互助、进步和共同繁荣的社会主义新型民族关系，旧社会遗留下来的民族隔阂得到消除，各民族实现了政治上平等，经济上的互助支持，尤其是国家的扶持不断加强，文化上的交往日益活跃，并涌现出一大批民族团结进步的先进典型。

（一）消除民族隔阂

新中国成立前，由于封建土地制度等原因，城步境内各民族之间，甚至一个民族内部的宗族之间，曾出现过互相仇恨和不信任的异常现象。元朝延祐二年（1315年），城步赤水、太清两峒苗、瑶同胞，在封建县官的蓄意挑拨下，聚众互相攻杀，死伤遍地。清王朝为了监视城步苗、瑶、侗等少数民族同胞，在苗寨溪河的对岸屯驻外来汉人堡卒，使城步形成了“河东为苗，河西为汉”的民族分离和相互仇视的局面。因为城步苗寨多修建在向阳的溪河东岸，那些堡卒便只能在溪河西岸屯驻，他们强占了西岸所有的耕地和山林，而以河水中心区为界，规定苗族（包括当时称为“红苗”的侗族）不得越界饮水，否则轻则鞭打，重则处死。隔河相对，有如他国。清王朝被推翻之后，堡卒后裔虽已失去特权，但历史遗留下来的仇见并没有消除，汉村与苗寨仍然经常发生摩擦和械斗。民国时期，当局也支持地主豪绅制造民族矛盾，挑动民族纠纷。如民国十六年（1927年）秋，西岩团防局局长伍宗汉，乘城步农民革命运动处于低潮的时候，组织一伙土豪劣绅向苗族聚居的白毛坪进攻，对贫苦农民进行报复活动，当场杀死杀伤苗族贫苦农民多人，并将苗族聚居的龙角寨全部烧毁，从而进一步加剧了城步苗、汉两族之间的紧张关系，使县南苗族聚居区与县北汉族聚居区的同胞长期隔阂不和。

新中国成立以来，特别是自治县建立以来，由于正确贯彻了党的民族政策，旧社会那种“河东为苗，河西为汉”的分裂局面一去不复返了，各族人民彼此尊重，互相支持，不仅在一起共同商讨有关当地的建设大事，而且互结姻亲，密切往来。如今河东、河西不分彼此，苗、汉杂居，历史上的民族仇恨已经在新社会的建设中消除。县南、县北的苗汉同胞也在党的教育引导下，消除了历史上遗留下来的隔阂，重修旧好。如1958年，县北的汉族同胞为了帮助南部苗族聚居区的蓬峒、汀坪两地修好通达县城的公路，解决历史上行路难的问题，与苗族同胞一起逢山开路，遇水架桥。经过几个月奋战，征服了高岭深壑的阻挡，公路畅通苗家山寨。1959年，为了帮助县北汉族地区解决农田水利问题，南部地区的苗、瑶、侗等族同胞也荷锄推车参加金紫江水库等工程建设。1968—1971年，全县各族青年民工又团结奋战在巫水两岸，建成了9600千瓦的沉江渡水电站。如今，城步的每一项建设成就，都是民族团结的结晶。

（二）各民族政治上实现平等

城步苗族自治县各民族平等团结，共同进步繁荣的新型民族关系，更体现在民族干部的培养使用和造就一支适应和服务本地区、本民族经济社会发展的干部队伍上。培养少数民族干部是实现民族平等、解决民族问题的关键。新中国成立后，百废待兴，巩固政权和进行经济建设的任务十分繁重，党和人民政府把培养少数民族干部摆到了十分重要的位置。通过剿匪反霸、土地改革等运动培养，民族学院、党校干训班培训，组织外出参观考察，以及有经验的南下干部和有文化的知识分子干部传帮带等多种形式，积极培养和选拔少数民族干部，放手让他们管理少数民族事务和地方国家事务，促进县内一批少数民族干部迅速成长。1952 年开始，从城步苗族等少数民族的干部中选拔代表参加国家民委组织的少数民族参观团或观礼团，或赴北京参加“五一”“十一”观礼活动，或赴发达地区学习参观和考察，促进民族干部增长见识，扩大视野。先后有杨盛松（苗族）、杨昌凡（苗族）、杨永（苗族）、吴通柏（苗族）、陶才旺（苗族）、龙月英（女、苗族）、杨文辉（苗族）、陈福梅（女、苗族）、周天龙（苗族）、陈庭宪（苗族）、杨支温（苗族）、杨沛澍（苗族）、杨盛俊（苗族）、杨开社（苗族）、刘家义、肖尊国（苗族）等同志参加过“五一”观礼或“十一”国庆观礼。有梁发文（侗族）、钟星（苗族）、杨进楚（苗族）、吴菊美（女、苗族）、蒙盛忠（侗族）、陈建楚（苗族）、杨晨娣（女、苗族）、阳庆煌（苗族）、杨盛启（苗族）、杨必凡（苗族）等同志参加参观团赴发达地区参观学习。他（她）们中，有的是县委书记、县长、县人大领导，也有县直部门的负责人，还有在一线的基层干部、教师、普通工人。党的十一届三中全会以后，中共城步苗族自治县委坚持以人为本，围绕发展多渠道培养和选用少数民族干部。通过以中央、省、市、县委党校为主渠道培训少数民族干部，规定少数民族干部的继续教育学费由县财政负担。到 2004 年，全县 3916 名少数民族干部中，已有 286 人获本科学历，502 人获大专学历，本科在读 316 人。县委将少数民族干部的培养选拔作为振兴民族经济、加快脱贫致富奔小康的战略任务来抓。县委专门成立了培养选拔少数民族干部领导小组，干部选拔培养重点向少数民族干部倾斜，在公务员录用中突出以少数民族为主。同时，选派少数民族干部外出挂职锻炼或下派培养，或向上级机关输送。20 世纪 90 年代以来，先后选派杨支府（苗族）、蒋志刚（苗族）、彭泽愿（苗族）、杨映林（苗族）等 20 多名优秀少数民族干部到厦门、宁波、上海等沿海经济发达地区挂职锻炼。选派阳正维（苗族）、王德席（苗族）、辛建平（女、汉族）等到国家工商总局、林业部和最高人民检察院挂职学习。还选派了 3 批共 30 名干部到邵东县挂职，学习抓发展和基层管理的经验。选派了 342 名有培养前途、发展潜力的少数民族干部到基层锻炼，把他们推向经济建设主战场，使之在实践中得到锻炼和提高。90 年代以来，向市直机关推荐输送了3批10余名优秀少数民族干部，这些同志通过培养锻炼，大部分走上了县处级领导岗位。到2004年底，全县少数民族干部人数已占干部总数的58.7%；县委、人大、政府、政协几大家65名县级领导，少数民族干部占53.6%；在县直各局以上单位和乡（镇）领导班子成员中，少数民族干部占53.1%，均超过了少数民族应占的相应比例。

数千年来，城步苗族妇女一直生活在社会底层，她们只能打茶做饭，种菜种田，成为逆来顺受、吃苦受累的家庭妇女，全无社会地位，更谈不上参政议政。在乾隆初年的城步苗民大起义中，城步苗族妇女儿童，被分发到长沙、宝庆、辰州、沅州等府"缴价承买，或为妻小，或为子女，或为服役，将所得价银，分尝奋勇兵丁"。由此可见苗族妇女全无社会地位可言，如牲畜般任人宰割。

新中国成立以后，共产党实行男女平等政策，城步苗族妇女得到翻身解放，真正成为苗乡土地上的女主人，她们从性别桎梏中解放出来，与男孩一般能上学读书，跳出家务琐事，走上社会大舞台，参与社会管理事务，直至参加革命工作，成为教师、医师和领导干部，贡献大的，还可享受各类荣誉称号，走出闭塞的苗家山寨，远赴县城、省城乃至京城观礼受奖，接受各级党和政府领导人接见。

出生于1913年1月的兰蓉乡报木坪村苗族妇女江卯秀，新中国成立以后，她迅速跳出家庭妇女的地位，融入社会大家庭，积极投身各项革命活动，成为苗乡妇女的领头雁。1950—1951年，她当选为兰蓉乡尖头田村农会主席，1952年7月光荣加入中国共产党，1956—1958年担任兰蓉乡亲爱高级农业生产合作社妇女主任。1958年，她领导社员积极种植六谷（薏米）500多亩，获得亩平400斤的高产，交售国家六谷2000担，使城步成为"宝庆薏米"的主产地之一，为增加"宝庆薏米"出口，增创外汇做出了较大贡献。该社当年被评为全县农业特等先进单位，江卯秀荣获"劳动英雄"称号，被评为湖南省社会主义建设积极分子，同年11月出席了全国妇女建设社会主义积极分子代表会议，是县内第一个出席全国英模会议的苗族妇女。1973年7月当选为县第三届妇女联合会委员。同年9月当选为湖南省第四次妇女代表大会代表。

1949年出生于城步儒林镇大木山村的苗族妇女陈顺录，初中毕业后回乡务农，17岁就加入中国共产党，先后担任过村妇女主任、村主任、村党支部副书记，带领全村群众脱贫致富，为改变全村落后面貌做出了贡献。1986年开始种植药材、峒茶、树苗等经济作物，成为当地有名的“万元户”，并致富不忘乡村，带领村民走共同富裕道路。1986年当选为邵阳市人大代表，1987年获评“湖南省科技示范户”称号，1988年获评“湖南省农业劳动模范”称号，同年当选为湖南省第七届人大代表，1989年获得全省、全国“三八红旗手”称号和湖南省“优秀共产党员”称号，并出席了在北京召开的全国劳动模范和先进工作者表彰大会，受到邓小平、江泽民、李鹏等党和国家领导人的亲切接见和合影留念。

1948年出生于城步白毛坪乡白毛坪村的苗族妇女杨桂英，1965年7月参加农村社会主义教育运动（即“四清”运动），1965年10月至1974年12月先后在长安公社，杨柳公社、白毛坪公社、兰蓉公社担任妇女主任。1975年1月至1979年先后在丹口区、汀坪区担任妇女主任，1980年至1986年8月担任县妇联副主任、主任，1986年9月至1990年1月担任县人大常委会民族工作委员会副主任、主任，1990年2月至2002年12月担任县人大常委会副主任、常务副主任，2003年担任县人民政府调研员。杨桂英同志在几十年的工作生涯中，扎实肯干，努力工作，与苗族人民群众尤其是苗族妇女打成一片，获得了诸多荣誉。1979年被评为邵阳市妇女工作先进工作者，同年10月出席了中华人民共和国成立30周年国庆观礼，1983年当选为湖南省第六届妇女代表大会代表、省妇联执委委员，她还多次被评为优秀共产党员，全县民族团结先进个人，全县综合治理工作先进个人，全县普法依法治理工作先进个人。

1963年出生于城步西岩镇三合村的苗族妇女吴佳妹，1981年在城步二中高中毕业后，考入中南民族学院历史系，1986年大学毕业后分配在县民委工作，1988年6月调县民政局工作，先后担任办公室副主任、主任，1992年加入中国共产党，1995年6月担任白毛坪乡党委副书记，1997年1月担任丹口镇党委书记，1998年5月担任县委宣传部副部长，同年当选为第九届全国人大代表，2000年5月担任县计委副主任兼县重点项目办主任，2002 年 9 月担任县人大常委会副主任。

自 20 世纪 50 年代以来，县内少数民族不仅有了管理本民族、本地方事务的权利，而且有了参与管理党和国家大事的权利。1959 年、1964 年自治县县长、县委副书记杨本连（苗族）先后当选为第二届、第三届全国人民代表大会代表；1975 年、1977 年蒋坊公社苗族女农民杨发姣先后当选为第四届、第五届全国人民代表大会代表；1988 年，南山牧场党委书记王显密当选为第七届全国人民代表大会代表；1993 年，白云洞乡玉屏村主任黄远良（苗族）当选为第八届全国人民代表大会代表；1998 年，丹口镇党委书记吴佳妹（女，苗族）当选为第九届全国人民代表大会代表；2003 年，自治县县长滕召义（苗族）当选为第十届全国人民代表大会代表。在省、市、县、乡各级人民代表大会和省、市、县政协中，每届均有一定数量的苗族代表和委员。他们在参与地方国家事务的管理与协商中，发挥着积极的作用。

（三）各民族经济合作和国家扶持不断加强

新中国成立后，在自治县的经济建设和社会发展中，各民族之间的合作互助不断加强，尤其是县外的汉族同胞常常伸出援助之手，多方面支持自治县的经济建设。早在自治县成立前夕的 1955 年，长沙、邵阳、邵东等地的一批知识青年，响应党的号召，向荒山进军，在城步茅坪建立了第一个青年集体农庄，他们怀着为少数民族地区人民造福的宏愿，披荆斩棘，艰苦创业，把昔日“白天鸟不落、夜晚鬼唱歌”的茅坪荒坡开垦为今天“树上梨橘碰脑壳，地里粮食翻金波”的国营农场，多次受到共青团中央的嘉奖。1956 年 3 月，共青团湖南省委为了支援城步边远山区的建设，又从长沙、邵阳、武冈等地组织了 950 名男女青年到南山垦荒，建立了湖南省第二个青年集体农庄，他们在海拔 2000 米的高寒山地，斗风雪、战严寒，经过试种果木、粮食、药材和发展畜牧业，与城步各兄弟民族青年一道，在南山草地闯出了一条适宜当地特点的以牧为主的发展道路，为 1975 年建立南山种畜牧草良种繁殖场打下了良好的基础。当地苗族同胞对当年南山青年垦荒队这样称赞：“南山茅草要顶天，不知荒了多少年，自从来了垦荒队，荒山从此变乐园。”1972 年，为了修通城步与广西的公路交通，促进湘桂边界山区的开发建设，邵阳地区各县数千民工云集城步，克服各种艰难险阻，及时修通了城步至五团和城步至广西江底的公路。

汉族等兄弟民族除了在人力上大力支持城步民族自治地方的建设以外，还从技术上予以极大的支持。1958 年城步修建第一个新型造纸厂时，上海和辽宁丹东市运来了成套的机器设备，中央和省里派来了专业安装队，广州市派来了技术干部，武冈、隆回等县帮助培训技术工人，从各方面支持城步造纸厂的兴建。1975 年，兴建南山种畜牧草良种繁殖场时，在党中央的亲切关怀下，从北京农业大学和内蒙古呼伦贝尔大草原等地派来了专家、教授和农艺师，成功地进行了牧草引种试验。

帮助和扶持少数民族发展经济、文化等各项事业，是实现各民族共同繁荣的重要措施。新中国成立后，国家在帮助县内少数民族发展经济文化方面做了大量艰苦细致的工作，成效显著。1952 年，县人民政府开始向少数民族聚居区发放救济款、物和无息贷款，帮助群众恢复生产，改善生活。同时向少数民族小商小贩发放无息贷款，组织他们参加自产自救。在 20 世纪 60 年代的三年困难时期，国家在城步少数民族聚居区发放生产生活特殊困难救济款，帮助少数民族群众渡春夏荒和解决冬寒衣被。中共十一届三中全会以后，党和国家的民族政策得到进一步贯彻落实，县委、县人民政府制定了一系列具体的优惠政策，帮助民族地区和少数民族开发资源，改善生产条件，发展民族经济；改善办学和医疗条件，不断提高少数民族的文化素质和健康水平。对农业税和征购粮减半征收或全部减免；下拨穷队投资款，帮助农民购买耕牛、农具，发放救济款、救济物资，赊销棉布，帮助少数民族无房户解决住房及危房翻新，帮助无床、无被、无棉衣农户御寒过冬；增加农业贷款和各项专用贷款，帮助少数民族群众发展生产，开展多种经营和修建水利水电设施，改善生产条件。在财政体制上，每年按上年财政支出决算增加 5% 的机动资金，免征农业税 5 年。对省、市、县下拨或提留的民族补助费、支持不发达地区发展基金、边疆基本建设补助费、民族专项资金等，由县人民政府统筹兼顾，县民委具体掌管，全部用于自治县经济文化建设。1985 年，中央讲师团到城步支边，将城步的贫困状况向党中央作了书面汇报，中共中央总书记胡耀邦在中央讲师团的汇报材料上批示："兆国同志阅后转湖南省委。从这个材料看，我们一些同志的工作太不深入了。应该从中得出教训，像城步这样的县，湖南是否还有？请省委认真讨论一次，拿出切实办法，力争三年时间有个明显的变化。"由于党中央、国务院的重视，1986年，城步被列为国家重点扶持的贫困县。从是年起，县委、县人民政府坚定不移地以扶贫治穷统揽工作全局，提出了"坚持两个文明一起抓，充分发挥本地优势，狠抓粮林牧，发展工商副，开发水电矿，改善医学路"的扶贫治穷方针，通过整合资金和资源，着力抓整村推进、产业扶贫、科技扶贫、生态扶贫、社会扶贫、劳务培训等工作，扶贫治穷取得了明显成效。全县经济实力不断增强，贫困人口逐步减少。至2004年，县内贫困人口由1985年的13.1万人，下降至6.89万人，下降47.4%。生产生活条件和生态环境有了较大改善，交通、通讯、电力等基础设施建设步伐加快，教育、卫生、文化等社会事业得到长足发展，扶贫产业发展迅速，全县贫困面貌明显改观。

（四）各民族文化交流日益活跃

城步地处湘桂边陲，与广西龙胜、资源，本省通道、绥宁、新宁等少数民族聚居区或散居区毗邻接壤，新中国成立后，边界地区各民族的文化交流活动日益活跃。县内五团、汀坪、丹口、兰蓉、长安营等乡镇与接壤的处省外县民族村寨走访沟通，通过开展科技协作、体育比赛、歌舞联欢、民俗风情文化联谊等活动，有效地促进了各民族之间的友谊和团结。长安营乡每年农历六月初六"山歌节"期间，外省外县的乡、镇和村寨均派代表前来参加联欢。南山牧场与广西龙胜蕨枝坪村相连，村民与牧场亲如一家，南山牧场无私地把养奶牛技术传授给蕨枝坪村民，帮助他们脱贫致富。为了发展民族经济开发旅游业，城步与广西龙胜县共同协作开通了南山至桂林的旅游专线。20世纪90年代以来，自治县采取"走出去、请进来"的办法，邀请专家学者来城步考察采风，通过他们的著述和作品，将城步丰富的文化积淀、灿烂的文化瑰宝推介出去，走向全国，走向世界。如中国社会科学院民族语言研究所的李蓝博士，就六进城步，深入苗乡侗寨，考察研究城步苗语，通过记音分析，反复比较鉴别，撰写出《湖南城步青衣苗人话》一书，全面介绍了城步苗语的构成和特点。再如县内的民族文化工作者银龙，只有小学文化，却潜心苗族款词的搜集整理，从天地起源、人类起源、民族源流、溪峒演变、民族起义、合款立约等方面进行研究，在省民委古籍办和城步籍的专家学者的指导下，编辑出版了《城步苗款》一书，填补了国内城步苗款研究的空白，获邵阳市精神文明建设“五个一工程”奖。自治县民族和文化主管部门还邀请省市民俗文化专家组来城步考察，挖掘整理城步的“傩文化”，实地研讨城步民间广泛流传的杨家将文化，得出了杨再思等杨家将出自城步的结论。

（五）民族团结进步典型不断涌现

新中国成立后，从县委、县政府到县直各部门和广大干部，致力于城步经济发展和社会进步，致力于民族团结，发展民族经济，在民族团结进步事业方面涌现出不少先进集体和先进个人。1989 年 11 月，县委、县政府召开了全县首次民族团结进步表彰大会，表彰了 10 个先进集体和 89 名先进个人。1989 年以来，被评为邵阳市民族团结进步先进集体的有：县民委、县氮肥厂、白毛坪区公所、五团乡、城步一中、长安营乡党委和政府、县人民政府、县交通局、人武部、县武警中队；先进个人有：杨齐平、苏姣玉、曾广韬、段生材、彭宏中、陈修兴、徐平江、杨树森、吴扬勋。被评为湖南省民族团结进步先进集体的有：杨梅坳乡党委、县氮肥厂、县委、县政府、县金融工会、汀坪乡政府；先进个人有：杨齐平、曾广韬、阳正维、杨进良。杨梅坳乡党委和政府被评为全国民族团结进步先进集体；县交通局局长杨齐平、县人民医院院长曾广韬、县交通局局长王发初、县委书记肖华中、县民族宗教委员会主任吴扬勋先后被评为全国民族团结进步先进个人。

第二节　新中国成立后的城步苗族经济社会

一、工业

宋末，城步境内开始有人淘金。明代有烧石灰、烧砖瓦、采矿炼铁和纺纱织布等手工业。清代有蒸酒、熬糖、铸造、造纸、制茶、加工玉兰片和手工印刷等作坊。民国初年，在县城开始使用机械缝纫服装，同时有皮革加工。民国十九年（1930 年），湖南省赈务会拨款始办城步赈灾平民工厂，经营织造、洗染、木工、铁工、鞋工、藤工、缝纫、印刷等业，为县内第一家官办工厂。民国二十一年（1932 年）停办。至新中国成立前夕，全县有手工造纸作坊 20 余家，缝纫业 13 家，糕点糖果加工 6 家。

新中国成立后，城步工业逐步发展。1951 年，开始用火力发电。1952 年，创办县内第一家国营工业企业——新生印刷厂。1954—1956 年，实行对手工业的社会主义改造，组织手工业合作社，先后组建铁业、五金、竹木、砖瓦、棕制、缝纫等合作社（组）22 个。1957 年，又建立国营和集体工业企业 8 个。1958 年“大跃进”，一哄而起，全县兴办县、区、公社工业企业 30 多个，大队加工企业 587 个。因急于求成，不到一年时间又纷纷下马。到 1961 年，县、社工业企业仅保留 11 家。1962 年，通过“调整、巩固、充实、提高”，县、社工业企业发展到 18 家，其中国营的 7 家，县办集体的 4 家，社办的 7 家。1975 年，县、社工业企业发展到 43 家，是年工业总产值 1158 万元，占全县工农业总产值 3564 万元的 32.49%。

中共十一届三中全会以后，全县工作重点转移到经济建设上来，工业发展步伐加快。1980 年，工业企业发展到 90 家，其中国有企业 21 家，县社集体企业 69 家，工业总产值为 2247 万元。企业实行厂长负责制，企业分配由固定工资改为多种形式与经济责任挂钩，并通过体制改革，扩大自主权，逐步建立承包经营责任制，企业活力不断增强。1988 年，全县工业总产值突破亿元大关，实现产值 10978 万元。县内形成了以电力、造纸、食品、采矿、冶炼、化工、建材、机械和竹木加工为主体的多门类工业结构。其中电力、造纸、食品、采矿、冶炼成为支柱产业。2004 年，全县工业企业发展到 2021 家，其中：年产值 500 万元以上的规模企业 15 家，在 15 家企业中，国有企业 4 家，国有控股企业 1 家。私营小型工业企业 113 家，个体经营工业企业 1893 家。完成全部工业增加值 35166 万元，规模以上工业增加值 29494 万元，其中国有企业增加值 26553 万元，股份制企业增加值 2519 万元，外商及港澳台投资企业增加值 422 万元。全县规模以上工业产品销售率 99.8%，创税收 5000 多万元，工业企业经济效益综合指数为134.0%，创历史最高水平。企业规模不断扩大，产品质量不断提高，碳铵肥料、印刷气泵、红碎茶、花生糕点糖果均荣获湖南省优质产品；机制纸、食品罐头、南山奶粉获国家优质产品奖。机制纸出口东南亚，冬竹笋罐头、甜酸藠头罐头出口日本、美国、加拿大。特别是通过推行国有企业体制、机制改革，工业经济进入新型工业化的起步发展期。

为了便于苗族地区的物资流通，方便生产生活，在国营商业的关心下，城步苗族地区成立供销合作社，为苗族人民供应生产生活必需品和收购农副产品，又在银行的帮助下，建立信用合作社，开展农业贷款业务，为农业生产服务。

丹口乡苗族农民于1951年2月率先建立农村供销合作社。7月，成立县供销合作总社。同时，基层供销社也相继建立。供销社建立初期，只为它的社员服务，不对非社员交易。愿入社者交股金一元，即发证为社员，参与交易。由于供销社在购销上为社员服务，深受欢迎，入社者十分踊跃。至年底，相继成立城区消费合作社，中溪、双龙、南青、西岩、大坪、金南、花桥等农村基层供销合作社，入股社员13934人。7月，月销售总额5.3万元，盈利5000元。1952年以区建立供销合作社，下设分店43个，流动服务组6个，入社社员增加到39656人，占全县总人口的40%。全年销售额54.97万元，实现利润5.2万元，初步形成上下贯通，纵横相连的主渠道，帮助国家收购粮食、棉花、薏米、桐油、茶油、菜籽油、玉兰片、生漆、木材、土纸等农产品。1955年供销商业网点67个，职工355人。

1956年与商业局分家，主要负责农村商品流通，以供应农业生产资料为主，下设生资、供应、推销3个经理部，1个综合商店和5个区供销合作社，39个乡分销店，共有商业网点58个，职工444人。全县入社社员增至41752人，股金达63671元。收购农副产品总值94.6万元，占全县农副产品收购总额的84.4%。商品纯销售额243.3万元，占全县销售总额的82.7%，实现利润9.7万元。1957年4月，县、乡两级供销社并入国营商业，由集体所有制变为全民所有制，退还社员股金。1958年5个区供销社下放到人民公社，分设大联、土桥、西岩、中溪、丹口、西南、白毛坪、兰蓉、汀坪、威宜10个供销部，还下放47个供销分部、19个供应点到社、队，由当地行政管理。

1961年9月，商业第二次分家，恢复县供销联社为第二商业局，下设农业生产资料、蔬菜、食品杂货、日用杂品、贸易4个公司和6个区供销社，分64个供销分社、商店，共有商业网点73个，职工404人。并重新组织群众入股，每股2元，年末入股社员达37525人，股金57607元。供销社按社章办事，为农业生产和人民生活服务。组织农副产品收购，适时供应化肥、农药、中小型农具，收购土特产，推销本地的农副产品。聘请生产培植员，帮助农民因地制宜发展柑橘、茶叶、薏米、生漆生产以及各种水果、干果基地，进行产前、产中、产后服务。组织工业品下乡等各项服务活动。至1964年入股社员达4.59万人，占农业人口35%，股金达91.8万元。1963年享受国家对边远山区民族贸易企业三项照顾政策：即收购三类农副产品补贴、改上缴所得税为上缴利润并扩大留成比例、财政补贴贷款利息等。每年享受补贴25万元，利润留存照顾14万元。1969年4月，供销社与国营商业第二次合并，并转为全民所有制，由于流通渠道单一，农村商业再次削弱。

1978年10月，县供销社从国营商业第三次分出，设民族贸易二局，下设农资、农贸、外贸3个公司和5个基层供销社，28个分社，26个购销社，共有商业网点260个，职工447人。还有村寨设代购代销店200多个，213人，资金21万元，收购额42万元，销售额177.4万元。苗族村寨称这种“双代”店为“方便店”。

1983年恢复基层供销社合作商业性质，全面清理社员股金，落实股权91195股，分红总额23172元，新扩4099股，股金9513元。入社社员达29579户，占农户总数的72.4%；股金达10万元。1985年划小核算单位，5个区供销社作为县联社办事处，28个乡社改为独立核算单位。1989年社员股金扩大到19.6万元，职工达到950人。县供销联社下辖农业生产资料、农特土产、日杂、废旧品回收公司、食杂果品公司、综合贸易公司、柑橘峒茶经济开发公司。县各公司下设8个批发部和20个零售点、3个收购门市部、2个区级批发站。基层设5个区供销社，30个乡镇供销社，43个购销店，共有商业网点213个。

二、农业

（一）林业

城步是湖南省22个重点林区县和百万亩用材林基地县之一。“九山半水半分田”的特定自然条件和中亚热带常绿阔叶林带的地理、气候环境，适宜多种林木的生长。树种资源有107科、921种，以杉、松、阔叶用材林为大宗，阔叶林面积居全省第二位。县东北境沙角洞的银杉群落，系国家一类保护珍稀树种，57株银杉与长苞铁杉混生，为国内罕见。县西南境长安营乡有目前国内发现最早的、东晋时人工营造的古杉群。城步还是湖南省板栗、生漆、桐油等重要产地之一。

城步山深林茂，清道光《宝庆府志》中有“大箐回绕三百余里”的记载。民国《湖南各县调查笔记》称：“巫水流域之城步、绥宁，两岸森林密布，不见天日，多千年古树”；“城步产杉之乡，以兰蓉与巫清乡为最”；“竹以威溪、巫清乡最多”。民国三十四年（1945年），城步森林面积有163.54万亩，林木蓄积量为968.98万立方米。境内森林资源以杉、松和阔叶用材林为主，楠竹次之。北部资水流域多马尾松、楠竹和人工杉木林。中部多杂灌丛、马尾松及经济林。东、南、西部山区多为天然杉、松、阔混交林与人工杉木林。

城步封山育林、护林历史悠久。苗族、侗族款约中，有许多关于不许纵火烧山、滥伐林木的记载。《城步苗款》中的“十六项不可犯”中第十三款规定：“向来山林禁山，各是各的，干凶大亮……”意为山林各是各的，要严格禁止乱砍滥伐，偷砍盗伐。山林有山冲大梁为界，不要越界砍伐。清代，城步民间普遍建立山款、众山会、清明会等组织进行护林。清康熙六年（1667年），西岩张姓将沙角洞划作清明会山，雇人看守其族母周氏坟墓周围的树木，将坟墓前后的“松柏公”（即银杉、铁杉）视为风水“宝树”，不准撩枝摘叶，禁绝砍伐。民国年间，武冈县邓家铺王光成和王合章在阎王坡办香粉厂，到沙角洞砍了一株荷木作碾香粉的滚子，被张姓人家发现，罚光洋12元。明清时期，赤水、大竹坪曾建立“万人款”，其款中有处罚毁林之规定。在南山，还设了“山长”之职，砍树、取草、开垦，都要经“山长”许可。民国二十四年（1935年），县内各乡成立禁山会。民国二十九年（1940年），林区以区为单位，成立林业公会，管理封山育林、护林、垦荒造林等事宜和处理山林纠纷。

20世纪50年代初，县内实行普遍护林，除划定一部分采伐山场外，其余一律封禁，不论幼林、成林或自然更新的林木，均有了较好的生长条件。1958—1960年，山林权属多变，禁区打破，指山砍树，圈地造林，有树就砍。自然生长的幼林和人工营造幼林也没有封禁，因而造成砍伐过量，毁林严重。

1961年，政府开始有计划地封山育林和封山护林。至1965年，累计封山育林、护林33.8875万亩。1966年开始，对有自然更新能力的山场实行封山育林，对郁闭幼林和新造林地实行封山护林，成效较显著。高梅公社自有计划地封山育林后，到1983年实测，林木蓄积量由1964年的19万立方米上升到23.92万立方米，成为全省封山育林的先进典型。白毛坪公社从1978年开始，对沿公路两旁20千米的30000余亩中、幼林实行封山护林。1982年调查实测，全社森林蓄积量由1966年的20万立方米上升到28万立方米。

20世纪80年代以后，封山育林由村、组申请，县林业部门鉴定，进行规划设计，签订合同，在确定的封山期限内经过验收合格的，给予一次性经济补助。凡封山育林50亩以上的，县林业部门建立《封山育林登记卡》，以备验收。至90年代，全县累计封山育林（不含封山护林）33.5万亩。

城步人工造林始于东晋。长安营乡金南村现存38株古杉，经专家鉴定，树龄最少1600年，其中大庙边一株高30米，胸径2.3米，称为“湖南杉树王”，系东晋时期人工栽植。唐代，“砍烧农业”兴起，自然更新杉木林。少数民族聚居的山地，逐步形成杉木林区。宋代，杉木林区不断扩大，栽植油茶、油桐的农户也发展起来。明代，大面积的人工杉木林已经形成，县内已有较多的栽植漆树、蜡树、棕树、茶树、桑树的农户。清代，杉、松用材林、经济林、果木林普遍实行人工营造，插杉、栽松、楠竹垦复，已为寻常林事。苗、瑶、侗等少数民族聚居地方，人工杉木林成片生长，楠竹林遍布山岭，故历史上称杉木为“苗杉”或“瑶杉”，楠竹为“苗竹”。民国时期，除农户利用刀耕火种自造杉木、油茶、油桐及果木林外，开始由政府组织造林。民国十年（1921年），国民政府规定每年清明节为植树节。民国十四年（1925年）以后，以3月12日孙中山逝世纪念日为植树节，由政府直接组织人工造林。民国二十三年（1934年）实行“领荒垦殖”，凡官有公有荒山荒地，民众可以承领垦殖造林。民国二十四年（1935年）开始，政府组织大面积造油桐林。民国二十六年（1937年）造油桐林2637亩，64200株。民国二十八年（1939年）开始，除造油桐林外，还造杉林、马尾松林。民国二十九至三十二年（1940—1943年），全县累计造林7774亩、52.35万株，年均1943.5亩、13.09万株。民国三十五年（1946年），全县造林950亩，共植桐、茶、杉、松、核桃13万株。

新中国成立后，人工造林工作不断加强。50年代初，推行“普遍护林，重点造林，以封为主，封造结合”的方针。1951—1952年，全县造林10600亩，年均5300亩。1953年2月，省人民政府颁布《湖南省荒山造林办法》，提出大造以杉、松为主的用材林，确定城步为第一个五年计划时期营造杉木林的重点县之一。1953—1957年，县内以杉木为主，造林10.53万亩，年均21060亩。1958—1960年，人民公社和国有林场，搞造林大兵团作战，3年累计造林75400亩，年均25133亩。1961—1965年，国家对造林实行补助，人民公社以生产队为单位造林。县内建立7个杉木林基地，5年造林14.62万亩，年均29240亩。1966年，湖南省人民委员会确定城步为全省百万亩用材林基地县。至1976年，全县创办198个社队林场，国营与集体继续大造用材林，10年累计造林48.34万亩，年均48340亩。

党的十一届三中全会以后，全县植树造林朝着基地化、专业化、科学化的方向发展，通过广泛推行林业责任制和造林合同制，实行统一规划、基地开发、分散施工、联合经营；山权集中、能人承包、签订合同、收益分成；横向联合、共同开发、统一经营、收益分成；家庭经营、分散开发，形式多样、遍地开发等多种形式，先后建立了国有林场商品材基地，乡村速生丰产林基地，集体杉木林基地以及楠竹、板栗、漆树、果木林等基地；发展了多层次的林业联合体和林业专业村、专业户；实施了生态公益林、长防林、退耕还林、世行贷款造林等项目工程，开展了“四旁”绿化和全民义务植树活动，植树造林成效显著，全县消灭了宜林荒山，实现了绿化达标。自自治县成立至 2004 年底，全县已累计造林 23.13 万公顷，义务植树 500 余万株，封山育林 12.4 万公顷，楠竹低改 1.33 万公顷。共向国家提供商品木材约 500 万立方米，楠竹约 2000 万根。

城步从 1967 年起实施飞播造林。分两个阶段，前阶段从 1967 年至 1972 年，在境内枫木界、南山、威溪、大古、长安、平林等地，飞播马尾松、板栗两个树种，面积 6.94 万公顷。1983 年经省、地、县联合调查，有效面积 4961.3 公顷，占飞播面积的 7.14%。后阶段从 1989 年至 1991

清溪古民居，是全国历史文化名村落，灰墙黛瓦，飞檐翘角，古朴端庄，静谧祥和（杨文武 / 摄）

年，在清溪36峰、双江口、十万古田、兰蓉、长安等地飞播马尾松、黄山松1.28万公顷。由于总结了以往飞播的经验教训，加强了飞播管理力度，做到种子落地，管护上马，配备专职护林人员，实行定范围、定面积、定报酬、定奖罚的管理措施，飞播造林的成活率有了普遍提高。

（二）畜牧业

养马、养牛、养羊、养猪以及喂鸡鸭鹅，是苗族传统的家庭副业，尤其是耕牛和马，是农业生产的主要畜力和运输工具，苗家称为“农家之宝”。在新中国成立初期，政府禁止宰杀耕牛和役马，受到苗族人民的拥护。各级政府建立畜牧局和兽医站，指导群众防疫家畜家禽疾病，打防疫针消灭地方性传染病，畜牧业得到稳定发展，出现了兴旺的景象。公社化以后，对集体耕牛役马只顾使役，不注重喂养，数量有所下降。1960年以后和“文化大革命”中，限制社员饲养家畜家禽，以阶级斗争为纲，批判社员饲养“群羊”“群鸡”“群猪”为资本主义倾向，大割“资本主义尾巴”，甚至予以没收。1978年以后，进行农村经济体制改革，苗族地区普遍实行家庭联产承包责任制，农民有了生产自主权，畜牧业得到了发展。畜牧部门在乡镇建立兽医站，配备技术干部在农村指导群众防疫各种牲畜、家禽疾病，又引进优良畜禽品种到当地推广，出现了养猪、养羊、养牛、养鸡鸭专业户，畜牧业充分发展起来了。

县内畜牧业生产历史悠久。城步苗族《款歌》中，有梁太祖乾化年间城步养牛和“白牛合款、黑牛破盘”的记载。牲畜历来以牛、猪、羊为大宗。清光绪《城步乡土志》载，县内饲养的家畜有骡、马、牛、羊、猪、犬、猫、兔等；家禽有鸡、鸭、鹅、鸽、八哥等。民国二十二年（1933年），城步饲养生猪24000头，耕牛27420头，山羊720只，养鸡19.6万只。民国二十九年（1940年）《湖南省志稿各县生计志》载，城步“畜牧收入约占农业收入的20%，以补足家庭生活之不足”。1949年，全县有存栏牛15370头，饲养山羊563只。城步水产资源丰富，因水塘较少，养鱼人不多。

新中国成立后，县内畜牧业迅速发展。1952年，畜牧业产值由1949年的161万元增加到227万元。1965年，畜牧业产值达到578万元。1975

年，八十里南山确定以牧为主的经营方向。县内养殖业迅速发展。1979年，南山牧场更名为湖南省南山种畜牧草良种繁殖场，成为中国南方最大的现代化山地牧场。通过引进适合当地的良种牧草和种畜，大大提高了畜牧业的效益，良种牛、羊发展到5000多头，全脂奶粉、鲜奶汁等在国内外享有盛名，并带动周围乡村发展奶牛、菜牛和绵羊。1981年后，农村推行家庭联产承包责任制，家庭小牧场如雨后春笋，养殖业产值直线上升。1989年，畜牧业产值达到3325万元，占农业总产值的27.3%。20世纪90年代以后，县委、县政府出台了一系列发展畜牧业的政策，并提出了“牧业强县富民”的思路，促进畜牧业生产迅速发展。1994年，畜牧业产值增加到8522万元；1996年达到12329万元。1997年，在全县10个乡镇建立了12个畜牧小区。1998年，开始在南山牧场周边山村大力发展农户养奶牛。2000年，县委、县政府正式实施“万头奶牛基地建设项目”，全县畜牧业呈高速发展趋势。2004年，畜牧业产值达22336万元，占农业总产值的比例上升到42.3%。2004年，全县奶业产值达6.9亿元，实现税收近4000万元，奶业作为全县第一支柱产业、第一财源的主导产业优势日益明显，城步奶业正朝着创建“中国南方牧业第一县”的发展目标稳步迈进。

三、县城建设

县城儒林镇，地处县境中部，南临巫水，三面环山，山清水秀，胜景繁多，是座秀丽的山城。南去广西桂林200千米，北至邵阳183千米，自古为湘西南边陲重镇。三国时，在此筑南城（亦称诸葛城）。隋唐在此设过武攸县、武冈县，宋朝置城步寨，元初设儒林乡，明初置城步巡检司。明弘治十七年（1504年）设城步县，县治于此。翌年筑城，“围城五里三分”。城周设三门：东门谓“迎晓”，南门叫“望江”，后称“临江门”，西门称“天一”。城内主街三条，即东门正街、西门正街、南门正街。西门外，尚有由北至南的西正街一条，长760米，为城区商贸中心。县署及城垣几经修缮和改建，城区有所增扩。民国八年（1919年），又补修城墙，并改“临江门”为“利济门”，东门改名“熙春门”，西门改名“长安门”。民国二十九年（1940年）始设镇，以元代儒林书院之“儒林”为镇名，沿用至今。城邑虽小，历经沧桑。新中国成立时，城区面积0.75平方千米，人口2800余人。1958年，曾制订粗线条的县城建设规划，因规划内容不全，深度不够，加之经济条件的限制，且又无专管机构，至20世纪70年代，县城规划没有很好实施。1981年，县人民政府着手编制《县城儒林镇总体规划（1983—2000年）》，明确了县城的性质、规划范围、发展方向、功能布局、人口及用地规模，规划经省人民政府批准后实施，县城开始按规划有序建设。街巷道路、给水排水、路灯照明、环境卫生、城区绿化及商贸、交通、邮电等设施日趋配套。先后扩改了人民南路，新建了城南路、城西南路、中心路、青年路、曾家井路、茶山路、沿江南路、民族大道、长安路、红旗路、广场路等一批市政设施，建设了城东、茶园里、双井坳、陈家山四个居住小区。1990年，县建委组织对《县城总体规划》进行了一次修编，规划年限为1990—2010年。1994年，县建委组织对《县城儒林镇总体规划》进行了第二次修编，规划年限为1994—2020年。1999年，县委、县政府根据修编后的县城总体规划，提出了"南改北建、扩容提质"的城市建设思路，通过盘活土地存量资产、项目招商、拍卖或转让城市公用设施经营权等多种方式，筹集城建资金，开展城市建设。2000年，按规划对人民北路进行了改造，总长3.1千米，实现了人民北路和人民南路一次性路成、水通、灯明、街绿。2001年，按照城北控制性详细规划，完成了八角西路、竹丝路、诸葛路、机场路及建新路、城西路等道路建设。为改善城市面貌，提升城市品位，县政府加大城北开发区的投入，采取一系列优惠政策，鼓励单位和个人到城北开发区投资兴业。先后建成了亚华南山乳业生产线及职工别墅区、农发行综合办公大楼及别墅区、城北车站、县劳动和社会保障局、县检察院、绿园小区、县新华书店、县行政中心、南山大酒店等一大批大型建设项目。2004年，县政府对《县城总体规划》进行了第三次修编，规划期限为2004—2020年。同时编制了《城步苗族自治县县城城镇体系规划》。至2004年，县城儒林镇城区面积达6.23平方千米，常住人口4.8万，有主要街道28条，长21.9千米；改造主下水道4680米，接通新田路、城东路下水道3600米，铺设不同口径的管道8.4千米，使县城形成了两大排水系统；建有城南和儒林两个集贸市场，第三产业发展迅速；竹城公路、城绥公路、城贝公路穿镇或绕镇而过，所辖各村实现村村通公路，交通便利。儒林镇资源丰富，山川旖旎，山环水抱，有秀色天成的白云洞等天然溶洞群，旅游资源丰富；有铜、锰、滑石、硅石、钨金等矿产资源；有丰富的楠竹、林木资源。

四、改革开放

（一）农村改革

1979年以后，中共城步县委根据上级指示精神，结合城步实际，率先从农村突破，打破“大锅饭”和以“统”为主的僵化模式，为经济发展增添了活力。1979年2月，县委书记李雄杰带领工作组在西岩公社石头大队开始大田承包责任制试点，以生产队为单位，在统一经营的基础上试行不联产的五定（定劳力、任务、工分、肥料、奖罚）到组和联产计酬的包产到组两种农业生产责任制。一年的试点证实承包责任制能够调动农民的生产积极性，是解决农民温饱的一种有效途径。随后，县委重点推广了“专业承包，联产计酬”责任制，允许边远山区包产到户。1980年冬，城步第一轮大田承包开始，全县社队纷纷实行各种形式的承包责任制。1981年4月22日，县委印发《关于加强农业生产责任制的六点意见》，提出：“积极推广‘专业承包，联产计酬’、‘责任到劳’等联产承包责任制；鼓励边远山区和后进队包产到户。搞大包干的，一定要保证先交足国家的（征派购粮）、留足集体的，其余才是自己的；允许农民小段包工，定额计酬；反对按人口分田单干，更不准清老业。已实行的，要积极引导到‘专业承包，联产计酬’，‘责任到劳’或‘包产到户’上来。”承包合同期限大多数是“一定三年”。1981年底，全县第一轮大田承包结束，全县98%的生产队选择了最具优势的大包干的责任制形式，按人口（即合法人口或预测人口或两者兼顾）将土地发包给农户经营，农户按承包合同完成国家税收、统派购或合同订购任务，并向生产队上缴一定数量的统筹提留，余下的粮食和收益全部归农民所有和自由支配。此时，山林承包到户工作也开始进行。1982年1月，全县山林定权发证工作全面铺开。1983年6月5日，县委、县政府发出《关于进一步健全和完善山林责任制的意见》，全面推行山林承包责任制。至此，联产承包责任制在城步全面实施。

1983 年 10 月 14 日，县政府印发《关于进一步完善农业生产责任制，合理调整期满承包合同的意见》，对 1980 年冬至 1981 年春承包到户、合同至 1983 年秋到期的生产队如何调整承包合同提出了“坚持合同制，签订好承包合同，完善合同手续和条款；改短包为长包；不准推倒重来；按合法人口以出补入；正确处理‘统、分’关系，完善联产承包责任制”等具体意见。1984 年 4 月 25 日，县委、县政府发出《关于稳定田土责任制，发展商品生产的十条意见》，强调稳定田土责任制，本着“大稳定、小调整”的原则，以大队为单位，延长土地承包期，“一定十五年”。并提出进一步放宽林业政策，扩大自留山，健全林业责任制。8 月，由县委副书记杨光勋带队，在柳寨乡开展完善大田责任制试点，将家庭联产承包期延长 15 年，受到群众热烈欢迎。龙寨村群众还编写了“八颂承包十五年”“承包期长好处多”等顺口溜和山歌。8 月 25 日，县农委转发了《柳寨乡关于延长大田承包期具体问题的处理意见》和《县委工作队关于完善大田责任制，延长承包期试点工作总结》，具体指导各区、镇、乡调整责任田。年底，全县大田延长承包期工作结束。

联产承包责任制将生产资料与劳动力、经济利益与个人劳动、实际报酬与最终产品直接挂钩，贯彻了按劳分配原则，调动了农民的生产积极性，释放了被束缚的生产力，因而在短时间内迅速扭转了农业长期徘徊的局面，把全县农业生产提高到一个新的水平。1986—1988 年，全县农业总产值增长速度平均达 7.8%。1989 年，全县农村经济总收入 9771 万元，农民人均纯收入 3332 元，分别是 1980 年的 4.15 倍和 2.5 倍，粮食总产 78899 吨，比 1980 年增加 20.6%，出现了不少“万元户”。农民仓中有粮，手里有钱，生活水平普遍提高。农业的迅速升温也带动了其他产业的蓬勃发展。

1997 年，根据县人民政府《进一步完善大田承包责任制实施细则》，从是年 12 月 1 日零时起，全县统一实行第三轮大田责任制，承包期“一定三十年”。以家庭经营为主的联产承包责任制和统分结合的双层经营体制得到进一步巩固和完善；进一步延长了土地承包期，鼓励促进农民对土地进行长远性投入，有效地抑制短期、速效、掠夺式经营行为，走可持续发展之路。对平均主义的土地承包方式进行调整，改革过去按好中差、远中近平均搭配造成土地零散化的做法，引导土地流转，促进规模经营。调整产业结构，实行农业产业化经营。鼓励和引导农民发展多种多样的新型合作经济，促进家庭经营在深度和广度上进一步向专业化、商品化生产发展。开展农业服务体系建设，加强合作经济组织的统一经营，妥善处理统分关系。2002 年 8 月，《中华人民共和国土地承包法》颁布，规定在承包期内，除法定事项外，发包方不得调整承包土地。进一步稳定了农村土地承包关系。

经过三次大田承包调整，随着土地、生产技术与劳动力的变化，一家一户分散的小规模经营导致大田小丘化、分散化、生产工具简单化等问题出现。为克服这些弊端，广大农民开始自发地进行土地流转。土地流转面积以平均每年 4% 的速度逐年递增。至 2004 年底，全县共有 11516 亩土地进行了流转，占实行家庭承包耕地的 13.7%，涉及农户 6779 户，占实行家庭承包经营农户的 13.1%。土地流转以农户之间的流转为主，大多农户采取转包、互换、出租、转让的流转形式。外出打工或在本地从事非农经营而不愿放弃土地的农户一般采用转包方式。土地流转多数处于自发状态。全县由农户自行协商进行的流转面积占总流转面积的 86%，流转期限较短，大多在 1—2 年。流转对象一般有两种：一是亲戚朋友代耕，期限不定或一年一定，且多口头协议，无偿或低偿；二是专业大户承包经营，一般签有书面合同，期限 2—3 年，转包费自行协商确定，主要集中于西岩、茅坪、儒林等建制镇周围，数量较小。针对土地流转的发展趋势，政府因势利导，搞好土地流转合同管理，积极为土地流转创造良好条件，有效地提高了全县农村土地的规模经营效益。至 2004 年，全面规模经营的土地面积 32350 亩，其中延季蔬菜集中连片规模经营为 205 万亩。实现规模经营的土地每亩年收入达 3000—10000 元，高出非规模经营土地每亩年收入的 3—6 倍。

（二）工业企业改革

1984 年，自治县工业企业改革工作开始起步，企业改制工作在不同体制的企业中有不同的改制形式。国有企业的改制大多为体制上的变动，集体企业、乡镇企业的改制一般为经营机制方面的改变。

1. 联合兼并

1993 年 5 月，县经委根据县酒厂连年亏损、举步艰难和县水泥厂技改后生产能力扩大、资金周转快、经济实力较强的情况，向县人民政府报告，提出将县酒厂和县水泥厂实施联合的改革办法。县政府同意两厂合并，成立城步苗族自治县建筑材料总厂，为全民所有制正科级企业，下设水泥厂、酿酒分厂、康力饮料公司、纸制品分厂。总厂为一级法人，对下属四单位生产经营活动按分厂或车间实行统一管理、统一核算；下属四单位为二级法人，在总厂内部单独核算，实施向总厂报账制。

2. 股份制

1997 年 9 月，开始对县造纸厂、县罐头厂、县氮肥厂、县硫铁矿、县建材总厂、县机械厂、县建筑装饰材料厂（即原县砖瓦厂）、县汽车配件厂（即县农机修造厂）、县印刷厂等 9 家国有企业进行股份制改造，并确定先在县造纸厂进行试点。随后，由县经委牵头，会同县体改委、县国资办对其他 8 家企业进行资产评估，并分别召开职工代表大会，制定改制方案。由改制组根据资产评估额确定各企业的总股金，按企业在职职工人数平均交款入股，不购股的职工即视为自动放弃入股权，与企业自行脱钩，不再保留企业员工身份。职工交款入股后，即视为企业股东，其股金由企业用作生产启动资金，参与企业盈利分红，承担亏损风险抵押。经过清产核算，8 家企业总资产为 18545 万元，其中净资产为 7801 万元，负债 10744 万元；非生产性资产为 4089.6 万元，可配股资产 4203 万元，8 家企业共 2355 人购股，人均股金为 3458 元，共计股金 814.2 万元。因企业资产不等，企业股金最低为 2000 元，最高为 4000 元。为照顾部分职工交纳股金困难，其股金可分两次交清，但第一次交清率不得低于 50%。是年 12 月 12 日，8 家企业董事会选举工作全部结束，原厂名和职工代表大会随即消失，企业在工商部门重新进行登记，分别是县纸业公司（原造纸厂）、县化工公司（原氮肥厂）、县机械冶金公司（原机械厂）、县化工矿业公司（原硫铁矿）、县黔峰建材公司（原建材总厂）、县建筑装饰材料公司（原建筑装饰材料厂）、县汽车配件公司（原汽配厂）、县印刷公司（原印刷厂）。

3. 国有独资

股份制改革以后，企业在运行中暴露了较多的矛盾。1999 年 3 月，县化工公司出现企业股东、员工双重身份不利于企业内部管理，生产积极性不能调动，形成了新的大锅饭的状况。分析这种体制实际上是股份合作制，不可能达到“产权清晰、责权明确、政企分开、管理科学”的目的，企业效益得不到提高，反而出现了亏损。县化工公司率先向县体改委提出废弃这种体制，重新组建为国有独资企业的方案，所有股权和全部资产由国资部门收回。是年 8 月，县经委批准将原 8 家股份制企业改为国有独资企业，原职工所交股金原则上尽数退回，无力退还的，转为职工对企业的集资款，企业名称不变，董事会成员除县化工公司、县印刷公司由政府委派董事长外，其余各企业“两会”成员基本不变。

4. 破产重组

1996 年 9 月，县二轻总公司对于一些负债过重，无力启动的企业，实行破产重组。9 月 26 日，县人民法院依法公告，宣告县建筑公司破产，裁定该公司总资产 242.87 万元，其中处置有效债权 74.19 万元，成为境内第一家破产企业。对 183 名职工重新安置，企业重组为建筑有限公司。2001 年，建筑有限公司与林业基建队、儒林镇建筑公司联合组建为宏源建筑公司。随后县竹器厂、县一化工厂、县木器厂、县玻璃厂、县二轻供销公司均依法宣告破产并实行了重组。

5. 租赁、转让

20 世纪 90 年代末，部分县属集体企业、乡镇企业，因产品老化，转产困难，无力启动，导致设备闲置，职工待业。为支付退休职工生活费和管理人员工资，有关主管部门将这些企业的厂房、设备租赁给其他民营企业主使用，如县木器厂、县竹器厂被租用兴办竹砧板厂。县玻璃厂、县塑料厂被租用兴办木胶合板材厂。县一化厂被租用为藕煤加工和饲养场。县属国有企业县化工颜料厂和县木制工艺品厂被租借兴办竹胶板厂，县服装皮件厂被改造租借为商业门店。

6. 置换

2001年，县委、县政府开始对国有工业企业实行职工、企业两者身份置换的体制改革，首先在县汽车修配厂进行试点。由县企业改制办公室牵头对企业全部资产进行评估，然后将达到或接近退休年龄的职工交纳养老保险金后作退休处理，未到退休年龄的职工按工龄计价，买断工龄，自谋职业。该厂经过清算，总资产为256万元。改制处理资产为168万元。89名在职职工中，作退休处理的10人；按工龄折算，买断工龄的73人；其余6人，五年后再作退休处理。处置后，部分职工出资购买厂房和设备重新组合，组建民营汽车修理企业，成为境内第一家实行两个置换的国有企业。此后，县氮肥厂、县建材总厂、县机械厂、县罐头厂等企业均参照此模式进行了身份置换，完成了改制任务。

（三）流通体制改革

1. 国营商业改革

城步国营商业归口县民族贸易一局管理。从1978年起，国有商业逐步打破了高度集中统一和封闭运行的流通体制，按照社会主义市场经济要求，将企业和职工全面推向市场，参与市场竞争，实行全方位放开，多方位经营，在改革中探索出一条自身生存和发展的新路子。

1978年9月，县民族贸易局分为民族贸易一局和民族贸易二局，国营商业归口民族贸易一局管理，下辖百货、副食、医药、石油、蔬菜、饮食服务、肉食水产7个专业公司和1个副食品加工厂，共有商业网点62个，职工309人。1982年以后，县医药、石油、自来水、烟草、盐业等公司先后从县民贸一局划出，分别归口其上级对口部门管理。1983年，国有商业首次推行"定人员、定资金、定奖罚、定销售、定利润、定基数提成"的六定经营责任制，破除了过去企业大锅饭和分配上的平均主义。是年完成销售收入2369万元，完成利润93.9万元，上缴税金22万元，分别比1978年增加57.5%、52.6%和22.2%。1984年10月，民贸一局投资25万元入股深圳洪湖公司，首次在深圳特区设立经济窗口。1985年4月至1986年4月，县副食、百货、五交化三个专业公司联合组建成县贸易中心，下设百货、纺织、五金、交电、副食5个批发部和3个零售商店，实行统一核算、统一进货、统一批发。1984—1987年，主要推行目标管理考核机制，4年共完成销售收入8040万元，实现利润203.3万元，上缴税金85.5万元。1988—1990年，主要推行承包经营和经理（厂长）任期目标管理责任制，劳动管理上实行“全员岗位责任制”，用人选配上实行招聘与自由组合，利益分配上实行“百元销售含量工资制”，把职工的工资资金与销售收入直接挂钩，从根本上打破了企业吃国家大锅饭，职工吃企业大锅饭的局面，增强了国有企业的市场竞争能力，取得了明显的经济效益。3年共完成商品销售6790万元，年均2263万元，比1987年增加293万元，年均递增14.9%；利润减抵亏损后盈利10万元；上缴税金99.9万元；企业自有流动资金增加20.8万元，固定资产增加245.7万元。1993年，为适应市场经济发展需要，由县饮食服务、百货、五交化三家专业公司组建成县商业集团公司。1991—1994年，国有商业企业全面推行了“定死基数、确保上交、超收分成、亏损自负”的全员风险抵押承包责任制，按照国家“四放开”（放开经营、放开物价、放开用工、放开分配）的政策，在经营上实行开拓经营、突出主业、发挥优势；价格上实行放管结合、明码标价、活价促销；用工上实行合同管理、双向选择、优化组合；分配上实行全员浮动、联销联利计酬、多劳多得。这一时期，由于改革涉及面广、难度大，加上资金短缺、生意难做等诸多因素，造成经济效益下降，企业亏损244.2万元。1995年机构改革，经县政府同意，撤销商业集团公司，县民贸一局改为县商业总公司。1995—2004年，国有商业按照“自主经营、自负盈亏、自筹资金、自愿组合、包死基数上交、照章纳税”的经营原则，全面推行“国有民营”的经营方式。企业按照不同地段、门店和承包人的具体情况，制定标底、期限等，由全体职工进行投标，中标者交足抵押金，与企业签订经营合同；未中标者按待业或自谋职业处理，单位发给生活费。这一改革举措从根本上扭转了企业亏损局面，几年间共完成商品销售16578万元，利润减亏300万元，上缴税金348.3万元。

1978年后，国家实施对外开放、对内搞活经济的政策，国有商业在商品流通领域的改革主要是减少和取消商品计划管理品种和逐步放开商品市场价格。1981 年，国家开始取消工业品由国有商业企业独家包销的政策，改为计划收购、订购、选购、代购和联营联销等多种形式。到 1984 年，国家计划管理的商品品种已由 1978 年的 130 多种减少至 14 种，绝大多数工业品的购销都已放开，统购包销不复存在。1985 年起，取消生猪派购制度，改为合同定购和市场收购；同时将布票、肉票、豆腐票、自行车票等计划供应物资逐一放开经营。在商品价格管理方面，从 1982 年开始，国家分三批全部放开了小商品价格。1985—1986 年，国家先后将缝纫机、国产手表、收音机、电冰箱、自行车、洗衣机、黑白电视机等耐用品的价格放开，并拉开质量价，基本形成了包括国家统一定价、指导价、市场调节价并存的多种价格形式。1987 年，有计划地将日用工业品调拨价办法由“倒扣”改为“顺加”，以出厂价为基础，商业批零企业按进价加合理费用、税金和利润来确定批发和零售价格。这些调整改革，对于合理安排商品比价，引导生产消费，促进商品流通，产生了积极影响。

改革开放以来，城步国有商业经营状况普遍较好，因而产权制度改革的幅度不大。仅对县绿源食品公司（原糖厂）进行了两个“转换”（转换职工身份、置换企业性质）、两个“买断”（买断工龄、买断产权）的产权制度改革，土地由县国土部门收购，收取土地出让金 110 万元；原有 41 名职工一次性买断工龄，发放安置费 575249 元。

2. 供销改革

1978 年 9 月，国营商业与供销合作社第三次分家，单独成立县民族贸易二局，主管全县供销工作。县民贸二局下辖生产资料、农贸、外贸出口 3 个公司和 5 个区供销社、28 个分社、26 个供销商店。1979 年 6 月，县外贸出口公司升格为副科级单位，归口县财贸办管理。1983 年 7 月，根据中央关于改革供销社体制的精神，成立城步苗族自治县供销合作联社，分设理事会和监事会，下辖 5 个区供销社、28 个分社、46 个购销商店和 99 个代购代销点。1988 年 7 月，经县政府批准，县供销合作联社理事会和监事会合并为社务管理委员会，同年成立县柑橘、桐茶经济开发中心，县农贸公司分设为县农特土产废旧回收公司和县食杂果品公司。1992 年 8 月，成立县供销总公司，同时保留原供销合作联社、民族贸易二局名称，实行三块牌子一套人马。1998 年撤销县供销总公司，重新启用县供销合作联社名称。至 2004 年底，县供销联社下属机构有农业生产资料公司、土产日杂公司、经济开发公司以及 5 个基层供销社，共有在职职工 689 人，离退休人员 261 人。

1985 年以前，供销工作仍按计划经济时期的经营模式，以面向农村、服务农业为宗旨，负责农业生产资料和农民群众生活物资的采购、供应和销售。1985 年 1 月，县农资公司开始实行承包责任制，所属门店均实行了承包。1986 年 1 月，全县供销系统全面推行“六定一奖罚”经营责任制，即定购进、定销售、定利润、定费用、定人员、定资金。年底根据任务完成情况进行奖罚兑现。1992 年后，供销系统 157 个门店全面推行了“定妥基数、商家铺底、风险抵押、定额上缴、自主经营、自负盈亏”的大包干责任制，被称为第一轮经营机制转换。供销企业共投入铺底资金 1389.58 万元，收缴上岗人员风险抵押金 98.43 万元。1993 年 1 月，供销系统行政管理人员开始实行工资考核奖惩办法；同时改革旧的工资分配形式，建立新的职能岗位工资制度，停发档案工资。1994 年 1 月，供销系统基层经营人员也全面推行岗位职能工资制度，岗位职能工资包括三个部分，即基本工资、职务工资、50% 的档案工资。1995 年 5 月开始进行第二轮经营机制转换，供销系统出现了“六定两联”“抵押承包”“商品拍卖”三种不同的经营责任制并存的局面。全县 190 个门店中有 61 个门店实行“六定两联”、63 个门店实行抵押承包、66 个门店实行拍卖承包。1996 年 9 月，对抵押承包和商品拍卖承包的门店全部收归集体经营，全系统统一实行“六定两联”经营责任制。1998—2004 年，基层门店实行集体经营、抽本经营、风险抵押承包等多种经营形式，工业品、日杂、副食零售门店逐步实行抽本经营，农资专店和农副产品专店仍归集体经营。全系统实行新的“三合一”工资制度，即基本工资 + 工龄工资 + 职务津贴。

1995 年中共中央下发《关于深化供销合作社改革的决定》后，县里按照自愿、互利、民主、平等的合作原则，成立社员股金服务部，总部设在供销联社，下辖儒林、茅坪、西岩、丹口、白毛坪、汀坪 6 个分部。社员股金的管理使用实行收支两条线。至 1998 年 5 月，全县共吸收社员股金941万元，股户4506户；共投放股金734万元，用于供销社开展业务经营。1999年4月，根据中央关于清理“两会一部”的精神，对全县所有社员股金服务部开始进行清理整顿。通过清理，应清退社员股金本息共计847.33万元，资金缺口699.3万元。经县人民政府同意，供销系统开始拍卖闲置固定资产来兑付社员股金。至2004年底，全县除小部分股金未兑付外，社员股金有关工作基本结束。

3. 粮食体制改革

县粮食局为全县粮食购销管理机构，财务由省统管。1983年成立县粮油议价公司、县直属库和劳动服务公司。1993年，根据改革发展的要求和“小行政、大实业、先办实业后转体、政企职责分开”的原则，成立城步苗族自治县粮食总公司，与县粮食局一套人马，两块牌子，同时从局机关人员抽调骨干成立县粮食开发公司和县粮食多种经营公司，各基层企业全面推行优化劳动组合。1994年，粮食经营实行政策性业务和商业性经营两条线运行，业务、机构、人员彻底分开。1996年1月起，县级粮食部门的财务管理下放到县，列入同级财政预算管理。4月，成立县粮食结算中心，对政策性业务统一管理，平价、议价两线运行。2002年5月，粮食系统机构再次精简，取消了因国家建设被征地的农民“农转非”审批和城镇居民粮食供应关系转移审批。

计划经济时期，粮食经营一直实行统购统销政策。1979年，中央决定调高粮食统购价格，同时调整“一定五年”的粮食征购基数。城步全县征购任务为945.853万公斤，为任务的99.45%。1981年起，为适应农村家庭联产承包责任制的新情况，粮食征购在原“一定五年”的基础上再次调整征购基数，把一部分征购粮改为超购粮，实行征超任务“一定三年”不变。全县粮食征购任务核减为298.35万公斤，超购任务增加到697.05万公斤。超购粮价格由每50公斤11.55元提高到每50公斤17.32元，使农民得到了实惠。1985年起，取消粮食统购，改为合同定购，全县定购任务为500万公斤，定购品种为稻谷、小麦、玉米，定购价格实行“倒三七”，即30%按原定购价，70%按原超购价。定购以外的粮食，除制定保护价敞开收购外，还可自由购销，开展粮油多渠道经营。自此打破粮食经营从1953年以来实行的统购统销和“四统一”的管理制度。1986年，再次调减合同定购数量，全县为486万公斤，同时增加了粮食定购与化肥、柴油供应挂钩。1990年，秋粮入库开始，国务院再次将合同定购改为国家定购。1992年11月1日起，全面放开粮油销售、取消城镇居民定量粮油平价供应和粮食统销、定销平价供应。1993年1月1日起，取消国家粮油定购任务，取消平价粮油调拨计划，同时建立粮食收购保护制度和粮食风险金制度，把粮食行业经营推向市场。1998年6月，国务院颁发《粮食收购条例》，进一步规范了粮食经营管理。从2001年起，城步列入粮食全面放开的地区之一，粮食购销完全进入市场化。

（四）金融体制改革

县内金融机构多数是1978年后适应改革开放、城乡经济建设和发展商品经济、市场经济需要而恢复组建的。1990年底，全县有工行、农行、建行三家银行和信用联社、邮政储蓄及保险公司等金融机构，营业网点遍布城乡。1991年县人民银行成立后，这些机构在上级金融部门对口指导和县人民银行统一监管下依法从事金融业务，实行独立经营、独立核算、自负盈亏的企业化管理。

1992年，为适应市场经济体制的要求，金融体制进行了相应的改革和完善。按照发展城市、收缩农村的市场定位，合理调整网点布局，先后撤并一批业务小效益低的营业网点，其内设职能机构也做了适当调整。并建立存款准备金和开户许可制度，改进信贷资金管理办法，严格财务收支指标考核制度，采取经济指标与职工工资挂钩浮动等多种目标管理形式，强化内部责任管理。

1994年，县人民银行转变职能，不再直接对工商企业发放政策性贷款，原有2个专项贷款项目划转专业银行。人民银行从过去分配管理型转向监督管理型，主要精力用于稳定货币和加强金融监管。人民银行不再对专业银行发放信用贷款，原来发放给专业银行的信用贷款划转为人民银行总行直接对专业银行总行的贷款。5月，县人民银行按照要求，对2119万元再贷款进行清理核对，5月30日顺利完成划转。同时，县里成立了向中国农业发展银行账务划转协调领导小组，由农业银行代理农发行各项业务，顺利完成账务划转工作，共划转存款 101 万元，政策性贷款 3907 万元。是年底，按照上级当年新增邮储存款要及时全额划转人民银行的精神，对原有存放在专业银行的存款 1800 万元进行划转到县人民银行。

1995 年 1 月 1 日，实行《贷款证》管理制度，无证一律不得贷款。各商业银行按时将其上级行下达的贷款规模指标报送县人民银行，并据此建立贷款规模台账，按月监控，按季考核。1996 年，国有商业银行全面实行资产负债比例管理。同时，人民银行职能转变为制定和执行货币政策和金融监管。是年，县农村信用社与农业银行城步支行脱钩，县农村信用社存款于 11 月 20 日划转人民银行。1997 年，金融体制改革进一步深化。国有商业银行完善了法人授权管理制度，实行全员劳动合同制，开展优化劳动组合，降低成本，控制费用，规范经营，调整营业网点布局。1998 年 3 月起，对现行存款准备金制度实施改革。将金融机构代理人民银行财政性存款中的机关团体存款、财政预算外存款，划为金融机构的一般存款。

第三节　新中国成立后城步苗族的社会事业

一、教育

城步苗区地广人稀，交通闭塞，历史上文化教育事业不甚发达。千百年来，苗族迁徙历史、村落社会、婚姻家庭、法律道德、信仰礼仪、工艺技术、苗医苗药等历史文化，大部分是通过民间教育世代传承。既有以传授劳动生产技艺为主的家庭教育，也有在一定宗族、村落及峒寨内进行的大众教育，如款会教育、歌堂教育、宗祠教育、堂子教育等。元皇庆二年（1313 年），赤水峒苗民杨再成捐资，在今城步县城创办儒林书院，延师讲业，以开民智，为湖南苗区最早的书院，儒林镇也因此得名。随后，城步县内又相继兴办秋江、潜龙、白云、青云、凤山等书院。城步县学始办于明正德元年（1506 年）。清乾隆七年（1742 年），知县张方佳在扶城、横岭、莫宜、蓬峒、拦牛各峒开设义学，招收贫苦子弟入学。县学、义学的兴办，客观上为苗族子弟创造了读书开启民智的条件。清光绪末年，废科举兴学堂，县内始办新学校。至民国二十九年（1940 年），县建有简易乡村师范学校。民国三十一年（1942 年），创办县立中学，乡建有中心小学，保有国民小学。但家境贫困的苗族子弟，仍很难踏进学校大门。据 1949 年统计，全县在校的 163 名中学生中，苗族等少数民族学生只有 23 名；在校的 2390 名小学生，苗族等少数民族学生 353 名，分别占 14%、14.7%。

新中国成立后，中国共产党和人民政府重视民族教育事业，各类学校广布苗区。自 20 世纪 50 年代开始，开展劝学运动，劝导鼓励苗族子弟入学读翻身书，减免其学杂费，保证他们优先入学。党的十一届三中全会以后，自治县的教育事业发展更快。80 年代，掀起集资办学改善办学条件的热潮，苗族村寨最好的房子是学校。改变了历史上遗留下来的学校布局不合理的状况，实现乡办有初中、中心小学，村办有小学，即使是一些边远山区，只有几个孩子的村寨也办起了简易学校。自治县于 1989 年完成普及初等教育的历史性任务。1998 年 10 月，自治县普及九年制义务教育达标，同时普及实验教学和扫除青壮年文盲工程也达到省定标准，教育事业迈上了新的台阶。

（一）小学教育

清光绪二十八年（1902 年），县衙将白云书院设为初等小学堂。是年六月，王锡爵以旧考棚为校舍，县学款作基金，创办官立高等小学堂。光绪三十二年（1906 年），贡生肖盘溪改西岩凤山书院为官立凤山高等小学堂。宣统元年（1909 年），绅士刘克俊在县城安公祠（今中山堂地）创办预科高等小学堂；王者瀚用私有财产在清蘸宫（今隘头口地）创办洪范初等小学堂。县内较大的村寨也创办初等小学堂。至宣统三年，全县共有初、高等小学堂 25 所，学生 609 人。民国元年（1912 年），学堂改称为学校。民国十六年（1927 年），城步开展农民运动，中共党员、县农民协会会长戴伟将县城王、戴、刘、饶四姓之联合会产“滨沁馆”的田产和库存稻谷收归农协，创办巫滨小学。威溪农协在白沙庙创办育英小学；蓬瀛农协在蓬瀛创办育才小学。当年秋，农运失败，这些小学相继改办或停办。民国二十九年（1940 年），实施国民教育，实行“政教合一”与“管、教、养、卫合一”的特种教育制度，县内各乡均办有中心小学，部分私立初级小学和短期义务小学转为保国民学校。是年底，全县有乡镇中心小学 16 所，保国民初级小学 132 所，私立小学 6 所，县师范附小 1 所，共计 155 所，学生 5907 人，适龄儿童入学率达 41%。民国三十三年（1944 年），根据国民政府颁布的《国民学校法》将中心小学改为中心国民学校，设专职校长。

新中国成立后，1950 年春，县人民政府接管各小学，调整学校布局，县内设立儒林镇、西岩、五桂、太平坳、清溪、丹口、横岭、兰蓉、蓬峒、咸宜 10 所中心小学，初级小学基本不变，学校贯彻“向工农开门”的方针，劳动人民子弟大量入学。1954 年下期，中心小学改称完全小学，并确定茶园、兰蓉、岩寨 3 所小学为民族完全小学，另设立 41 所民族初小。1968 年冬，公办小学下放到大队办，公办、民办、耕读合为一体，实行全日制，统一管理，开始实施小学五年一贯制。至 1976 年，小学增至 372 所，学生 30933 人，其中少数民族学生 14773 人，学龄儿童入学率为 96.3%。“文化大革命”期间，小学教育办得较滥，虽然对普及小学教育起到一定作用，但物力、财力、人力浪费较大，教学质量较低。1978 年拨乱反正后，对小学进行整顿、调整。1979 年定红旗小学为县重点小学。1980 年，全县小学调整至 356 所，设教学班 1202 个，在校小学生 31047 人。1983 年按公社分设学区，每个学区设 1 所中心小学。蒋坊、五桂、丹口、汀坪、白毛坪等 5 所中心小学被定为民族中心小学。大部分附设初中班的中心小学，小学部与初中部实行分离，独立成校。1984 年恢复小学六年一贯制。1985 年将浆坪乡的杉湾、黄土沙凼、扶子凼，蒋坊乡的标塘、平溪山，清溪乡的反水，白云乡的沉湾塘、龙凤冲，大古乡的唐家山、黄家寨，塔溪乡的乌龙水，金紫乡的平山园，西岩镇的界背，威溪乡的老庵堂，永丰乡的屈家，长安乡的洞里、地闷、青山口、三浪田，岩寨乡的崩土、八树，丹口乡的白竹山、陡冲头，羊石乡的旺溪园，平林乡的枫香凼，兰蓉乡的扶竹水、石坪、架桥冲，清源乡的筐子坪，大阳乡的线水、梧桐坪，白毛坪乡的大岔坪、楼岔、石坪、石园，杨梅坳乡的枫香坪，五团乡的同江水，汀坪乡的梨子洞、长冲，南山牧场的蕨枝坪等 40 所偏远且学生人数很少的学校被划为简易小学，只教语文、数学。1988

年，开展电化教学的中心小学有24所，村小2所。是年，红旗小学和县工交子弟学校被市教委验收为合格中心小学。1990年下期，清溪、金紫、岩寨、清源、五团等5所中心小学开始创办民族寄宿制中心小学。1995年，根据省政府关于小学设置的标准，结合县内的实际情况，对县内小学布局进行调整，共设中心小学20所，九年制中心学校（附设有初中班）17所，村小313所（含简易小学和教学点103个）。1997年，全县动员，大张旗鼓地开展普及九年义务教育，1998—1999学年度，全县适龄正常儿童33277人，已入学的33213人，入学率达99.8%，达到基本普及小学义务教育标准。随着出生人口控制，学龄儿童相应减少的情况，1999年后继续调整学校布局，撤并了几十所规模很小的学校。2004年，全县有中心小学18所，村小（含简易小学）211所，九年制学校17所，特教学校1所，在校小学生15115人，15周岁人口初等教育普及率99%。

（二）中学教育

1. 初级中学

民国三十一年（1942年）9月，县内第一所初级中学在县城创办，是年招生1个班，学生59名。民国三十三年（1944年）9月，私立达时初级中学在安仁乡沙基头村（今西岩镇）创办，招生37名。1949年10月城步解放，县中学生纷纷参军参干。1952年冬，私立达时中学改为公办，更名为县第二初级中学，原县初级中学更名为县第一初级中学。1956年9月，在少数民族聚居区的茶园民族完小附设初中班，随后又在蓬峒、丹口、土桥、白毛坪等几所完小附设初中班。1957年4月，县第一初级中学更名为县第一民族初级中学，蓬峒完小附中改名为县第三初级中学，土桥完小附中更名为县第四初级中学。1969年，县内设第一、二、三、四中学和丹口附中、白毛坪附中，还有23个公社及南山共40处办有初中，学生达2970人，实现了社社有初中。在学制上，从是年起改为“二二制”，即初中两年、高中两年。1974年县属中学以区定名。1978年，县内初级中学有工农、清溪、中华、白云、浆坪、土桥、土桥农场、大古、资源、西岩、和平、花桥、永丰、中溪、丹口、杨柳、羊石、平林、长安、白毛坪、大阳、清源、兰蓉、汀坪、蓬峒、高梅、金南、五团、南山牧场等50所，共有初中教学班196个，在校学生9115人。1979年，根据中央“调整、改革、整顿、提高”的方针，对初中进行整顿，教学班减至171个，学生减至8235人。1980年，初中学制由两年恢复为三年，因而在校学生又增至9003人。1983年，大部分的九年制学校初中与小学实行分离，分别成校。儒林镇工农中学更名为县民族初级中学。1985年，城步三中（校址坐落丹口）改为丹口初级中学，城步四中（校址坐落白毛坪）改为白毛坪初级中学。是年，学制恢复“三三制”，即初中三年，高中三年。1987年分别恢复县三中、县四中名称。1988年秋，县政协、县民委、县教育工会和县移民办集资开办联合初级中学，每年招初中班2个。1991年秋，县林业子弟学校和县财贸子弟学校建成，开始招收初中班。1992年调整初中布局，将汀坪中学并入县五中，茅坪中学并入县六中，丹口中学并入县三中。同时将羊石、白云、塔溪、兰蓉、江头司等乡中学与中心完小合并，成为九年制学校。1993年，联合初中因办学经费困难而停办。1994年，永丰、大古、蓬峒、杨梅坳等乡中学与乡中心小学合并，同时撤销南山牧场子弟学校初中部。是年，儒林镇金水村村民陈新宇在苗龙山创办私营文武技术学校，始招初中班。1997年起，县委、县政府举全县之力，在确保小学义务教育的同时，狠抓普及初中义务教育。1998年，全县有初中班290个，在校初中生有12822人，入学率达99.6%，经省人民政府检查验收，达到基本普及初中义务教育标准。此后狠抓巩固提高工作，每年年检都合格。2004年，县内有县三中、林业、蒋坊、土桥、西岩、金紫、花桥、威溪、丹口、柳寨、长安、白毛坪、汀坪、五团、清溪等15所初级中学，另有白云、塔溪、浆坪、金水、土桥农场、大古、资源、三水、永丰、羊石、平林、兰蓉、大阳、清源、杨梅坳、江头司、财贸等17所完小戴帽初中，计有初中教学班307个，全县在校初中生15106人。

2. 高级中学

1958年，县第一民族初级中学始招高中班一个，计额47名，为县内高中之始。1959年更名为县第一民族中学。1968年，县内中学下放到公社，二中（西岩）、三中（蓬峒，后迁汀坪）、四中（土桥）、丹口附中、蒋坊中学等都办起了高中，并在各公社、镇的学校开办高中班。“文化大革命”期间，县内高中盲目发展。至 1977 年，除县属一中、二中（七里坪）、三中（丹口）、四中（白毛坪）、五中（汀坪）、六中（土桥）办有高中外，清溪、浆坪、白云、蒋坊、土桥、大古、资源、西岩、和平、花桥、永丰、中溪、羊石、平林、长安、兰蓉、蓬峒、五团等公社中学和儒林镇工农中学及土桥农场学校办有高中班。虽然对就近入学，减轻学生家庭经济负担有所好处，但普遍办学条件差，教学质量低。1978 年，对高中布局开始进行调整压缩，将大古、白云、资源、和平、花桥、永丰、中溪、平林、兰蓉、蓬峒 10 处高中班停办。1980 年下期，再将工农、西岩、羊石、长安、五团 5 处高中班停办。至此，只有县属 6 所中学续办高中，教学班由 1977 年的 88 个减至 28 个，学生由 1977 年的 4375 人降至 1563 人。1983 年，县六中改为县第一职业中学。1985 年，县五中改为县第二职业中学。同年，县三中、四中划为区属中学，停办高中。1987 年又复办高中。1990 年，恢复县第五、第六中学，亦复办高中，第一职业中学从土桥迁至县城北郊与县农业技术学校合并。1993 年秋，县三中、四中、五中、六中停办高中，并分别改称丹口中学、白毛坪中学、汀坪中学、土桥中学；县民族初级中学改办完全中学，始招高中班、改称县第三民族中学。1997 年，县第三民族中学高中停办，县内只保留县一中、县二中两所完全中学。1999 年秋，退休教师王瑞林、王恒康等人在县城创办育才中学，每年招高中班 1 个，后因办学条件困难，于 2002 年秋停办。2004 年，全县有普通完全中学 2 所，高中班 70 个，在校学生 4056 人。是年，县一中被确定为市重点中学。从 1997 年至 2004 年，全县高中毕业生 17230 人参加高考，被大中专院校录取 10240 人，其中重点本科 706 人，一般本科 1331 人，大学专科 3366 人。被大中专院校录取的学生中，有少数民族学生 6240 人，占 62.6%。1985 年，县一中学生皮利民考入北京大学。1993 年，县一中学生饶俊淦以 641 分的成绩考入清华大学，成为恢复高考后县内第一个进入清华的大学生。以后又有肖爱华、王成峰等 7 人考入北京大学和清华大学。2004 年高考，全县被本科院校录取 236 人，其中重点本科 85 人，文科人均成绩全市排名第一，理科人均成绩全市排名第六。

（三）职业教育

1. 师范教育

民国九年（1920 年）知事谭炳鉴在县城旧考棚创办城步乙种师范讲习所，为城步师范教育之始。后由知事肖文铎任校长，历时一年停办。民国十八年（1929 年），在县城创办师范学校，县长卢忱毅兼任校长，办学 4 年。民国二十九年（1940 年），兴办城步县立简易乡村师范学校，学制 4 年，至 1949 年下期学校停办。1958 年 10 月，在县第一民族中学附设初级师范班，招生 44 名，原计划学习 3 年，后因急需教师，提前于 1960 年上期毕业。1978 年秋，县“五七”大学师范分校在县城东门陈家山创办，招小教班 1 个，学员 42 人；同时开办初中物理、英语教师培训班各 1 个，培训学员 80 人。学制均为 1 年。1980 年后，专办小学教师培训班。1982 年 12 月，该校改名为县教师进修学校。1985 年 8 月至 1988 年 7 月期间，国家地矿部和核工业部抽调工作人员 16 人，组成支持边远地区少数民族教育事业讲师团，分三批来到城步，均安排在县教师进修学校帮助培训教师工作。讲师团除帮助培训师资外，还在该校举办了 1 个为期 3 个月的探矿培训班，培训了探矿人员 28 名。县教师进修学校从创办到 1990 年，共办语文、数学、英语、物理、化学等培训班 36 期，培训小学、初中教师 1700 余人次。1991 年以后，该校的主要任务是对小学教师进修继续教育、学历补偿教育和小学校长岗位培训。至 2002 年，先后举办小学校长培训班 4 期，培训小学校长 135 人；对小学教师进行继续教育 1177 人，其中脱产进修 83 人，函授教育的 1094 人；对小学教师进行中师学历补偿教育 218 人。此外，还对 228 名非师范类学校毕业的小学教师进行了教育学、心理学和教学法的培训。

2. 职业中学

1983 年，调整县中等教育结构，将设在土桥的县六中改为县第一职业中学。1985 年，又将设在汀坪的县五中改为县第二职业中学。县第一职业中学面向全县招生，学制三年，初办时设农业、果木、畜牧三个专业，每个专业开 2 个班，共有学生 240 人。农业专业课程有土壤、植物、植物生理学、农业气象、作物遗传育种、作物栽培、植物保护等；果木专业课程有土壤、肥料、植物生理、果树栽培、果木育苗、果木病虫害防治等；畜牧专业课程有动物、动物生理学、解剖、家禽和微生物、禽畜饲养、禽畜疫病防治、饲料等。学校办有猪场，供教学实习之用。1990年秋，学校迁至县城北郊，后与县农业技术学校合并，学校占地面积51.7亩。新开设电大班、经营管理班、家电维修班、家庭农场经营班和果木班。1995年9月，更名为县成人中等专业学校，举办成人中专学历教育和非学历教育。是年11月，该校升格为正科级事业单位。至2002年，该校已办各类专业班6个，为社会和上一级学校输送各类人才计2000多人。县第二职业中学占地81.4亩，因缺乏专业课教师，一直按普通中学方式办学。1990年取消县第二职业中学的牌子，恢复县第五中学名称。

3. 县中等中医职业技术学校

1958年7月，县卫生部门在县人民医院内办初、中级西医班2个，称为县卫生学校。1968年停办。1975年，该校再次复办，负责短期培训在职初级医务人员。1979年8月，学校迁到城东石板桥，正式修建校园校舍，逐步正规办学。初期以培训在职初级医务人员为主，培训时间因专业而异，有1至3个月的，有半年的，也有1年的。开设课程有人体解剖学、生理学、药理学、病理学、诊断学、内科学、儿科学、妇科学、中医基础学、中药学、方剂学等。至1984年，先后举办农村赤脚卫生、公社卫生院医务人员、妇幼保健、医护、医学基础、中医、中药炮制、药剂等培训班15期，培训学员643人次。1985年4月，农工民主党邵阳市委组织12名医学教授、专家到城步扶贫支边，在该校举办妇产科医生理论提高班，历时3个月，培训妇产科医生42人。1987年5月，经省卫生厅批准，省教委备案，该校改为县中等中医职业技术学校，面向农村招收初中毕业生，学制3年，毕业不包分配。其办学宗旨是以中医学为主，中、西结合，为农村培养能防能治、能医能药的初级医疗卫生人员。1987—1989年，每年招生1个班；1990年后每年招生2个班。开设课程有中医基础、中药学、方剂学、中医内科、外伤科、五官科、妇科、儿科、针灸推拿、解剖、生理病理、微生物、寄生虫病防治、药理、内科、外科、卫生防疫等。1997年根据卫生部指示精神，该校停止招生。1999年，该校最后一届学生毕业，学校停办。

二、科学技术

城步人民在长期的生产实践中，逐步积累了适应山区特点的生产技术和劳作经验。东晋时期，开始人工营造杉木林。唐末五代，出现“稻粟再熟”。宋代已开始注重兴修水利，种植油茶、油桐。元、明时代，开始推广薏米、漆树、桑麻、蜡树等经济作物的种植，同时发展了建筑、造纸、制陶等技术。清代，有制作鹿茸、虎膏、虫茶等技术。民国时期，杉松栽培试用点播法获得成功，果木嫁接已经盛行，同时引进了织染、缝纫、印刷等近代生产技术，并有了西医。然而，由于地处偏僻，交通闭塞，文化落后，新中国成立前，境内的科学技术发展极为缓慢。

新中国成立后，党和人民政府把科技事业作为城步经济发展的基础工程来抓，随着工农业生产和文化教育事业的发展，科学技术得到了相应的普及和提高。自治县的科技工作，以引进和推广外地的科技成果和先进经验为主，同时根据山区特点和技术力量开展一些试验性的研究工作。20世纪50年代，县农科部门引导农民打破传统耕作习惯，发动农民深开排水沟、改良低产田、引进外地优良品种、推广农药和化肥等先进技术和方法，同时对县内各族农民选种、育秧、施肥、轮作等技术和经验进行总结，逐步使农民走上科学种田的道路。1958年，县内相继建立了农科所、工业科研所和农机科研所，有计划、有组织地开展科研活动。县科学技术委员会和科学技术协会等组织还创办了《城步科技报》，科技事业初具规模。“文化大革命”期间，除县农科所外，其他科技机构全部撤销，许多科技人员被迫改行。1978年全国科技大会以后，科技工作重新提上了各级党委、政府的议事日程，恢复建立县科学技术委员会，组建了县林科所、南山畜牧研究所，恢复了县科学技术协会，围绕工农业生产开展科研活动。狠抓了一系列科技成果的引进、试验、推广、示范工作。县委、县政府围绕“科技兴国、科技兴县”战略，制定和实施《1978—1980年科技发展重点项目规划》《1981—1985年科技发展重点推广项目规划》，

1987年又开始实施《1987—2000年经济科技社会发展规划》。同时，出台了一系列振兴科技的措施。1984年，制定《城步苗族自治县科学技术成果奖励条例（试行）》，1986年发布《关于科学技术进步的暂行规定》，1987年制定《城步苗族自治县科学技术奖励条例》，1996年10月县人民政府印发了《城步苗族自治县人民政府“科技兴城”评审奖励办法》。1978—2004年，全县共开发科技项目20个，引进推广科技成果项目306个，拥有207项科技成果，申报国家专利79项。

（一）科技成果

1978年，县内开始科技成果的鉴定管理工作。县科委对各单位申报的科技成果，组织有关部门进行鉴定，经县科学技术成果评审委员会鉴定评定并登记认可，县科委予以登记编号作为奖励的依据。其鉴定程序是：先由成果单位上报申请鉴定报告、调查考察报告、技术应用情况报告、学术论文等。办理上报、登记、鉴定手续，然后由同行学者、专家、科技管理和经济管理专家以及有经验的工程技术人员组成的鉴定评审委员会进行评审。在评审鉴定中，根据科研成果的工作质量、学术水平、实际应用和成熟程度等评审标准，从学术价值、经济效益、社会影响等三个方面进行评定。20世纪70年代末至21世纪初，经县科委鉴定上报的科研成果共78项，其中工业21项，农业40项，林业3项，医卫5项，其他9项。获得国家、省级奖励的科技成果如下：南山牧场屠敏仪、郑明高的《牧草引种试验》，1980年获国家农牧渔业部科技成果三等奖；南山牧场屠敏仪、郑明高、刘绍杞的《大面积飞机播种牧草》，1982年获国家农委、科委科技成果一等奖；南山牧场屠敏仪、郑明高、刘绍杞的《种草养畜开发山区自然经济》，1983年获国家农委、经委、科委、农业部、林业部科技成果一等奖；南山牧场、北京农业大学畜牧系等13个单位屠敏仪、刘绍杞等人的《南山山地草场改革引种及改良和发展养牛业的技术措施》1983年获农业部科技成果一等奖；南山牧场屠敏仪、刘明高、刘绍杞的《降低地面处理费用利用飞机播种试验》，1984年获农业部科技成果一等奖；城步县气象站萧永诗、李振冰、唐运斌的《台风实验工作和湘中地区小尺度灾害性天气预报研究》，1984年、1986年分别获国家气象局科技成果三等奖和国家科技进步三等奖。

（二）科技开发

1. 南山牧草繁殖

南山是我国南方天然牧场，但是天然牧草远远不能适应牧业发展需要。建场初期，靠人工挖耕种植牧草，成本高、速度慢，载畜量的提高受到限制。1981年，该场从澳大利亚引进白三叶、鸡脚草、黑麦草等优良草种，首次实行飞机大面积播种，被国内外专家鉴定为高速、有效、廉价改良草山的有效途径。1982—1984年，为进一步改变飞机播种、人工培育的传统技术，南山牧草技术员屠敏仪、郑明高、刘绍杞等提出"火烧重牧"的方法，即先以火烧处理地面原牧草，再飞机播种优良草种，既省钱、省力、省时，降低有效成本75%，还避免了水土流失，此法系国内首创，为南山牧场的发展和境内牧业兴县奠定了坚实的基础。飞机播种、火烧重牧两项革新成果先后获得国家农牧渔业部科技成果一等奖。

2. WN20—60微型碾米机

1984年，县农业机械厂（后改为县机械厂）为适应山区农民生活的需要，改变山区碓舂、石碾的落后碾米方法，以铸造师韩庸芝为主，在N200型碾米机的基础上，研制WN20—60微型手摇式、电动式的家用微型碾米机。有电的家庭，可以用电带动，每小时可碾稻谷60千克；无电地方，可以手摇，也可以脚踏，每小时可碾稻谷20千克。经邵阳市机械冶金局组织有关专家鉴定，该机型小巧，动力简便，性能可靠，出米率高，维修方便，深受广大农户欢迎。鉴定后，即批量投入生产，产品畅销广东、广西、四川、浙江、福建和省内各地，成为该厂主导产品之一。

3. 带蒂大网膜在尿道狭窄中的应用

带蒂大网膜在泌尿系统的应用，当时在国内外仍属创新的研究课题。1986年，县人民医院以阳学春、肖盛旭、李文中为主的外科小组，将带蒂大网膜在狭窄尿道做临床应用。本项目适用于复杂的尿道狭窄及多次手术造成的尿道狭窄，更适用于有感染的患者。经临床试验，采用带血管蒂大网膜包裹尿道吻合处，具有修复快、吸收炎性渗出物、预防尿道外瘢痕压迫吻合口，使患者伤口愈合快，无尿道再次狭窄、尿失禁、性功能障碍等并发症，疗效显著，在县级医院尚属首创。自此，县内同类型患者无需向外地转院治疗。

4. ZYBWG150型无油真空压力复合气泵

1989年，县印刷机械厂自行设计、制造ZYBWG150型无油真空压力复合气泵。该泵将缸体与转子采取偏心装置，内腔由叶片分成几个气室，气室容积可随时变化，从而产生真空与压力，采取自身润滑结构，简化了补气结构。该机排气量大、噪声小，广泛用于卷烟、陶瓷、船舶排污等行业。经省级鉴定为省新技术开发产品，已成为该厂主导产品之一。

（三）科技推广

1978—2004年，县科委共完成引进推广项目306个，其中有84项获科技进步奖。1978—1982年，在土桥农场推广“72—304”无籽西瓜，采用薄膜覆盖、喷灌、异瓜嫁接等新技术，连年获得丰收。1987年，县农业局在全县大面积推广“汕优63、威优63”杂交稻种，亩产稻谷520千克。1991年，县林业局遵照省林业厅下达的“高海拔山地优良造林树种”的课题，推广鹅掌楸、黄山松、日本落叶松、亮叶水青、缺萼枫香、多脉青冈等优良造林树种种植成功。至1995年冬，共造林50880.5亩，其中鹅掌楸营造48954亩。1996年，由同力化肥厂承担的“有机无机复混肥”项目，1998年试产成功并开始批量生产。1998年，县科委引进试种旱稻新品种——远秀一号，在全县推广60000亩，遇当年特大旱灾情况下，平均亩产480.3千克。是年，推广杂交玉米，全县种植5.8万亩，创平均亩产288千克的高产纪录。1999年，县科委在儒林镇楠木村、大木山村推广高标准、科学化稻田养鱼，面积372亩，放各类鱼苗30万尾，在白云湖库区发展网箱养鱼50箱，均获得好收成。在儒林镇白岩村、西岩镇石头村、星火村示范推广优质稻“178”，三个村的350亩科技示范稻田，平均亩产优质稻谷550千克，单产最高达750千克。1995年，县农业局引进D优多系1号中稻杂交组合，进行大面积示范试验。据考察，D优多系1号品种具有抗病、高产的特点，适宜于境内气候、水土条件，完全可以取代当时大面积种植的S63品种。首次试种面积1.72万亩，采取旱地育秧、双株插秧方法，实施湿润干湿管理，少施氮肥、重施磷、钾肥，实现预期高产目的。平均亩产696.7千克，比S63亩产高30.8千克，为省内首例引进中稻良种项目。在全县大面积推广应用后，每年可增加粮食产量672万千克。

（四）科技交流

1980年11月1日，南山牧场屠敏仪等出席在武汉召开的全国饲养研究会，屠敏仪就牧场改良研究同与会人员进行了学术交流。1981年9月，南山牧场石崇斌、屠敏仪等3人前往澳大利亚进行参观考察，就《发展畜牧业、改造天然草场》作了学术交流。1984年，县砖瓦厂在轮窑技术改造中，撰写出《土坯轮窑经济效益高》技术论文，1985年被国家建材局西安砖瓦研究所《砖瓦》杂志第四期刊用。尔后，省内和贵州等地10家砖瓦厂技术员先后来该厂参观学习。1985年10月14日，县水利水电局罗介北参加中国农业技术专家组出国扶助莱索托王国，传授喷灌技术。是年12月9日，县氮肥厂曾瑞云等出席邵阳市化学工业公司召开的锅炉节能技术经验交流会，在会上介绍有关技术操作的经验。同年，县内举办学术交流会45场，参加人数达868人次，并组织98人赴外地进行学术考察。1986年10月，县中医院李白云出席在衡阳召开的全国第三次肛肠学术交流会，李撰写的《中西医结合治疗肛瘘》一文，被选为大会重点交流材料。是年，白毛坪区大阳乡医院陈世良参加在广西梧州市召开的全国卫生工作会议和在南宁召开的有30个国家和地区参加的国际毒素会议，作了治疗蛇伤的学术介绍。1987年11月23—26日，县麻风病防治站站长游延慧出席在昆明召开的全国第三次麻风工作经验交流会，游被评为先进个人。1998年11月16日，县委、县人民政府组织50人，参加了“98邵阳市实用技术及科技新产品交易洽谈会”，同与会代表就有关问题进行了广泛交流，促进了实用技术的推广和新品种、新产品的利用与开发。

三、文艺

城步苗族和侗、瑶、汉各民族有着古老、丰富的文化遗产，尤其是口头文学和民间艺术历史悠久，流传广泛，形式多样，内容丰富，其以浓郁的乡土气息、鲜明的民族特色点缀着伟大祖国的文化宝库。但是，历代的统治阶级极不重视传统的民族文化遗产，苗、汉、侗、瑶等各民族绚丽多彩的文化艺术，或被歪曲篡改，或遭歧视摧残。新中国诞生后，在党的“百花齐放，推陈出新”的方针指引下，县里建立了专门的文化机构，省、地、县的文艺工作者纷纷深入苗乡侗寨，对各民族文化遗产进行发掘、搜集和整理，各族人民传统的文化艺术宛如枯木逢春，又显露出无限生机。

（一）文学

1. 民间文学

城步苗族由于历史上一直是受歧视和被征剿的民族，加之所居系崇山峻岭，交通十分不便，故而整个民族的文化程度不高，书面文学欠发达，名人名著少。但口头文学浩如烟海，尤其是民歌民谣，多达 10 万多首，称得上是歌的海洋。而且，这些口头文学，极具地域特色和民族特色。就地域性而言，县的东面及东北面，紧靠汉族聚居区，县西、西南及南面，毗邻侗、壮、苗等少数民族聚居区，就其产生和流传的民族文化（含口头文学、舞蹈、体育、工艺美术）之内容，既不同于东面及东北方向汉族聚居区，也不同于西、西南和南面的少数民族聚居区。譬如民间故事中的“姜郎和姜妹”的故事，民间歌谣中的“迁徙歌”，其故事及歌词内容就极具地域性，它所反映的内容仅指城步苗族这一分支的起源和其后的迁徙路线。

就民族特色而言，就更明显。如歌谣中的“苗族酒歌”，它虽然属结婚礼仪中的民俗歌曲，但它较其他地区的同类歌曲更具史诗性，内容不但完备，而且将该地苗族的传统教育、道德风尚、待人处世、成家立业等内容融汇于歌词之中。它是一部内容完备的礼仪学、民俗学、哲学、历史学、伦理学等诸学科方面的教科书。

又如口头文学中的“花话”“卡子”就为城步苗族所特有。其他民族无“花话”“卡子”这一文学名词。再如工艺方面城步苗族的“竹衣”，堪称世界一绝。雕刻中的南桥石狮，也举世瞩目。天下石狮知多少，有哪一个能与南桥石狮相媲美。

城步苗、汉、瑶、侗等各个民族的民间文学以口头文学为主，从各个不同的侧面，反映了各族劳动人民的生产生活和反抗统治阶级剥削压迫人民的历史，抒发了各族人民的思想感情和美好愿望。这些口头文学，有的以远古神话为题材，如《金肚金沙抓太阳》《东山老人南山小妹》《盘古开天》《十二个太阳》等；有的以历代农民的反抗斗争作内容，如《李再万的传说》《杨清保的故事》《萝卜王的故事》等；有的描述了城步的乡土风光，如《吞官石》《神仙桥》等；有的反映了各族人民的爱情生活和道德风尚，如《张兆和吉吉》《三妹与菜花蛇》《万般和半点》等。丰富多彩的民间故事中，有瑶族信奉盘瓠为王的传说，城步“杨”“阳”“羊”“扬”四姓由来的传说，同胞兄弟分为“吴”“胡”二姓的传说，独奶婆守银杉的故事。县内民间文学工作者从20世纪50年代起，相继深入苗乡峒寨，搜集整理民间故事，并从事民间通俗文学创作。尹建德搜集整理的红军长征故事《毛主席苗山播火种》《朱总司令在瑶寨苗乡》，刊登在《红军在湖南故事集》一书。他创作的民间故事《智擒秦昌奎》，1981年12月获湖南省文学艺术创作奖。杨光勋编著的通俗读物《新编传家宝》，1981年由湖南人民出版社出版，1982年由湖南教育出版社重版发行，印数53.5万册。城步各族人民传统的口头文学通俗易懂，讲唱结合，代代流传，为群众喜闻乐见。新中国成立后，这些优秀的文学遗产得到了党和人民政府的重视，全县共搜集民歌民谣10000多首，传说故事120多篇，有的已编成专集出版，有的被加工整理，在省内外报刊上发表。文化工作者搜集、整理的城步情歌，有200多首在省、市报刊上发表。1989年，搜集整理编印《中国民间故事歌谣集成湖南卷·城步苗族自治县资料本》，收录歌谣355首；同时，收集整理编印《中国民间谚语集成湖南卷·城步苗族自治县资料本》，收录民谚1565条。新世纪初，马忠培在四川人民出版社《龙

清溪岔路口的“吞官石”

门阵》发表民间故事作品10余篇，其中《观音山野人之谜》，2002年被评为中国故事期刊首届故事作品优秀作品奖。

城步苗族的民间故事，内容有人类起源方面、反映苗民起义、反对贪官污吏、破除封建迷信、反映红军长征等方面的内容。典型的民间故事，有苗族信奉盘瓠为王的传说，城步“杨”“阳”“羊”“扬”四姓由来的传说，李天保栽神树的故事，萝卜王蒲寅山的故事，县官李蛮牛的故事，吞官石的传说，独奶婆守银杉的故事，苗族妇女围裙的传说，蕨粑的故事，苗语吓跑催税人的故事等。红军故事则有《毛主席苗山播火种》《朱总司令在苗乡》等。

花话。花话意为采花之话，它是一种独具一格的苗族条理话，也是一种没有曲调的情歌。其主要表现形式是只讲不唱，短则几句，长则数百句，情节错落有致，常以比兴手法传情达意。它是苗族人民传承民族文化，表达爱情，缔结姻缘的一种表现形式。花话一般由父母或师傅传承，在未婚青年男女之间口耳传播。已婚或未成年者不能讲花话。花话实际上是一种谈情说爱方式，通过运用一种美好的词语来表达爱情，达到求婚的目的。

卡子。卡子是一种独特的民间口头文学形式，它的特点是通过设卡，达到逗趣取乐、启迪智慧、增加知识、丰富生活的目的。它是城步莫宜峒与广西龙胜接壤之芙蓉、马堤、布弄这一小区人民日常生活中不可或缺的内容。

卡子有酒卡、饭卡、茶卡、烟卡、水卡、菜卡、拦路卡、寻猪菜卡、人卡、挑柴卡、插田卡、挖土卡、挑猪仔赶场卡、十大元帅卡等。内容健康、诙谐、妙趣横生。如：

锡壶斟酒瓦罐煨，情郎吃酒莫辞杯；
桌子头上无好菜，无有好菜不好陪。
锡壶斟酒瓦罐煨，情郎吃酒莫辞杯；
桌上好菜样样有，只欠情妹没来陪。
情郎吃酒莫辞杯，无有好菜不好陪；
晓得情郎吃得酒，姐一杯来郎一杯。

如果答不上来，则酒就喝不成了。

又如，一外乡人登门访友，摸不着门，动问别人，那人便设卡：

两扇大门并打开，门前砌起好花台；
大门头上四个字，莫非不会看招牌？

如果在路上突遇人外出，问去哪里？那人便回答：

家贫无余粮，人穷走他乡；
上走贵州十八县，下走广西十八乡；
没底龙船沉四海，鹭鸶没屋游八方。

设卡回卡也不乏插科打诨之作。

又外出遇着姑娘打猪菜，设卡道：

姑娘走路背驼驼，肩上背起猪菜箩，
你是左右理猪菜，上下四里会情哥。

姑娘回道：

姑娘家住半山坡，喂猪天天背篾箩；
你若与它共盆菜，我愿为你背篾箩。

又如碰上一姑娘赶牛进山，姑娘会唱道：

日头出来正到天，这时放牛到路边；
牛马畜生不知事，切莫把你挤到路下面。
早饭过后把牛放，行人莫要把路挡；
牛马畜生不知事，你莫和它同一般。

2. 诗歌

城步奇山异水，天宝物华。千百年来，吸引着历代的骚人墨客。他们或为官、或贬谪、或游历，扑入了城步青山绿水的怀抱，在饱览江山形胜之余，往往抒发自己的感慨情怀，将城步的历史人文、自然风光描摹笔端，形成优美的诗文辞章。唐代杰出诗人王昌龄在这里发出了“青山一道同云雨，明月何曾是两乡”的赞叹；宋代著名诗人陈与义吟诵出“丹枫如染带烟光，幼出人间锦绣乡”的诗句；清代的宝庆知府黄文琛也有“樵路更从飞鸟外，炊烟多在翠微间”的描绘。明代，城步始出现本土诗人。诗人张大威、张大翔兄弟和饶维机等，均在城步古八景留下了优美的诗篇。苗族诗人杨轩的《蒋村春渡》写得清新明丽。清代，境内涌现出杨时宪（苗族）、吴宗基、向继申（苗族）、蒋上达（苗族）、杨友楷（苗族）、蒋文英（苗族）、彭璇、杨彩文（苗族）、陈之敬、杨正芳（苗族）、张安凝、张文尉、张镜镛等一批诗人，留下不少咏物、写景、抒情的诗歌作品，或载入县志，或录于族谱，或镌刻于石洞崖壁，流传于世。民国时期，长安营诗人杨明璠写的《纪游诗题并序》（40 首绝句），追忆了客游武昌，遍历名胜的游历，风格沉雄沧桑。20 世纪 50 年代，许多干部群众常编新山歌和“打油诗”，表达劳动人民翻身做主人的喜悦心情。1958 年，县内成立 300 多个业余文艺创作组，创作诗歌上万首，部分在报刊上发表，但口号式的东西多，缺乏诗情韵味。党的十一届三中全会以后，县内一批年轻的诗歌作者崭露头角，如曹正城、肖仁福、杨雄等，创作出一批反映苗族地区现实生活、有民族特色的诗歌。传统诗词也重放异彩，1989 年成立了碧云诗社，陈本正、胡念坤、封会亲、刘仲元、张正清、杨迪干等人的诗词作品，或在省级以上刊物上发表，或参加国内大赛获奖，或镌刻于风景胜地，较有影响。

3. 散文

元代至民国时期，城步一些作者创作出不少言辞优美的游记或记叙散文。元代武冈军学录赵长翁的《儒林书院记》，明代贡生肖燧的《襦林门记》，清代邑令曾天用的《红雪洞记》，同知何麟的《游白云洞记》等，系影响较大的代表作。新中国成立后，城步陆续涌现出不少散文创作的后起之秀和散文作品。20世纪50年代末和60年代初，唐尧的《刘院长》《新园丁》等，杨培植的《土溪冲里春意浓》，均在省级以上文学刊物上发表。杨雄的《夜，静悄悄》《葱翠三月》等5篇散文1985—1989年陆续在《散文》杂志上发表；《那小镇，那琴声》获全国青年散文大奖赛二等奖。肖仁福的《笔架山》获1987年湖南省第四届青年文学创作竞赛二等奖。唐尧的散文集《情坠南山》《三叶草》《紫阳峰》《魂系南山》《我从富国归》《闪光的绒线》由香港金陵出版公司等出版。尹建德的散文《银杉之歌》，2001年获中国作家协会、文艺报社举办的“中国作家世纪论坛”征文三等奖，叶飘的散文集《如风岁月》，2000年由时代文艺出版社出版。雷学业的散文《城步的油茶香》《孩子你姓什么》《悔心不改》《我在哪发财》等在《湖南日报农村版》副刊发表，民族风情系列散文《拦牛，一个美丽的传说》《千古沧桑话长安》《备年》《拜年》《祭年》《古俗新风话过年》《城步端午风味浓》《亦饮亦食话油茶》等，在《邵阳日报》副刊发表，随笔《让古村落古民居成为“镇寨之宝”》在《人民日报》发表。

4. 小说

县内小说创作成果始于20世纪50年代。尹向阳的短篇小说《误会的教育》，1956年发表于《湖南文学》。马捷的短篇小说《乡里妹子进城来》，1963年在《人民日报》上发表，是城步在国家级报刊上发表的第一篇小说。小说创作日趋繁荣。李桂英的短篇小说《科技队里的临时工》《高山流水》，杨雄的短篇小说《老人、石峰和小女孩》《学院小人物·四题》，肖仁福的短篇小说《鸳鸯洞》《遥远的梦》《丑妹》等，分别在《民族文学》《民族作家》《希望》《湖南文学》等刊物发表。杨雄的小说集《墙上那面镜子》，2000年由时代文艺出版社出版。肖仁福的短篇小说集《箫声曼》，1997年获第五届全国少年民族文学奖；2002年，他的第一部长篇小说《官运》由中国青年出版社出版，畅销全国。随后又陆续出版长篇小说《位置》《心腹》《待遇》等，共计300多万字，总发行量逾百万册。

（二）音乐

城步素有“歌海”之称，民间音乐纷繁驳杂。城步民间音乐大致可分为民歌（包括山歌）、民间小调、风俗音乐、宗教音乐、器乐音乐、曲艺音乐、戏曲音乐7类。

民歌（包括山歌）数量多，流行广。其中五团歌、蓬峒歌、四句歌、摘菜歌、石匠歌、打夯歌、嫁女歌、贺郎歌、侗族摇摇歌、瑶族采茶歌最富民族特色和地方特点，曲调有200多种。民歌演唱者几乎遍布南境各个村寨。

民间小调有采茶调、麻雀歌、螃蟹歌、十月子飘、红绣鞋、贺郎歌调等；从外地引进加以改造的有探亲调、磨豆腐调、闹元宵、拜年调、十月花、十把扇子、绣荷包、十只戒指等，共119种。

风俗音乐，是在婚、丧、喜、庆和节日、祭祀等活动中表达思想感情的音乐。主要曲牌有苗族的嫁女歌、酒歌、贺郎歌、招魂曲和庆鼓堂中的起神歌、庆神歌、送神歌等84种，各地采用的庆鼓堂曲调就有40多种，歌唱和道白多用本地民族语言。

器乐音乐以唢呐牌子为主。多数唢呐曲牌与民间曲调有相似之处，应用范围十分广泛。每逢婚丧喜庆活动和重大节日舞龙、耍狮等，多用唢呐伴奏。其曲牌有拜年曲、娘送女、送神、贺财神、和亲曲等80个。民间还有一种随手可取、较易学会的器乐——木叶，也广泛流行，是一种作为唱山歌时的伴奏乐器，很少有单独的曲牌，只有少数吹木叶的能手掌握几首体现民族特点和地方特性的独奏曲。

长安营乡民间艺人唐仁义（1894—1948年），出身于唢呐世家，从小受唢呐艺术熏陶，在唢呐演奏技巧上造诣很深，能熟练采用“工尺四合”方法记录民间唢呐曲谱，能熟练演奏民间唢呐曲调《蜡梅花》《雁鹅下山》《过山虎》《大开门》《小开门》《娘送女》《浪淘沙》等72个曲牌，通晓100多个唢呐牌子，其演奏技巧远近闻名。

宗教音乐是城步民间进行宗教活动时使用的音乐（包括打击乐）。佛、道二教有“四科”（伽特科、开路科、送圣科、绕棺科）、“九打”、“十八唱”，每科都有几种特定的唱腔，如开路科的《上船科》，伽特科的《十奠酒曲》、绕棺科的《目连行孝腔》等曲牌都很完整，旋律也较动听。流行广泛的曲牌有《巫师歌》《佛歌》《打山魈》《盘王歌》《十奠酒》《度亡调》《净坛》等45种。

曲艺音乐，有打渔鼓、唱土地、弹丝弦等 10 多种，多由外地传入城步。在县内各地流行的赞龙灯、赞狮子，以及在五团、江头司一带流行的排话、花话、卡子等 10 多种腔调都极富民族特色和地方特点。

戏曲音乐，来源于民族、民间小调及花鼓戏、祁阳戏、桂剧等戏剧乐曲。地方流传的传统剧目《摸泥鳅》《何氏磨媳》《送表妹》《抬轿曲》等，所用的主要唱腔有《走场牌子》《川调》《丝弦小调》等 20 多种曲牌。这些曲牌的戏剧化程度较高，适应性较强，具有旋律优美流畅、情调活泼诙谐的特点，能表现各种戏剧情节和人物性格。

省、地（市）、县文化部门于 1962—1986 年先后四次组织人员深入民间进行搜集整理，共录 500 余首，编印成集。1981 年编辑出版的《中国民间歌曲集成·湖南民歌集》一书，收入城步民间歌曲 125 首。城步民间音乐大致可分为民歌（包括山歌）、民间小调、风俗音乐、宗教音乐、器乐音乐、曲艺音乐、戏曲音乐 7 类。苗、汉、侗、瑶等各个民族都有自己的山歌，风格各有特色，形式丰富多彩。苗族民歌中，高亢悠扬的山歌，嘹亮奔放的开山歌，质朴浓厚的古歌、慷慨激昂的反歌，深沉悲壮的苦歌，缠绵悱恻的情歌，各有千秋。新中国成立后，县内外歌曲作者吸取城步民间音乐精华，创作了一批音乐作品。20 世纪 50—60 年代，流行全国的优秀歌曲《挑担茶叶上北京》《金谷丰收我出嫁》，就是根据城步苗族流行的《贺郎歌》《嫁女歌》《一心要嫁种田郎》的基本曲调编创的，它以明快的曲调，悠扬的旋律吸引着成千上万的听众。杨宗月作曲的表演唱《种田一心为革命》，1974 年编入湖南歌曲集《洞庭新歌》出版。县内创作的新歌有《祖国为什么这么壮丽》《祖国我为你梳妆》《祖国，你永远在我心中》《苗乡有多美》《高高的苗岭什么最亮》《绿色竹乡》《月亮懂得我的心》《夕阳啊夕阳》《夏天的童话》《我的故乡》等，80 年代以后的获奖作品有:《红军恋》获省辖七市歌配舞邀请赛一等奖,《我妹是个侗歌妹》获省辖八市民族歌舞邀请赛一等奖,《吹火塘》获全国第十届群星奖（湖南赛区）铜奖,《舞板凳》获湖南省首届少数民族文艺调演三等奖。歌曲作者有曾令多、杨明国等。杨光清演奏的木叶歌《城步是个好地方》，2001 年 3 月在湖南卫视《湘女出行》栏目专题播出；他演奏的《油茶歌》2002

年元旦在中央电视台第五套《早安中国》栏目播出并专题报道。

民间歌谣则以传统的为主，兼有触景生情等诸方面。最流行的是迁徙歌，将城步苗族的迁徙历史、迁徙路线以歌的形式传承和记录下来。其次是情歌。情歌在歌谣中占绝大部分，其内容主要反映男女情爱，以歌为媒、以歌定情、以歌定终身。

唱歌的场所不定，有野外唱，歌堂对唱，男女相遇唱，劳动休息时唱，还有结婚场合唱。歌谣中还有酒歌、嫁女歌、贺郎歌、挖土歌、放排歌、赶山歌、上梁歌、贺婚歌、祝寿歌、葬歌、反歌、儿歌。情调激荡、浪漫、含蓄深沉，极具哲理性。如《嫁女歌》，又名《花园歌》，是城步苗族聚居区汀坪、蓬峒、杨梅坳、兰蓉、白毛坪等地嫁女时演唱的一种民歌。凡男方到女方家接亲时，女方寨中的兄弟姐妹和远近亲朋好友，围坐在厅堂或茶堂（火塘屋）里，陪伴将要出嫁的新娘唱这种歌。从入夜唱到次日天亮，一直唱到新娘辞行上路为止。演唱形式有对唱，由一人唱多人衬词或和尾声。其内容除少量系基本固定的歌词外，其余均由歌手即兴创作演唱。此歌的旋律优美，委婉动听，加上富有特色的衬词“哩啦哩”和悠扬婉转的拖腔，给人以美的感受。群众俗称《嫁女歌》为“哩啦哩”。

《嫁女歌》的演唱步骤是：

客人先唱“开堂歌”：

一进堂屋二进厅，三进茶堂起歌声，
六亲九眷来相伴，一齐陪伴到天明。

主家接唱：

灯火熊熊蜡烛明，今夜高亲来寒门，
花园陪伴过一夜，怠慢高亲要宽心。

客人唱“十进花园歌”。（略）

新娘家亲属唱“离娘歌”：

姑娘做女十八春，时刻不离娘的身，
长大自然成家去，莫忘爹娘养育恩。……

新娘母亲唱“教女歌”：

在家做女贵如金，嫁到婆家莫任性。
一要孝顺公和婆，二要顺从丈夫心。……

主家唱“谢亲歌”。（略）

陪伴新娘的亲朋唱“五更”歌：

三更锦鸡叫得忙，催起新娘快梳妆，
快快梳妆辞宗祖，辞别宗祖辞别娘。……
五更鸡叫大天光，新娘到了郎家乡，
夫妻同心齐好合，天长地久百世昌。

又如《贺郎歌》，是新娘嫁到新郎家当晚闹洞房时演唱的风俗歌。凡参加闹洞房的人，无论男女老少都可以唱。为首领唱的称“领歌郎”，歌词都是恭贺新郎新娘的吉利话，可引用传统歌词，也可即兴而编。闹洞房者不受拘束争相演唱，歌声不断，往往通宵达旦。歌词缠绵柔情，单调高昂欢快。有的唱完四句为一个乐段，有的唱完四句以后，还要加上“今夜（个）恭贺新郎个个喜，我落了（个）音（来）你另起腔”，这两句有承上启下的作用，以唤起歌伴接声欢唱。

《贺郎歌》的演唱步骤是：

领歌郎先唱“开堂”歌：

新娘骑马过莲塘，塘里有对好鸳鸯，
夫妻今夜成双对，鸾凤和鸣百世昌。
今夜（个）贺新郎个个喜，我落了（个）音（来）你另起腔。

歌伴接唱“请新贵人歌”。（略）

歌伴轮唱“敬酒歌”：

手端茶盘四四方，一壶美酒在中央，
平时拿来迎宾客，今晚拿来敬新郎；
手端茶盘四四方，金杯玉盏摆中央，
满载两杯鸳鸯酒，新郎新娘把酒尝；
手端茶盘四四方，今晚喜酒格外香，
夫妻同饮交杯酒，来日贵子登金榜。

歌伴每唱完一首，要向新郎新娘各敬一杯酒。一轮要唱十首歌、敬十杯酒。如果新婚夫妇酒量大，歌手们就接连唱两轮或三轮，新郎新娘则要饮二三十杯酒，要把新婚夫妇唱醉，闹洞房的人们方肯罢休。

参加闹房者随意即兴唱“祝贺歌”（略），最后唱“送合歌”：

唢呐爆竹闹洋洋，快送新郎进洞房，
免得仙女床头等，大家吵够该收场。

（三）舞蹈

城步有“歌舞之乡”的雅称，各民族中蕴藏的民间舞蹈种类繁多，形式多样，计 40 余种。民间舞蹈有芦笙舞、长鼓舞、蚌壳舞、采茶舞、摇摇舞、龙舞、狮舞等。宗教祭祀舞蹈有庆鼓堂、打山魈、庆娘娘等。此外还有民间小调舞蹈。

1. 芦笙舞

于清乾隆年间从贵州传入城步苗乡侗寨。芦笙舞多于上元、中秋等民俗节日里进行。表演时人数不限，男子边吹边舞，女子边唱边跳，舞蹈动作有摇摆、旋转、矮步、进步、退步等。苗族芦笙舞以热情奔放见长。跳芦笙舞或是纪念历史上的民族英雄，或表示祝贺恭喜，或祈求风调雨顺、五谷丰登，主要流行于岩寨、五团、蓬峒、白毛坪等地。

2. 长鼓舞

是苗族为纪念盘王和庆贺丰收的舞蹈。鼓长2.5尺，两头粗，成喇叭形，两端蒙以兽皮，叩之有声。每逢喜庆之日，苗民必挎长鼓而舞。有男子对舞和二男二女合舞两种表演形式，舞者各站一方，交错起舞，边击边跳，以长鼓为伴奏，动作敏捷，平衡对称。击鼓法有文武之分，文者柔和，武者粗犷。动作模仿生产劳动和生活情景，共有72套。流行于白毛坪、蓬峒一带。

3. 摇摇舞

每逢传统节日，特别是半年节和中秋节，苗侗民众聚集在鼓楼坪里开展此项活动，男女老少均可参加。表演时手拉手、肩并肩，或牵着衣角围成大圆圈，来回转动，场面气氛热烈，队形变化多样。或以问答方式对唱盘歌，或以一人领唱众人伴唱叙事抒情。女的以唱歌和表演摇摆动作为主，男的则以吹芦笙和跳舞为主，悠扬的芦笙音韵与婉转的女声歌唱融为一体，娓娓动听。男女青年还常以此活动播爱传情。

4. 打山魈

是巫师在"还愿"时表演的舞蹈。表演时由"觋毕"二人扮成一男一女，男角穿青色长道袍，头扎英雄帕，腰系围带；女角穿大襟便衣，头缠包头，腰围短裙，都以觋刀、牌带、花棍为道具，模仿生产中的上山、烧畲、砍木、挖土、播种等劳动动作，在堂屋中载歌载舞。人物对白滑稽诙谐，伴奏音乐别具一格，表演具有浓厚生活气息，使人赏心悦目。主要流行于白毛坪、兰蓉、蓬峒一带。

5. 庆鼓堂

苗语称"打鼓堕"，又叫"庆庙"，或称"过苗年"。是苗民为祈求祖先、社公等神灵保佑生产丰收，每年农历二月逢卯日至庙堂里去"许愿"，十月逢亥日到庙堂"还愿"的祭祖文娱活动。常为一年一小庆，三年一大庆。表演时由12名能歌善舞的男性青壮年分别扮演庙师、迷魂师、开路师等角色。程序分请神、庆神、送神三个阶段。道白、歌唱均用苗语；表演以组舞的形式，模拟生产劳动动作和飞禽走兽的形态，以蹲、颤、摆、跃、晃的动律，融声、乐、歌、舞、器于一体，杂以驱鬼镇邪之类的即兴动作，妙趣横生，颇为壮观。主要流行于蓬峒、兰蓉、白毛坪一带。

6. 采茶舞

又叫采茶灯，是兰蓉、清源地区苗族人民反映在采茶过程中抒发和交流感情的歌舞活动。每逢风俗节日及正月初四至元宵节的晚上，由12—20位姑娘身着盛装，一手拿块小手帕，一手提盏篾扎小花灯，在堂屋里或场坪上载歌载舞。表演动作幅度较小，挥动手巾，轻晃花灯，走半“十”字步和转身“十”字步。队形变化比较规范，在音乐伴奏声中先走圆圈，再走“8”字形。表演“倒采茶”时往后退，走半“十”字步，边唱边走“穿四门”。最后以走“双龙出洞”和“龙摆尾”退场。采茶调音乐属小调，优美动听，伴奏乐器有二胡、笛子、锣鼓等。

新中国成立后，这些舞蹈经过发掘加工，面貌一新。芦笙舞、采茶舞、长鼓舞等民间舞蹈都参加过全省的文艺汇演，有的还获奖。根据城步苗、瑶、侗等民族吃油茶这一传统习俗创作的《油茶舞》，参加了1964年全国少数民族业余艺术观摩演出大会。苗族舞蹈《打泥脚》参加1980年全国少数民族文艺调演，获得创作、演出二等奖，1981年又荣获湖南省文学艺术创作荣誉奖。杨少波编导，曾令多、杨明国作曲，胡志英、杨明国表演的苗族双人舞《红军恋》，1989年参加省辖七市歌配舞邀请赛，获创作、演出一等奖。1991年，杨少波编导的苗族舞蹈《打禾鸡》获第四届全国少数民族传统体育运动会表演项目一等奖。1992年12月，江冠齐、周莉兰编创并演出的苗族双人舞《吹火塘》获湖南省首届“万贯杯”舞蹈邀请赛优秀创作编导奖和舞蹈比赛二等奖。1998年9月，江冠齐创作的民族舞蹈《挤油尖》在永州市举办的湖南省民族传统体育运动会上获表演项目第二名；1999年9月又在西藏拉萨举办的第六届全国少数民族传统运动会上获表演项目一等奖。2001年9月，周莉兰编导的苗族舞蹈《油茶情》参加全国少数民族舞蹈比赛湖南赛区演出获三等奖。苗族舞蹈《竹梆乐》在全国第十届“群星奖”舞蹈比赛中（湖南赛区）获铜奖。2002年，《舞板凳》荣获湖南省少数民族运动会演出金奖。

（四）美术

清代至民国时期，城步无专业美术工作者，民间工匠中却有一批绘画、雕塑艺人。1958 年，魏人栋的国画《公社添了收音机》参加湖南省美展。1959 年，邹洛夷的版画《红军当年过此山》在《人民文学》发表。1963 年，他创作的版画《山区行旅》《荒地翻身》《保丰收》被选送到波兰等东欧国家展览。1964 年，他参加北京人民大会堂湖南厅装饰版画《南岳》和《洞庭湖》的创作，受到刘少奇主席、周恩来总理的接见。1982 年，《山区行旅》又被选送到德国、日本展览，还被刊登在日本的《中国版画集》和美国的《华侨日报》上，版画《庄周化蝶》是他的又一代表作，1987 年被选送到西德国际博览会展出。至 1989 年，他共创作版画作品 100 余幅。吴合腾的国画《录支山歌颂党情》，1981 年参加湖南省美展获二等奖；年画《油茶曲》1995 年获湖南省少数民族书画艺术作品大赛三等奖。张正扬创作的版画《家》1987 年参加西德萨尔州第 38 届国际博览会展出；石版画《版纳风情》1995 年获湖南省少数民族书画艺术大赛二等奖；1998 年，石版画《陕北风情》入编《世界当代著名书画真迹博览大典》；《木刻苗山恋》2000 年获邵阳市首届精神文明建设“五个一工程”优秀作品奖。儿童周玲子的漫画《我也有好的……》，1988 年参加北京儿童漫画展览，获刺猬金奖；水粉画《春天》参加全国少年儿童“雏鹰杯”书画大赛获一等奖。

“双龙抢宝”木雕洗脸盆架

惟妙惟肖的双鹿（禄）临门托檐圆雕（黄周凡 / 摄）

城步苗族的工艺美术，以竹衣和石狮最为著名，堪称一绝。另外，木雕和吊脚楼营造技艺，也是城步苗族最为拿手的工艺美术。

1. 竹衣

以竹编衣，始于明代。城步之东南的古田山和明竹老山，海拔 1000 米的沼泽地带生长着一种钢竹（又名扫帚竹）。该竹高 2 尺许，竹躯干约火柴杆那么大，竹衣就是用该竹之躯干切成长约 2 厘米的竹筒，经药水蒸煮后，以丝线连接，然后按布的织法，以经纬线编制成衣。夏穿不仅凉爽宜人，且强身健体，极宜老年人度夏避暑。

2. 石狮

城步南桥石狮，据考证，雕刻于清代咸丰至同治年间。城步县城多石山，且均系石灰石，是石雕的绝好材料。城步南桥石狮正取于此种材料。

城步南桥石狮一共四只，三雌一雄，栩栩如生，尤以雄狮为最。它不但威武雄壮，且颈吊或肩负幼狮，昂首挺胸，傲视天下，仿若有谁敢犯，它将拔地而起，扑向来者，一副凛然不可侵犯之态，可谓天下第一雄狮。

3. 苗族吊脚楼营造工艺

城步苗族的吊脚楼多为杉木结构，以榫卯为木构件的主要结合方法，一正两横，正屋一般修造为四排，也有六排、八排的。规模最小的是三柱五瓜，一般为五柱七瓜，五柱九瓜，也有七柱十一瓜的。枋柱之间的衔接不用钉铆，只以木榫相扣。吊脚楼一般分下楼、中楼、上楼、天楼四层。下楼一般用于圈养猪、牛、羊、鸡、鸭、鹅等家禽家畜，还用于堆放柴草和粪肥，安置厕所。中楼的正屋为堂屋和后房，左侧为茶堂（厨房），右侧为住房。上楼为仓库，横屋上楼则为书房。天楼是顶层，放置木料或杂物。房屋的悬空吊楼部分是栏杆式走廊，有钱人家在木柱上雕刻龙凤图案，横枋浮雕花饰图案，栏杆也是拼花饰凤。一些富裕人家对房屋的装饰部分用彩色油漆描绘，更加突出了苗族吊脚楼的艺术特色。

苗族吊脚楼的建造不需要图纸，而是由苗族木匠师傅根据主人的经济条件和地理条件需要直接领头建造。木匠师傅在修建吊脚楼时有成套的工序，包括择屋场、平基础、备木料、下墨、拆枋、凿眼、立房、上梁、盖瓦、装屋等等。下料下墨是木匠师傅的事，根据材质下好料后，师傅在选

大寨村苗族吊脚楼

好的木料上精心下墨，徒弟再按照师傅的着墨纹路，用锯子、凿子、斧子加工梁、柱、枋、板、椽、檩、榫，一座房子需要的柱子、屋梁、穿枋等有上千个榫眼，木匠从来不用图纸，仅凭着墨斗、斧子、凿子、锯子等工具，成就了柱柱相连，枋枋相接，梁梁相扣，这就是苗族木工的高明之处。立房和上梁也是难度较大的一项工序，立房时先立左排，后立中排，最后立右排，每两排立好后要上檩子，接榫卯，钉上木钉，排与排之间要上好檩子，穿枋，搭接牢固。房屋构架立好后，再把梁木按苗族习俗拉上两中柱顶上安装好。余下的工序，就是盖屋背和装房子了。

吊脚楼的建筑也有诸多讲究。坐向方位、建房择日、上梁立柱等都有讲究，下料发墨、立柱上梁、装神龛、修槽门等忌讳重重，这些浓重的民族传统宗教色彩，体现了苗族人民对生活的热爱，对住房的重视。苗族建筑文化是苗族文化中不可或缺的一个重要组成部分。

（五）戏剧

城步除传统傩戏外，没有自己的剧种，民间流传的戏剧系外地传入。流行较广的有祁剧、花鼓戏、阳戏、桂剧、木偶戏、山歌剧、歌剧和傩戏等。傩戏又称傩愿戏、师公道士戏，是城步最古老的戏剧，由巫师还愿时酬神歌舞发展而成，具有浓厚的乡土气息和宗教色彩。表演者根据剧情需要，戴上面具，且歌且舞，形象生动，通俗易懂，表演灵活。声腔直接脱胎于各地的师公腔，音乐情调朴实淳厚，唱腔的基本结构由巫歌、朗诵、山歌、民歌组成。伴奏大多为锣鼓和人声帮腔。道白多用当地方言或苗语。唱词口语化，有些就是当地的民歌和山歌，因而具有鲜明的地方特点与民族特色。剧目有《七仙女》《孟姜女》《桃源洞》《庆娘娘》等10余个。1997年，汀坪乡团心寨民俗村表演的《庆鼓堂》傩戏节目先后在中央电视台和省市电视台专题播出。

四、体育

城步传统体育运动源远流长。明清时期，境内即有自发的民族民间体育活动。清末，学校始设体育课。民国时，县城有“国光”篮球队。主要的传统体育项目有：

（一）打禾鸡

打禾鸡是城步苗族一项传统体育活动，由原始社会渔猎时代的渔猎活动逐渐演化形成。每年农历六月初六和九月初九日，秋粮成熟的时候，男女青年携上“狗逗网”和专用袋，找一块空旷平整的地方，即古时议事的“坪”，由一位姑娘将事先准备好的“禾鸡”（用布缝制的小沙包），逐个抛向天空，每抛一个，男青年就争相网捕，最后以捕获多者为胜。打禾鸡是一种青年男女社交的绝好形式，它是增进青年男女的接触、交谊和播种爱情的媒介，至今在县内五峒四十八寨流行。

（二）打泥脚

打泥脚这项体育活动源于苗王施暴演变而成。

相传古时候城步莫宜峒金童山有个50多岁的寨王，经常仗势抢劫民女，逼迫成亲。有一天，寨王强迫被抢来的一位叫杨青凤的美貌女子与其成婚。该女子逼不得已，心生一计，她对寨王说道：“当我卷起裤脚从田埂上走过时，你派八名家丁在离我五丈远的地方用泥丸打我的双腿和双脚，然后数我脚和腿上的泥印，如果被打中三丸以上就与你成婚，否则放我回家。”结果，青凤蹦蹦跳跳，既挡又接，腿、脚上一个泥印也没有，寨王只好放其回家。苗民为纪念杨青凤的聪明伶俐，逐渐形成了这项体育活动。

此后，每逢春季，村村寨寨都盛行这项体育活动。男女两队对打时，以打中小腿部位的泥印多者为胜方。对打过程中伴以锣鼓、鞭炮、热闹非凡。打泥脚活动完后，所在村寨设宴招待，这对增进友谊，加强团结，亲善睦邻，很有好处，也是男女青年谈情说爱的极好机会。

（三）抢花炮

“抢花炮”也是城步苗族的一项传统体育活动。多在3月和秋收后进行。“抢花炮”是男人的活动，运动员要求机智、勇猛、顽强、反应敏锐，运动速度要快，这又是苗家择婿的必备条件。可见抢花炮是男女情爱的媒介。

花炮是一个约茶杯口大的篾或藤圆圈，上缠红布条，用铁炮送上天，无论落在什么地方，大家都奋不顾身地去抢夺，抢到花炮之后必须甩开他人，把花炮送上裁判台才算获胜。以个数多寡排名次。

抢花炮有一套严格的规矩，不许打人、踢人、推人、踩人，不许弄虚作假，全凭智能、力量和速度取胜。后又将抢花炮加以整理修订，花炮改为5厘米的铁环，外缠红布，比赛场地长60米，宽50米，两端各放一个花篮，比赛以队为单位，每队10人，全场时间为40分钟，上下场各15分钟，中间休息10分钟。铁炮置于赛场中央，铁炮将花炮送入空中落下时，双方运动员蜂拥抢夺，以抢到铁环送入对方花篮个数多者为胜。

（四）高脚马

高脚马由两根齐肩的竹子或杂木各安一块踏板做成。踏板离地面的高度为25—30厘米。骑高脚马的方法有踏板双向内、双向外，或一只内一只外，还有夹夹脚、乌龙绞柱、观音坐莲台、岩鹰展翅等，青年男女只要有两人就可以竞赛，比赛谁跑得快、跳得高，还有相互角斗、争王位等。

高脚马角斗比赛，先在地面划出直径为5—10米的圆圈，并通过圆心划出中线。比赛双方站立在中线两端，裁判发令后，双方即进入圈内开始角斗。角斗中可用身体、头部撞、顶、挤或用高脚马向下端绊、扫等方法攻击对方，以迫使对方下马或出线为胜。比赛中，禁止撞击对方头、腹和裆部，亦不准用拳、腿、膝、足撞击对方。角斗每局九斗五胜或五斗三胜。

（五）挤油尖

挤油尖是城步苗寨普遍流行的一种传统体育活动，它有着古老的历史。苗家有山歌唱道：

一条板凳三尺长，板凳上面挤鸳鸯，
妹挤哥来哥挤妹，挤来挤去挤成双。

从歌词可见，该项体育活动不但有益于年轻人增强体质，也是苗家男女相爱择偶的一种方式，不乏苗家风情。

挤油尖是以一条长凳为“战场”，甲乙双方相背而坐，在激烈的锣鼓声中，相互拼命挤对方，直至把一方挤出凳面占领整条板凳为胜。双方参加人数不限，但必须相等。挤的方法有横挤、竖挤、斜挤；比赛分男比、女比、男女混合比。苗家青年男女通过这种活动挤出了团结、友谊、斗志。

（六）苗拳

苗拳是稀有拳种。经苗民数千年演练发展而成。运动时占地不宽，多手法、少腿法，刚猛剽悍，进击性强，适用于峒寨狭窄地形。是苗族人民自卫、抗击敌人的重要手段。早在东汉元嘉元年（151 年），境内苗民即仗此拳术重创进攻雄溪竹丝洞之窦宪明汉军。随后的几十次起义，境内苗民亦仗此拳术和苗兵器屡败朝廷官兵，唐末至明代，境内以善操苗拳成名的苗将达 14 人之多。清乾隆五年（1740 年），境

国家级体育非遗传承人、城步苗拳大师陈本兆在兰蓉乡租田苗寨自家大院习练苗拳

内苗族主要兵器“环刀”被清廷收缴而失传，苗民改原来群体习武为个别活动，祖传、家传传授拳艺。至民国初年，有苗民肖志昆、肖昌跃等人保留一脉，又经肖子起、肖凤廷、肖大鑫、段怀锷等人传播。城步苗拳分手拳套路和器械套路两部分，手拳套路有“出寨守寨”“保峒出峒”“飞山走石”“落地捡柴”“二赶三枭”“猛虎下山”“猿猱过山”“引蛇出洞”“矮罗巡山”等。器械套路有苗棍、两节棍、苗刀、板凳、苗枪、铁尺、纳耙、火流星、飞镖等。

（七）耍龙舞狮

耍龙舞狮是境内群众逢喜庆节日特别是春节期间进行的娱乐、体育活动。一般伴以花灯、鼓技、蚌壳舞、武术表演。

境内龙灯以吊龙、爬龙、滚龙见长，甲于湘西南诸县。吊龙，盛行于儒林镇、西岩、丹口等地，龙身全长 9 节，每节由 4 个吊着的灯笼横串组成，每个灯笼点 2 支蜡烛，共有 72 支烛光。能表演“龙蜕皮”“龙上树”“黄龙缠腰”等其他龙灯所不能表演的技巧。爬龙，流行于西岩一带，龙身全长 19 节，武技要求极高。每节由 1 人背龟壳似的套在身上，手脚并用仿龙爬行，作曲、蜷、旋、翻、进、退，冲天入海、吐火喷水、虎啸龙吟等动作表演，整体规范化程度极高。滚龙，又称“硬龙”，流行于西岩镇，几十米长的龙身由 1—2 片韧性强、力度大的竹篾连成整体，龙身燃蜡烛，不分节。须由会武术者操举，方能舞动，夜间于宽敞处做滚动翻腾之态，状如怒龙搅海，气势奇伟，栩栩如生。

城步兰蓉乡水源村的舞狮表演

舞狮主要流行于兰蓉、丹口、儒林镇及县北境，分文、武两种。文狮动作细腻诙谐，表现狮子的活泼形态和善于嬉戏的性格。武狮着重武技表演，动作勇猛惊险，表现狮子威武刚毅的性格。能攀登 10 余层四方桌作“狮子望月”，而后腾空落地作“狮子打滚”。一些地方还有“狮子带崽”“龙狮共舞”等表演。

（八）登山

境内万山重叠，居民历来有“重九登高”的民俗习惯，并以登山作为健身活动之一。清乾隆年间，长安营驻军有重阳节登山比赛的活动。

五、新闻出版

县内没有专门的出版机构，新闻媒体主要有报纸和广播、电视新闻等。

民国二十二年（1933 年），县内始办《城步民报》，为十日刊。次年改为周刊，称《城步周报》。后又复称《城步民报》，民国三十年停刊。民国三十一年又复刊，至国民三十七年冬停办。1956 年 8 月，中共城步县委创办《城步报》，9 月 1 日正式发行。《城步报》为中共城步县委机关报，创刊时为八开版面，5 天 1 期。1958 年改为四开四版，周双刊。该报内容丰富，版面活跃，突出报道县内政治、经济、文化、社会等方面动态，并常以山歌、快板、相声、故事、顺口溜等群众喜闻乐见的形式，宣传新人新事。1961 年 5 月停刊。1995 年 10 月 1 日，停刊 30 多年的《城步报》（试刊）出版。1996 年 1 月 1 日，县委机关报《城步报》正式复刊，同时成立城步报社，由县委宣传部主管。报社设政教部、经济部、副刊部、总编室，定编 5 名。《城步报》1996 年、1997 年为周一刊，1998、1999 年为周二刊，2000 年起仍为周一刊。报纸每期四个版面，周二刊时出过对开 8 版，设有经济生活、社会生活、校园生活、理论园地、人物风采、政教文卫、社会大观，苗地副刊、周末版等版面及栏目。1999 年全省县、市报刊优稿评选，《城步报》有一篇稿获一等奖，两篇稿获三等奖。2002 年，全省县、市报优稿评选，《城步报》有一篇获一等奖、三篇获二等奖，二篇获三等奖。《城步报》年发行量在 4000 份至 5000 份之间，1998 年最高发行量为 6600 份。2003 年 12 月，根据中央报刊治理办〔2003〕18 号文件精神，《城步报》等 300 家湖南省县级报刊全部停办。城步报社机构亦予以撤销，报社资产包括电脑和激光照排系统全部移交县委宣传部，人员另行安排。《城步报》从复刊到停办，共出报 495 期。

六、广播影视

（一）广播

1952年，成立县广播收音站，附设在县文化馆内，使用的是湖南人民广播电台配发的五管干电池收音机。1954年调1人到县收音站从事专职工作，收听、记录中央人民广播电台的新闻，供中共城步县委领导传阅，然后用墙报、黑板报、油印简报等形式向干部群众宣传。1956年，县财政拨款购置150瓦扩音机1台及配套设备，将收音站改为县广播站，由县委宣传部管理。1958年，添置录音机1台，550瓦扩音机1台，职工增至6个；凡通电话的公社和农林场都安装了舌簧喇叭，县广播站利用电话线传输信号。1974年，成立县广播事业管理局，与县广播站合署办公。1978年，全县28个公社建立了广播分站，配备广播机线员28人，县站到公社接通广播专线，总长达448千米，公社以下广播网络4115千米，广播喇叭发展到22378只，入户率达64%。1981年，全县广播网络上的乙级线达775.7千米，公社以下广播入户线达5468.5千米，喇叭23761只，入户率达77%。1982年，因冰冻雪压，线路损坏严重。1984年，县广播站到公社广播专线基本拆除，公社以下广播线路只剩下120千米，全县只有35个村通广播，通播率为12%，喇叭减少到3433只，入户率下降到7%。是年，县广播电视局对广播专线进行恢复，组织资金15万元，更换电杆2750根，更换电线13吨。1986年，恢复27个村的广播，增加喇叭3836只，乡以下广播网络增加62千米。1989年，乡通广播率达75%，村通广播率达25%，喇叭入户率上升到10.5%。因境内地处偏僻，山高冰冻严重，广播专线难以维护。1995年，县广播站至乡镇和乡镇以下广播停播。从1980年开始，县广播站本着突出地方新闻、精办专题、办活文艺的原则，开辟了城步新闻、对农广播、民族团结、青少年园地、城步文艺等节目，不定期开办工商、财政、税务、国防、法律等专题广播讲座。为确保新闻稿件的质量和数量，县广播站积极培训业余通讯员，20世纪80年代，全县涌现出业余通讯员近200名，年供稿超万篇。县广播站自办节目时长达3小时。1994年，城步县广播站在上级台用稿2600多条，有24个优秀广播节目在地、市获奖，两个优秀节目在省获奖。1995

年广播新闻停办，由电视新闻取而代之。

（二）电影

民国二十六年（1937 年）11 月，湖南省教育厅电影队第一次到城步放映无声电影。放映前举行了“抗日救国，以助社会之推行”的讲演活动。民国二十八年 10 月，省教育厅电化教育站巡回第五队又到城步放映无声电影。1950 年春，人民解放军慰问团在县城东门大操坪放映有声黑白故事片《两家春》。1954 年 12 月，城步县电影放映队成立，有放映员 4 名，16 毫米电影放映机 1 台。1958 年 9 月，增建县电影放映二队。1960 年，成立县电影放映管理站，利用县委礼堂改建为县城简易电影院，放映 16 毫米影片。当年共放映电影 126 场，观众 47000 人次。1966 年，电影队发展到 5 个，每区设一个放映队。1971 年 5 月，全县成立 8.75 毫米电影放映队 34 个（其中社办 27 个，农林场及厂矿办 7 个），有放映人员 68 名，放映点 680 个。随后，原 5 个 16 毫米县办电影队撤销。社办 8.75 毫米电影放映队为人民公社文化事业机构，行政受当地公社领导，业务归县电影管理站辅导，放映员报酬、劳保福利从放映收入中列支，收支盈亏由公社包干。1982 年，由省、地电影部门拨款 56 万元，在县广场前修建面积为 1250 平方米的县城新电影院，1985 年 10 月 1 日建成试映，有单人座椅 1222 个，装有空调设备，是全省 16 家最先使用空调设备的电影院之一。1980 年 2 月，成立西岩电影院，使用 135 毫米放映机，租借西岩公社金沙大队礼堂，实行售票放映。1982 年新建西岩电影院，设座位 650 个，配职工 5 人。1989 年 8 月，县电影放映管理站更名为县电影发行公司（简称电影公司），有干部职工 39 人，辖 35 毫米放映单位 2 个，16 毫米放映单位 30 个，8.75 毫米放映单位 41 个，公司保存有故事片、纪录片、科教片等各类影片 495 部，16 毫米、8.75 毫米影片拷贝 785 部。全县拥有农村电影放映队 73 个，集镇电影院及售票放映点 9 个，管理人员 150 余人。每个队既有 8.75 毫米放映机，也有 16 毫米放映机。20 世纪 90 年代后，电影事业滑入低谷。1992 年秋，80% 的 8.75 毫米拷贝送到省电影公司后被付之一炬。电影队亦随之解散，近 300 名放映员各奔前程。从 1996 年开始，在全县中小学校开展爱国主义教育影片放映。至 2002 年底，共组织 76 部影片在 101 所学校放映，放映 7500 多场，观看学生达 170 万余人次。1999 年，围绕脱贫强县开展科技教育，组织科教电影下乡活动，放映《科学养猪》《大棚蔬菜》《奶牛常见病的防治》等 10 余部科技影片，在全县 71 个贫困村共放映科教电影 219 场，观众达 8 万余人次。2002 年 5 月，县内自筹资金 5 万元购置一套数码电影设备，城步电影放映技术在全市率先跨入了计算机高科技时代。然而，90 年代以后随着电视的普及，投影、录像等家庭影院兴起，电影业逐年滑坡。

（三）电视

1. 无线电视

1973 年，湖南省广播局赠给县广播站 1 台 14 吋电子管黑白电视机，为城步第一台电视机。1978 年，全县电视机增至 64 台。是年 12 月，县广播事业管理局在城郊蜡烛山安装了 10 瓦电视差转机，但功率太小，覆盖面不大。1983 年，县广播事业管理局更名为县广播电视局，全县电视事业迅猛发展。1986 年，为庆祝自治县成立 30 周年，省广播电视厅投资 30 万元，县财政拨款 8 万元，部门单位集资 27 万元，在海拔 1030 米的云雾岭新建 300 瓦电视差转台，当年 5 月破土动工，10 月 1 日开播，为邵阳市第二家 300 瓦电视差播台。转播中央 1 台，覆盖面为 35%；中央 2 台覆盖面为 25%；湖南电视 1 套节目覆盖面为 65%。云雾岭转播台按照《湖南省广播电视台站管理条例》，严格转播规程，设备技术参数达到省、部标准，1992—1994 年连续三年被评为市级台站管理先进单位。1981 年，南山牧场在大坪岭建 10 瓦差转台，1988 年又增加 1 台 10 瓦差转机，同年建卫生地面接收站。1983 年，县硫铁矿在天堂岭建 10 瓦差转台和卫星地面接收站。1984 年 10 月，土桥农场在青龙山建 10 瓦差转台，1987 年增加 2 台 10 瓦差转机，同年建卫生地面接收站。1988 年 1 月，羊石乡洞头村自筹资金建 10 瓦电视差转台。1988 年 3 月，县造纸厂安装了卫星地面接收站和闭路电视。同年 9 月，西岩镇在狮子岩建 10 瓦电视差转台。随后，汀坪、白毛坪等地也陆续新建 10 瓦电视差转台。居住在边远高山里的农民联户安装、个体安装卫星地面接收设施。至 2004 年底，联户、个体兴建的卫星地面接收站 4745 个。

2. 有线电视

1991年，始建县城有线电视网络，是年架通机房至城北、城南街道的主干线和街道两旁的支干线，发展电视用户500户，投资10多万元购置第一套卫星地面接收设备和播出设备建成有线电视机房。1992年8月，湖南省广播电视厅批复，成立湖南省有线电视台城步苗族自治县分台，转播中央和省内外电视节目19套。1993—1994年，县城有线电视迅速发展。至1994年底，立水泥电杆150根，架通有线电视主干线10千米，支干线25千米，入户线11千米，发展有线电视用户3000户。此后，传输质量不断提高，有线网络不断扩大。1997年底，县城有线电视主干线扩建15千米，支干线扩建14千米，入户线扩建45千米，安装放大器140个，有线电视用户达到4200户。1997年，开始筹建光纤网络，集资近50万元架设光纤网络主干线。1998年7月，经县委、县政府批准与四川成都金宇集团合作，成都方投资200万元，县广电局有线电视网络评估300万元，注册500万元，合资成立城步苗族自治县金宇光纤网络有限责任公司。第一期工程购置光缆线4.6千米，架设光接收机11台，光发射机2台，购买四套加密频道解码器，对中三、中五、中六、中八加密频道进行了解码。节目套数由原来的19套增加到41套，播出时间由原来每天18小时增加到全天24小时。2000年，县广电局投资近百万元，建成电脑控制系统，对光纤网络电视用户实行电脑收费。2002年底，县城郊区架通光纤网络。光纤网络主干线扩建3千米，入户线达100千米，安装放大器150个，光纤网络电视用户达到5250户，县城原来的有线电视网络已全部改造成光纤网络。2002年4月，对人民北路和人民南路光纤网络主干线实行地埋。地埋光纤电缆主干线达10千米。县城有线电视网络和光纤电视网络的建成，极大地推动了乡镇有线电视的发展。1994年，茅坪有线电视站建成。1995年，西岩兴建有线电视站。威溪、蒋坊、丹口、白毛坪、汀坪、五团等10个乡镇先后建成有线电视站。为了满足偏僻山区群众看电视的需求，山区农户在人口密集的自然村或自然组，自愿集资，多层次办有线电视，发展有线电视站74个。1999—2000年，根据实施“村村通”工程的要求，国家无偿扶持飞鹿、白竹山、联龙、木瓜、初水、大河、雪花等86个电视盲村建成有线电视站。至2004年底，全县共建成有线电视站161个。

七、医疗卫生

城步群山绵延，岚烟瘴气，自古称为“瘴疠之地”。新中国成立前，这里疠疫流行、疟疾、麻风、梅毒、天花、痢疾、流感等各种传染病，到处蔓延，轮番为害。大脖子病等地方病患者很多。民国十九年（1930年）的《城步县调查笔记》中记述：“城步由巫清乡以南至粤西界，瘴气亦甚重，尤以兰蓉乡为最。无论男女喉根左右前后，多鼓胀、大者如包状，人或称为感冒山风瘴气之所致。”到新中国成立前夕，全县虽有县卫生所1所，乡卫生所4所，但设备简陋，技术低劣。民间也有草医草药和药铺经营药业，但医疗技术水平有限。老百姓一旦染病，除用些草药单方医治外，只好听天由命。因此，疾病发生率和死亡率都很高。民国二十六年流感遍及各地，全县发病率高达70%，死亡率在30%以上，不少村寨成为无人村。民国二十八年疟疾流行，一传百染，蔓及各地，发病率达70%，尤其是少数民族聚居的扶城、横岭、兰蓉、蓬瀛、咸宜等乡，发病率高达80%，人少人家炊烟中断，田园荒芜。当时流传的民谣：“秋风起，谷子黄，闷头摆子上了床，禾烂田里生了芽，人病房中不起床”，生动描述了各族人民缺医少药、贫困交加的悲惨生活。

（一）医疗机构和医疗技术

新中国成立后，党和人民政府十分关心城步各族人民的疾苦，大力发展城步的医疗卫生事业。1949年冬，县卫生院由县人民政府接管。1950年建立了西岩卫生所，1952年在白毛坪架山建立县麻风管理所，后改为架山医疗站。1953年建立清溪、丹口、白毛坪、汀坪等卫生所。1956年，建立土桥农场职工医院和南山农场职工医院。次年，县卫生院更名为自治县人民医院。此后，又相继建立了县卫生防疫站、妇幼所，创办了县卫校。20世纪60年代，又修建和扩建了各区医院和公社卫生所，完成了“一村一室”的大队卫生网络建设，县内三级防保、医疗网逐步建立健全和发展。党的十一届三中全会后，卫生事业纳入国民经济和社会发展总体规划，县内实行以公有制卫生机构为主体，社会和个体卫生机构为补充的办医机制，加强了房屋、设备和人才“三项建设”，医疗卫生事业迅速发展。至2004年，自治县拥有县人民医院、县中医院、县疾控中心、县妇幼保健所、县皮肤病防治站、县医学辅导站等6个县直医疗卫生机构；有乡镇医院、卫生院10个，管理区卫生所22个，厂矿企事业单位医疗机构23个，村卫生室190个。拥有病床515张，全县专业卫生技术人员达724人，其中中、高级专业技术人员151人。

随着医疗卫生机构的发展，医疗服务水平不断提高，到70年代末，县内不仅能诊治常见病、多发病，而且能诊治较复杂的疑难、危重病症。医疗手术水平由做一般的腹部手术发展到成功地进行颅脑和胸腔手术。县人民医院先后引进开展了心包膜剥离术、肺叶切除术、膀胱全切回肠代膀胱术、腰椎间盘摘除术、脑肿瘤摘除术、椎管肿瘤摘除术、股骨头置换术、单开门颈椎管扩大术、心脏破裂修补术、子宫全切术、人工晶状体植入术、鼓膜修补术、显微白内障摘除术、经皮肝穿刺胆管造影术、脊髓造影术等。

（二）爱国卫生运动

为了保障人民的身体健康，消灭各种疾病，县内开展了爱国卫生运动。20世纪50年代，在“移风易俗，改造国家”的号召下，城乡各地利用春秋两季，结合积肥送粪，大搞卫生运动，并同经常性的环境卫生工作结合起来，既改造了环境，又支援了农业生产。60年代以后，在农村广泛推行“两管五改”，即管粪、管水、改厕所、改猪牛栏、改鸡舍、改炉灶、改水井，取得了一定成绩。羊石公社青田大队，户户动员，人人动手，狠抓粪便管理和饮水卫生，“两管五改”工作扎实，村落整洁，环境优美，是全县有名的卫生模范村。80年代，爱国卫生运动逐步走上经常化、制度化轨道，在城镇开展“门前三包、门外达标”活动。1986年，县煤炭公司、红旗小学率先创建省级文明卫生单位。至2004年，保持或新创的省级文明卫生单位29个。在农村推行改水、改厕，治理脏、乱、差，先后兴建大小饮水工程220处，解决了17.62万人口的饮水问题，改建卫生厕所9900户。长安营乡大寨村主要村道全部硬化，路旁进行了绿化，80%的农户修建了无害化厕所，90%的农户改建了省柴灶，全村居民用上自来水，成功创建省级文明卫生村。

（三）疾病控制

新中国成立后，广泛开展了对各种传染病、地方病的防治控制工作。从20世纪50年代起，坚持“预防为主、防治结合”的方针，积极开展计划免疫，有计划地组织对丝虫病、钩虫病、疟疾、麻风、梅毒、甲状腺肿（大脖子病）等多发病、常见病及地方病的普查普治。当时，城步是有名的高疟县，最高的一年疟疾患者达35630人，占全县当时总人口的30%以上。党和政府对疟疾的防治极为重视，一方面组织医务人员深入疫区，挨户送药，及时消灭；另一方面进行预防服药，抗复发治疗。同时，广泛开展宣传，普及抗疟知识，经过几年的努力，疟疾发病率大大下降。到1958年，疟疾基本得到了控制，1959年，自治县荣获“基本无疟县”的称号，并派代表光荣地出席了全国群英会。70年代，被列为绝症的天花、霍乱、鼠疫，已彻底消灭，严重威胁人民健康的疟疾、白喉、丝虫病等已经得到控制。党的十一届三中全会以后，县内建立健全了病情报告网，制订了各个阶段计划免疫实施方案、预防制度、传染病报告和处理制度，使传染病发病率得到有效控制。1993年，国家启动世行贷款结核病控制项目，对农民及贫困居民中的传染性结核病实行免费治疗。1997年，经省级评审验收，城步基本实现了人人享有初级卫生保健的目标。2003年，城步人民和全国人民一道抗击“非典”，成立了防治指挥部，组建了专家诊断小组和防治机动队，在县人民医院设置隔离病房，县内设置了12个发热门诊，设立了8个健康检测站，成功地抗击了“非典”。是年，以儒林镇十里树村为中心的副伤寒局部暴发流行，确诊副伤寒病例345例，县内组织技术力量投入资金进行了防控治疗，所有病人全部治愈，无一例死亡。至2004年，县内公共卫生事件应急指挥机构健全完善，医疗卫生机构实行了重大传染病疫情网络直报，各种法定传染病总发病率由1978年的2342.2/10万降到2004年的88.12/10万。继消灭了天花、鼠疫、回归热、丝虫病之后，又基本消灭了脊髓灰质炎和碘缺乏病。

（四）妇幼保健

新中国成立后，妇幼保健工作得到党和政府的高度重视。20 世纪 50 年代，开始推行新法接生，1952 年，培训了首批农村接生员 90 人，并建立了 22 个接生中心站。以后每年都对城乡妇幼保健员、接生员进行专门培训，普及科学知识，提高技术水平，逐步形成了一支能胜任工作的妇幼保健队伍。80 年代起，妇幼保健工作以妇女、儿童两个系统管理为重点，各项指标控制在部颁标准之内。1997 年，县妇幼保健所和县人民医院率先创建“爱婴医院”，1999 年，又有 6 所中心卫生院创建达标。至 2004 年，孕产妇系统管理率达 79.4%。其中高危孕产妇系统管理率达 100%，住院分娩率达 66.1%，新法接生率达 99.7%，儿童系统管理率达 55.8%。

（五）民族医药

苗族人民在长期的生存实践中，创立了自己的医药学。

苗族医学见诸史籍的时间较早，西汉时刘向在《世说新语》的《说苑辨物》中说：“吾闻古之为医者曰苗父。苗父之为医也，以菅为席，以刍为狗，北面而祝，发十言耳。诸扶之而来者，举而来者，皆平复如故。”苗父，近人刘镜如在《中医史话》里说：“苗父……是苗黎族的巫师（意即巫医）。”“苗父”即是苗族传说中的“药王菩萨”。

城步苗区医药学也起源较早，远在明代，已有草医，使用草药治病。医者走村串寨，挟技行医，被称为“草药郎中”。这种草药郎中无固定诊所，官方亦未设立医疗机构。至清末，县邑儒林镇始有周广生开设的“广生堂”，谢敬湘开设的“永成堂”，程高轩开设的“九芝堂”，经营药业，坐堂行医。

民国初期又出现私立诊所菁华堂、同寿堂、润丰堂、宝和堂、存心堂等。至民国二十八年（1939 年）始设官办“城步卫生事务所”。民国三十一年（1942 年）县卫生事务所改称县卫生院，为丁等卫生院，有医务人员 7 人。民国三十四年才设有西岩、清溪、丹口、沙基铺（现蓬峒）卫生分所。县卫生院总揽全县医疗、防疫和保健任务，无明确的科室分工。

明、清时期，城步已有草医，利用县内自然植物药源丰富的优势，使用草药行医。特别是苗族等少数民族同胞使用的苗医苗药，源远流长，特色鲜明，自成体系，其医术、验方，世代传承，凭经验和技术来诊断治病，不少苗医苗药起到了药到病除的良好效果。但是由于这些医术有许多秘而不宣，也不外传，许多传统的医术和验方往往自生自灭。新中国成立后，人民政府重视挖掘苗医苗药等宝贵文化遗产，以及苗族同胞与疾病作斗争积累起来的医疗经验，许多苗族民间医术得到了挖掘整理，发扬光大，一些单方验方，仍然广泛地在苗乡流传运用。

城步苗区草药种类繁多，门类齐全，包括植物、动物和微生物 865 种，其中常用的动物、植物、矿物药材 609 种，分属 154 科、348 属。

药物的采摘原则是取其药性最高的部分："春用尖叶夏花枝，秋采根茎冬挖兜，乔木多取茎皮果，灌木适当用全株；藓花植物取花苞，草本藤本全株收，须根植物地上采，块根植物取根头。"对药性的使用，则有"藤本中空能消风，对枝对叶洗涤红，多毛多刺消炎肿，亮面多浆败毒凶"；"补药味甘甜，止红（血）用涩酸，芳香多开窍，消炎取苦寒"。这些原则，乃城步苗医用药原则。

城步苗乡长期流传的民间医术，内容丰富，形式多样，常常因陋就简，苗医与苗药有机结合，诊病治病，效果明显。医术方面，有刮痧散寒，爆灯火止痛，油针排脓，灼铁断脐，打地铺祛风，烟熏防治麻疹，银"气"放痧，蜈蚣浸酒治无名肿毒，桐油通便、治"缩子"，药物敷脐，草药治骨伤、拔火罐止痛等。主要的民间医术有：

刮痧散寒　多用于伏天中暑。患者出现腹痛、腹胀、头痛无汗、全身疼痛、肌肉胀痛等症时，术者备清水一碗，先用手蘸上少许清水轻轻拍打患者裸露胸背，再用拇指或食指中节刮之，使局部肌肉隆起。然后，以食指和中指夹肌肉揪扯，直至局部皮肤出现轻度淤血（紫红色）为止。此时患者自觉症状减轻，周身肌肉松弛而安定。

爆灯火止痛　适应症较多。一般用于各种疼痛，如头痛、牙痛、腹痛、关节痛、淋巴结肿痛等。术者备桐油灯一盏，灯草数支，嘱患者安坐，暴露其施术部位，将灯草蘸油点燃，朝所需施术部位（穴位）点爆，当燃烧的灯草碰到穴位时，发出一种清脆的点爆声，旋即火苗熄灭。若取穴多个，则应连点连爆。

油针排脓　术者备桐油一碗，纳鞋底针（或三棱针）一枚，将针置炉火上煅红，立即插入桐油中，随即迅速取针刺入脓包内，使脓液排出。

灼铁断脐　婴儿降生后，以灼铁触脐带使断开。

打地铺祛风　以三块烧红的土砖置于“围子”中，嘱伤风患者进入“围子”，将米酒洒在砖上，酒液遇热蒸发，患者于酒的热气中祛风散寒。

烟熏防治麻疹　麻疹流行时，于健康的小孩房中用生松柏叶子熏烧，使烟雾在房中弥散，以预防麻疹。

银“气”放痧　将小银器（一般用银戒指）置入熟鸡蛋内，用细布包裹加热后，在患者头部、胸背部反复轻刮。待银器表皮变成黑色，痧气便排出。

蜈蚣浸油治无名肿毒　将蜈蚣投入适量生香油（茶油）内浸泡备用，取油液涂于疖肿部位即可解毒消肿。

桐油通便治“缩子”　大便阻结，于直肠中灌入少许桐油可通便。将桐油加热涂于“缩子”患者的阴囊处，可使睾丸回位。

药物敷脐　用不同药物敷脐，可治小儿腹泻、腹痛、腹胀、食积、疳积等症。如小儿腹泻发烧，将燕窝、绿豆、食盐、生鸡蛋清、韭菜籽等按一定比例掺和，捣烂成泥状，涂敷于患儿脐周约 10 平方厘米，以布巾固定保持 24 小时即愈。

草药治骨伤　境内草医流传有“化水”止痛、草药治伤，“水”药结合治疗骨伤的医术。术者先端清水一碗“点化”伤骨，然后口衔少许清水喷洒于伤骨部位，紧接着进行复位。复位后以草药敷于伤处，再用夹板固定即可。民国时期，兰蓉乡骨伤草医师方南山技高一筹，其医术传承至今。

城步苗族的苗药，长期传承的验方很多。苗药有外敷、内服两大类。其药理命名，一般是根据药的形状和药性来命名，如活血祛瘀药物，常用带“血”字的药物名称，凡是带“血”的药均有活血而化瘀的作用。从祛风理气药物来看，常带有“香”或“风”字，“风”字类药物，性能重在祛风湿；“香”字类药物，性能常止逆理气。还有带“草”名、“采”名的药物，常用于解毒消肿，苗药所谓“采”即拆散、化变消除之意。现录部分验方如下：

毒蛇咬伤　验方一：用法：千金子、半边莲、反背红、星子草各适量。将药与米泔水捣烂取汁及时内服；外洗药及用法：反背红、龙芽草、连钱草、笔筒草、半边莲、铺地香、找板归、星子草共捣烂调冷开水外洗肿胀外，每日4次，如出现局部溃烂或坏死，减去铺地香。

验方二：八月白、紫花地丁、竹叶菜等适量。用法：将蛇咬伤患者做常规处理后，用上述鲜药捣烂外敷患处，可获清热解毒、消肿止痛功效。

验方三：大蛇藤叶、一枝黄花。用法：大蛇藤叶捣烂绞汁内服外搽，每天3次，每次20毫升，坚持到症状完全消失为止。

蜈蚣咬伤　验方：蟑螂3—5只。用法：①取活蟑螂3—5只捣烂，敷患处，可迅速止痛、消肿。②将蟑螂烤干研末备用，需要时用其调香油外敷。③捉活蟑螂浸泡在75%的酒精内备用，每100毫升酒精泡10—15只蟑螂，伤后用此酒精外涂患处。

跌打内伤　验方：布杉枝15克、散血丹9克、极树银10克、班刀箭12克。用法：煎水服，日一剂，病重者少量多次灌服。

外伤出血　验方：肺形草鲜叶适量、棕树绒毛少许。用法：取肺形草鲜叶适量，用口嚼烂同棕树绒毛拌匀，外敷伤口，纱布包扎固定，隔日换药一次。

痈疽　验方：团鱼草叶适量。用法：取团鱼草叶捣烂外敷，日换药一次。

感冒发热　验方：鲜青蒿30克、毛秀才15克、百解茶100克。用法：煎水当茶服，连服5剂。

痢疾、腹泻　验方：千里光、薜荔藤各50—100克。用法：煎水服，连服3—5剂。

痧症　验方：红痧药15克、辣蓼10克、酸巴根15克。用法：煎水服，日一剂。

风湿骨痛　验方：摇人风30克、剪刀风10克、接骨木15克、半边风15克、羊蹄甲15克。用法：煎水服，日一剂。

乳腺炎　验方：鱼腥草、田边菊、败酱草。用法：上药鲜用，各适量捣烂敷患处，日敷一次，亦可煎水内服。

皮炎　验方：松树屎 500 克，桐油 300 克，雄黄、硫黄各 100 克，红砂糖 250 克。用法：先将桐油煎沸，松树屎倒入桐油中溶化，后加入雄黄、硫黄粉，再将红砂糖加入煎熬成膏，装瓶备用，用厚纸揩膏药处敷患处。

痛经　验方：小血藤 30 克、当归 15 克、大血藤 15 克。用法：煎水服，日一剂，连服三剂。

八、社会保障

明、清至民国时期，县内有民间义举和官府慈善事业。暑天施茶，其茶亭田产为老百姓集资购置或赠予。露尸收殓，多为乡村或团寨值年会首临时约众行善或捐资助办。明嘉靖年间，官府在城北建有养济院，并劝勉乡绅兴办慈善事业。清末，县府置有少许田产，在城东设孤老院，收养无依无靠的孤儿寡老。随着收养人员的逐年增多，杯水车薪，无以为继。孤老院长只好向城内殷富求助，或放孤老游食乞讨。

新中国成立后，党和人民政府极为重视社会福利和社会保障事业，对灾情实施赈济，对困难的弱势群体实施困难救济和疾病救济，对五保户实行分散供养和集中供养，对优抚对象进行抚恤优待，尤其是对职工实行劳动保险，并加大安置就业工作力度等，充分体现了社会主义制度的优越性和政府的人文关怀。1953 年起，县内企业实行职工劳动保险制度，由企业提取劳动保险金交企业工会管理，用于支付职工因工负伤、残废待遇，疾病待遇，非因公负伤，养老待遇，生育待遇等。在养老保险方面，实行企业、事业单位和国家机关职工统一的退休制度。在医疗保险方面，企业职工实行劳保医疗，机关事业职工实行公费医疗。在工伤保险和女职工生育保险方面，医疗费全报。同时，企业和财政每年拿出大量的资金用于职工的福利，使广大职工得到了较高水平的福利保障。1987—2004 年，县内逐步启动养老、失业、医疗、生育和工伤 5 种社会保险。

（一）职工福利

职工医疗　企业单位职工医疗费用在企业提取的医疗福利费中列支，

职工门诊医药费凭发票报销。住院费用采取“公费与自费分担”办法，按职工工龄长短确定。部分企业经济效益好，职工家属还享受半费治疗。

职工死亡待遇　企业单位职工死亡者，发给 4 个月工资标准的安葬费。因工（公）死亡的职工，其遗属抚恤费，企业单位按死者生前的 8—16 个月工资一次性计发。还可以照顾一名符合条件的子女招工。

抚恤费　企业职工因工（公）或非因工（公）死亡都对所供养的年满 60 周岁以上无劳动能力的父母，无劳动能力无收入的配偶、未成年的子女、弟妹、或成年还在校读书者进行抚恤。

生育待遇　企业职工领取《独生子女证》的，从 1983 年起每人每年发给保健费 60 元；1999 年起，每人每年发给 120 元。女方 24 周岁以上生育第一胎者，在原产假 90 天的基础上另加产假 50 天。

假期待遇　婚丧假，即职工结婚和直系亲属死亡办理丧事时，均给假 3 天。实行晚婚者增加婚假 12 天，假期内工资照发。

休息年假　1978—1999 年 9 月，职工全年节假日 7 天。从 1999 年 10 月起，职工全年节假日 10 天。

探亲假　职工探望配偶的，每年给予一方探亲假一次，假期为 30 天；未婚职工探望父母，原则上每年给假一次，假期 20 天；已婚职工探望父母的，每 4 年给假一次，假期 20 天。

（二）社会保险

企业养老保险　1958 年起，对男满 60 周岁，女满 55 周岁，连续工龄 10 年以上的职工可办理退休手续；男满 50 周岁，女满 45 周岁，连续工龄 10 年以上，医院证明完全丧失工作（劳动）能力的职工，也可办理退休手续。退休费按月发原工资的 60%，直至去世。1987 年开始对全县 78 个行政、企事业单位的 548 名劳动合同制工人实施养老保险制度改革，对其单位和职工收缴养老保险费。1988 年，在全县国营企业中实施退休费用社会统筹。1988—1993 年，固定职工退休费统筹以县为主。1993—1995 年，由县统筹过渡到省级统筹。1995 年 10 月，劳动合同制工人与单位固定工人实行同一种养老保险办法，并为在职职工建立个人账户。1998 年开始，建立统一的企业职工基本养老保险制度。1999 年 8 月起，全县离退休人员养老金全部实行社会化发放。至 2004 年，全县参加企业职工基本养老保险的全民、集体企业 67 家，参保在职职工 9015 人，离退休人员 3080 人。1988—2004 年底，共统筹养老基金 10042 万元，省、市、县调剂补贴资金 2147 万元，合计 12189 万元；共支付离退休人员养老金 11919 万元。为在职职工 9015 人建立了个人账户。

机关事业单位养老保险　1996 年 1 月，全县 174 家机关事业单位，在职职工 6976 人，离退休职工 1578 人，参加了职工养老保险。养老保险费征缴比例，单位缴纳职工工资总额的 24%，职工缴纳本人工资总额的 3%。机关事业单位养老保险，属全额拨款单位的，单位缴纳部分由县财政负责，直接拨入机关事业单位养老保险财政专户。属差额和自收自支事业单位的，单位缴纳部分由单位负责缴纳。1996—2004 年，全县共有参保单位 255 家，参保人数 9658 人，参保率达 96%，离退休人数 1884 人，累计收缴养老保险费 3147 万元，支付离退休金 4642.8 万元。

失业保险　1987 年开始，县内启动待业保险。企业按照其全职工标准工资总额的 1% 缴纳待业保险金。至 1992 年底，有 105 个企事业单位参保，参保职工 6500 人。1993 年起，扩大待业保险覆盖范围，将供销系统、国营企业开办的劳服企业、农村信用合作社及城镇集体企业纳入待业保险范围。调整待业保险金收缴比例，单位按职工工资总额的 1% 缴纳，职工本人每人每月缴纳 1 元，由企业在发放工资时代扣收缴。至 1998 年底，参加待业保险职工 8900 人，共收缴待业保险金 231 万元。1999 年，待业保险改称为失业保险，范围扩大至事业单位、中外合资企业中方职工、私营企业及城镇其他企业。1988—2004 年，共收缴失业保险金 890.97 万元。实施失业保险以来，先后为 3950 名失业职工及濒临破产企业的贫困职工发放失业救济金 157 万元，医疗补助费 10.5 万元，扶持企业启动生产资金 338.9 万元。

医疗保险　2000 年 1 月，城步率先在全市启动城镇职工医疗保险。用人单位按上年度本单位职工月平均工资总额 6% 的比例缴纳，职工个人按上年度职工本人月平均工资 2% 的比例缴纳。全县共有 201 个行政企业、事业单位，8057 人参加了医疗保险，建立了包括个人账户基金、统筹基金、大病互助基金和特殊医疗保险基金在内的医疗保险基金。

生育保险和工伤保险　2004 年 10 月，县内开始推行生育保险和工伤保险制度。生育保险参保单位有 240 个，参保职工 12583 人。工伤保险参保单位有 62 个，参保职工 6266 人。

（三）就业与再就业

1949 年 10 月，县人民政府在县城建立第一家全民所有制商业企业——县机关供应合作社，安排 3 名工作人员，对旧政府所辖各单位职员愿为人民做事的，给予安置。县级机关工作人员大多为南下干部和资江公学分配的人员。1951 年，县内稍有文化的成年人基本上都安排参加土地改革和征粮工作队或教育工作。随着国营、集体工商企业和国家行政事业机构的增多，城镇就业的人员逐渐增加。1958 年，县内城乡掀起“大跃进”高潮，大办工业、大炼钢铁、大干交通、大办各项事业，年内新建国营企业 29 家，集体工业企业 90 家，还创建了一批农场、林场和木材采育场。为满足县内各项建设事业对劳动力的需求，县劳动调配指挥部从县内农村抽调 2000 余名劳动力，各用人单位还各自雇请、招收了外县农村劳动力 3000 余名，从事各项工程建设。这些人员后来多数转为国家正式职工。是年末，职工人数增至 13922 人。1960—1961 年，县内贯彻执行中央关于“精简编制、压缩职工”的指示和国民经济以农业为基础的方针，下马一批基建项目，压缩职工人员，以 1958 年后参加工作的农村劳动力作为压缩对象。1963—1977 年，地、县大批知识青年下放安置到县内农、林场及农村社、队锻炼。1979 年前后，有的被录用为国家干部或职工，有的被选送上了大、中专院校，大部分返回城镇安置工作。1967 年，湖南省和邵阳地区文艺、科学、教育、卫生界下放 119 名干部职工到城步农村劳动锻炼，1976 年前后，分期分批返回城市工作。1971 年，改革临时用工制度，将在企业临时劳动的农村劳动力 442 人转为固定工人。1976 年后，因工矿、商业、供销等部门需要，从农村招雇亦工亦农、亦商亦农职工 316 人。1983 年前后，被动员回乡 244 人，其余转为营业员或合同制工人。1978 年以来，对城镇待业青年实行“先培训、后就业”，招工时面向社会，自愿报名（凭培训证书），德、智、体全面考核，择优录用。对下岗失业人员实行转岗再就业培训，对在岗人员实行轮训。通过实施各种措施，对无法介绍安置就业的与沿海劳务市场联系，进行劳务输出。对县内企业的技术人员，通过职业介绍，余缺调剂，对企业大龄即将达到退休年龄的人员动员其在企业退养，腾出岗位。1978—2004 年，全县共安置城镇待业青年就业 7368 人，城镇退伍军人及军干家属 1050 人，实现下岗失业人员再就业 789 人，城镇临时工或其他形式就业 256 人。20 世纪 80 年代以后，大量的农村剩余劳动力，走出家门，走向城镇、沿海地区转移就业。2000—2004 年，每年转移就业的农村剩余劳动力达 4 万人以上，2004 年达 4.75 万人，每年实现的劳务经济收入达 2 亿元以上。

第八章

城步苗族语言、文字和习俗

第一节 城步苗族语言

城步的苗族语言属苗岭及南山山区方言，即东部方言（湘西方言）。城步苗族使用着两种不同的语言。白毛坪乡、兰蓉乡、汀坪乡、五团镇、丹口镇等青衣苗地区，使用着一种语言。这些土语群之间大体能够通话，但与当地的汉语差异很大，相互之间无法通话。因苗族同胞一般都会苗、汉两种语言，每当与外来汉人交谈时，他们使用汉语而不讲苗语，故交谈并不困难。这种苗语被苗族同胞称为“平话”（也称为“人话”）。说平话的苗胞约占全县苗族总人口的80%。这种语言与古楚语有较深的渊源关系，有极少一部分单词语音同于周边县之汉语方言，也有一定的苗语遗存成分，故可代表“城步苗语”。长安营乡之下排、上排、长兴三个村的苗族所使用的是另一种语言。这种语言与贵州苗语、湘西苗语、布努语有不少相同之处，但也已受到汉语的影响，是一部分汉化了的苗语。这种苗语只在上述三个红苗村流行，且不与青衣苗通话，更不能与汉语通话。

至于县邑北面之原清溪、浆坪、蒋坊、土桥、大古、资源等地之苗族，其语言于元、明时已汉化，原来所使用的语言已荡然无存。

由于城步苗区“改土归流”较早，服饰、习俗汉化的程度大，唯有语言，虽数经汉化，仍保存较好。

现将原拦牛峒、蓬峒之黄瓜田、莫宜峒之中山、扶城峒之羊石、横岭峒之牛石苗族同胞常用的词汇采用汉语近音字记音的方法，以列表的形式，记录如后。考虑城步苗语土话的准确性问题，这里未标注国际音标，而以与苗语土话谐音相近的汉字进行标注。

附：城步苗族地区苗语调查。

几个苗族地区苗语调查

语类	拦牛	黄瓜田	羊石	中山	牛石
天文类					
天	铁	贴	铁	铁	搞
日	你道	你道	你道	你道	你
天上	铁里		铁里	铁道脚	西搞
日出	你道铁列	你道特里	你道吹来	你道腿列	你供安
日落	你道落列	你道落瓜	你道落山	你道落	你蓬啊
月	越哟	圆额油	违	圆哟	腊
月出	越哟铁列	额留特里		圆哟腿列	腊供啊
月落	越哟落列	额留落瓜		圆哟落	
月明	月哟爬		违卤弱		腊供
星	谢爹		谢蔸	谢蔸	星仔
云	乌翁	乌翁	乌翁	乌翁	云
红云	乌翁带哄色	起红哈	轰永	红翁	病云
黑云	嗨乌翁	嗨乌翁	海永	海翁	卤云
白云	扒乌翁	扒乌翁	耙永	耙翁	起乌云
黄云	禾乌翁	河乌翁	窝永		共安云
雾	务罩	罩子	左头	罩子	下号
雨	落伍	落伍	伍	伍	龙溜
大雨	落达伍	达伍	达伍	落达伍	龙当溜
小雨	落聂伍	烂	赖伍	落赖伍	龙当溜
融雪	溶秀	色溶瓜			溶伴
结冰	水高跌	高色	佑槁	槁色	哥伴
风	动蚌	箮泵	呼棚	泵	计
微风	聂蚌	烂泵		烂泵	计
狂风	嗒蚌	打泵	打棚	打泵	动达计
冷	来	奶	懒	奶	共
热	啰	暖	猎	暖	修

续表

语类	拦牛	黄瓜田	羊石	中山	牛石
阴天	应铁	印铁	任	任	股
天旱	铁过	铁个瓜	天锅	铁祸	
露水	卢许	录里	伍色	鲁水	
雷	内	雷		雷	降福
电	碟		恬	恬	
雷公	内供		内公	内公	
雷母	内母		内母	内母	
地　理　类					
地	弟	低	底	底	达
山	晒	筛	山	晒	巴
大山	达晒	鲁筛	打山		达巴
高山	故晒	故筛	独山	故晒	八达胜
半山	波晒	波筛	波山	波晒	汤汤巴
山顶	晒道		山定	晒顶	呼呼巴
山脚	晒角哩			晒脚	渡渡巴
村	庆、冲			村	懂
寨	姐哩			贾贺	懂
村落	庆姐哩		躲里	躲里	
水	许		瘦	瘦	翁
泉	奶许			碾水	翁真
溪水	怯许			浸水	告翁
河	许过哩		个边	个边	翁
湖	夫				
海	海				
冲	庆	庆	山称	山阵	
坳	啊列	窝	卧里	窝	卧卧
坪	别列	窝	别	别别	铛铛
园	越列	越	越	越	啦
里面	梨起	摆里	内道		家巴
外面	耐治	耐绝	拦截	未细	闹巴
田	碟列	田	碟	碟	零
土	敌列	低		的	达

续表

语类	拦牛	黄瓜田	羊石	中山	牛石
湾	歪	歪		外	旺旺
坎	坎	伴喝	伴伙	伴荷	坑坑
道路	奴咧	达路	路	达鲁	告锅
大路	达掳				告略
房	婆罗喜			屋	
石	业道古			颜道	背
岩洞	业档列		严屋	耐矮	空空溶
泥	业		猎	严	达
滩	塔列	他	塔	塔	泻泻
人　伦　类					
父	把	把	低呀 dia	耙牙	
母	几		尼呀 nia		尼呀 nia
祖父	拔公		供		供
祖母	拔奶		奶		拔
兄	霸、过		坝	个	阿迭
弟	迭	细	典代	迭	阿告
姐	架架	奥达	架	坳达	阿
妹	梅		美	美	阿卖
嫂	嗒索	大扫	数	阿嫂	
叔	聂把		难巴	聂把	呀哟
伯	达把	达巴	打鸦	达把	呀略
儿	崽	崽	再	崽	阿档
媳	信步	信走	新走	信步	艮
女	女		扭		达坡也
婿	啰崽				
孙	宋		松	宋	当听
舅	柱把		丑	柱巴	阿你
外祖父	哈供		喀供	哈达	阿约
外祖母	哈婆		喀婆	哈婆	阿爹
我	哑	哑	哑	哑	瓦
你	嗯	翁	轰	轰	翁
他	已		意	以	你

续表

语类	拦牛	黄瓜田	羊石	中山	牛石
亲戚	庆起	庆溪	庆起	亲起	
嫁女	嘎女	夹女		嘎女	嫁穷
娶媳妇	恕信步				
人体器官类					
头	道耗	哈道	捣	哑道	卡呼
面	灭啰爹	免	免故事	免故事	你
眼睛	矮界	哑见		矮借	毕格
眉毛	灭模		眼睛灭	眉模	眉格
耳朵	业朵		你独	泥渡	破依呀
鼻	毕喊	必限	鼻陷	鼻限	
口	好	好	好	好	捞
额	鸭道	鸭道	鸭头	鸭钱	客乌捞
舌	蛇跌	热斗	爷代	盐列	哩
牙	鸭子		牙式	牙式	猛
喉	号浪	候胧	候连	候龙	
胡须	雾子			雾子	
头发	桃磨		豆发	道伯	修
手	许	许	袖	许	寡
脚	角				杜
腰	玉古	淤古	鱼古	俞古	嘎扎
屁股	屎克		撒派	撒派	
肚	渡典		肚	渡	却
膝	屎道报		脚死抱	赤道包	呼酒
肠	左爹				翁
肝	过			性	性住
心	越心	圆心	心	圆心	酸道
肺	非		剖	剖	梦
皮	被		鼻	鼻	
服　饰　类					
衣	易	易	衣	衣	
裤	夫	夫		袱	道袱
鞋	社	哈	哈	孩	哈

续表

语类	拦牛	黄瓜田	羊石	中山	牛石
帽	磨典	摸斗	帽	目里	芒
袜	越典	话斗	哇道	话里	修
首 饰 类					
金	正典	禁	斤豆	金脸	靖崽
银	银典		艮豆	银脸	艮崽
耳环	怀典		弯豆		弯豆
手镯	许箍	许箍	袖捉	许箍	得
戒指	界典				
工 具 类					
犁	猎	严	列	列	犁
耙	爬		八	八	耙
锄	读道	读稻	读稻	锄头	得
钉耙	蝶罢				
刀	毒				
斧	补道	补道	付头	补道	
铲	土撬				
镰	没列典				
锯	给				
斗笠	离道	犁道	犁头	犁头	
蓑衣	索易				
伞	啥				
牛轭	熬恶	熬啊	熬阿	熬啊	
牛轭	熬道	熬度	熬度	熬度	
箩	啰				
牛鞭	花际典	花鸡汁	熬花鸡	熬花计里	
粪箕	淤先	胃	芋哈	舀	
禾桶	贺趟	武汤	扶汤	户汤	
米筛	咪先		米瞎	米瞎	
碓	丢伙	得	得	斗	
磨	模				
钵	捏记波	波道		钵道	
坛	塔典	他斗		接	

续表

语类	拦牛	黄瓜田	羊石	中山	牛石
升	胜典		升代	升里	
斗	倒	倒	到	倒	
称	庆	称		称	
仓	错	措		措	
米桶	免趟	免趟			
五谷类					
谷	古典	古斗	古	古	百
粟	粟典	色		色	晏年
豆	模倒典	河道	道代	河道	哆
荞	柱典	树斗	举代	柱麻	求
麦	麻典	麻斗	麻代	面麻	
高粱	顾列			姑里奶	高犁
苞谷	洪道典	包顾	玻道	装不倒	米泡
红薯	洪于				
芋头	过扶				
禽畜类					
牛	敖	敖	敖	敖	嘎翁
马	马				嘎妈
猪	丢	对奶	的	豆	嘎败
羊	哟				嘎溶
狗	搞	搞	告	搞	嘎扎
鸡	记				嘎姐
鸭	阿				嘎镲
鹅	哦		我	我	嘎鹅
蔬菜类					
白菜	扒车	扒叉	扒叉	扒菜	乡家奈
青菜	庆车	灿叉	截叉	截菜	
萝卜	罗摆	罗摆		罗白	
茄子	茄典				
丝瓜	水大瓜		泻瓜		信瓜
冬瓜	当瓜	担瓜	当	单瓜	冬瓜
南瓜	金瓜	金瓜	金瓜	金瓜	金瓜

续表

语类	拦牛	黄瓜田	羊石	中山	牛石
豆角	倒给典				
葱	创	灿	仓	灿	仓
大蒜	达索	索	达索	达索	上溜
蛾眉豆	贺眉倒				
姜	究	究	脚	脚	上溜
辣椒	海救	海		辣崽	
苦瓜	腐瓜典	府瓜	富瓜	府瓜	
豆腐	捣夫	倒夫	捣富	捣付	斗付
餐　具　类					
锅	过典				
勺	球				
筷子	丢				
碗	哦				
昆　虫　类					
蚯蚓	定亏			亭凯	
蛇	斜			斜	
虫	定	停	顶	定	
青蛙	麻婆		哈妈	葛妈豆	
蚂蟥	蚂祸	蚂祸		蚂祸	
蜈蚣	业公塔			泥公叉	
蜂	碰	灭碰崽		灭碰业	
蚊子	梦典			长脚梦	
苍蝇	屎梦典	梦歹		摆林里	
螳螂	古浪荡			火聋呀	
蚂蚁	马宁典	蚂蚁歹		蚁列	
蛾	毕蛾典	毕蛾歹		毕蛾	
树　木　类					
树	玖	举		举	花楚
松	仲玖	蚕斜		松	花哥
杉	吓玖	吓朱			花靖
桐子树	荡典玖	潭得朱		桐牙里	桐油花
茶树	大典玖	畜芋朱		学于崽	

续表

语类	拦牛	黄瓜田	羊石	中山	牛石
李树	抚列典玖	李崽下			
桃	度典	屠崽下		徒里株	
杏	扒里				
枇杷	枇杷（皮扒）				必杷
椿	通浆鸭				
樟	究（玖）	究猪			
板栗	博聂者	填格李	扮李豆	格列树	
漆树	起玖			七树	
棕树	种玖				
梨	离典	离崽下	犁豆	犁里	毕爹
李	抚李典		付李豆	肚里	
桃	徒典		独豆		
柚	柚典				
核桃	海度				
数字类					
一	衣	衣	衣	衣	啊
二	哟	尼	你	你	喔
三	撒	杀	杀	杀	叭
四	西	西	西	西	作
五	嗯	轰	翁	翁	百
六	柳	内	刘	内	党
七	起	七	七	七	凶
八	别	巴	摆	八	呀
九	举	主	救	举	仇
十	时	时	时	时	脚
百	把	把	把	啊巴	
千	切	截	截	阿	阿亲
万	怀	外	晚	阿外	阿顺
亿	易				
单	达	达	达	达	
双	索	索	索	索	见

续表

语类	拦牛	黄瓜田	羊石	中山	牛石
时　间　类					
年	捏	年	捏	阿连	觉
月	越		越	越	腊
日	嗯		尼	阿你	尼
时	自			时介	晒
早	祖	祖		祖	清早
晚	呀道	呀		野故	豆芽
春	痛铁	通	冲	通	
夏	哈	哈	哈	哈	
秋	去	催		测	
冬	冻哑	当		当	
正月	界越				
十月	时越		时越	时越	
十一月	档越		档越	档越	
腊月	捏越	时你越	时你厄		
初一	兔衣				
植　物　类					
花	化	化		化	
叶	蝎	液		也也	
根	缸	扛		肝	
果	崽				
草	楚	楚	醋	楚	
藤	荡				
饮　食　类					
吃饭	移摆	鱼摆	余板	移摆	龙阿
吃菜	移截	移叉	余猜	移差	龙哟
喝酒	移九	鱼走	余救	移节	喝酒
吃肉	移奶	鱼奶		移奶	龙嘎
吃油茶	移路达				
早饭	堕罗摆	达尼摆		祖摆	啊带
中饭	波嗯摆	破尼摆		玻你	阿动尼
晚饭	牙道摆	鸦摆		鸦摆	阿砣摆
喝水	移许				
喝醉酒	移最寡	鱼窄瓜		余窄	喝凤

第二节 城步苗族文字

苗族，是我国一个极为古老的民族，人口较多，分布较广。据 2010 年全国第 6 次人口普查，国内苗族人口 9426007 人，从人口数量看，居全国 56 个民族第 5 位。同时苗族迁居国外的也不少，据有关资料报道，国外苗族人口约 400 万，国内外苗族总人口 1300 余万。在数千年的岁月中，苗族同胞世世代代在祖国的大地上辛勤劳作，繁衍生息，形成了悠久的民族文化，为中华文明的繁荣作出了卓越的贡献。

苗族有自己民族的语言。苗族语言属于汉藏语系苗瑶语族苗语支。由于几千年来长期迁徙的结果，苗族各支长期分散，各地苗语差异较大，可分湘西方言（东部方言）、黔东南方言（中部方言）和川黔滇方言（西部方言），以及若干方言和土语。城步为湘西方言（东部方言）。

古代苗族也曾有过自己的文字，后在频繁的大迁徙中失传，这从苗族的古歌和传说中可以得到印证。至今流传的湘西苗族古歌《在中球水乡》就有关于苗文丢失的传说。据古歌叙述，苗族先民在迁徙过大河时，“代扎”（汉人）将笨重的青钢木船偷换成了“仡雄”（苗人）的杉木船，杉木船很轻，“代扎”带着文字乘杉木船走了，“仡雄”的青钢木船走得很慢，“追也追不上代扎，赶也赶不上代扎”。结果，苗族从此丢失了文字。

由吴荣臻教授主编、民族出版社出版的《苗族通史》中对“苗族文字”作过如下简要介绍：据考，历史上苗族曾多次创立苗文，又多次被朝廷销毁而失传。历史上的苗文多半是地方性的，没有在整个苗区通行。近来，据苗族语言学最新研究成果推断，甲骨文有一部分是苗文，用苗语（东部方言）可以读。苗族巴得雄（苗老司）祭祀仪式中的符号，人们大都不能辨认，叫“鬼画桃符”，实际上是一种古苗文，与甲骨文有许多相似之处。传说苗族在唐宋以后曾多次创制苗文，苦于无史佐证，无法确定。清代南山片区苗民曾创立并使用了苗文。湖南城步、绥宁和广西龙胜一带苗民，曾利用这种苗文作宣传发动和下达号令，但在乾隆六年

（1741 年）被清廷下令销毁禁止而失传了。20 世纪初，英国传教士坡拉德同苗族知识分子杨雅各等人在贵州黔西北威宁石门坎地区创制了一种拼音文字，称为“坡拉字母苗文”，用之翻译基督教圣经，编写课本，记录苗族民间故事、诗歌及记事等。民国初年，英国传教士胡托在黔东南炉山县旁经镇创造了一种“注音字母苗文”，用之翻译宗教读物。湘西苗族诗人石柏塘于清末民初运用“六书”的造字规律，借用汉字偏旁，创制了方块字形的苗文。但因种种条件的限制，这些苗文都未能在群众中广泛推广。

贵州民族出版社出版的《苗族简史》也有如下记载：“……苗族古代曾有文字，后来由于种种原因失传了”。但据清代和民国的文献记载，湖南城步苗族曾使用过一种类似汉字篆文的文字，乾隆六年（1741 年）当地杨清保苗族起义失败后被官府强令禁用而失传。此外，清人陆次文的《峒溪纤志・志余》、谢斌的《云南游记》、于曙峦的《贵州苗族杂谭》、华学疏的《国文探索一斑》等书中，也提到云、贵、川等省确有苗文。但字数不多，还不足作为记事和交际之用。

经本书作者认真考察、研究，发现城步苗族先民在生产生活和军事斗争中创造出并广泛使用过苗族文字。

一、史籍中留存下来的城步古苗文字，其内容跟苗族先民的生产生活息息相关

据城步苗族口碑文献《城步苗款》以及清代文献《峒溪纤志》等记载，城步苗族确实创造了自己的文字——“苗文”，并且流传很广，使用时间很长，有些常用“苗文”至今仍在使用。

在城步挖掘出的苗族古款的原始资料中，发现有类似汉文篆文的苗族文字夹在里面。据岳麓书社出版的《城步苗款》一书记载，城步苗族世代流传的《苗款》中“天地起源款”就记录和保留了部分城步古苗文字：“几几年间，漆空虚，上阳朝门几间，乱阳世界，包罗天地，先置黑地，后置明天。上出门几月立乾坤。”这段苗款中出现的“门几”两个苗文字，按湘西南桂北苗族地区的方言，读为“海冒”，意为漆黑，译释成汉语，就

是“混沌”前的状态。苗款中出现的“冂刀月”三个苗文字，苗语读为“雾麻麻”，意为有微光，译释成汉语为“混沌初始”状态。《城步苗款》中共保留了 19 个古苗文方块字。如下图：

苗文	译成汉语	苗文	译成汉语
冂	混	迯	听唱
刀	沌	凪	松
月	初始	钎	炼铁工具
仐	禾稻	岀	泰山
秞	气、烦	叕	教育
陖	锤打	夰	太
蟲	山坡	虿	老虎
兀	在	圠	穴、坑
啃	狗叫	无	教
迠	扯	汆	大水塘

另外，清代末期陆云士（又名陆次云）所著的《峒溪纤志·志余》中专门保留了“苗书二章”，给我们留下了宝贵的城步苗文资料。陆云士说“苗人有书，非鼎钟，亦非蝌蚪，作者为谁，不可考也，录其二章，以正博物君子。”其中一章名曰《铎训》，内容是：“孝顺父母，尊敬长上。和睦乡里，教训子孙。各安生理，毋作非为。天地君亲为大，兄弟手足之亲。孝乃人之百行，忠在人之本心。士农工商，各居其业。礼义廉耻，切著胸襟。子能孝父，变冬为春。臣若忠君，瑞气盈门。忠孝两尽，万古留名。夫妻和睦，家事必成。弟兄友爱，万事和平。幸逢比干，忠烈直臣。管仲鲍子，不愿分金。田氏睦邻，树发紫荆。鉴古来往，是道常存。纲常以正，日月洞明。乾坤清秀，宇宙光亨。又可调羹，君臣庆会。龙虎相迎，万世永赖，忠孝是存。”《铎训》苗文如下图：

巫水源惊现苗文《铎训》

二、清初城步苗民在武装起义斗争中广泛使用苗族文字

作为苗族聚居区，城步本是“化外之地”，明以前隶属武冈、武强、靖州、临冈、时竹等州县管辖。明弘治十四年（1501 年），城步苗民在苗族酋长李再万的领导下举行起义，义军张挂黄旗，设立了天王、总兵等名号，李再万号称“天王”，聚众数万，攻城夺地，他们将官府霸占的良田分给苗民耕种，对那些作恶多端的豪强地主乡绅进行镇压。据清代《城步县志》记载，李再万苗民起义军“靖州杀了刘巡检，武冈杀了欧战辉，次岩杀了李员外”民心大快，苗民纷纷参加起义军，义军很快控制了五峒四十八寨和广西义宁、新安等地，声势惊动朝廷。十月，明廷急遣湖南巡抚阎仲宇、总兵官永康侯徐铸率官兵前来“征剿”，共调动兵力 5.7 万余人前往剿灭苗军。由于寡不敌众，加上叛徒告密，弘治十五年（1502 年）三月，苗军首领李再万被俘，遭明廷斩杀，起义军被朝廷剿灭。明弘治十五年（1502 年），湖南巡抚阎仲宇向明孝宗上言，建议“割绥宁七里半、武冈二里半，拓城步巡检司旧址置城步县，隶宝庆”。他的建议被明孝宗皇帝采纳。弘治十七年（1504 年），正式设置“宝庆府城步县，割绥宁安化八里附之”。至此，城步县正式成立，明廷派“流官”治之，在全国苗

族地区首开“改土归流”先河。

城步建县以后，城步苗族人民依然受到明清王朝残酷的政治压迫和经济压迫，他们不断揭竿起义，反抗民族压迫。乾隆四年（1739年）七月，城步再次爆发了以苗族首领粟贤宇、杨清保为领袖的苗族大起义，粟贤宇自称“李天保再世”，称“阁老”，杨清保自称“李天保太子”，提出了“大坳过小坳，金银十八窖，哪个捡得哪个要”的口号，以此进行组织串联，发动群众进行起义斗争。经过精心准备，苗族人民抗清斗争全面爆发，各路苗军四面出击，杀官吏，烧营汛，扫荡以城步横岭峒为中心的湘桂边境苗区的清军据点，地方官吏和营汛纷纷向清廷告急。湖广总督班第、提督杜恺、湖南巡抚冯光裕、广西提督谭行义等地方文武大员纷纷向乾隆皇帝具奏，请朝廷调集大军对苗民义军进行镇压。乾隆五年（1740年）五月，乾隆皇帝下旨，令湖广巡抚冯光裕为主，湖广提督杜恺、镇筸镇总兵刘策名为副，调集楚兵；两广总督马尔泰为主，广西提督谭行义为副，调动粤兵，两路出击对城步苗民义军进行会剿。但是义军临危不惧，英勇作战，他们利用有利的地形地貌修堑壕，筑炮台，设障碍，据险以守，严阵以待，一次一次打退了敌人的猖狂进攻，取得了一个又一个胜利。乾隆五年闰六月，乾隆皇帝降旨，任命贵州总督张广泗为钦差大臣，调集湖南、湖北、两广、贵州等五省两万多官兵和数万名乡勇，向城步苗族起义军展开大规模进剿。由于寡不敌众，到乾隆六年（1741年）二月，苗民起义领袖粟贤宇、杨清保、吴金银、张老金等相继被敌人捕杀，义军最后一个据点竹岔山陷落，这次湘桂边境的苗族大起义失败了。

在这次震动全国的以城步为中心的湘桂黔边境苗民大起义斗争中，苗族义军曾广泛使用过苗文。在起义过程中，起义领袖为了逃避清廷的通缉、围剿，所刻制的印信、图章，所印发的文告以及往来书信、手札，均系苗文。这种似篆非篆的文字，就是城步苗族先民精心创造的“苗文”。“苗文”最早在城步横岭峒一带使用，到了清朝乾隆年间，已在城步五峒四十八寨广泛流传使用，进而影响到湘桂黔边境的绥宁、通道、龙胜、锦屏等苗族地区，但与苗民分界居住的汉民并不认识“苗文”，高高在上的清廷官兵更是视“苗文”为“天书”了。

乾隆五年七月二十一日，贵州总督兼管巡抚事务臣张广泗给乾隆皇帝上了一封奏折——《张广泗奏查获杨成保等人折》，奏折上写道："……并据该州将抄录符纸临摹呈送到臣，臣将送到符纸详细查阅，类系巫师祈禳，并无句读文义可寻，印摹似篆非篆，亦不成文，实系愚顽匪类，希图诳骗财物起见。"[①] 乾隆五年七月二十九日，贵州布政使陈惠荣也给乾隆皇帝上奏折——《杨成保捏称仙女出世惑众情形折》，上有："其首犯黎阿兰、陆石保等，现已悬赏，责成土官严拿，尚未报获。再验其牌票，系用黄白纸朱书词语，不可解说，其旗长有尺余，每一条用红土写一十字或耳字，其印方止寸余，亦有三尖者，篆文不可识别……"[②] 贵州总督、云南巡抚张允随、贵州提督王无党也给乾隆皇帝上奏折——《奏骆阿乔等捏造妖言售卖印符惑众折》，奏折中说："拿获府属平浪司地方苗人骆阿乔、杨成保、杨计留，供出为首平州司王蜡寨匪犯黎阿兰、陆石保捏造妖言，卖给印符……所散符纸、假印，亦无句读篆文……"[③] 这些奏折中提到的"符纸、假印，无句读篆文"都是"苗文"。

清军镇压城步等地苗民起义以后，清廷根据张广泗《署湖南巡抚许容等人关于苗疆善后事宜》的奏议，为了强化对湘西南城步和桂东北义宁一带苗瑶各少数民族人民的统治，采取六条严酷政策统治城步，其中一条就是彻底剿灭城步苗族文字。因为在乾隆初年爆发的湘桂黔边境苗族起义中，义军广泛利用苗族文字进行斗争，发挥了苗族文字的巨大作用，因而城步粟杨苗民起义被镇压下去之后，清廷认识到这种似篆非篆的图文，实为城步苗民内部使用的特殊文字——苗文。为防止苗民使用这种文字再次举事，乾隆皇帝下旨规定："从前捏造的篆文，即行销毁，永禁学习，如有违故，不行首报，牌内一家有犯，连坐九家，治寨长失察之罪。"[④] 于

① 中国第一历史档案馆、中国人民大学清史研究所、贵州省档案馆编：《清代前期苗民起义档案史料》上册，光明日报出版社 1987 年版，第 349–350 页。

② 中国第一历史档案馆、中国人民大学清史研究所、贵州省档案馆编：《清代前期苗民起义档案史料》上册，光明日报出版社 1987 年版，第 359 页。

③ 中国第一历史档案馆、中国人民大学清史研究所、贵州省档案馆编：《清代前期苗民起义档案史料》上册，光明日报出版社 1987 年版，第 390–392 页。

④《朱折》冯光裕折，乾隆五年六月十五日。

是，朝廷对苗族居民进行逐寨逐户地全面搜抄、清查、销毁，永远严禁学习和承传使用苗文。众所周知，清朝的“文字狱”是空前绝后的，在清廷的残酷镇压下，城步苗文在湘桂黔边区慢慢消失了。

三、当今仍在流传使用的部分苗族文字

“野火烧不尽，春风吹又生。”语言和文字是一个民族的灵魂。任何朝代的封建统治者，都不可能从根本上铲除一个民族的语言和文字。城步苗族对语言文字的传承，仍在家族或家庭内部秘密传承，即使过去了两个多世纪，也依稀能够找到一些古苗文字的留存。到了20世纪六七十年代，城步一些上了年纪的苗族老人，仍普遍使用一些较为简易的苗文来记工分或记数，这些常用的代表数量的苗文字如下图：

苗文用文	译成汉语	苗文用文	译成汉语
勹（简写）匇（古写）	斤（简写）觔（古写）	ㅗ	六
刋	两	÷	七
办（中医也用）	钱	亖	八
石	担、石	夊	九
丨	一	이	十
刂	二	廾	二十
川	三	卅	三十
χ	四	刀	初
8	五	夕l	九十

这些苗文符号生命力之强，流行之久远，说明城步苗族文字在明清时代确实很盛行。城步原浆坪乡有位名叫陈显馀（1902—1971年）的苗族老人是个文盲，他的记性和心算能力极强，解放前以种地主肖某的佃田为主，他妻子皮氏是种田蒸酒的能手，因此他们夫妇俩还租了一座四排三间的木屋，开了一间卖猪肉和米酒的铺子。当时做酒肉生意的人不多，当地人户稀散，方圆10里左右，居住100多户人家，买酒买肉，赊账的不少，

必须记账，陈显馀不识字，怎么记账？当地杨姓居多，他就根据买货人的年龄大小、个子高矮、外貌形象等，画山羊图，在羊的边上加上大小高低记号。当地有两户姓苏的，他就画上大小两把梳。当地有 10 多个姓，每个姓都有符号代替。记数则用苗民曾用的苗文符号，分别用丨、刂、川、χ、ɓ、∸、÷、亖、攵、0l、卄、卅等代表一、二、三、四、五、六、七、八、九、十、二十、三十……一个普通的苗族文盲都能用苗族符号记账，可见城步苗文的影响力和生命力确实很强。2010 年 4 月清明节期间，笔者回老家城步兰蓉乡扫墓，特意前往拜访当地懂苗文符号的苗族古稀老人江长清，他很认真地为我书写了从一到九十这套完整的苗文数字符号：

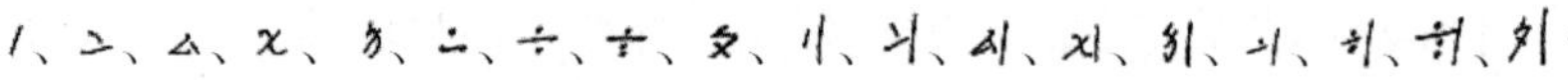……

1952 年，邵阳市著名历史学家马少乔先生在城步蓬峒沙基参加土改工作时，有天傍晚在河边散步时曾发现一块苗文碑，但当时疏于收藏，以后修水利时被当地群众作坝基石用了，苗文碑石再无处可寻。20 世纪 70 年代，城步县委宣传部副部长丁中炎同志在岩寨乡下乡，在该乡大寨村的回龙桥头，惊喜地发现了一块苗文碑，他要求当地干部群众认真加以保护，当时确有几名群众将此碑抬进了大寨古楼里面存放，但时至今日该碑已无处可查了，可能毁于“破四旧”或“文化大革命”了。

另外，城步苗族自治县境内一些上了年纪的苗族木工，他们在做木工时，将一些苗族文字书写在做好的木料上做记号，这些苗族文字和它们所代表的意义如下图：

苗文用文	译成汉语	苗文用文	译成汉语
	左		柱
	右		瓜
	山		方
	正		排
	前		詹
	后		

城步苗侗瑶一家，饮食居住言语服饰相同，文字相通。20 世纪 70 年代初，丁中炎同志在清源公社黄伞大队蹲点时，发现当地瑶族妇女中流行一种外人不认识的歪歪斜斜的文字。1986 年至 1993 年，清华大学研究女书的副教授赵丽明博士根据这条线索，先后 5 次深入城步县黄伞、漆树田和寨子溪等瑶寨调研，终于在兰蓉公社漆树田瑶寨找到了会记瑶字的七旬老人沈子娥，她一口气向赵教授书写了 10 多个瑶族记事符号和 10 个记数符号（见下表）。据赵教授研究，这种文字不能和语言中的词一一对应，而是一个符号代表一句话，每句话都由线条形成符号组成一个方块团，如“”表示“强盗来了，不要走”，“”表示“强盗来了，快点走”，这种符号可用于通信、诉讼、发送情报等等，但只能供瑶族妇女内部传承使用。

沈子娥老人书写的记事符号和记数符号

苗（瑶）文	苗（瑶）语	汉义	苗（瑶）文	苗（瑶）语	汉义
	朵嘎	丈夫		义	鱼
	富凫	妻子		嗯	人
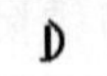	捏梅底	姑娘	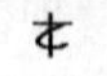	侗卢害	同路行
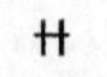	秀屋	相好		腿蒙	出门
	绣五	修屋		怪蒙	关门
	灭	睡觉		档货	东方
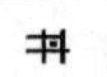	淤景	要紧		戏货	西方
	害寡	走开		拿货	南方
	咧祖	来了又走		摆货	北方
	罗五	下雨			
		强盗来了，不要走			强盗来了，快点走
	衣	1		疑	2
	撒	3		西	4
	嗯	5		骡	6
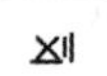	起	7		别	8
	酒	9		时	10

兰蓉乡报木坪村苗族七旬老人江长清，曾担任过多年村主任和村支书，他至今仍能书写一些苗文字，用苗文制作剪纸和年画，如“新年快乐”“小康城步”“中国梦”“世界和平”等等，张贴在自家或邻居家的门枋上，是现代版的“苗文春联”。笔者在白毛坪乡水田村进行苗族习俗调研时，在一杨姓苗胞家发现了一幅用苗文书写的春联横幅“華開”，中间两个是繁体汉字“华开”，左右两端的两个苗文字不认识，“似篆非篆”，“似图非图”，字体烦琐，布局工整，上下左右对称，笔画流畅，一气呵成。此苗文横幅大气精美，令人叹为观止。想来作者应是一位既懂古苗文字，又擅长古苗文字书画的苗族“秀才”！

白毛坪乡水田村苗文书写的春联横披

陡冲头古苗文石刻群的发现发掘。2010年年底，笔者在丹口镇陡冲头村采风，行至该村一组时，无意中发现10多块刻满“天书”的大石块，这些“天书”似篆非篆，似图非图，似画非画，似汉字非汉字。这些留存了文字符号的石块，有的耸立在高高的田坎上，有的横卧在草丛中，有的深埋在泥沙中只露出半截身子，有的被高深的灌木填埋，有的已断裂，有的已风化但隐约可见石面上写满文字……笔者长期从事苗族历史和苗族文化研究，得知城步苗族先民在历史上曾广泛、长期地使用过苗族文字，并撰写专题论文《湮灭了两个半世纪的城步苗文》和《城步古苗文字初探》等在《中国民族报》《中国苗族文化论坛》等报刊上发表。现在破天荒在陡冲头村发现了这么多古苗文字石刻遗存，当即写了一篇消息稿《城步发现“天字碑”》在2011年1月21日《邵阳日报》一版发表。这个重大消息见报后，立即引起了省、市、县文物部门的关注。2012年3月邵阳市文物局立即组织省内外专家对这些石刻上的文字进行考察研究。中南民族大学文学与新闻传播学院党委副书记、民俗学硕士生导师、南方少数民族文

丹口镇陡冲头古苗文石刻——变体苗（汉）文石刻及天梯岩画

字专家、著名女书研究专家李庆福教授和湖南师大历史文化学院李绍平教授、湖南省文物考古研究所教授、省“三查办”主任吴顺东等一行专家学者深入城步陡冲头村，经调查考证，并与该县现存少量古苗文字资料进行对比分析后，确认石刻上的文字就是失传了两个半世纪的城步古苗文字。

2014 年初，城步陡冲头古苗文字石刻群被列入国家文物局的重大考古发掘范畴。当年 6 月至 12 月，受国家文物局委托，湖南省文物考古研究所对陡冲头摩崖石刻群进行了系统调查和考古试掘，在文化内涵、埋藏性质、时代跨度、分布范围等多个方面取得了显著的突破。在发现并初步确认“三体”苗文的基础之上，还打开了早期岩画、石雕艺术的神秘之门。通过系统深入地考察已知线索覆盖区的石刻遗存和依据核心区关键石刻空间分布的内在规律，开展对外围石刻的大面积搜寻，通过半年多的艰辛发掘，取得了预期的结果。现将湖南省文物考古研究所的《考古发掘报告》摘录如下：

城步石刻考古的最初切入点，在于更多苗文石刻遗存的发现及其性质、年代等方面的考证，但最终的收获不限于此。据不完全统计，现阶段发现的苗文石刻、苗文相关的文字或图符石刻和其他图形石刻，以及各类建筑基址等遗存点，已达到 92 处。近古居住址与近体苗文、变体苗文、汉义汉文之间的关系，也已脉络渐清。

（1）现阶段已发现的文字石刻为 20 余处。由于多数文字石刻点汉义汉文常与苗文体系的文字错杂共存，因此苗文石刻的统计数据，事实上约略等同于前述文字石刻的总和。

（2）苗文石刻主要分布在陡冲头村第一村民小组地界内。其中最具代表性的苗文石刻又较为集中地分布于龙家河中下游的金鸡湾、新屋边、袋子丘、赵家门口中塅、下塅，大水溪中上游的白竹山、九层皮、烂泥坳等处。皆为当前续耕或已抛荒的慢坡地带。内容最重要的石刻，无一例外地位于近古关键路口。

（3）从镌刻工具到字形字体，应该说苗文石刻包含了古体、近体、变异体等三个门类。现存数量方面，近体为最，古体次之，变异体又次之。无论哪种体格，苗文的产生都离不开汉字这一母体。三者的差别，特别是古、近体的差异，跟日文平假名与片假名之间的差异倒很有些相似：前者走的是圆润路子，后者练的则是钢筋铁骨。而变异体，很显然受道教符箓的影响不小。迄今所知唯一存世的古体苗文发现于金鸡湾至水头古道口。总字数 20 个。笔画古拙，具有强烈的图形文字意味。有关内容尚待释读。

当前发现的存世苗文石刻主要为近体苗文体系。总字数约 140 字。笔触刚劲有力。有较为固定的造字基本元素，常见在汉字原型上增减笔画构成全新字的做法，但也常常杂糅汉字原型而不加变更。已能形成独立的篇什。从当前可初步释读的内容看，可能涉及当时的居民点，或者指示各处山产、地产的法定拥有者；后者的约束力大约相当于瑶族的石牌律。异体苗文所见不很多，但颇具原始宗教的符箓体格。或与道教在该地区的流传相关。根据白竹山、大水溪一带“光天化日月圆之夜”之类完全性汉文石刻的普遍存在，结合大桥村官方镌刻的“光天化日”大字石刻的可考纪年，初步推定该地区存世的苗文石刻的年代下限为清乾嘉之际。古体苗文石刻的年代上限，当前参考金鸡湾、新屋边勘探、试掘所发现的多件宋代瓷器残件，可暂定南宋。

岩画的发现是城步石刻考古工作中的重要新收获。岩画形象包括水生、陆生生物等。这项新发现的意义在于，既填补了省境内该项文化遗产的空白，同时也可能成为沅水流域白陶凤鸟文化源头式探讨的重要参考。水生生物岩画所表达的对象多为鱼类，雕刻手法同样融汇了平面雕刻和浅浮雕工艺。岩画主题中还有一个重要的组成部分，那就是关乎生殖崇拜的本真式表现。还不乏取材于现实生活的器具形象、运动形象，源于生活但高于生活的神异形象等等。

2016年11月，湖南省文物局特邀文物保护与考古、民族、民俗、古文字研究等方面的专家，在城步召开了专题论证会，一致认定城步陡冲头摩崖石刻上的文字就是古苗文字。

2019年10月，丹口苗文石刻群被中华人民共和国国务院公布为第八批全国重点文物保护单位。

以上事实充分证明，城步苗族先民在历史上确实创造了自己民族的文字，并将这些文字广泛应用于苗民的生产、生活和军事斗争之中。是清朝封建统治阶级残酷镇压了苗族文字。苗族文字生命力极强，在被镇压、剿灭近三百年后的今天，依然在苗族地区有所遗存和传承。

苗族人民和汉族及其他民族一道，创造了自己民族的文字，也创造了灿烂的中华文明。

第三节　城步苗族习俗

在人类历史的长河中，苗族曾被迫多次迁徙，少聚居，多分散，因交通条件限制，彼此少有来往，因而在生活习俗上互相之间既保持了共同的特征，又形成了许多差异。加上与其他民族交错杂居，在文化方面相互影响，互相吸收，互相潜移默化，致使分布各地的苗族的习俗差异越来越大。

一、生产习俗

（一）农业习俗

《苗族通史》指出，“田”字头上一把“草”，“苗”即最先种田人。苗族早在九黎三苗时期就做出了“五大发明”，即农业、神道、星象、兵器和刑罚。所谓“九黎三苗”，就是最早以耕耘农田，栽培禾苗，主食大米的部落或群团的总称。

城步苗族作为“九黎三苗”的后裔，也以从事农业为主业，而农事又以种植水稻为主，以种植红薯、玉米、麦子、蔬菜瓜果为辅。县北西岩、茅坪、清溪等地还种麦子、油菜、花生，东部和南部的兰蓉、白毛坪、丹口、汀坪等地苗胞耕种薏米（六谷）、黄豆和粟子等。旧时稻田一般翻耕三次，秋收后翻犁一次叫“冬田”，春播前犁耙一次叫“打老”，插秧前犁耙一次叫“荡田”。南部苗区收割水稻兴“放龙”，即把禾稻割倒铺在禾蔸上，形似长龙，经两三天日晒，禾草干枯后再用戽桶打谷，这样谷粒易于脱落，打下即可进仓收藏，无需再晒谷。红薯、苞谷（玉米），黄豆多种在畲土上，黄豆还种在田基上，六谷（薏米）、高粱、粟子、穇子、饭豆等杂粮自古沿用刀耕火种方法播种。

在城步原五峒四十八寨地区，播种杂粮时流行一种“伙耕”习俗。秋收过后，山区苗胞要把畲土翻转过冬，次年阳春三月，再烧畲开荒，挖土播种六谷、苞谷、蜀粟等作物，帮忙劳力少则几十人，多则上百人，手拿锄头，从山脚并排向上挖。此前，主人家请来 1—2 名“歌仙”，在挖土队伍前面边打锣边唱山歌，谁落后或掉队，“歌仙”就到谁面前敲锣打鼓，为落后者加油鼓劲。苗族人将这种集体耕作方式叫“伙耕”。其来由系苗族先民自唐宋时期从沅水进入雄溪（巫水）上游定居以后，以种畲谋生，各自垦荒播种。在深山老林里，虎豹豺狼野猪时常出没，“背人”（伤人）现象经常发生。为避免伤害事故发生，苗胞们想出了打锣“伙耕”的法子，全寨人今日帮你家，明日帮他家，人多力量大，打锣唱歌吓跑野兽，也驱除寂寞，既提高了人身安全感，也提高了劳动生产效率。“伙耕”开始前，要举行“开山”祭祀仪式。“歌仙”要点燃主家带来的香火纸扎，口中念念有词：“恭请山神和土地菩萨前来领香烛银钱，保佑全体挖畲人身体清泰平安，不砍伤手，不挖伤脚，不让滚石、柴蔸伤着人。”祭毕，“歌仙”边祭祀边开唱：“一下鼓来两下锣，惊动山中土地婆；土地婆婆切莫怪，凡人弟子口要呷，打锣打鼓闹山河！”上午 11 时左右，到了上午“呷茶”歇息时辰，“歌仙”唱道：“早时开工累半天，想呷茶来想呷烟，想呷茶来茶到手，想呷烟来火有燃，只望情妹来点燃!”于是大家放下锄头，解手方便，呷烟呷茶，谈情聊天。到了日头落岭要收工的时候，“歌仙”唱道:“日头落岭过了河，郎骑白马妹骑驴。郎在马上喊声妹，妹在驴上喊声哥，心中好比快刀割!”“日头落岭西山黄，犀牛望月妹望郎。犀牛望月归大海，情妹望郎进绣房，免得情妹守空房!”

“伙耕”是苗族原始“共产主义”劳动制度，这种方式花钱少，工效快，效率高，人快乐，比单个独干提高功率两三倍，至20世纪六七十年代仍在部分地区盛行。

（二）林业习俗

城步苗族林业古时以植树栽竹为主。苗族人民喜欢在村前寨后培植“水口树”，或松或杉，或枫或樟，以管“风水”；在房前屋后则栽棕、椿、竹等风景林木。山林管理实行封山育林，称“禁山”，“立款约规定不准砍柴、放牧、挖笋、伐木和开荒种地，违者按款约处罚”。

1. 植枫习俗

相传枫树是苗族祖先蚩尤的化身。苗族群体在历次迁徙之前，族长或家长首先来到寨前（后）的古枫树下祭祀，实际上是向枫树神举行告别仪式，祈求枫树神护佑全族（家）平安大吉。然后挖几株枫树幼苗带到新的居住地栽植，主要是栽在“水口”处，作为“风水树”以弥补村寨或屋宅地的“风水”不足。如长安营乡长坪村的水口处，至今仍保留着100多亩古枫树群，其中树龄上千年的古枫树有238株。城步境内以“枫”命名的地名至今保留100余处。如“枫界”“枫木坪”等。

2. 护树习俗

城步苗族为保护古树不被盗，往往在古树胸围以下钉进无数大铁钉或铁耙齿，使盗贼既不好下锯，也不能动斧，使古树得以保护。但保护古枫的习俗却不同。古枫是“神树”，对古枫的保护是由寨中老人在古枫树上悬挂冥钱，冥钱若被风刮雨淋后，立即有人补挂上。盗贼看到古枫树上的冥钱，心里会产生一种畏惧神灵的恐惧感，不敢盗伐古枫树，此法十分有效。而且砍伐古枫树，于村寨于主人于盗伐者都是不吉利的。因此，苗乡的古枫树是不能砍伐的，甚至折枝、削皮、挖根都不许，破坏者会受到全寨人的咒骂，甚至遭受枫神的严厉惩罚。

3. 祭枫习俗

在城步苗族地区，若家中小孩病痛多，不好带养，需放到枫树上寄名，用四方红纸写上“长命富贵，易养成人，取名 ×××”，将红纸贴在古枫树上，祈求枫树神的保佑。如小孩晚上吵哭难眠，也用红纸写上“天皇皇，地皇皇，人皇皇，家中有个夜哭郎，敬请枫神永护佑，一觉睡到大天光，从此不再吵爹娘”，然后将红纸贴在古枫树上，燃香点烛，焚化冥钱，祭祀即可。猎人进山打猎前，先到枫树下祭祀梅山神；打猎归来后，也要到古枫树下谢梅山神。

4. 植竹习俗

城步是竹的世界。城步苗族流传有千百年的植竹习俗，至今仍流行“金竹避邪，黑竹驱鬼”的说法。城步苗胞常将不同种类的竹子栽培在不同的地方，如屋前栽金竹，寨后植楠竹；塘边栽水竹，山坡植毛竹；路边栽黑竹，井旁植苦竹；山顶植麻竹，溪沟栽方竹，偏僻处植冬竹。大部分苗寨的“水口”处有连片的“风水竹”，寨后有茂密的“护龙竹”。竹多竹密象征着此处村寨兴旺发达，吉祥康泰。

（三）养殖习俗

城步苗族的养殖习俗，主要以养殖猪、牛、羊、狗、猫等为主。养猪实行圈养，多喂熟料。养牛以野牧为主，春耕结束后，把牛群赶到成片的荒山上去吃草，临近冬季时再赶回家中圈养积肥。养禽则以鸡、鸭、鹅为主，一般自养自食。养狗养牛是出于苗民对狗和牛的崇拜。因为爱狗，苗民每餐将第一碗饭盛给狗吃；因为爱牛，每年农历四月初八为牛过“生日”。

1. “梅山”腊俗

城步山区野生动物众多，苗族先民古时以捕猎作为一种重要维生手段。根据地域、季节和兽种的不同，狩猎的方式也有不同。若发现山羊、野獐等小型野兽，则由猎人单独猎捕；若发现野猪、虎豹等凶猛野兽，则实行集体围猎。捕猎的工具有火枪、弓箭、铁夹、套扣、陷阱等等。

城步猎人都崇拜“梅山”巫术。进山狩猎前，为首的老猎人要到村前枫树林中或自家屋后的偏僻之处去“安梅山”，即“请梅山神”，其法为用三块石片或瓦片架在猪牛等牲畜踏不到的地方，燃三炷香，用斋粑、豆腐、刀头和一只雄鸡做祭品进行祭祀，默念“请梅山神助力、保佑”等咒语，扯三根茅草，把草尖挽成疙瘩放在三块石块上面，再捡小石头压在草疙瘩上，这叫“封路口”，以使野兽迷路。参加围猎的每个猎人都要准备一个“哨筒”，又称“梅筒”，用一节竹子做成，能吹出“嘟嘟”的叫声，便于猎人之间相互联系。入山以后，不管谁打中了猎物，都必须从兽颈上扯下一撮毛，用火烧后粘在猎枪的“啄火”（发火装置上，再朝天放一枪，表示当面敬谢了梅山神）。分配兽肉时，功劳最大的奖以兽头和兽皮。切割兽头也有规矩，即把兽耳向后面拉直，从耳尖处下刀切割。兽脚四蹄奖给搜山有功者，兽内脏奖给肯卖力的猎狗主人。兽肉则不分功劳大小按人数平均分配，哪怕是过路人也可分到一份。如果是兄弟民族或外乡人，除了分到一份兽肉外，还要被邀到寨子里去喝“庆功酒”，苗族人认为分兽肉的股份越多，“梅山神”就越高兴，就越能得到“梅山神”的护佑。回到村寨后，为首者再到家中或村口枫树下举行“谢梅山神”仪式。

2. 捕鱼习俗

城步苗族祖先生活在长江、黄河中下游以及洞庭湖、鄱阳湖一带，以后又迁入巫水上游定居，苗族人民会水性，捕鱼是一项生活技能。捕鱼方法一是叉鱼，在水流平坦的地段发现鱼群，用渔叉对准鱼身用力叉下去即可捕获。二是钓鱼，用蚯蚓或蛆虫做钓饵，到河边随手一甩就能钓到鱼儿。三是摸鱼，苗族男子一个“猛子”扎下去，就能从岩穴中摸出鱼来，运气好的话，一孔岩穴就能摸出几条十几条肥鱼。四是“砸鱼”，走在河边或河中央，用铁锤对准藏鱼的岩石砸下去，岩石中的藏鱼便会“翻白”浮出水面，随手捡起即可。五是“张鱼”，在河水平坦的浅水滩，用石头堰成“V”形，将鱼箕放在水滩中央围堰合拢处，即可将河鱼捕获。六是网鱼，背上渔网随手一撒，就能网到鱼儿。七是“药鱼”，此鱼药非现在的剧毒农药，而是一种叫“巴头”的植物叶子，捣成汁熬开后往小河小溪中倒入，就能将鱼儿暂时迷晕，用渔网捞起即可，过后鱼儿又能苏醒复活。至于现在的“炸鱼”“麻鱼”“药鱼”等残酷手段，解放以前苗民不会使用。

城步苗族的兄弟民族侗族，还有一种奇特的食鱼习俗。他们家家爱养鱼，请客席上必有鱼，婚丧喜事必鲤鱼，大年初一必吃鱼，认族必知鱼奥秘。侗族的祖先是越族的一支，住在海边靠鱼谋生，因而祖祖辈辈爱鱼养鱼，且有严格的养鱼规矩，严禁盗捕池鱼。如有贵客到来，必以腌鱼待客。每年腊月，将草鱼或鲤鱼从塘里捉上来，破去内脏，擦上食盐，风干水气，然后切成小块，撒上糯米粉，放进坛内腌好，能长期保存食用，随时可炒好腌鱼待客，色香味俱佳。儿女婚礼也离不开鲤鱼，预兆早生贵子跳龙门。老人百年之后，要以鲤鱼为祭品，寓意死者的灵魂骑鲤鱼登仙境。大年初一早晨家家户户要吃鱼，预示新的一年喜庆有余（鱼），五谷丰登，余（鱼）钱余（鱼）粮。另外，"三鲤共鱼头"还是唐末宋初侗族祖先"飞山蛮"定下的图腾，常刻在庙堂、鼓楼、桥头和住房等处，或绣在枕头、被单或背袋上，以示对鱼神的尊敬，象征民族的团结，因而"一脚踩三鲤"成为认族的题目。

3. 爱牛习俗

每年农历四月初八，城步苗族家家户户以丰盛的食品祭祀牛神，款待耕牛，为牛过"生日"。即使农事再忙，也要给牛放假一天，让其吃好玩好。

相传远古时代的某年四月初八这天，太上老君骑白仙牛吹牧笛经过城步苗乡，见苗家人全用锄头挖田，甚是辛苦，便善心一发令神牛降临人间，为苗民代役耕田，减轻苗民劳累，而且驭牛深耕又得五谷丰登，苗民甚为感谢，对牛爱护有加，于是将每年四月初八定为"牛生日"。"四八"前一天，主人必将牛栏打扫干净，把犁耙隐藏起来，不让牛看见。初八清晨，主人在牛栏四周贴上画有牛头或写有"富"字的红字条幅，端上用稻谷或苞谷、黄豆加猪肉熬好的稀粥，放在牛栏门口祭牛，口中祷告："神仙派你到凡间，勤勤恳恳耕田忙，呷草巴犁听使唤，你的功劳我不忘。"随后焚化冥钱，拱手鞠躬。祭毕，将稀粥拌米酒倒入牛槽喂食。早餐后，放牛到野外荒山自由觅食。晚上找回牛来再喂稀粥。四月初八过生日，牲畜中只有牛才有这样的"福气"。

4. 爱狗习俗

苗族先民崇拜狗，将狗视为忠诚的牲畜，将盘瓠（神犬）奉为图腾。

相传盘瓠为高辛氏有五彩毛之畜犬，因帮高辛氏讨灭犬戎，杀死其吴将军，高辛帝以其女许之，后生六男六女，最终发展成为现代苗族。

城步苗民爱狗，还因传说神狗为苗族人民带来稻种。相传远古时候苗族人民并无稻谷可种，善解人意的神狗急主人之所急，想主人之所想，跋山涉水到遥远的地方去偷谷种。当它发现了稻谷后，便用全身裹满稻谷往回赶，待长途跋涉回到主人家时，因要涉溪过河，全身只有狗尾巴上保留谷种了。主人非常珍惜，小心翼翼将谷种播好，当年就种好了禾稻，秋天收获了金黄的谷子，吃上了喷香的米饭。因谷种系神犬带来，所以稻穗形状似狗尾。苗家人对神狗心存感激，每餐饭熟后，第一碗饭先要盛给狗吃，狗吃饱后主人再盛饭吃，以致“狗呷第一碗饭”成为一种习俗，流传至今。

二、工商业习俗

（一）苗绣工艺

苗族民间刺绣工艺是我国优秀的民族传统工艺之一。苗绣主要用于服饰，后来逐步扩展到枕套、椅垫、台布、窗帘等日用品，苗绣作品多取山水、花卉、走兽和果品等为素材，并寓以吉祥之意。如“莲（连）年有鱼（余）”“喜上梅（眉）梢”“多蝠（福）多寿”等。苗绣讲究颜色鲜艳，光彩夺目，大红大绿，华而不俗。苗绣针法细密，针脚长短有度，绣法众多，主要针法有平绣、辫绣、绉绣、缠绣、卷绣、破线绣、压线绣等10多种。苗妇们在刺绣时有一条不成文的规矩：绣花必先绣花蕊，再绣花瓣、花叶和茎。绣鸟雀必先绣嘴，再绣脖子、翅膀、肚、尾、脚，最后绣眼，亦即“绣鸟点睛”吧。绣松竹梅图案，按从小到大顺序，先绣梅，再绣竹和松。苗绣作品构图匀称，丝缕分明，绣动物健壮雄伟，生气勃勃；绣花卉清秀优美，自然天成；绣服饰色彩艳丽，巧夺天工。

苗家姑娘一般10岁左右始学苗绣，先学绘菱形、桃形、扁形或不规则形图案，按图样绣到十五六岁即可随心所欲，手到便拿。初学者一般先学剪纸，再将剪纸贴在绣布上，用丝线刺绣，配色和针法根据花纹特点而定。绣枝叶用齐针，绣花瓣、瓜果、鸟类、鱼虾等用镶针，即将齐针变成长短针，用异色丝线，相对交错再绣一次，如绣牡丹花瓣，第一次用大红绣，一长针间一短针；第二次用粉红绣，也是绣一长针间一短针，长短针恰好镶入其间。待熟能生巧后，采用绘绣方法，即不再剪贴纸花，而是直接绘图案于绘布上，绣法相同，但绘绣用线以单色为主，且多用绿色或黄色，花纹素雅，美观大方，为中年妇女所喜爱。

因苗族地区历朝历代均遭受封建王朝打杀，交通闭塞，工商业不发达，因而苗绣作品都是自绣自用，自产自销，不能成为工商产品，不能进行等价交换，最多也只能成为家庭成员之间的物品，或情人之间的聘赠品。直到改革开放以后才逐步形成苗绣市场，才让世人真正认识苗绣的真面目。

1985 年 12 月出生于城步县五团乡蜡里村的苗族妇女伍前金，自幼受到苗绣文化熏陶，6 岁开始执针，10 岁能够精绣，认真研究探索城步苗绣技艺。2013 年，伍前金在城步县城创立了苗绣文化研究所，系统整理苗绣中的挑绣、绉绣、叠绣、破线绣等 70 多种传统针法，抢救保护了 300 多件苗绣濒危纹样。她创新的城步苗绣作品以神秘的图腾、缤纷的色彩、吉祥的寓意和高超的技法，多次获得国家省级工艺美术与传统文化大赛的奖励。2015 年 11 月，她花费 3 年时间创作完成的苗绣长卷《城步苗族风俗图》，获得代表湖南湘绣最高水准的中国湘绣文化艺术节暨湖南工艺美术大赛最高奖金奖。

伍前金的苗绣图案在形制和造型方面，大量运用各种变形和夸张手法，表现苗族创世纪神话及传说，从而形成苗绣独有艺术风格与刺绣特色。

（二）挑花工艺

传说远古时期，苗族先民因战乱分批迁徙到越城岭一带定居时，常常在深山老林中遭到毒蛇伤害。有一位聪明的苗家姑娘用布织成一条与蛇身相似的彩花带，带进山中劳作，蛇以为是同类，便不去伤害她。于是，众人争相仿效，织花带之风便盛行于苗区，逐渐发展为挑花和苗绣工艺。挑花，又称挑纱和数纱。城步苗区妇女擅长挑花工艺，挑花应用广泛。针法有十字针和回复针两种。所谓十字针，即在经纬线上数纱挑十字，再由千万个十字构成各式各样图案。十字形大小，根据布料粗细决定。细料五纱六纱，粗料最多挑四纱。回复针法，即按图案形状，每隔四针挑一针。方向与原针相反，回线恰好盖其空间。花极匀紧，内外两面，花样花纹一致，正反能用，如手帕、腰带、头巾、袖套等，均用这种针法。

（三）剪花工艺

由于刺绣的需要，剪花成为苗族地区一项特别的工艺。其法，先用笔勾画影形，或用花贴做坯子，一同贴于纸上，沿影形或坯子剪成。城步苗族谚语说："姐姐做鞋，妹妹捡样"，即是指这种剪花。手帕、鞋垫、绣花布鞋等，广泛运用剪花。

（四）蜡染工艺

蜡染，是苗族染制花布的传统工艺，早在明代文献中，即有关于苗族蜡染的记载，说明在明代以前就有使用蜡染花布做衣服的习俗。到了清初，蜡染工艺在苗族地区广泛流行，其法，"先用蜡绘花于布，而后染之，既染去蜡而见花"。这是关于苗族蜡染具体程序和方法的最早记载。改土归流后，苗族蜡染工艺获得进一步发展，印花被面、印花门帘、印花背裙等蜡染产品随处可见，家家都有。

城步苗族蜡染的具体方法和工艺是：第一步，将绘制的各种花纹图案拓印于两块易刻的软木板上，把图形雕成空心花孔，做成蜡染花模。第二步，将印布夹于两块花模板之间，蒙影对准花纹后扣紧。第三步，将加热的蜡液灌入夹好的花模板的空心处，使高温蜡液掩盖花形外的布面。第四步，冷却后，将花板解开，取出着蜡之布投入染缸中浸泡。未着蜡的部分，一染即上色，着蜡的花形部分则不会上色。第五步，染后，将蜡布煮热脱去蜡壳，蜡盖的花形图案便清晰显现出来。这种蜡染花布，工艺简单，色彩淳朴，美观适用。

（五）土靛染布工艺

土靛分家靛和野靛两种，可染青、蓝、红、黄、紫、灰诸色。家靛为人工种植的一种植物染料，收割后，入池浸泡，每百斤撒入石灰 40 斤，每 24 小时翻动一次。待靛叶分离出深绿色液体时，捞出靛渣，以木耙翻搅均匀。待池水澄清、靛精凝结后，慢慢沉于池底，再把上部清水排出，留下靛精，以缸贮藏待用。染布时，将已制好的靛精取出放于染缸中，烧水加温煮之，再将布置于缸内染煮，适时翻动，使之浸透均匀，色即染成，诸色均可。如此三四次，每次由染缸捞出，都要洗净晒干。布染好后，用圆木柱卷好，用脚踩片石滚压，使之正反分明，平光悦目。

所谓野靛，是一种生长于山野的木本植物，秋天上山采之，取回泡在缸中。待靛叶脱枝落下，将枝捞出，留下靛液，用灰碱兑合，用木棍搅动，待靛精沉于缸底，排出清水，将靛精取出，置染缸煮之，溶化后将白布放置染缸，翻浸均匀，然后将染布取出晒干，与家靛染法相同。

（六）银饰工艺

城步苗族与其他苗族一样，自古喜爱银饰品，银饰品的制作，造型美观，技艺精湛，富于民族特色，体现了苗族人民的聪明智慧。银饰品的种类繁多，常见的有银镯、项圈、项链、银簪、胸链、银扣、耳环、耳坠、戒指、银铃、银索、脚钏、银锁、银牌、腰链、银梳、银帽、披肩等 20 多种。

银饰佩戴的样式与数量有严格的区别。幼儿不分男女都戴饰有 13 个菩萨神像的童帽、福禄字胸牌、银铃和手镯。10 岁左右的女孩就开始佩戴多种银饰品，每逢重大节日或走亲访友就将家中收藏的银饰全部戴上。佩戴银饰的多少与样式决定于家庭的贫富程度。富裕家庭的苗家少女要佩戴 10 余种，重达 7—8 斤；贫困家庭的苗姑也要佩戴 5—6 种，重 1—2 斤。民间大部分银饰品是母亲传给女儿的，到了夫家成了家庭主妇后，平时在胸前用银链系围裙，戴耳环、手镯。

银匠在加工银饰品时，造型有龙纹、凤纹、鱼纹、鸟纹、蝴蝶纹、漩涡纹、几何纹、花草纹、云波纹等 10 余种。图案有“二龙戏珠”“蝴蝶探花”“丹凤朝阳”“百鸟朝凤”“游鱼戏水”，以及松、竹、梅、兰、花、鸟、虫、鱼等动植物图案。制作程序一般是先将银块溶化，加入适量的硼砂和硝，提取杂质；然后将银水铸成条状或片状，再根据需要加温后锤打成不同银饰品。

城步莫宜峒（今五团乡）苗族银饰大师禹金喜（1885—1960 年），自幼学习制作苗族银饰，工艺精美，深受莫宜峒十三寨及相邻广西边界地区的苗族人民称道。他对苗族的手镯、耳环、头花、别簪、插针、戒指、牌扣、项圈、小银菩萨、银锁、吊牌等常用银饰，能塑制出各种图案，如龙、凤、麒麟、狮子、虎豹、鸟雀等飞禽走兽，以及松、竹、梅、菊、兰、桃等各种花草树木，惟妙惟肖，活灵活现。尤其塑制的观音、如来佛、十八罗汉、八仙过海等佛像，更是造型生动，别具风格，令人爱不释手，啧啧称赞。

1. 银帽加工

银帽的加工方法：先用厚块布壳做成帽坯，上钉 9 块薄银片。后用银做成的虫、鱼、鸟、兽、牡丹、芍药、菊、桂等银饰品，系于银丝的上端，连缀成一朵朵银花，满植于帽上。银皮上面，有镀金，有着彩，光亮悦目。帽顶上面，植银制长羽一对，也有插一支伞状的银花束的。帽檐有二龙抢宝或其他花纹。前边，吊以飞蝶花苞，用水银泡子联成网状，长约 10 厘米，与眉额齐。后面，以虫、鱼、鸟、兽、花格各项银饰品层层连缀，约 70 厘米，吊齐衣边。

2. 项圈的制作

苗族的项圈，一般有轮圈、扁圈、盘圈三种。小的银圈制作需银 10 余两，大的需银 20 两，有的重 50—60 两。轮圈的制作方法，先制成一条中间为四方体，两端是圆或扁圆状的毛坯，再绞成中央弯扭形状的围圈，两端做一阴阳套钩，便于佩戴时连接。扁圈则打成扁形，圈心制作一根筋脉状，满缀花草于其间，两端同样做成阴阳套钩。盘圈有 5 匝一盘，有 7 匝一盘，匝上钻花，中间打一银花板横压匝与匝之间，构成一盘，再以银丝紧绞，以免松散。形似罗盘，故曰盘圈，后面同样安阴阳套钩。

3. 镯环的制作

镯环包括手镯、指环和耳环。手镯又叫臂环，有方形的，有圆形的，有实心的，有空心的，还有扭丝的、瓣花的，形状有 20 多种，每种上面都要钻花。穷人家的苗姑苗妇，一只手戴一只银镯，富裕人家的则戴三四只或更多。指环即为戒指，有钻细花，有吊花藤，有五连环和九连环等 20 余种。少的戴一对，多的戴 4 对，戴的部分都是在手指中节上。耳环，过去苗族男子左耳戴一个银环，妇女则双耳戴环，形状有单丝环、龙头环、桃环、虫环、花环等。

4. 披肩的制作

银披肩是苗族妇女披罩在衣领肩围上的银饰品。制作银披肩，需银 2—3 斤。其制作方法，用红缎作底，留领上直径 20 厘米，肩距约 20 厘米，先制成圆盘上坯模，后以花带镶边。中间嵌三道细花带作配衬。再以8块梯形银片分别依次等距列排于底布之上。每块银片分别制上龙凤、狮子、牡丹等花纹。接着在花后边套7个银圈，每圈再套2根银链，再以一个个小圆将四方的小银链套起，编成网状。肩网下吊二至三寸长的银须，分两层，中间是小梅花，两边是小叶片等。

（七）鸟枪的制作

苗族历史上有五大发明，兵器是其中之一。鸟枪，苗族又叫鸟铳或火枪，制作技术精良，使用范围广泛。据清初文人陆云士《峒溪纤志》记载："苗人火器有过山鸟者，能打越重山，绝无障碍。"城步苗族历史上为了民族生存进行了大小上百次的反抗斗争，火铳便是其重要的远程作战武器，打击准确，杀伤力大。同时，火枪也是城步苗族保家护身、捕猎野兽的有效武器，直至解放以后，鸟铳仍在山区苗胞中广泛使用。

苗族鸟枪的制作技术，清嘉庆年间严如熤在《苗疆风俗考》中有详细记载："苗人鸟枪制作极精，将铁筒车数次打磨光溜，俾子出无滞。子堂引门，俱有法度。洞硝石矿处处皆产，用草木灰和之，其烟易燃，见烟则子已到。"解放后尤其是改革开放以来，城步苗乡鸟枪制作方法已基本失传。

（八）苗刀制作

城步苗族历史上有随身带刀习俗，对刀剑制作技术特别讲究。清初文人陆云士在《峒溪纤志》中记载："苗人年十六无不带刀，其铁自始生时炼至成童。"康熙年间《红苗归流图》亦有记载："环刀长数尺，以骨角饰其柄，柄有大环如拳。削竹木为刀室，系以革条，斜挂于肩。其刀，于儿始生时取铁如儿重，浸毒水中，儿长乃锻钢制刀，终身佩之。"嘉庆年间《续黔书》记载了苗刀的制作方法："苗人制刀，必经数十锻，故钻锐无比。其试刀，尝于路旁，伺水牛过，一挥牛首落地。"

（九）榨油工艺

城步苗族榨油工艺已有千多年历史，使用的是木质古油榨。油榨由杂木做成，长8米，直径1—1.2米，木柱的一侧凿空一条长4米左右的圆形木槽作榨床，又称油饼舱，榨身底部两端有20厘米高的木脚架。在榨床前方上空吊有一截长约4米、直径约30厘米的杂木作"撞树"，呈

"丁"字形。榨床、"撞树"、炒房、碾坊等一起组成一个榨油坊。

苗族榨油工艺有三道工序：首先是炒菜籽，将菜籽倒入大铁锅中分批翻炒，菜籽炒熟后将其碾成粉末，然后用甑蒸熟。接着是装舱，将蒸熟的菜籽粉取出，放到两个铁圈中压盘，用糯谷草包成油饼放到油舱内。待油饼装好后再垫进几块圆形木板，中间塞进几排楔子（油尖），将油舱全部填满。第三道工序是榨油，由两三个身强力壮的男子握紧"撞树"朝"油尖"猛烈撞击，用力挤压油饼，菜油就慢慢地顺着油槽流进已备好的油桶中。

（十）虫茶制作

虫茶又称"茶精"，是城步苗族自治县特有的一种"茶叶"，它是用该县境内独立生长的"鸟粒芽"即"苦茶叶"做成的，"鸟粒芽"学名蔷薇科苹果亚科苹果属花秋苹果三叶海棠，简称"三叶海棠""三叶虫茶"，苗族俗称"苦茶叶"。

虫茶的制作工艺有三道：第一道是采茶叶煮茶。每年谷雨节前后，上山采回鲜嫩的"三叶虫茶"，然后放置锅鼎中用沸水烫一分钟左右，捞出滤干，装进竹篓或木桶，置通风干燥处，浇一层米汤或淘米水，之后每半个月浇一次淘米水，连浇三次。第二道是"育虫"。由于淘米水的芳香，诱使大批化香夜蛾前来取食并产卵于茶叶上，半个月后，这些虫卵便繁育出一种体圆、无毛、乌黑、有光泽的小虫子，它们像春蚕一样蚕食已干枯的茶叶，边啃食边排泄出大量的褐色的粪便。半年过去，茶叶被虫子吃光了，虫子也成蛹化蛾飞走了。第三道是晒茶，将残枝叶脉等收拾干净，筛出虫子排出的粪便，晒干后便可得到虫茶，每 50 公斤鲜茶叶能产虫茶 5 斤左右。据科学检测，三叶虫茶含有多种微量元素，其钙含量和氨基酸含量分别是常规茶的 2.14 倍、3.5 倍，所含黄铜醇有降温泻火、排毒养颜等功用，古时候是山区苗胞防治瘟疫的特殊药物。清朝中期清廷将宝庆理瑶同知署移驻城步长安坪设置"宝庆二府"后，长安虫茶成为朝廷贡品。

（十一）城步土纸制作工艺

从清代开始，城步苗民学会了用手工生产土纸。据清同治《城步县志》载："制竹为纸，业此者三百余家。"其法：先是将山中嫩竹砍倒，晒干，然后去枝破成片状。第二步是将竹片投入凼内加拌石灰浸泡，让其腐烂。第三步，将竹渣捞出捣碎，制成竹浆，放入缸中加水搅成稀浆。第四步，用细密的竹帘向缸中挽淘三次，使帘上敷上一层均匀的薄纸浆，滤干拂于烤室外壁，烘干即可。略加捡拾，即成土纸，可捆包出售。至民国二十四年（1935 年），城步手工造纸业达到顶峰，全县共有造纸工场 284 家，职工 457 人，年产老仄纸 7600 担，砣砣纸 3500 担，裱节纸 1900 担。

三、生活习俗

（一）服饰习俗

城步、绥宁、靖州、通道、会同等湘西南地区属"五溪"范围，关于这些地区苗族服饰的最早记载，见于明天启年间初任绥宁知县的包汝辑所撰《南中纪闻》。据记载："苗民不冠不履，男妇俱左衽佩刀。男子头插雉尾，身穿短袄，胸背两臂俱绣花。妇女头髻偏挽右傍，顶上插一银牌为饰，上衣齐腰，亦俱绣花。男妇下截只穿长裤一条。冬夏跣足。"清乾隆初《绥宁县志》载："苗俗，穿青衣，左衽，长裤，宽脚"，"惟半里附近粤西侬种，男结髻带圈环，头缠赤布，织斑青布为衣……女细褶裙，不穿裤。"可见明清之际湘西南地区的苗族，多数男女均不穿长裤。城步苗族也一样。

城步苗族古时服饰为无领梅条花边对襟衫，男多以蓝布缠头，椎髻跣足，佩刀挟弩；女则银饰满身，叮叮当当，尽足赤。男裤短而宽大，滚大花边，小腿缠青色长绑腿布。妇女多着家织挑花裙、腰束宽扁织花带，头缠青包头。童帽非常讲究，除制作精巧，刺绣细致外，还满布银饰，戴在头上，不仅银光闪烁，而且叮当有声。重银饰，装饰有对角头巾、飘带、项链、手镯、耳环、银花、银冠等。牛石地方（今长安营乡之上排、下排、长兴）苗民衣喜红色，被称为"红苗"。扶城、莫宜地带（今丹口、柳寨、平林、五团等地），苗民衣喜花色，被称作"花苗"。其余地方苗民衣喜青色，故被称为"青衣苗"。至 20 世纪 40 年代，服饰多以青蓝为主，青帕缠头，小腿缠青长绑腿，仍赤足，或穿草鞋。清末民国时期，苗族女子逐渐改裙为裤，男子装束多趋汉化。

解放前，城步苗族内部以服饰的颜色分为红苗、花苗、青衣青，到新中国成立初期，这种颜色区分才不太明显，多以青蓝两色为主。城步苗族与全国各地苗族一样，自中原逐鹿失利后被迫迁徙到西南大山区生存，但他们世世代代牢记着民族的耻辱，幻想有朝一日返回中原故土，过着平原地区的农耕生活，因而固执地保持其语言、服饰等古俗。城步古时苗族男人缠二丈五尺左右的青毛蓝布帕，呈斜十字形，大如斗笠。上身穿缀七颗或九颗布纽扣的对襟衣，袖长而小，紧而短身，上衣一般以花格、全青、纯蓝等色样为主。下着缝白色裤头的大腰大管的抄裆裤，裤筒短而肥大。上衣与裤脚的边沿处都镶有花边（也称梅条）。据说一条花边代表一条河流，这是苗族先民为了纪念当时大迁徙所渡过的河流而在围裙或衣裤里留下的印记。劳作时肩上披有绣花纹的“披肩”，脚穿用糯谷草或布筋精织的草鞋。脚上扎绑腿，在山中劳作时可避免荆棘划伤腿部。因而古时的苗族妇女上穿圆领大袖衣或大襟右衽衣，上衣的边缘都镶有花边。下穿镶花边的锁口裤或筒裙，前胸系绣有花纹的围裙或胸兜。手腕扎“紧袖套”，在必要时能起到护腕护袖作用。苗族服饰是苗族历史记忆的载体，是苗族支系的文化符号，是信仰文化的形象体现，又是女性文化的重要标识。

（二）布鞋习俗

古时候，苗族人民一般是打赤脚，有条件的穿草鞋，能穿上布鞋那是高级享受了，布鞋简直就是“奢侈品”。

苗家妇女在少女时代就要学会做布鞋，出嫁前夕为婆家之人做布鞋，是每一个苗姑的“必修课”。在婚前半年左右，“准新娘”就要准备布料，着手做鞋，夫家有多少人，就要做几双新布鞋，大小长短都要合适，这些鞋俗称“和睦鞋”，寓意嫁到夫家后，全家人穿上女方做的布鞋后都能和睦相处，相敬如宾。新鞋做好后，用红纸剪“囍”字图案，贴在新郎的鞋子里，在父母的鞋内则贴进“吉祥”“福寿”的图案。完婚当天，新娘将新鞋全部摆放在桌上“展览”，让亲朋好友欣赏新娘的“做工”水平，看针脚是否细密，剪裁是否得体，鞋面、鞋帮配置是否得当，鞋底是否白净厚实。完婚第二天，新娘将给父母的鞋放在红漆茶盘中恭恭敬敬向父母孝敬新鞋，作为儿媳的见面礼。

布鞋平实暖和，冬暖夏凉，雪天不滑，走路送脚，防冻祛暑，是名副其实的“护脚宝”。苗家人对布鞋看得极重，白天尤其是热天不穿布鞋，只有完工回家后才洗澡洗脚穿鞋。此时穿上布鞋，一天的劳累得以消除，身心得以放松，真是一种高级享受。

（三）秘绣习俗

城步苗家姑娘从小学习刺绣，从 10 岁左右开始，在母亲、姐姐、姑嫂的指导下开始习绣，到十五六岁时，绣技纯熟，除了会绣制服装、布鞋、手帕外，她们还秘密地绣着只有自己明白的日后用品，这就是苗家姑娘的“秘绣”。

苗家姑娘到了结婚年龄后便开始秘绣，所谓秘绣，就是躲在吊脚楼上或绣房内闭门不出，偷偷地绣制物品。绣品有为未来孩儿绣的花帽、花衣、花鞋，也有为未来丈夫绣的荷包、包头、围巾、汗巾、手帕等。绣好之后，分别严实地封包起来，严实保管。绣给丈夫的，要等结婚那天闹过洞房之后，姑娘才含情脉脉地将它送给丈夫，由丈夫亲手拆封看绣品，欣赏新婚妻子的手艺，夫妻俩边看边吐露爱慕之情。如果是送给孩子的，就要等生下第一个小宝宝的“三朝”过后，再把秘绣品当众拆开，一件件摆放桌上，让亲友们欣赏绣技，祝宝宝健康成长。

秘绣绣的是姑娘的心愿，如绣的是两颗联结的心，就寓意夫妻同心相爱白头到老；如是一对鸳鸯，寓意夫妻永不分离；如果是莲花和儿童之组合，寓意“莲生贵子”。

（四）银饰习俗

苗族普遍喜戴银制品，男女皆然，城步苗族也不例外，尤以青年妇女为最。早在明代的史籍中就有关于苗族妇女佩戴银饰的记载：“耳戴大环，项带银圈自一二围以到十余围。”到民国时代，苗族佩戴的银饰品种类更多，制造工艺更加精致纤巧，而原来流行的“大耳环”此时有所改进，变为纤巧玲珑的珠式耳环，项圈和项链的制作更加考究，此时还出现了做工精致的银冠、银衣等银制品。城步苗族儿童不分男女都佩戴童帽、胸牌、银铃和手镯等银饰品，其中女孩子从 10 岁左右起佩戴 10 多种银饰品，重达七八斤，主要是母亲传给女儿的。银饰品的造型非常优美，多种多样，图案有龙纹、凤纹、鱼纹、鸟纹、蝴蝶纹、漩涡纹、几何纹、花草纹、云波纹等十余种，“二龙戏珠”“蝴蝶探花”“丹凤朝阳”“百鸟朝凤”“游鱼戏水”等的造型寓意深刻，美观大方，令人百看不厌，将苗家少女映衬得美丽妖娆，楚楚动人，貌若天仙。

（五）饮食习俗

城步苗族主食以大米、红薯、苞谷为主。因山高水冷，稻谷产量低，杂粮、蕨粑成了半年粮。一日三餐，忙时大米饭，闲时红薯、马铃薯、苞谷等。中餐油茶，以阴米、黄豆、苞谷、蕨粑粉为原料，经油炒制后，冲以茶水，每餐四碗，以代饭食。

苗民饮酒的嗜好十分普遍，酒多自己酿制。常饮的有水酒、烧酒，以及连糟煮食的糯米甜酒，还有以烧酒浸泡甜酒而成的状酒。

蔬菜以豆角、姜、蒜、藠头、辣椒、金（南）瓜、白瓜、魔芋、青菜、萝卜、茄子为主，辅以嫩蕨、竹笋、蘑菇、野菌之类。苗民喜腊肉。每年腊月将肥猪宰杀，剖成块，用盐卤制，然后以火焙之。凡有客至，取下一块，用火炭将猪皮之毛烧去，用米潲水洗涤烟渍，再以清水冲洗干净，切成片煮熟，拌以辣子粉炒香，以招待客人。

另外，苗民喜酸好辣。故各家各户均制备酸水缸，浸制酸菜。大多菜都放辣椒以调味。

1. 茶俗

据载，城步苗族的油茶习俗形成于东汉末三国初期，油茶是苗族主人接待客人的最高礼仪，直到改革开放前，它还是苗家的主餐，一日三餐中，它承担着中餐的重任，至于早茶和晚茶，它承担的是辅助作用。城步苗胞认为，饭前喝茶可以解渴充饥，晚上喝茶可以提精养神，热天喝茶可以消暑解热，冬天喝茶可以除湿祛寒，因而油茶既是充饥解渴的佳品，又起驱瘴除痨的作用。油茶的成分非常复杂。油茶所用的茶叶并非普通的茶叶，而是城步当地高寒山区特产的园茶或峒茶，这种茶叶，经湖南省茶树品种审定小组鉴定，属湖南省地方良种茶树，具有良好的食用价值和药用价值。油茶的主料有阴米、花生、黄豆、苞谷、糍粑、红薯等 10 余种，都是苗族人民非常喜爱的主粮和杂粮，有时还配以豆角、四季豆、苦笋等蔬菜。油茶的配料也众多，生姜、大蒜、葱、胡椒、辣椒等等，味香而辛辣。因此，油茶具有香、咸、苦、辣、甘诸味，既是主餐食品，又是香辣止渴的饮料，更是提精养神、祛湿散寒、驱瘴除痨的保健品。

城步油茶的制作，有以下六道工序：

第一道是备茶料，包括茶叶和油茶原料。茶叶必须是城步本土的峒茶或园茶，20 世纪 80 年代，湖南省茶树品种审定小组对城步峒茶进行了化验鉴定评审，认定为湖南省地方良种茶树。每年谷雨节前后，苗族妇女从山中采回峒茶或园茶叶，放入锅鼎中烫一烫，捞出后放在簸箕中，浇上米汤水揉捏，做成拳头大小的茶叶饼，晒干即可，随时取用。主茶料中的阴米要先做好，用优质糯米浸胀，用甑蒸熟，晒干备用，有条件的还要用石臼舂扁，以便炒时发胀。或将吃剩的米饭、锅巴晒干，捏成粒状亦可，这种阴米俗称“硬米”。

第二道是炒茶料。将阴（硬）米、黄豆、苞谷（玉米）、糍粑籽、花生等分别放锅中炒熟炒香即可，也有的是放油锅中炸熟。

第三道是熬茶汤。将茶叶饼置水锅中煮熟，捞出置擂钵中加点米饭捶击捣碎，再放油锅中熬成浓汤。

第四道是备配料。将生姜、大蒜、胡椒或山苍子、辣椒洗净，用擂钵捣碎备用，切葱花（葱丝）亦可。

第五道是散茶。将茶杯放置茶盘中，将炒熟的阴米、花生、黄豆、苞谷、糍粑等用匙取放杯中，将烧开的茶汤盛于擂钵中，添上生姜、大蒜等配料搅匀，再将茶汤倒入茶杯即可食用。

第六道是端菜。待客人在各自位置坐定以后，主人用茶盘端来油茶，客人各自接喝一碗，喝毕，客人将油茶杯依次放进茶盆，以后接着用原茶杯喝茶。从喝第一杯开始，客人不得随意挪动座位和茶杯位置，以免错端了别人的油茶。现在的油茶杯都用阿拉伯数字标了号，客人只需记住自己茶杯号码，就不会端错茶杯了。

酒有酒礼，茶有茶规。油茶好喝，但有讲究、有规矩。一是接茶不能用单手，要用双手接茶，单手接茶视为对主人的不尊重，不礼貌，接茶、接烟、接酒、接饭等都是如此。二是不能喝“跛脚茶”，即不能喝成单杯茶。苗谚云：“一杯强盗二杯贼，三杯跛脚四杯客。”油茶又叫和气茶，它能检验出客人对苗家人的态度，客人若喝不完四杯茶，说明看不起苗家人，主人也会把你当作不受尊敬的人看待。四杯油茶还有多种解释，即“一杯敬天地，二杯谢祖宗，三杯交朋友，四杯保健康”，或“一杯不成礼，二杯常往来，三杯敬神灵，四杯和气茶”。也有的认为是受茶汤的影响，叫作“一碗苦，二碗甲（涩），三碗四碗才好呷”。“一杯强盗两杯贼，三杯四杯才是客”。三是喝茶要端专用杯。现在苗家人喝茶用的茶杯都标示了序号，从“1”号到几十上百号，每个人端上一杯油茶要注意看茶杯上的记号，以后每喝一杯都要用同一个杯子，如果端错了，别的茶客认为你不懂规矩，也不讲卫生，主人也不高兴，因为得另散一杯茶给被端错了茶杯的客人。四是放茶杯要放在固定的位置，主人端茶时一般用四方茶盘或圆茶盘，客人放茶杯得按你在座的位置依次放好，主人每次按客人在座的位置端过来，茶杯就不会端错，各人喝各人的，“井水不犯河水”，皆大欢喜。如果一人的茶杯放错了，就会导致茶序大乱。五是喝油茶时要坐定位置，不要随意走动，直到喝完油茶为止，否则，主人会认为你是“不君子”，不受欢迎。

苗族同胞喝油茶

2. 酒俗

在城步，苗家人好茶，但是更好酒。因为城步苗族世代居住在高寒山区，日出而作，日落而息，天高水冷气候低，因而在劳作之后，晚上常喝一点酒，借此舒展筋骨，消除疲劳，达到健康长寿目的。酒俗跟茶俗大体相同，但还有更多规矩。

一是要喝拦门酒。每逢结婚、祝寿或舞龙灯等大喜事，贵客来了，苗家人会在槽门外摆设香案，喝“拦门酒”，古时还得吟诗作对，唱歌应和，再作礼喝酒进门。今时简化了手续，但也得拱手作揖，双手接酒喝完，再拱手进门，主人会认为你很懂规矩和礼节，欣然放你进去做客；否则会被拒之门外。二是进入苗族主人家，要看主人的示意安排，不要随意进屋（席）入座。如果进入茶堂（厨房、火房），要选择客座位置，不要挤占主家位置，若占了主家位置，主人无法给客人打油茶做饭菜，而主人又不便赶你走，便会造成很尴尬的局面，实际上是客人自己丢了丑，没有面子。若是上酒席，主人也会按宾主关系安排酒席，谁坐上席，谁坐下席，甚至三席四席，都有一个标准，你是什么班辈，什么职务，什么年龄，都会给你把席位定好，就像现在的组织部安排会议席位一样，你不要胡乱就座。三是敬酒要注意尊卑长幼秩序，敬酒先从长辈长老开始，要让长辈长老“先喝为敬”“打头杯”或“过壶”“照洒不照饮”。四是敬酒时要起身，双手端酒放胸前，起身后略低头身子向前倾，双手敬酒，不要单手敬酒，否则被视为不礼貌。五是敬酒要双杯，不喝单杯。六是敬酒要讲祝福吉祥话，如祝身体健康、福寿双全、财源广进、全家幸福等等。七是切忌边喝酒边吃饭，一定要喝完酒后再吃饭。八是撤席离开时，要向同桌的人打招呼告辞，尤其要招呼同凳坐者，以防凳倒摔人。九是山寨苗族男女都能喝酒，敬了男主人，勿忘女主人，敬了男长辈，勿忘女长辈，最好男女同敬。

3. 烟俗

城步苗族久居山区，海拔高，气候冷，湿气重，劳作又辛苦，因而普遍喜茶好酒爱烟。酒有酒礼，茶有茶规，烟有烟道。所谓烟道，一是接烟有道。古时无纸烟，全是旱烟，抽烟用“烟锅”，富裕人家的烟锅用铜或锡打成，叫作“铜烟锅”或“锡烟锅”，普通人家的用竹鞭做成，叫“竹烟锅”。长的叫“长烟锅”，短的叫“短烟锅”。“长烟锅”在家里用，躺在竹椅上或长凳上慢慢抽，吧嗒吧嗒，悠然自得；短的一般随身带，上山下田劳作休息时抽，吧嗒吧嗒，解困消乏，养精提神。客人来了，主人会将烟锅装满烟，双手将烟锅头用手揩净，然后恭恭敬敬递给你，客人也要双手恭恭敬敬接烟，切记不要单手接，更不要嫌脏用手、手帕或衣襟再揩烟锅头。烟抽完了，主客聊天休息，待到烟瘾又来了，客人要将烟锅装满烟，最好装自己带的烟丝，敬给主人抽，然后主人再又回敬你。以此类推。接烟要起身，接烟要用双手。这就是接烟的规矩。现在接纸烟（盒烟）也如此，起身上前一步双手迎接。二是敬（散）烟有道。进入苗乡山寨，原来是旱烟相敬，规矩如前所述。现在是盒装纸烟，见了亲戚朋友或团里人，敬烟从长辈起，在场的都要敬到，男女老少，只要是抽烟的，每人一根，皆大欢喜，夸你有出息有礼貌。“烟是和气草”，敬烟礼信周全，找人问路求人帮忙，什么事情都好商量。

4. 苗族腊味习俗

城步苗族是一个崇尚美食的民族，在上千年山区生活中，苗族人民形成了自己独特的“生、冷、腌、腊、野、辣”饮食风味。苗族是农业民族和捕猎民族，当食物丰盛一时消费不完时，他们便采用“腊干”的方法，将食物“干存”起来，既有效保存了食物，又方便了以后的食用，且改善了食物的口味，何乐而不为呢？猪肉一时吃不完，便可做成“腊肉”，鸡、鸭、鹅、鱼、牛、羊肉等，均可做成板鸭、腊鸡、腊鹅、腊鱼、腊牛肉、腊羊肉，野猪、麂子、老鼠、蛤蟆等风干成腊野猪肉、腊麂子肉、腊老鼠肉、腊蛤蟆肉……腊味奇香，韧而有嚼味，桌上摆一碗腊菜，满堂飘香，令人食欲大振，垂涎欲滴，且食后满口余香，过后久久难忘。

城步的经典腊味是腊猪肉，简称腊肉。每年隆冬腊月，家家户户都要宰杀年猪，熏制腊肉。先将猪肉去掉大骨头，保留排骨之类，剁成 3 斤左右一块，集中堆放到肉桶中，每百斤肉加盐 6—7 斤，有条件的还可加米酒 2—3 斤，拌匀腌制一周，中间要上下对调翻匀 1—2 次，然后将肉捡出，10 块左右为一串架在火塘上方用柴火熏烤，柴火不要太盛，以免将猪油滴干。1—2 个月后，腊肉熏成，精肉呈暗红色，像极了古时乡里人常做照明用的“枞槁”；肥肉呈黄色透明，浓香欲滴，既保留了新鲜猪肉的营养成分，更具一番烟熏火燎过的浓郁腊香，油而不腻，爽口不焖，一家炒腊肉，满寨飘奇香。此乃城步一绝。如果在炒板鸭、板鹅、腊鸡、腊牛肉时，再加上一勺甜酒，其风味更加独特。而炒腊野猪肉、腊鸟、腊鼠、腊蟆蛤时，拌一点高度酒、五香、生姜、大蒜等配料，其奇香异味不仅令客人连呼“啊哟”，还会上惊天霆，引得神仙下凡品尝。

5. 甜酒

城步苗侗同胞普遍爱食甜味，甜酒是家家户户必备的食品。尤其是每年的农历九月初九，或者春节前半个月，各家各户都要酿制甜酒，以备接待客人或家人自用。如果家里有祝寿、娶亲嫁女、打三朝、“进火”等喜庆活动，甜酒就成为必不可少的待客佳品，取其甜蜜、长久（酒）之意。如果家里要修建房子，或请人上山挖土开畲等农事活动，主人都要备好甜酒，送给劳作人员食用，作为早餐至中餐前（上午 11 点钟左右）、中餐至晚餐前（下午 4 点钟左右）的“呷茶”食物，作为解渴充饥的“副餐”。甜酒是用苗乡优质糯米蒸熟，待冷却后拌入适量的甜酒曲，放入缸内密封三四天即成。如果天气寒冷，主人会将甜酒用棉被包裹，放置在箩筐内，或者将甜酒缸放在火塘旁取暖，以防冻坏。甜酒色白，其味醇香津甜，营养价值丰富，小孩和老人食用，能弥补营养不良；孕妇或产妇吃了甜酒冲鸡蛋，可以增添乳汁；盛夏吃甜酒，可清热解暑，生津止渴，提神醒脑；严冬吃甜酒，可祛风除湿，散寒治感冒；春节吃甜酒，可增添喜气，延年益寿。如炒食板鸭、腊鸡、腊牛肉、腊野味等“干货”时，加一瓢甜酒同炒，其味香甜可口，蜜而不腻。春节期间，品尝苗家人的“金瓜甜酒”，更有一番风味。先将金黄色的金瓜（南瓜）洗净去皮去瓤，切成小块，放锅内炖烂；将甜酒加水煮沸，舀一两碗金瓜粥同煮，拌匀，沸后即可食用，金瓜泛黄，甜酒雪白，黄白相间，色泽迷人，酒醇瓜香，令人陶醉，是苗乡久负盛名的甜美小食，象征家庭事业红红火火，兴旺发达，幸福甜蜜，吉祥如意。此味天然环保，又可抗癌防病，是一道纯正的健康美食。

6. 米花

在城步苗族自治县北部地区西岩境内，逢年过节或婚庆喜事，都会赶做一种特殊的食品——米花。西岩米花历史悠久，汉代就流行逢年过节炸米花的风俗，至今盛行。米花状如圆月，且米花其音与“发”相谐，寓意万事圆满，兴旺发达，故当地人常用米花为馈品送给宾客，来表达主人的良好心愿。尤其是新屋上梁和乔迁进火的喜庆时刻，主人更会拿出米花招待客人，以示兴旺发达，吉祥如意。米花的制作方法，第一步，选用优质糯米，淘洗两次，用清水浸泡半天时间，然后将糯米沥干水，分为两半，其中一半用“一品红”染红，分别放入蒸笼，同时蒸熟。第二步，将红白米饭分别取出，放在一个特制的篾箍内，先将白糯米饭均匀摊开，再在上面铺一层红色糯饭，使之黏合平整。第三步，将做好的米花团放太阳下晒干，也可用炭火烘干。第四步，食用米花时，先烧沸一锅菜籽油，将米花投入锅中炸熟，使其体积爆大，油炸得像一朵怒放的大红鲜花，香味扑鼻，脆酥可口，可当糕点食用，也可泡油茶汤当油茶食用，还可当糖果礼品馈赠亲友宾客。

7. 糍粑

在城步苗乡侗寨，每逢重大节日，如春节、立夏节、重阳节等，家庭红白喜事或宗教祭祀活动，都要拿出上等糯米蒸熟，用木制的粑棍粑款打糍粑，或自家食用，或馈赠亲友，或祭祀神灵。每年春节前夕，苗家山寨每家每户都要打糍粑，噼噼啪啪，呃哟呃哟，热气腾腾，闹热成天，是喜庆祥和、太平盛世的一道亮丽风景。打糍粑的方法较为简单，但必要条件是离不开强壮劳力。头天晚上要将优质糯米浸泡好，第二天早晨即用大灶锅大甑蒸糯米，要蒸得烂熟，然后将蒸熟的糯饭分批倒入木槽式的“粑粑款”里，由两个身强力壮的男子手握“粑棍”用力捶打，一名妇女一手拿湿毛巾、一手端脸盆在“粑款”服侍，揩湿“粑款”里层，使糯饭不粘“粑槽”，捡拾甩丢的饭粒，赶走随时会来玩耍的幼儿，或前来取食的鸡狗，直到将糯饭全部捶打成稠密的粑粑状为止，然后将糯米粑粑用盆盛到堂屋中间摆放好的桌子上，桌上撒满米粉，先做一个圆盘大的“粑粑娘”，然后再将“粑粑娘”分捏成一个个茶杯口般粗细的“小粑粑”，分别摆放到堂屋里摆设好的门板上，再用一块门板压实，使糍粑呈圆扁状。待到打完最后一款糯米粑，主人往往会加上一匙“一品红”，打成“红糍粑”。还有的主人则用萝卜刻成“囍”“福”“寿”等字样，盖在糍粑的表面，以增加糍粑的年文化意味。城步苗乡还盛行吃水米花糍粑的习俗。仲春时节，苗家妇女至田野中采摘一种俗名叫水米花（书名黄藁）的小植物，洗净晒干，舂烂与糍粑粉掺和，揉成糍粑，蒸熟即可食用，香甜、爽口，营养环保，是立夏节必吃之食品。另外，城步民间还有一种“白头婆”糍粑的吃法，每年夏季从山中采回“白头婆”植物叶子，洗净晒干，将其与糯米粉掺和用石碓舂烂成团，蒸熟后即可食用，清香可口，甜腻圆滑，是夏季难得的消暑食品。

8. 香辣椒

香辣椒是城步苗家待客的一道特色食品，是苗族人爱辣习俗的表现形式之一。

每年农历八九月间，苗家妇女特意选用大而鲜嫩的青辣椒，洗净后放在开水锅中烫软，捞出沥干，用小剪刀开一道小口，挖出辣椒籽心，将备好的嫩木芽菜叶、葱丝拌豆腐渣等佐料灌入青椒肚内，充实，晒干或烘干即可，密封贮存，随时备用。食用时，先将植物油烧开，再将香辣椒爆炒，再温火翻动，略加食盐即可。香辣可口，风味独特，是下酒、开胃、养眼的佳肴。招待客人时摆上一碟香辣椒，令人馋涎欲滴，胃口大开。

9. 笋粑

走进竹海城步苗乡，漫山遍野尽是青翠欲滴的楠竹、毛竹和水竹。置身竹世界而不尝尝苗族特色食品笋粑，那将是客人的莫大遗憾。

笋粑是用煮熟的嫩竹笋和糯米饭混合制成的一道干菜。每年春夏之交，苗胞们上山采回鲜嫩的小竹笋，去壳，将竹笋放入锅内煮熟，冷却后将竹笋撕成细条，切成一二寸长小段，也有的用石碓舂烂，再与糯米粉揉捏成糍粑状，内加食盐和辣椒粉、五香粉等，晒干或烘干均可，随时可炒食。食用的方法，先将植物油烧开，再将干笋粑放入锅内爆炒，温火炒至黄褐色时舀出。干笋粑是城步苗乡一道上乘的山珍美味，油光晶亮，清香扑鼻，酥脆辣香，可口开胃，是招待客人的山珍佳肴，食而难忘。现在宾馆酒店难觅此味，只有在苗山深处或可偶得一食，一饱口福。

10. 蕨粑

蕨粑古时是城步苗胞度饥荒的主食，现在则是苗胞改善口味、招待宾客的山珍美食和绿色抗癌食品。野蕨是一种多年生草本植物，生长在高山野岭，其茎深入地层半米以下，长而且粗，表皮黑色，剥开皮可见一层厚实且润滑的白色淀粉。苗胞将蕨根挖出，一担担挑回家，放水中浸泡，洗净，然后平放在一块大青石板上，用大木槌捣碎，置于大“黄桶”中清洗，去渣，让淀粉溶于桶内，从“黄桶”底部安一竹筒导管，将淀粉溶液过滤后导入另一大“黄桶”，让淀粉沉于桶底。积淀一夜后，放去清水，可见桶底厚厚一层白色淀粉，苗胞叫它是“湿蕨粑粉”，可铲出贮于水桶中。食用时，将湿蕨粑粉放入热锅中，加水调和搅动，如煎鸡蛋一般煎成蕨粑，一块一块铲出放在砧板上，可像糍粑一样大块食用，也可切成条状用油炸熟，拌黄豆粉食用，也可拌酸椒、大蒜等炒食，还可放油汤煮食。若用于打油茶吃，可切成一小块一小块，每杯放一二块即可。也可将湿蕨粑炒成粉，放入茶杯中拌茶汤搅和，这种蕨粑油茶另有一番风味。苗家还有一种高级食法，那就是将煎好的蕨粑切成条状，放入炖熟的鸡肉汤中同食，叫“蕨粑炖鸡肉”，拌入姜丝、葱花和胡椒粉等配料，清香爽口，细腻甘甜，营养丰富，色香味俱佳，是苗家接待贵宾的上等佳肴。

11. 猪血饼和香肠

进入阴历十一月、十二月，城步苗乡不论县城小镇，还是苗乡侗寨，家家户户都赶做猪血饼和香肠，作为春节食用的“年货”。与腊肉不同，腊肉一般春节前夕熏作，二三月间食用，猪血饼和香肠一定赶在春节前做好，正月间食用，是接待客人必不可少的“腊味”。

猪血饼的做法：第一步，备好鲜肉，最好是五花肉，去皮，切成碎末，放置食盐、五香、辣子粉等搅拌均匀；第二步，定做一锅水豆腐，用木槌将豆腐捣碎，拌入一菜碗鲜“猪红”（猪血），搅匀；第三步，将豆腐、猪肉同放入一桶内搅拌匀和，做成粑粑状，呈红褐色；第四步，将猪血豆腐捏成一个一个拳头大的猪血粑粑，捏时手涂抹一层植物油，捏成的猪血饼油亮光爽，红润照人；第五步，将猪血饼用簸箕或灰筛盛好，晒一两天，风干水分；第六步，将猪血饼置火塘上或用炭火烘干，炭火中若放置橘皮等，熏出的猪血饼另有一番香味。

香肠的做法较为简单：第一步，备好猪肠，洗净去污，每段切成一米长左右；第二步，买回猪肉，去皮，夹精夹肥的五花肉为好，剁碎，放食盐搅拌均匀；第三步，将猪肉灌入大肠内，两端用线缠紧；第四步，将香肠日晒两三天，风干水分；第五步，将香肠悬挂在火塘或炭火上方熏干，火势不要太盛，以免大量滴油，引发火灾事故，半个月后即可食用。

猪血饼与香肠可以同时炒食或蒸食，食用时均要切成片，炒食的清香爽口，蒸食的细腻柔润，拌以大蒜、姜丝等佐料，香味更加迷人。猪血粑是春节待客的佳肴，也是苗家人春节“回篩”（回赠礼品）的馈赠佳品。儿女们外出求学打工，带上几坨猪血粑，是思乡解馋的最好食物。

12. 栎子豆腐

城步苗族人聪明能干，不仅懂得用黄豆打豆腐，还在千百年的山区生活中，学会了用栎树果实打豆腐，这就是“栎子豆腐”。栎树是城步山区一种长年生灌木，每到秋季，这种栎树的枝叶间就会结出一种卵形坚果，苗族妇女将其采摘回来后晒干，天气不好的话，就放在火塘上熏干，让栎子壳自然脱落，再放进石臼内舂去果皮，用簸箕簸去果皮杂物，留下黑褐色的栎子米。栎子米可放容器内贮存，一年四季可以随时取出制作栎子豆腐。

栎子豆腐的制法：先将栎子米放清水中浸泡一周，每天更换一次清水，以除去涩味。七天后，舀出栎子米，用石磨（现在是打浆机）将栎子米加水碾磨成浆，用木桶存好，加水搅拌，再让其慢慢沉淀，三天三夜后，将桶内清水倒出，铲出沉入桶底的那层厚厚的栎子淀粉。将淀粉晒干，呈白色粉末，形似蕨粑粉，可以长久存放，随时取出食用。食用时，取栎子豆腐粉若干，放盆或锅内加水调和成牛奶状，倒入热锅内煎熬，不停搅拌，以免烧锅，待烹烧至糨糊状时，立即将其倒入一个大盆内，待其冷却后即成棕黄色的“栎子豆腐”。炒食时，将栎子豆腐切成片状，将食用油烧开，将豆腐煎熟，拌食盐、大蒜、姜丝、辣椒粉等佐料，其味软和爽口，鲜嫩香甜，略有涩味，较家常豆腐口味更佳，若添放剁辣椒做配料，酸涩可口，风味迷人。可汤食，将栎子豆腐切成两指宽度的条状，放入肉汤中煮食，同样拌以姜丝、葱花、胡椒粉等佐料，圆滑柔嫩，清爽香甜。若将栎子粉调成薄薄的栎子豆腐皮，将它切成粉、面条状，加上肉汤煮食，成为“栎子豆腐粉条”，其味较日常粉面更佳，是老年幼童增加营养的“山珍佳肴”。

红薯粉、蕨粑粉、栎子粉，其制作方法和食用方法大致相同，但口味迥异，各具风味，是苗族人民款待贵客的“土产美食”。

13. 苗家酸菜

城步苗族同胞好吃酸味，每家每户都置备酸菜坛，如酸青菜、酸萝卜、酸辣椒、酸豆角，甚至酸鱼、酸笋蔸等都有，无一不是开胃消食的好口味。

酸菜制作工艺较为简单，将萝卜、红椒、豆角、黄瓜、藠头或者白芽笋的笋蔸等洗净，放入酸菜坛内腌浸，加盐少许，三五天即变酸成为酸萝卜、酸辣椒、酸豆角、酸黄瓜、酸藠头、酸笋蔸等，是健脾开胃的好食品。

“酱盐菜”也是酸菜的一种，每年秋季，把青菜整蔸割下，晒干，然后到河边洗净，再晒干，切成细丝，拌适量米汤水揉搓均匀，装入坛内密封，过个把月即可食用。烧开油锅，加入适量酱盐菜，拌葱花、姜丝，即成“酱盐菜汤”；若再将一两坨水豆腐切成一指宽的条状加入，即为“酱盐菜豆腐汤”，放三四滴“山苍子油”进去调味，酥嫩清脆，酸香可口，是一道开胃助消化的最美菜肴。加鸡蛋煮汤则成“酱盐菜鸡蛋汤”。

而腌鱼腌肉则属“酸荤菜”。将鲜鱼洗净，取出内脏，撒上适量食盐和辣椒粉，放点香料，浸泡两三天，再敷上一层糯米粉或苞谷粉，一层鱼一层粉装入坛内，严密封口，半个月后就成腌鱼，放得越久，口味越佳，生食或油煎食用均可。腌肉方法亦同，将猪肉或牛肉切成块状，撒上食盐浸泡，同上敷放糯米粉或苞谷粉，置坛内密封，半个月后即为腌肉。腌鱼腌肉可长期存放不变质，且味道酸甜香美，非鲜肉、腊肉可比。

（六）居住习俗

1. 吊脚楼

城步苗族仍保持原始古朴的“干栏”式住居建筑，俗称“吊脚楼”。苗族喜住“吊脚楼”实乃古时“巢居”之遗存。

“巢居”是猿人演变成人以后，苗族先人为防止蛇蝎和豺狼虎豹对人类的袭猎而被迫采用的一种较为安全、妥帖的居住方法，即搭木棚于大树顶端，入夜人憩息之。所居之处，形若鸟之窝巢，故名“巢居”。“吊脚木楼”乃变形了的古时候的人居之巢。其功能除防止蛇蝎、猛兽攻击之外，尚有诸多便利与益处。

首先论及的是该建筑的模式。吊脚木楼共三层，第一层是圈养家禽家畜以及厕所和堆放柴草等物的场所，无疑，这是从卫生角度考虑的设计。故在苗家村寨、客堂、厨房以及居室里面，是见不到家禽家畜及其粪便的。从这种意义上讲，它远比汉族的房屋建筑卫生、科学，这是汉族居住条件无可比拟的。

第二层是住房、堂屋和火房，并配置晒楼。晒楼上实下虚，铺有木板，装有栏杆，便于休憩。因系吊脚楼，二层干爽，住之舒适，远离了潮湿。火房一般设置在吊脚楼左侧，装有木板壁。每当入冬，气候冷下来时，将火房门一关，又是绝好的取暖房，其保暖和舒适程度不亚于空调装置。

第三层乃粮食储备之所，此设置便于粮食保管，不致失窃。

房舍大多依山傍水，坐北朝南。没有相当的高深建筑艺术，是设计不出如此绝妙的房屋结构和选址秘诀的。

人口多而殷实的人家，在吊脚楼木楼（即汉族所谓的正屋）两侧，配置厢房。如此建筑，并无汉族建筑的槽门，并非“四合天井”，故苗族住居建筑设计是“以邻为友”的，并非汉族住居建筑设计之“以邻为壑”。这说明苗族是个十分好客的民族，他们的大门是始终对友人敞开着的。

在城步的苗族山寨地区，苗族同胞的住房极具民族特色，建筑迥异，风格独特，上下三层重檐，木质卯榫结构，一楼圈养牲畜，安放厕所，放置石磨石碓等，二楼三楼住人，放置五谷杂粮。苗家人称这种结构的房屋为“架寮”，也称“吊脚楼”。吊脚楼是苗族工匠建造的富有传统特色的全木结构住房。它在功能与技术上因地制宜，巧妙利用大山区坡地位置修筑住房，绝大多数修在靠近水流的向阳山坡上。房屋的四周利用出挑的部分争取空间，以扩大使用面积。屋前设有伸出的走廊，围以栏杆，安置板凳。廊道宽敞明亮，光线充足，可供家人休息和生产劳动。向阳的一面设置晒楼，方便晾晒谷类衣物。住房、伙房后面开设便门，通往后山林地，遇有紧急情况可方便出入。廊前的窗户装饰有几何图案的窗格，有些窗枋还雕刻有龙凤花草图案，工艺精巧，美观大方。吊脚楼主要依靠梁柱承重，它的枋、梁、柱、板壁等构件全靠卯榫、木栓互相穿插，或叠搭嵌合，结构紧凑，非常牢固，有的历经数百年而不倒，整体性和稳定性极好。而且修筑吊脚楼或住房，一是省时省工，苗民要在高山坡地挖一处宅基地，费时费力不说，还破坏了山坡生态环境，容易造成山体滑坡。而顺坡就势修建吊脚楼，只需稍微平整一块面积不大的平地就可，将容纳不了的部分伸出空中，用吊脚支撑于山坡上。二是干燥通风，山区湿重雾浓风雨多，吊脚楼离地而居，使人远离湿气，利于健康。三是防兽防盗，山中常见毒蛇猛兽，伤人现象时有发生，盗匪也不时出没。吊脚楼仅留一门上楼，且门边还暗设机关，可有效防止猛兽的侵袭和盗贼入室，且主人居楼上居高临下，便于攻击防守，是苗族人坚不可摧的"城堡"，此外，吊脚楼还可抗震、防腐、抵御风雪，与周围山水有机融合构成美丽景致。

2. 风雨桥

风雨桥，又称"回龙桥""花桥""石墩桥"，是城步苗乡山寨随处可见的一种景观建筑。风雨桥建筑既符合几何、力学原理，又有很高的工艺技巧和审美价值。风雨桥的建筑工序，第一步，用青石砌成桥墩，再在桥墩上铺上一排排巨木做垫墩。垫木为下短上长，逐层向两墩空间按比例延伸，以缩小两墩间的跨度，直至横跨河面，形成倒梯形。第二步，再在大木之上铺一层较小的横木，再用杉木板刨槽榫嵌合设桥面，桥面上竖建长廊，上盖"人"字形廊顶，有的还设二重檐，上盖有青瓦。第三步，在长

城步县城新建的荣昌风雨桥

廊两边围以木栏杆，栏杆内侧设长条木板凳，固定于柱间，供过往行人休息。第四步，根据桥的长短，在长廊顶上建一至三个宝塔形亭阁。亭阁一般为二三层，亭阁中心柱在主梁上直至亭顶。中心柱上嵌入诸多的木枋呈放射状，枋柱密密匝匝，相互嵌合穿插，结构精密，桥顶的瓦背上塑有“双龙抢宝”的彩塑。主梁底下刻画有阴阳八卦图，柱、枋、檐板及亭阁壁板上都雕刻或彩绘龙凤、鸟兽、花卉及人物。整座风雨桥，重檐飞阁，精巧玲珑，雄伟壮观。城步保存完整的风雨桥有岩寨金南的回龙桥、岩寨村的永镇桥、丹口镇的太坪桥、西岩镇的花桥，新修于县城儒林镇巫水之上的荣昌风雨桥等。其中西岩花桥修建于宋淳祐八年（1248 年），仿桂林七星花桥模式所建，坚实大方的石基石拱，桥面铺建光滑的青石板，桥亭建有多层四方宝塔形楼阁，雕梁画栋，重檐飞阁，刻有精致的花纹，雕有龙凤、鲤鱼图案，精巧玲珑。在方圆数百里，均称得上是一座最精巧别致的花桥。传说此桥完工之日举行盛典，按乡规礼俗，让首士（为首组织修桥者）踩桥，正值举行盛典之际，传说一位神仙路过此地，对桥十分赞赏，便变成一位美丽的新娘，坐着花轿来到桥头，走下花轿，念念有词：“今日新娘踩新桥，千年古迹万年牢，各位首士修善德，世代儿孙穿龙袍。”在场者都说：“今日桥成是良辰，巧遇花轿伴新人，吉日披红彩头好，新娘踩桥意更深。”新娘轻盈地走在桥上，拂袖念道：“双手撩撩，撩过花桥，不愁饭吃，不愁柴烧。”伸手从头上摘下一枝钗花，丢在桥上，新娘晃眼就不见了。人们都说这是神仙所赐，便取名花桥。此桥至今尚存。

3. 鼓楼

城步苗侗同胞有建筑鼓楼的习俗，一般是一姓建一座，建在寨头或寨中风水最好的地方。鼓楼是村民议事、休息、娱乐的重要场所，也是青年男女谈情说爱的地方。农闲时节，则在这里开展民族文化活动，享受劳动之余的欢乐。鼓楼，是苗侗人民精神文化生活的象征。

鼓楼为木质结构，大都用四根大杉木为主柱，直达顶层，另立副柱加横枋竖立于其上，向四周伸展，以木榫、木柱穿合，不用铁钉，结实牢固，扣合无缝，形状不一。有的呈四面流水，有的呈六面或八面流水。楼

长安营清代鼓楼

的层数为奇数，有三五层，有的十多层。底层地面，一般为10平方米左右，有的围以栏杆，有的空敞。中置火塘，冬天供人们烤火之用，四周围以长凳，供人们休息。楼顶覆盖青瓦，有的檐角附以龙凤、花鸟等泥塑，楼顶多呈伞状，上竖檐杆或累叠陶瓷“金瓜”“葫芦”，顶盖下层有的围以木格或累积角形木花。有的还于横枋、四壁或门上彩绘龙凤麒麟、鸟兽花卉和山水人物，造型美观。这种鼓楼，既有宝塔之英姿，又有楼阁之优美，蔚为壮观。

在长安营乡岩寨村，至今仍保留着一座建筑精巧的鼓楼。该楼修建于清嘉庆二十三年（1818年），楼基为4.5米见方，楼下层空高2.3米，楼上层高4米，6个粗实的杉木柱子分两排构成四方形楼身。基础为砖石结构，楼身为木质结构，楼板为耐腐耐磨的杂木板，楼顶为坚实的青瓦所盖，飞檐走廊。鼓楼中的四面，置有高0.46米、宽0.27米的固定板凳，板凳后面是均匀结实的鼓形栏杆，形成结实牢固的木靠椅，可坐可躺。栏杆外面每向都嵌了一块满幅的“万”字格，格子有方有圆，摆布匀称。鼓楼正中的主匾上面，精雕细刻了“双龙抢宝”图。龙尾下面是一对腾空欲跃的大鳌鱼。龙尾、鳌鱼与匾柱相接，成为匾和柱子吻合处主体角花。鼓楼建筑工艺十分精湛，楼匾和楼联使鼓楼妙趣横生。鼓楼共有三块楼匾、一块楼牌。门匾上写着“高阁凌云”，主匾上写着“规模雅俊，气象峥嵘”。后面写了“星辰可摘”。楼牌上则写着建楼首士、工匠和捐款民众的姓名等。每对柱子上都镌刻了行草对联。门联题写“地胜人争至，楼高月早临”，横批是:“闲来聚会”。

4. 凉亭

走进苗乡山寨，在古道山坳上，在村寨水口处，时不时会发现座座凉亭，供给路人避雨遮阳和歇息之用。苗乡凉亭大多为长廊式木质结构建筑，也有飞檐翘角尖顶凉亭，风雅别致，在美丽的山水之间，构成一道道优美亮丽的风景。长廊式凉亭一般为四排三间，也有六七排的，每排四柱落地，为两坡青瓦屋面，主梁上刻绘有太极图案，也刻载着捐建人的姓名。大路从亭中通过，两边有固定在柱间的长木凳，无栏杆、壁板，四面八方通风。凉亭中的地面上有时挖有一个或数个火坑，供行人冬天生火取暖之用。而多角尖顶凉亭，一般建在村寨边和人烟稠密的地方，有四角、六角、八角等形状，飞檐翘角。有 12 个檐角也就有 12 根柱子落地，柱子之间安置着木板凳。这种凉亭，工艺精细，红柱绿枋，雕梁画栋，装饰精美，不仅方便行人歇息，也为当地苗侗同胞劳作之余提供了休息、娱乐场所，更是青年男女谈情说爱、唱歌跳舞的绝妙处所。兰蓉乡尖头田村和城步县城之间相距 40 余里，途中有大坪寨、塘元、梨子坪、青肺、土大坪、木大坪、大井、大木山、冷水坪等 10 余座苗寨，清代乾隆年间即开辟了三尺宽的官方驿道。20 世纪六七十年代，往返县城的古驿道上还能见到长廊式凉亭 4 座，多角顶凉亭 6 座，沿途苗汉群众进城返乡、种田、担柴、送粮谷、买化肥、青少年上下学等，都要从这条驿道上往返，每走两三里，翻山越坳劳累了，就会坐在凉亭上歇息、聊天、抽烟、唱歌，其乐融融，欢歌笑语不断，一路上热热闹闹，毫无凄凉之感，路人挑夫等都不觉疲劳。遗憾的是，现在这里修通了“马路”，多角凉亭只剩下大木坪一座，长廊式古凉亭也只保留有大坪寨一处了。

第九章

城步苗族人物

苗族是我国人数较多的少数民族之一。城步苗族在中国乃至世界这个大群体中，是一个很小的支系，城步苗族人口才139542人。可是，在历史上开国建功，拓疆创业的有功之臣，自唐末五代起，至清末的1000余年中，代不乏人，这是城步苗族这个支系不同于其他苗族支系的特别之处。正如道光《宝庆府志》总纂邓显鹤所云："……此地故多名将种……"

据考证，已见诸史籍和方志的，在唐末五代时有杨再思、杨正修；在宋有抗金名将、岳飞部下统制杨再兴；在元有苗军元帅、忠愍完者杨通贯（杨完者）；在明有开国勋臣、在云南拓疆创业、深受人民爱戴的沐英和常胜将军、开国勋臣蓝玉及武襄洪；在清有赏穿黄马褂，官至山西平坦营游击的孟光爵。他们于不同朝代建功立业，用自己的聪明才智、性命和鲜血，为推进人类进步，推动历史前进各自写下了自己光辉的一页。

按照"生不入志"的约定俗成原则，本章只录入城步苗族著名历史人物，当代人物暂不录入《城步苗族简史》（可以参阅城步政协编著的《城步人物谱》）。

第一节　古代人物

杨正修（895—969年），苗族，五代、宋初"飞山蛮"部族首领杨再思的第三子，诚徽州十峒领主之一，世居赤水峒（今城步蒋坊地带）。

杨正修熟读《春秋》《礼》《易》《诗》《书》五经，五代后梁贞明己卯岁（919年）夺得“经魁”，次年考中进士，官封刺史。后任邵州都统，并授银青光禄大夫。其部族繁衍发达，遍及湘西南、桂东北、黔东南数十个县。其后裔有宋岳飞军前统制杨再兴，元朝苗军元帅、潭国公杨完者，明朝名将、颖国公杨洪等。其墓在今城步茅坪狗崽石，与其夫人蒋安人同穴。墓左侧立有数米高石旗杆一座，墓右侧为正修之子杨通昭墓，通昭墓后有一面天生“石旗”，高丈余，与左侧旗杆互为对应。杨正修墓为城步保存完好的古墓之一，1985年5月被县人民政府列为重点文物保护单位。

杨通昭（924—986年），苗族，城步杉坊岭人，北宋韶州都统杨正修之子，生于后唐庄宗同光二年（924年）四月初二日，居城步杉坊岭（今蒋坊乡杉坊村），先后授检校太子兵师、监察御史，知辰州事。殁于北宋雍熙三年（986年）正月二十日，享寿62岁。安葬于今城步茅坪镇土桥村狗崽石杨正修墓右侧。

杨光斌（955—1014年），苗族，城步杉坊岭人，杨通昭之子，生于后周世宗显德二年（955年）正月初十日，居城步杉坊岭（今蒋坊乡杉坊村），敕封银青光禄大夫。殁于北宋真宗大中祥符甲寅岁（1014年）八月十四日，享寿59岁。安葬于京凉教马坪（今茅坪镇金塔村辖地）。

杨昌秀（981—1048年），苗族，城步茅坪镇杉坊岭人，光斌之长子，生于宋太宗太平兴国六年（981年）七月十六日，授湖州（今浙江省湖州市）都监，仕东供使。殁于宋仁宗庆历八年（1048年）六月十九日，享寿67岁。安葬于茅坪镇白竹山村石阶底。

杨晟勤（生卒年不详），苗族，昌秀之长子，城步杉坊岭（今蒋坊乡杉坊村）人，北宋年间任湖州督监，后于封古山得道，称济世侯王。

杨通宏（生卒年不详），苗族，属杨正修第八世孙，北宋石井图（今西岩镇水东村）人，官至镇边上将军。

杨盛和（1042—1103年），苗族，生于北宋庆历二年（1042年）十一月二十六日，属唐末宋初飞山蛮部族首领杨再思第九世孙。袭其父昌晋之职，镇守广西柳州边城，因平定疆域有功，晋升骠骑将军、总督大人。城步大竹坪属其管辖地，后从广西融水县迁至大竹坪定居，宋崇宁二年（1103年）去世，享寿61岁。

杨昌万（1248—1329年），苗族，城步大竹坪人，南宋淳祐八年（1248年）出生于城步大竹坪，属骠骑将军杨盛和第七代孙，南宋末年任贵州黄坪营参将之职，元明宗天历二年（1329年）去世，享寿81岁，安葬于大竹坪竹枝坡，其后裔在明代授将封侯的有杨再禄（后改名杨升）、杨琳、杨洪、杨瑾、杨瑛等。

杨再成（生卒年不详），苗族，城步赤水图（今蒋坊一带）人。自幼知书达理，勇于伸张正义。当时城步尚未设县，隶属武冈郡，其地有八十四个团寨，盘错交接，延袤千里，民风民俗质朴，厚道宜人。元代皇庆二年（1313年），有一位名叫延承直的县官出差路过这里时，感慨地说："多么灵秀的地方呀，有这么多村寨，应该办学校教育后代才是。"杨再成听说后，马上筹款捐资创办了学校，招收团峒子弟入学读书。延尹为杨再成的义举所感动，于是向州府申请在城步开办学堂，并把它作为州学看待。因学校建在儒林之地，故称为"儒林书院"。与杨再成一起创办"儒林书院"的贤达人士还有杨景清、江正顺、张茂卿等人。

杨景清（生卒年不详），苗族，元代人，城步有名耆宿，捐资倡修儒林书院。

江正顺（生卒年不详），苗族，元代普和寺长老，捐资倡修儒林书院。

张茂卿（生卒年不详），苗族，元代人，捐资倡修儒林书院。

杨进时（1246—1299年），苗族，城步杉坊岭人，南宋淳祐六年（1246年）五月出生，系南宋邵州都统杨正修第十三世孙，元至元年间任御都副使，殁于元大德三年（1299年），享寿53岁。

杨正衡（？—1352年），苗族，元代武冈路赤水峒（今城步蒋坊乡杉坊村）人。效忠元朝廷，率子侄部族征战有功，授潭州路同知，湖广右丞（正二品），特进荣禄大夫（正一品），为元末苗军首领。

杨正衡育有通照、通溥、通贯（即杨完者）三子，皆“善骑射，能文章，有入相出将之鸿才”。元至正初年，人民反抗元廷统治日盛，四方群雄蜂起。杨正衡、杨通贯父子虽僻居湘西南，但也想称雄一方，于是就以杨通贯当初所统领的“苗子军”为基础，扩充兵马，日夜操练，使其军队扩充到数万人。

至正十二年（1352年），徐寿辉攻陷武昌，元廷威顺王子被其所俘。后又陷岳州（今岳阳），元廷大惊，急忙谕令各地勤王镇乱。是年三月，湖广总督陶梦祯举兵进逼武昌，但由于军力薄弱，屡攻不克。当得知杨正衡父子组建了一支庞大的苗军后，“遣使召之”。而此时的杨正衡父子也正有准备起兵的打算。一日，杨正衡在家设宴，与其弟正仁、正德及子侄通泰、通朗等饮酒曰：“士君子居乱世，当为国家出力，岂可效乡里小儿，狐起鼠窜之为也！况且吾祖辈对朝廷忠贞不渝，受朝廷恩待，即使我们丢掉所有家中财产，也应为国除贼，以光祖宗，尔等能从吾否？”众皆曰：“一切听从衡公召唤”，杨正衡大喜。当陶梦祯派人来请正衡父子出兵时，他便欣然应允。于是，自备粮饷、衣装，率子侄日夜兼程谒见陶梦祯。当陶梦祯见杨正衡父子率苗军浩浩荡荡而来，非常高兴，说：“乡道此来，吾军胜矣！”当即赠正衡为千户，并以苗军为先锋，挺进武汉。苗军勇猛善战，一举收复武昌，威顺王宽普化之子也被索回送归元廷，苗军由此名声大震。元廷对杨家父兄子侄大加封赏，杨正衡授潭州路同知，旋即又加封为隆兴省行枢密院副使、湖广右丞、资善大夫、特进荣禄大夫，其母肖氏诰授嘉义正范夫人，其弟正仁授为湖广都元帅副使，其子杨通贯授为湖广副都元帅，其他叔侄，均受加封。

至正十二年秋，苗军兵分两路，一路由杨正衡统领，进攻粤西，一路由通贯统领，开赴江浙。杨正衡统兵五万，以弟侄为前锋，向粤西挺进，镇压那些地方的农民起义军，但遭到农民起义军顽强抵抗，官兵伤亡惨重。而此时，元廷官员又故意不发粮草，加之广西墨大夫同平章者早就对杨正衡被朝廷重用极为忌妒，故屯兵不救，使得苗军陷入困境。当时，许多部将劝杨正衡“旋兵湖南”，脱离朝廷，但正衡却认为“皇恩特重”，不能以“因粮草暂缺”遂生异志，于是贸然决战，结果苗军全军覆灭，杨正衡也在阵前身亡。

杨正仁（？—1358 年），苗族，元末湖广右丞杨正衡之胞弟，元代武冈路赤水峒（今城步蒋坊乡杉坊村）人。

杨正仁为元末苗军将领之一。至正十二年（1352 年），当元朝统治处于摇摇欲坠之时，他积极响应其兄杨正衡“为国平乱”的口号，随兄起兵赤水峒，一路所向披靡，旋即挺进武汉，打败徐寿辉，收复武昌。因“勤王镇乱”有功，被元廷授封为湖广都元帅副使。随后，与侄杨通贯征战江浙等地，并帮助通贯参佐军务，先后又升上骑都尉、荣禄大夫、江浙行省枢密院使。至正十八年（1358 年），杨通贯遭张士诚暗算，在杭州城战败身亡。杨正仁见左丞（即杨通贯）已卒，亦饮鸩而亡。

杨通溥（？—1358 年），苗族，城步赤水峒人，系正衡次子。元至正年间与弟通贯（即杨完者）随父“护元镇乱”有功，被元顺帝赐名“伯颜”，授行营万户侯。后在“杭州之变”中战死，元廷诰赠其为衡国公，谥忠烈。

杨通泰（生卒年不详），苗族，城步赤水峒人，系正衡之侄，元至正年间随伯父正衡“护元镇乱”有功，被元廷授为行营万户侯。“杭州之变”后，对元廷的腐败无能产生了不满情绪，遂率兵投靠了朱元璋领导的农民起义军。

杨通朗（生卒年不详），苗族，城步赤水峒人，正衡之侄，元至正年间，随伯父正衡“护元镇乱”有功，被元廷授予行营万户侯，敕封为昭武将军。“杭州之变”后，投靠了朱元璋领导的农民起义军。

杨通智（生卒年不详），苗族，城步赤水峒人，正衡之侄，元至正年间随伯父正衡“护元镇乱”有功，被元廷授予行营万户侯，敕封为昭武将军。“杭州之变”后，投靠了朱元璋领导的农民起义军。

杨升（1357—1436 年），苗族，原名杨再禄，《明史》载名杨璟，城步大竹坪人。明洪武五年（1372 年）入赘常德府豫章侯刘兴一为婿，改姓刘氏。刘兴一死后，秉承刘兴一军籍，调东昌府守卫。洪武十四年（1381 年）任指挥佥事，后晋升北外总兵。明建文元年（1399 年）率军卒克苏州、白河，大战济南，克沧州。建文三年（1401 年）正月克威县，三月克夹河，九月克泗水。建文四年（1402 年）正月克东昌、泛上等处，四月克凤凰山，五月攻取神策门。因屡建奇功，兵部奏明皇上，升山海卫指挥佥事。永乐二年（1404 年），调任宣府后卫。明永乐四年（1406 年），请旨貤赠其伯父谷祯云骑尉，后复姓杨，改名杨升，明正统元年（1436 年）病逝，享寿 79 岁。

杨琳（生卒年不详），苗族，城步大竹坪人，杨升长子，杨洪胞兄，正统元年（1436 年）袭父职，十四年（1449 年）敕升总管大人，赠武强伯。其后裔居今北京昌平县一带。

杨洪（1396—1451 年），字宗道，苗族，系唐末五代时“飞山蛮”首领杨再思之三子杨正修之后裔，今城步苗族自治县儒林镇大竹坪村人。其祖父杨政任过汉中百户，父亲杨璟皆为国战死在灵璧，杨洪因袭父职，出任开平。明永乐十二年（1414 年）杨洪随成祖北征有功，被封为千户。正统元年（1436 年）被明英宗皇帝加封为游击将军。

正统二年（1437 年），杨洪官升都指挥佥事。

正统七年（1442 年），杨洪统兵于西凉亭击败边寇兀良哈，晋升为都指挥同知。后因杨洪向明廷陈献修筑加固开平城和抵御外寇之策，官授都指挥使。

正统九年（1444 年），杨洪奉命出兵大同，打败列苏，官升总都督。其部下将士受赏者达 9900 余人。

因杨洪治军有方，又足智多谋，攻能战，守能御，成了当时边将中的佼佼者。

正统十二年（1447 年），杨洪被明廷任命为总兵官，督理边疆防务。

景泰元年（1450 年），论前后功，杨洪被封为昌平伯，不久又封为侯。其时，北部边寇进逼京城，由于杨洪奋力作战，追敌至霸州，击溃了敌寇，并擒获寇首阿归，俘获人马上万。同年，外寇入侵，边境告急，杨洪向朝廷陈献安国御敌之策，交兵部议行，明景帝封杨洪为奉翊卫宣力武臣。

景泰二年（1451 年），杨洪佩镇朔大将军印，权镇宣府。这年八月，杨洪患病，朝廷召回京，九月病逝。明廷虑其生前功绩，追封为颖国公，谥“武襄”。

杨万朝（生卒年不详），苗族，城步大竹坪人，杨洪长子，为杨洪原配吴氏所生，袭父职，敕封殿前侍郎，驻军贵州天柱渡马，后任总兵。今贵州天柱县一带杨姓为其后裔。

杨都朝（生卒年不详），苗族，城步大竹坪人，杨洪次子，为杨洪原配吴氏所生，袭父职，封保驾大将军。

杨进朝（生卒年不详），苗族，城步大竹坪人，杨洪三子，为杨洪原配吴氏所生，封御史。

杨万城（生卒年不详），苗族，城步大竹坪人，杨洪四子，为杨洪原配吴氏所生，封节度使。

杨晚朝（生卒年不详），苗族，城步大竹坪人，杨洪五子，为杨洪原配吴氏所生，袭父职，封定国大将军。

杨瑾（生卒年不详），苗族，城步大竹坪人，杨洪之子，为杨洪继配平氏所生，明成化十九年（1483年）十二月袭父职，任都指挥佥事。弘治六年（1493年）调任宣府（今河北宣化县）座营，同年五月升参将。正德三年（1508年）升总兵。正德五年（1510年）四月出军杨显堡，大破敌军，升右军都督总兵，挂帅征西将军。赐赠彰武伯。

杨瑛（1445—1517年），苗族，杨洪之子，杨瑾胞弟，城步大竹坪人，明正统十年（1445年）四月二十日生；其父杨洪去世时，年仅5岁，成年后，袭父职，任都指挥佥事，后升左参将，分守独石口，有功升副将。后与兄杨瑾协守宁夏杨显堡。正德四年（1509年），鞑贼犯灵州（古县名，在今宁夏灵川县以北），他披挂上阵，督令将士，斩敌首级47颗。正德五年四月，宁夏叛贼何系锦伙同安化王将明镇巡官兵杀死，闻报后，杨瑛率军在黄河水战，夺了安化王船只，斩贼首级27颗，并缴获贼方大量马匹、兵器，有功升右军都督府佥事。正德十年（1515年），晋升总兵官，挂帅征西将军。后领军镇守湖广，安抚贵州。正德十二年（1517年）五月在常德染疾，八月在华容县病故，享寿72岁。赐赠彰武伯。

杨俊（生卒年不详），苗族，城步大竹坪人，杨洪庶子（为妾所生）。明正统初年以舍人从军，初守永宁、怀来。正统中年升都指挥佥事、总督独石、永宁等处边疆防务。景泰元年（1450年），景帝即位，瓦剌部首领也先向京师大举进犯，俊被派往居庸关应战，并在居庸关大败也先别部，因功升都督指挥佥事。后充任右参将，辅佐于谦镇守宣府。后因其恃父势加害手下将领，受人告发后，被下诏入狱，坐狱而死。

蒙能（？—1456年），城步横岭峒上火寨（今城步长安营乡）人，明代正统年间少数民族起义首领。

蒙能自幼聪颖，被武冈岷王府郡王广通王朱徽收为家僮。后参与“湖广逃民劫绥宁”，为避官兵追捕，潜往广西义宁县（今龙胜县）蒙峒一带。正统元年（1436 年），蒙能在相邻的蒙峒、顾峒和横岭峒聚众反抗官府清丈农民依赖为生的薄田和改变先前“租税寡约，相与羁縻”的惯例，以维护民众的谋生利益，继而发展为大规模的农民起义。义军先后攻克绥宁、会同、靖州。朝廷虽诏总兵肖绥、副总兵吴亮、都指挥郑通领兵进剿，但义军势不可当，官军奈何不得。正统五年（1440 年）九月，蒙能义军又围攻五开隆里所。正统十四年（1449 年），蒙能义军与广西杨光拳、杨昌富义军会合，一起攻打绥宁、城步、武冈，烧毁明军许多堡、所，收回许多官土官田分给地方民众。义军威望日高，势力迅速发展到贵州黎坪、天柱等地，时有五万余众。景泰元年（1450 年），西至贵州播州（今遵义）、隆里，东至湖广衡州（今衡阳），北至沅州（今黔阳），南至桂北，各地少数民族纷纷响应蒙能号召，举起义旗，跟从蒙能起义。是年冬，明廷派都御史王来总督湖广、贵州军务，以保定伯梁珤为总兵，都督毛福寿、王斌为左右副总兵，还有参将李震，领兵前往天柱、靖州、东山、临口、城步、武冈等地镇压。由于明廷实施重兵围剿，蒙能退守广西。景泰五年（1454 年）九月，蒙能率义军 50000 余人打回黔东，在五开卫隆里所屡败官兵。景泰七年（1456 年）四月在攻打平溪卫（今贵州玉屏县）时，被官军火枪击中身亡。

李天保（？—1461 年），苗族，明中叶城步苗民起义领袖。

明正统元年（1436 年），李天保随蒙能在广西蒙顾峒和城步横岭峒聚众起义，随后与义军转战于湘西南、桂东北和黔东南。他作战勇猛，深谋远虑，具有很高的指挥才能。景泰七年（1456 年）蒙能牺牲后，义军拥立李天保为首领，蒙能之子蒙聪为元帅，以横岭峒为根据地，继续坚持斗争。李天保自称“武烈王”，用蒙能所留之银印作敕书，筑将台高九丈余，悬挂黄白旗，据称要“攻武冈，直抵湖广至南京”登殿。后率领义军与明廷总兵官方瑛及前往征剿的 70000 余官兵，鏖战五年，周旋于湖南、贵州、广西三省边区。天顺五年（1461 年）闰十一月，起义失败。李天保在贵州清水坪（绞洞）被俘，后在北京遇害。

李再万（？—1502 年），苗族，明武冈莫宜峒（今城步江头司）茶园人。

明中叶李天保起义失败后，官绅趁机大占民田，苗民流离失所。身为莫宜峒首领的李再万对盘踞武冈的明宗室岷王十分反感。弘治元年（1488 年）后，宝庆府各州县连年旱灾，城步一带小股苗民起义时有发生。李再万在莫宜峒暗中支持、策应，隐匿被官军追捕的起义军士，并奔走湖南、广西边境，联络桃林、蓬溪、横水、扶城等峒寨及广西义宁（今龙胜）、兴安等地的苗民，伺机起义；同时在莫宜峒收留流离失所的苗民，演武练兵。弘治十四年（1501 年）春，李再万以茶园为中心，聚众数万，自称“天王”，开始攻城略地，戮杀官军，驱杀地主，分占田地，迅速控制城步南境五峒四十八寨和广西义宁、兴安等地。明廷急遣湖广巡抚阎仲宇、总兵徐琦领兵 65000 余人，于弘治十四年十一月十一日，从武冈、绥宁、全州、兴安、义宁分兵八路进剿，截杀义军。李再万与其他首领组织义军先占岩险，立栅自固，巧用滚木、礌石及长枪、药矢，奋力抗敌。阎仲宇屡攻不克，进展艰难。经战两月余，官军先后攻下扶城、边溪、牛石、横岭等寨，在门楼坳却遭到李再万苗军猛烈阻击，官军死伤甚众。后因拦牛峒一乡勇告密，带领官军潜至横龙界，抄小路至大侯，攻入李再万家乡茶园。苗军败走湘桂接壤的黄墙、炮溪二山，被明军围困，伤亡惨重。李再万在追击明军时，被预先埋伏在茶园、恒洲、石空三寨与广西东升寨交界之处的洞背山谷之处的明军用火炮击中，英勇牺牲。第二年二月，李再万余部趁冰雪封山之机沿藤而下匿于吊丝洞中。雪化后，明军上山断藤堵洞，苗军 10000 余人皆因饥冻死于洞内。

阎仲宇镇压李再万起义后，深感明王朝的统治在千里苗疆鞭长莫及，乃上疏建议调整苗民政策，于弘治十五年（1502 年）在今城步北境首次实行“改土归流”，大批苗民被编入户籍册，结束了“民不上丁，田不上丈”的历史，使城步成为全国最早“改土归流”的苗区，并于弘治十七年划武冈、绥宁地设置城步县。

杨信（?—1477年），苗族，字文实，城步大竹坪人，杨洪之侄。自幼武悍，明正统初年，随伯父杨洪征兴州，贼将刚跃马出阵，被信擒获，信自此出名。后转战于西凉亭、白塔儿、紫荆、倒马、五郎河等地，累立战功，升为指挥佥事。正统十四年（1449年），升都指挥佥事，守柴沟堡。景泰元年（1450年）也先犯京师，入京师护卫。同年，杨洪患病应召回京，他被派往宣府协守。景泰二年（1451年）升都督指挥佥事，后升参将衔，充任副总兵。天顺元年（1457年）应召还京，升都督同知，移镇延绥后，任总兵，佩将军印。明代杨氏将领中，能佩总官兵将军印者杨信是第一个。天顺二年（1458年），杨信在塞上领兵打败虏寇孛来、毛里孩等。天顺三年（1459年），虏寇2万人马入侵宁夏，杨信与石彪、武平伯陈友兵合兵夹击入侵之敌于野马涧，大获全胜。天顺四年（1460年），杨信又征虏有功，获朝廷重赏，封为彰武伯，赐世券，得食禄千石。天顺五年（1461年），移驻大同。成化二年（1466年），毛里孩率兵入侵河套，塞上告急，朝廷召信回京问其方略，信曰："吾塞上驻军虚弱分散，兵难遥度，事不宜迟，望圣上派精骑速往榆林图上御敌。"皇上允之，命信为平虏将军，统领各镇驻军，至延绥，厉兵秣马，以御敌。但虏寇十分狡猾，见明廷大军已到，迟迟不敢就犯，并企图逃跑。杨信率军拦截敌军于上龙州、铁青原等处。虏寇惊慌失措，丢弃所掳人畜，遁渡黄河而去。成化六年（1470年），杨信与副将徐恕、参将张瑛分道出塞，败寇于胡柴沟，获马五百余匹，朝廷予以玺书奖励。成化八年（1472年），杨信又败虏寇头目伯颜哈答于塞下，自此虏寇不敢入塞侵犯。杨信在边塞征战三十年之久，使明廷边疆得以安宁。成化十三年（1477年），杨信被赠封为侯。同年冬因病去世。谥武毅。

杨能（生卒年不详），苗族，字文敬，城步大竹坪人，杨洪之侄。杨能武艺高强，善骑射，因随其叔杨洪出征屡立战功，升为开平卫指挥使，后又升都指挥佥事。景泰元年（1450年），晋升为同知，充任游击将军，巡徼边疆。在野狐岭作战中败伤右膝，得到皇上原谅。与石彪各统精兵三千，在边塞地区征战有功，升都督指挥佥事。后升为副总兵，协守宣府。

天顺初年，以左都督为宣府总兵官，与石彪破寇于磨儿山，封为武强伯。后虏寇犯宣府，杨能作战失利，为兵部所劾，但得到皇上宽恕。不久，杨能忧疾而卒。

杨海清（生卒年不详），苗族。明景泰六年（1455 年）任湖南宝庆千户所千户（正五品）。杨海清身材魁梧，相貌堂堂，有勇有谋，众人均折服听从。明天顺元年（1457 年），以李天保为首领的城步峒苗起义队伍攻打到邵阳、湘乡、新化等地，杨海清与妻子姜氏督领军队在邵阳与起义军交战。在龙王桥激战中，杨海清一人杀死义军数十人，但因后援不济，杨海清与妻子姜氏及所有官兵全部遇难。邵阳人为感其义，在石井铺立祠祭祀他。

杨暹（生卒年不详），苗族。明正德八年（1513 年）选任陕州（今河南省三门峡市、陕县、洛宁、渑池、灵宝及山西省平陆、芮城、运城等地区）州判（正七品）。

杨和（生卒年不详），苗族。明正德十四年（1519 年）会试取为岁贡生，嘉靖初年任广西梧州通判（正六品）。当时梧州是广西最富饶繁荣的地方，凡派任到这里为官的人都认为有利可图。而杨和上任之后力除官弊，清理厂税，又在广东省石岘山抓获一名巨盗，不久，调任为广西浔州（今广西桂平一带）通判。因督剿盗匪有功，提升为四川省剑州（今四川省剑阁、梓潼一带）知州（正五品）。其时剑州土豪夺占州田成风，给百姓造成极大的危害。杨和到任后严谕晓理，查办强夺田地行为。他为官清廉，个性刚直，不畏权势，因时常得罪上司，上司开罪于他，他不得不弃官归乡。剑州人民很思念他爱民廉政之风，曾作《竹溪遗爱记》一文，以表赞其功德。

杨逢时（生卒年不详），苗族，六都（今城步蒋坊一带）人，解元出身，明万历八年（1580 年）会试中进士，先从军于荆州府远安卫，曾就任广西学道副使，后任四川布政使司（为一省最高行政长官）。

杨正臣（生卒年不详），苗族。以精通朝廷刑事律法而闻名，曾任嘉兴（今浙江省嘉兴市）同知（正五品）。

杨光祖（生卒年不详），苗族，举人。曾任江西省彭泽县（今九江市东北部）知县。

杨轩（生卒年不详），苗族。明嘉靖末年会试取为贡生，任四川省重庆通判（从四品）。他为人刚正不阿，处事果断，胆略过人。初去四川任职时，正值龙安县（今四川安县东北一带）土酋首领谭绍干、凤继祖相继叛乱，太府命令杨轩督兵助剿。有人劝他："刚到任就上战场，何不借故推脱呢?"杨轩毅然答道："为官不应避难，平定叛乱是我的应尽职责，我若推辞不去，哪一个去担当这个重任呢?"于是，他督兵上阵，见机行事，在摸清叛匪的情况后，施计设下伏兵，一举消灭了叛匪队伍，所到之处，攻无不克。平乱胜利，杨轩功居榜首，龙安民众还为他竖立了功德碑。他去世之后，被祀为乡贤。

张大威（1535—1613 年），苗族，城步县城步图盘石（今属儒林镇白云洞）人。明嘉靖四十三年（1564 年），以选贡授四川保宁府通江县知县。洁己爱民，廉政不阿。因"直忤当道"，改任教谕。后又累迁广东省舶司提举、云南禄劝州知州。在任三十余载。晚年仕归，应城步县知县谌廷锦之聘，和南平吴道宣、县人肖应韶一道主纂《城步县志》，万历二十九年（1601 年）成书，为城步历史上第一部地方志书。还常与其负才不仕的胞弟张大翔在盘石浮石书院习经讲业，以开民智。明万历四十一年二月病逝于盘石，卒年 78 岁。

杨乔然（1588—?），苗族，城步大竹坪人，明代著名武将"颖国公"杨洪第五世孙。万历四十二年（1614 年）中进士，万历四十七年（1619 年）任太仆寺少卿、湖广巡按监军监察御史。明王朝被清王朝推翻后，杨乔然不归附清王朝，而携其家眷随同南明唐王朱聿键逃往缅甸，后又回到云南。在云南被归附清廷的明廷叛将吴三桂杀害。

他在任巡按御史期间，曾于南明隆武二年（1646 年）五月回到城步大竹坪故里，亲临高祖山（即竹枝坡）为其九世祖贵州黄平营参将杨昌万奠坟扫墓，并为昌万墓撰写了墓碑。又因宋代以后城步杨氏宗族名人名将辈出，经他奏准朝廷，将大竹坪杨氏宗祠更名为“杨氏官厅”；又出示晓谕，规定对杨氏一族“杂差行户尽行革免”，其意是对杨氏一族的所有公差公派任务全部取消。并从长沙抚院刊刻“革免行户杂差碑记”一块解运城步，最先立于朱家坳茶亭门口，后地方民众将此碑移至“杨氏官厅”内保存。1986 年 7 月，县人民政府将“杨氏官厅”列为县重点文物保护单位。

杨国清（生卒年不详），苗族。明万历年间参加会试，以生员入太学，点任贡监考。他人品端正，举止文雅，善交接朋友。曾任广西思恩府（今广西迁江、滨阳一带）经历司经历（正八品），后提升为奉议州（今广西田阳县）知州（正五品）。他在任上重视农耕，劝勉农民多开垦土地，废除苛捐杂税，严治盗贼，整饬乡风，百姓安居乐业。只可惜他任期未满就不幸去世，出殡之日，当地所有官吏及百姓均哭泣送葬。为念其功德，当地州民为他立下“遗爱碑”以示纪念。

蒲寅山（？—1738 年），苗族，别号萝卜王，清代城步苗民起义领袖。城步大水图家浆山（今丹口镇柳寨）人。自幼习武，秉性剽悍，好打抱不平，在扶城峒、大水图一带苗、瑶各寨中颇有威望。清雍正六年（1728 年），喜塔拉氏向雍正皇帝上疏，奏准采用“雕剿法”治苗。于是，武冈营及城步县署下令并多次进入村寨收缴环刀、标枪等自卫武器，还规定苗、瑶“以物往市，先报地方官知会，塘汛查验”，蒲寅山等酋长对此不满。

雍正十二年（1734 年），城步知县蒋德重会同武冈营游击蓝美林在苗、瑶各寨搜缴兵器的同时，任意捕人，蒲寅山秘密串通绥宁瑶酉凤老一，在家浆山、竹岔山一带，凭借高山险阻，“纠众拒官兵，杀伤官吏”，聚义起事。第二年，义军根据地从竹岔山扩张到扶城峒应声岩、横岭峒及绥宁县黄桑坪一带，并在应声岩击败前来征剿的知县蒋德重、武冈营游击蓝美林和永州千总龚作率领的官兵。乾隆元年（1736 年），宝庆协把总李如松率兵攻打家浆山，也被义军杀死。

乾隆三年（1738 年），清廷为了加强对蒲寅山义军的防御和镇压，移新化县白面巡检司至城步县寨头，置寨头巡检司，常驻官兵节制竹岔山下的苗、瑶土民。四月，襄阳总兵李琦受湖广总督之命，率 3000 余名官兵进攻竹岔山，蒲寅山、凤老一诱敌于龙开口，李琦中伏大败，清兵死 300 余人。六月，李琦用重金收买一义军内奸引路，从家浆山攀缘而上竹岔山，袭入瑶营，义军腹背受敌，蒲寅山突围时被官兵杀害，义军大部分被杀。附近苗、瑶各寨男丁或隐蔽他乡，或被官兵滥杀。妇女及 5 岁以下幼小子女被官兵“在隔越苗疆之处变卖，得价以分赏有功兵丁”。

粟贤宇（？—1740 年），苗族，清代城步横岭峒龙家溪（今城步长安营乡）人。

杨清保（？—1740 年），苗族，清代城步莫宜峒（今城步五团镇江头司）人。

清乾隆五年（1740 年），粟贤宇、杨清保在横岭峒和莫宜峒发动苗瑶起义，提出“五峒连天地，苗瑶共生存，今日举义旗，同铲官祸根”及“既举义，为同胞，天不怕，地不怕”的口号，攻烧营汛，势甚汹涌，迅速壮大为苗、瑶、侗、汉组成的几千人队伍。他们和广西龙胜一带的侗人吴金银、苗人张老金、壮人廖士英等起义军互相呼应。清廷大惊，急忙派镇筸总兵刘策名和驿盐道马灵阿率兵 5000 进剿起义军。起义军多次打败清军，仅竹岔山一战就杀死靖州千总张文英、把总王宗江、常德把总张童等百数人，清军溃败。七月，清廷改派贵州总督、总理苗疆钦差大臣张广泗统领湖南、广西、贵州三省官兵 3 万余名，征剿起义军。起义军英勇抵抗，终因寡不敌众而失败。八月二十八、二十九日，杨清保、粟贤宇先后被俘。此后，清军血洗苗寨，残杀苗、瑶、侗民 5000 余人，劫掠妇孺 5000 余人。

粟贤宇、杨清保起义失败后，清廷在横岭峒长安坪驻军立营，派游击、守备、千总防守。并移宝庆理瑶同知府至长安营，以镇城步、绥宁两县苗民瑶胞。直至宣统二年（1910 年）才裁撤长安营。

杨兆颤（1753—1822 年），苗族，清代城步大竹坪人。性聪颖，20 岁时就在学界享有盛名。清乾隆三十六年（1771 年）出类乡学，乾隆三十九年（1774 年）掌管祭祀。乾隆四十二年（1777 年）考上拔贡，乾隆四十三年（1778 年）参加朝考，在京为官，曾在武英殿四库效力。后历任江西宁州一等州判及万年、芦溪、东平等县知县，政绩卓著。嘉庆三年（1798 年）补授云都知县，后因母亲去世，回归城步。城步县府将他聘为山长（主管书院），督修县志。因母逝守孝，难于遵命，他请求改事教育。嘉庆二十年（1815 年）任江华县教谕。道光二年（1822 年）二月去世，卒年七十。安葬城步觉古山。

阳再达（生卒年不详），苗族，城步县蓬峒（今汀坪乡杨梅坳高寨）人，清乾隆年间寨主，清廉公正，乐善好施，为湖南、广西两省交界之地民众所拥戴。

清乾隆以前，杨梅坳至桂林要过大坪水，渡溶江，远达 500 余里，足有七天路程，极为不便。乾隆四十四年（1779 年），阳再达自己出资和号召两省边界峒民集资，改道高桥、江底方向，过九江，出西岭，历时十年而道成。改道后，杨梅坳至桂林便只有 240 华里，不足四天路程，成为湖南、广西两省边界经济文化交流的要道。

孟光爵（？—1831 年），苗族，字尊一，号达轩，系今城步苗族自治县儒林镇清溪村桥头人。孟光爵生性朴戾，行为果敢，初由行伍入武冈营，以马兵挑外委。乾隆六十年（1795 年）镇筸（今湘西）苗民起义，孟光爵押解粮饷至镇筸军营，自告奋勇，随同总督福宁参与对镇筸苗民起义的征剿，临阵奋勇，不避危险，绩功补授武冈营外委。

嘉庆元年（1796 年）奉命前往湖北征剿“教匪”，苦战数十次，斩杀甚众，生擒首逆覃加耀，消灭余党。奉旨赏戴蓝翎。嘉庆四年送部引见，赏戴花翎，补授永州镇守备。

嘉庆十年提升永顺协都司。

嘉庆十六年引见，简授山西平坦营游击。

嘉庆十八年因伤疾复发，原品致仕，仍给禄养，时年48岁，至66岁而终。

孟光爵一生身历百战，从不言功。好与文士交往，待乡里故旧、田夫、野老尤有礼貌，乃苗族一代名将贤士。

第二节　近代人物

雷再浩（?—1848年），苗族，城步拦牛峒人，后移徙新宁黄卜峒。以佃耕、砍樵为生，信奉青莲教，入天地会，1847年领导了湖南新宁、城步、广西全州等湘桂边境农民起义斗争，对广西革命形势的发展和太平天国起义的爆发产生了重大的影响。

雷再浩与新宁人李辉、广西全州人李世德，共创“帮帮会”，组织平民反清，发展“帮帮会”成员2万余人，众推雷再浩、李世德为总大哥，李辉为元帅，拟于道光二十七年九月十八日（1847年10月26日）起义，攻新宁城。因走漏风声，知县李博召乡勇千余人守城，并与江忠源等商议，内外戒严，保甲连坐，搜捕会众。九月六日，4名会员被捕，形势严峻，李辉奔黄卜峒告雷再浩，雷速与李辉、李世德商议，提前起义。九月八日（1847年10月16日），雷再浩在黄卜峒、李世德在广西滑溪宣布起义。十二日，知县李博、地主团练首领江忠源率官兵乡勇2000人围攻黄卜峒，烧毁雷再浩住房，雷赴全州庄塘与李世德部会师。十四日，义军进军全州咸水口。十五日复回新宁，拟攻县城。因城内兵马众多，戒备森严，转攻广西瓜里、五排，杀死广西千总刘春林、外委陈国雄及兵丁40人，乘胜攻占白洞、梅塘、石门坪、茶坪、大托等地，队伍发展到3000人。十月十二日至广西把火市，毙官军守备李廷杨、外委马端春、马学谦、额外彭文志及兵丁80人，缴获大量武器，义军取得重大胜利。此后，官军加紧围剿，雷再浩接连受挫，只得围转新宁八峒固守。二十二日黎明，乘大雾由黄瓜冲分两路击败官军入深冲峒固守。不久，义军将领陈新进、李尚开叛变，二人力劝雷再浩弃八峒，攻武冈，而暗中约官军预伏途中。二十六日雷率军出峒攻武冈，军至毛安，突遭伏击，义军伤亡惨重，陈、李乘雷不备，将其绑缚，送清营邀功。次日，官军搜山，李辉亦被俘。年底，雷、李一同就义于长沙。

罗黼国（1869—1928 年），苗族，城步横岭峒（今长安营）人。自幼攻读，学识渊博，曾考取贡生。宣统元年（1909 年）任古丈坪厅知事。民国二年（1913 年）任宝庆府初级审判推事。民国三年至民国十七年，先后任古丈、养利（今广西大新县）、黔阳、晃县（今新晃）等县县长。他所任职的几县都曾匪患猖獗，百姓不得安宁。为除暴安民，他杀掉一批作恶多端的土匪，大得民心。他为政清廉，生活朴素，深受民众敬佩。民国十七年病逝于晃县。

杨备伦（1886—1929 年），苗族，城步儒林镇大竹坪人。民国十三年（1924 年）任中二乡团防局局长。当年桂兵扰境，他带团防军数十人扼守天鹅岭，制止桂兵进犯，保住境内不受侵扰。这年大旱，十地（大竹坪）一带大饥，人心惶惑，很不安定，他爱民重义，出米平粜，市价 1 升 800 文，他只卖 500 文，家里存粮卖完了，又从西岩运来 60 担米平价卖出，并煮粥救济无钱买粮的贫民，还带饥民到自己家里和其他殷实户吃“排家饭”。杨备伦又购置大锄头 120 把送给贫困农户，组织饥民上山挖蕨粑。因而虽逢大灾，该乡却没有发生饿死人的情况。当地士绅和长者赞他“富而能仁”，县长吴荫云为他赠匾一面，上书“为善最乐”四字。

杨盛嘉（1907—1949 年），字公柳，苗族，城步清润乡（今西岩镇资源）空洞村人。民国十六年（1927 年）参与城步农民运动，后外出求学，毕业于武昌私立中华大学政治系，曾任南京《救国日报》总编辑，《武汉日报》宜昌分社总编辑、《中央日报》长沙版总编辑、湖南省图书杂志审查处茶陵分社主任、湖南省财政、民政两厅督导等。民国三十三年至民国三十五年任国民党城步县党部书记长。民国三十四年9月至民国三十六年4月兼任城步县立初级中学校长。民国三十五年选为省参议员，并为9名驻会委员之一。民国三十八年2月任凤凰县县长，但在赴任途中正遇湘西匪乱，故未到职。是年8月5日，他与以唐生智为首的耆宿及各界人士104人，响应程潜、陈明仁和平解放湖南的号召，发出通电，吁请西南西北各绥靖主任、各省主席、各湘籍将领、湖南各区警备司令、各专员、县长，迅即采取一致行动，以完成全国解放事业，电文刊登在1949年8月6日《中央日报》长沙版，对湖南和平解放做了努力。后绕道衡阳回家，被广州国民党中央委任的湖南省政府主席兼省绥靖总司令黄杰军队所捕，10月6日深夜被杀害于邵阳城北，时年42岁。

唐仁义（1894—1948年），苗族，城步长安营人，地方民众都称他为“老甲”。他出身唢呐世家，从小受唢呐艺术熏陶，在唢呐演奏技巧上造诣很深，并能熟练地采用“工尺四合”方法记录民间唢呐曲谱。民间唢呐曲调《蜡梅花》《雁鹅下山》《过山虎》《大开门》《小开门》《娘送女》《浪淘沙》等72个曲牌他都能熟练地演奏，通晓的唢呐牌子有100多种，其演奏技巧功深艺绝，远近闻名。

杨多香（1875—1951年），女，苗族，城步五团镇水口寨人。著名民间歌手，有“歌王”之称。民国初年，五团苗寨搭歌台，邀请四方歌手联谊对歌。一位姓侯的广西民歌手与杨多香对歌三天三晚，她越唱越来劲，唱得对方甘愿认输才罢休。有一次，她为寨里一个伢子去汀坪长滩接亲（接新娘），按当地风俗习惯，主家请来三名歌手与她对歌，结果都败在她手里。

她能唱的苗族民歌有传统歌、生产歌、爱情歌、生活知识歌、祝贺歌、礼貌歌、卡人歌（让对手答不出来的歌）、谜语歌、典故歌、排歌、杂歌等10余类。

杨多香脑子灵活，记忆力强，凡听别人唱过的歌，就能记下来，听别人讲过的故事，她能编成山歌，且随机应变，随口编歌。甚至在同辈平常的语言交谈中亦用山歌应答。清末，粗水村龙秀才与她对歌，龙秀才唱输了，便心生一计，用儿歌叫她猜谜语：

四四方方两座州，中间一河水不流；
两州总是不和气，你打我杀不罢休。

开始多香一时难住了，想了想后，终于猜到了谜底，迅速答唱道：

你欺我无文肚不乖，拿盘象棋让我猜；
棋逢对手才有味，傻妹歌还龙秀才。

她肚子里积储的歌很多，人们称“多香的歌如山溪水，唱了咯多又咯多”。无论什么场合，唱什么内容，她都能应付自如。对手唱四句七言歌，她对答如流，顺口成章，随声应和。对手唱男人《十二月当长工》苦，她就唱女人《十月怀胎》难；对手唱《十二月劝思文》歌，她就唱子女对父母应《二十四孝》歌；对手唱《十贺主人》歌，她就唱《十杯敬客茶》歌；对手唱唐朝李世民，她就唱宋朝名将岳飞；对手唱《卖花姐》的苦，她就唱《卖桃郎》的酸等等。内容丰富多彩，音韵柔美动听，既有教育意义，又非常引人入胜。她的《梁山伯与祝英台》能唱得男女青年情意绵缠，忍不住爱泪双流。尤其是长达 32 首 128 行的古排歌《卖桃郎》，她唱得格外情意深厚，凄凉苦楚，婉转悠扬，听众赞不绝口。

陈见吾（1875—1952 年），又名曰弼，号思舜，苗族，城步兰蓉乡陈家坡人。1952 年去世，享寿 77 岁。

陈见吾出身武术世家，其祖父陈作发曾在四川峨眉山从师习武 13 载，练就一身好武功，能飞檐走壁，重达 120 斤的铁棍随身携带，舞动自如，在他 85 岁高龄时，还打死一只猛虎。其父亲陈忠芳亦武功超群。陈见吾受其祖父和父亲的影响，从 4 岁开始习文练武，19 岁毕业于国立优质师范宝庆分院。毕业后，他不求做官，只求做人，好打抱不平。他历时 9 年周游全国名山大川，一方面以教文授武为生，一方面遍访武林高手，使他的武艺变得更加高强。他身材高大，体重 104 公斤。民国二十二年（1933 年），外地一名自称“无敌子”的拳师到城步卖弄武艺，当地武师多人与之较量，均败于“无敌子”之手。后陈见吾与“无敌子”交手，“无敌子”竟招架不住，败阵后，称师道弟而去。民国二十八年（1939 年），陈见吾与乡民同往广西挑盐，途中遭遇劫匪，他一怒之下，竟将一个约 500 斤重的大石头一脚踢翻。劫匪见状大惊，连忙拱手放行。行至财喜界时，又遇一伙强人“关羊”（即拦路抢劫），正在抢劫客商财物。陈见吾放下担子，随即取下扁担，片刻功夫就撂倒了几名强盗，其余强盗见状，有的拜服，有的逃散。而遭劫的客商为他的义举所感动，纷纷要以钱敬谢，他笑而拒之。

陈见吾不仅武功高强，且善治跌打损伤。民国五年（1916 年），枫香村一位叫杨三的人两只眼珠被人挖出，只留下一点丝儿吊着，他以一口“水”、一剂药将伤者眼珠复位，仅 8 天时间伤愈。

禹金喜（1885—1960 年），苗族，城步莫宜峒（今五团镇）人。他自幼学制苗族银饰，工艺精美，深为莫宜峒十三寨及相邻广西边境地区的苗族人民所称道。他对苗族的手镯、耳环、插针、头花、银素、戒指、牌扣、项圈、儿童戴的银菩萨、银锁、吊牌等常用银饰，能塑制出各种图像，如龙、凤、麒麟、狮子、虎、豹、鸟雀等飞禽走兽和松、竹、梅、菊、兰、桃等各种花草树木，且惟妙惟肖。塑制的观音、如来佛、十八罗汉、八仙过海等佛像更是别具一格，耐人观赏。他于 1960 年逝世，享年 75 岁。

杨秋燕（1904—1975 年），名支恒，字恒轩，苗族，城步儒林镇枫香村人。

杨秋燕幼读私塾，勤奋好学。11 岁那年，他辍学后即参加村里的“洋戏”班子学唱花鼓戏，成年后开始教书传艺生涯，是人人啧啧称赞的民间艺人。他常引导村里男女老少吹箫拉琴、唱戏娱乐，农闲唱花鼓，过年耍花灯，还经常到邻近的清溪、楠木、盘石、八角亭等数十个村寨演唱和教戏传艺，为活跃和繁荣农村文化生活作出了积极的贡献。他自编自演节目，能扮生花旦丑角，尤以演老旦名噪全县。他编演的《花鼓进城》《补瓷缸》《毛国金打铁》《双看相》《刘海戏金蟾》《十八相送》《赶子牧羊》等60多个节目，很受群众欢迎。他不独会谱古牌令曲，对二胡、笛子、唢呐、琵琶等吹拉弹拨乐器也样样在行。

杨秋燕还是画师扎匠，古戏里的盔甲袍套都能自画自制，他用篾竹扎制的人龙狮象、山兽水族，件件栩栩如生；彩灯车马装上“机关”，活动灵巧，制动自如。杨秋燕于1975年病逝，终年71岁。

第三节　人物列传

一、杨再思传

杨再思（860—954年），苗族，唐咸通元年（860年）六月初六日生于叙州（后改为诚州，辖今湖南黔阳、会同、靖州、通道、绥宁、城步等地），后周显德元年（954年）十二月二十六日仙逝于诚州，享寿94岁。历史上对他的墓葬地亦颇有争议，一说葬于贵州黎平县长岭岗，一说葬于靖州飞山庙脚。

杨再思是唐末五代“飞山蛮”酋长，号十峒首领（其时，城步属其管辖地），人称“飞山太公”，又称“飞山令公”。唐代末期，王室微衰，天下纷争，藩镇割据。这时的叙州苗、侗、瑶各民族在杨再思的领导下，逐渐兴旺繁盛，形成了一个以飞山（即靖州飞山）为中心的民族集团——“飞山蛮”。后梁时期，马殷占据湖南，称楚王。潘金盛领飞山和五开（今贵州黎平县）一带，杨再思据叙州的潭阳、朗溪一带，互为声援，同拒马殷。梁开平五年（911年），马殷遣吕师周征飞山，“袭斩金盛”，杨迫于形势，率领“飞山蛮”余部归附于楚，并将叙州改为诚州，以表示对朝廷的忠诚，再思亦因此而被封为诚州刺史，此举不仅挽救了濒临灭亡边缘的

“飞山蛮”，而且使其取得了合法地位，为日后发展奠定了政治基础。附楚后，杨励精图治，设立十峒（城步属十峒之一），以其族姓子孙散掌州峒，抚驭峒民，并以“再、正、通、光、昌、盛、进”七字辈为等级建立封建领主制度，推动境内各民族的团结和融合，从此，“飞山蛮”进入兴盛时期。

五代之乱，天下多遭涂炭，唯诚州兵民屯聚，商贾进入，社会安定，人民安居乐业，乃杨氏之功也。马殷政权灭亡后，再思之七子正岩将“飞山蛮”的势力范围迅速扩展到湘西南、黔东南、桂北等广大地区。

杨再思团结各州兄弟民族归顺朝廷后，因治国安邦功勋卓著，威名远扬。后唐授其为湖广都钤辖使、银青荣禄大夫、左仆射尚书，下辖赤水，食邑一万二千户。在此之后，宋王朝又追封他“威远侯”“惠英侯”等称号。殁后，湘、桂、黔三省（区）边境人民感其恩德，或奉为神灵，或尊为祖先，普建飞山庙以祀之。每年农历六月初六日（杨的生辰日）和十二月二十六日（杨的忌辰日）及“清明节”，湘、桂、黔等广大地区的杨氏族众及其他苗瑶侗民众常去飞山庙和城步竹枝坡祭奠，至今香火不衰。

杨再思一生娶妻有五，共生十子。第一夫人韩氏，系唐仆舟司马至之女，封一品夫人，生子有三：正隆、正滔、正修。第二夫人，蒙氏，系唐左拾遗正言公之女，封二品夫人，生子有二：正约、正款。第三夫人马氏，系安武节度使马殷之女，封端庄夫人，生子有三：正绾、正岩、正嵩。第四夫人潘氏，封端正夫人，生子有一：正权。第五夫人郑氏，封随阵夫人，生子有一：正钦（俭）。据《靖州州志》记载：杨再思十子居地详后：正隆之子通蕴居临冈，正滔居罗蒙，正修居绥宁赤水，知州正约居诚州，正款居罗岩，知州正绾居东山、白竹，国公正岩居黎平，正嵩居黄疆，太尉正权居潭溪，正钦居乐土。再思后裔繁衍发达，如今已遍布全国各地。

相传，葬于城步儒林镇大竹坪竹枝坡的再思墓其棺椁为木质，以悬棺式葬于高祖山山腰中的龙开口岩洞内，墓后岩缝中，原生楠竹一根，尾垂坟上，微风吹拂，竹尾来回摆动，故称“金竹扫坟台”。但楠竹早已被砍，至明永乐年间，岩石上端裂缝，一巨石堕于穴前，棺椁被遮。杨再思为城步土著杨氏第一世祖。1985 年 6 月，再思墓被县人民政府列为县级重点文物保护单位。

二、杨完者传

杨完者（？—1358 年），字世杰，原名杨通贯，元末武冈路赤水（今城步蒋坊乡）苗人，“完者”之名为元顺帝所赐。

杨通贯系“飞山蛮”首领杨再思的后裔。他“善骑射，能文章，有入相出将之鸿才”，因武艺高强，且知书能诗，最受其父正衡器重。他十几岁时，就组织附近的苗家少年，操兵练武，从而锻炼了军事指挥才能。

元至正初年（1341 年），人民反抗元廷统治日盛，农民军力量日趋壮大。徐寿辉、张士诚、韩林、郭子兴等已各占一地。杨正衡、杨通贯父子虽僻居湘西南，也想雄踞一方。于是就以杨通贯当初所统的那些“苗兵”为基础，扩充兵马，组建了一支以苗民为主的数万人的军队。

至正十二年（1352 年），徐寿辉攻陷武昌，又陷岳州（今岳阳），元廷大惊，急忙谕令各地勤王镇乱。杨通贯父子因祖辈受过元廷封赏，怀有记恩之情，便决定“为国平乱”。元廷陶梦祯派人请其出兵，他便“自备粮饷、衣袋，星夜派子侄往谒”。陶看见苗军浩浩荡荡，杀气腾腾，连连叫好：“乡道此来，吾军胜矣！”即赠杨正衡为千户，以苗军为前锋，挺进武汉，一举收复武昌，苗军名声大振。元朝廷对杨氏大加封赏，杨正衡授为潭州路同知，旋升湖广右丞，其弟杨正仁授为湖广都元帅副使，杨通贯授湖广副都元帅，其他叔侄，一并加封。

是年秋，苗军兵分两支，一支由杨正衡统领，一支由杨通贯统领，开往江浙后，杨正衡军因寡不敌众，又缺乏粮草，结果全军覆灭，杨正衡也在阵前身亡。至正十三年（1353 年），杨通贯率苗军随湖广平章阿恩兰顺长江而下，准备进攻庐州（今合肥）。苗军力量壮大，引起元朝廷不安，淮东都元帅余阙力陈顺帝：“苗蛮不当使。”于是顺帝强令苗军停止军事行动，并命余阙监视杨通贯，若“苗军有暴于境者，即收杀之，凛凛莫敢犯”。但是，张士诚势力得到发展，朱元璋迅速崛起，元朝廷迫不得已重新启用苗军。至正十五年九月，朱元璋派郭子兴的儿子郭天叙、部将张天佑等进攻集庆（今南京）。元朝廷忙派杨通贯随江浙行省右丞阿鲁恢率苗军赶去救援，苗军大败郭、张的红巾军。其时，张士诚的淮军攻占扬州，杨通贯又率军前往，败张士诚。至正十六年正月，张士诚攻占平江，威胁杭州，又准备进攻嘉兴，驻守杭州的江浙行省丞相达识帖睦迩求救于杨通贯，并许以升任参知政事。杨通贯带领少量精兵，夜袭敌营，接着苗军全力出击，淮军措手不及而大败，“生擒其首，其徒溺死者无数”。张士诚又派其弟张士德率兵数万人转攻杭州，达识帖睦迩弃城逃走，并传令杨通贯夺回杭州城。经数日猛战，士德大溃，收拾残兵，十丧八九。八月，张士诚派张士信、史文炳率水兵数万，沿运河北上，兵临嘉兴城。杨通贯采用“诱敌深入”战法，将淮军诱至峡谷时，伏于两岸的苗军把备好的火把投入敌船，恰逢南风大作，“大火焚烧至四十里不止，淮军死者甚众”，苗军趁机出动，大败淮军，“斩首七千，俘虏数千，张士信以伏水遁还”。苗军威震东海，壮大成20万之师。至正十七年，元朝廷升杨通贯为江浙行省右丞、骠骑将军，并以“克全忠义”而赐名“杨完者”，其兄赐名“伯颜”。

张士诚几经权衡，向杨完者和达识帖睦迩求降，愿自降王号，臣服元朝。达识帖睦迩为了利用张的力量牵制杨完者，答应保奏张士诚为高官。元廷授张士诚为太尉，割浙西、淮东予之镇守。

至正十七年七月，朱元璋连克徽州（今歙县）、建德（今东至）。元廷又派杨完者出兵，企图收复失地，但苗军连续几次兵败于李文忠、邓愈、胡大海之手，丧兵数万，损失惨重。

至正十八年，达识帖睦迩命杨完者出兵浙东，张士诚出兵淮南，杨完者以部将杨通泰、杨通知、李才富、肖玉率主力分四路开赴浙东，自已则坐镇杭州。张士诚佯装率兵十万与朱元璋作战，暗中却屯兵杭州城附近，当探知大批苗军已出兵远征，即迅速调集兵力攻击杭州，以达识帖睦迩为内应，围攻杨完者。杨完者战败，与其兄伯颜自缢身亡。不久，杨完者的部将率军回杭，征剿张士诚，张闻风潜逃。

为了平息“杭州之变”，安抚苗军，元朝廷赠杨完者为潭国公，谥忠愍，赠伯颜为衡国公，谥忠烈。但这些并不能平息苗军的气愤，他们举起反元旗帜，归附朱元璋的明军。

三、杨再兴传

杨再兴（1104—1140 年），苗族，现城步西岩镇资源人（原武冈军绥宁县石井图）。据《杨氏玉公房谱》载，他的父亲杨发祥，是“飞山蛮”首领杨再思的后裔，母亲李氏是新宁县盆溪（今属窑市镇）人。杨发祥去世后，因杨再兴兄弟年幼，家庭贫困，只得随母亲去大古山（今城步大古乡）投亲，迫于生计，后又搬迁到新宁大绢峒盆溪舅父家居住，以故后来的方志大多将杨再兴记作新宁盆溪人。

据道光《宝庆府志》卷三十二·氏族表一载：“……杨氏之有后于城步，盖在宋为统制再兴，在元为忠愍完者，在明为武襄洪，一门世将世勋之名，殆不诬也……”

据《宋史》卷三百六十八·列传第一百二十七云：“杨再兴，贼曹成将也，绍兴二年岳飞破成，入莫邪关，第五将韩顺夫解鞍脱甲以所虏妇人佐酒，再兴率众直入其营，官军却杀顺夫，又杀飞弟翻。成败再兴走，跃入涧，张宪欲杀之，再兴曰：愿执我见岳公？遂受缚。”岳飞见他相貌不凡，命部下释放，说：“我不杀你，你当忠义报国。”杨再兴拜谢了岳飞，跟随岳飞英勇抗金。

绍兴六年（1136 年）六月，岳飞居军襄阳，派遣杨再兴进军西京长水县，杀了孙都统和统制满，歼灭敌军 500 余人，俘获将吏 100 余人，余敌溃逃。接着进军孙洪涧，歼敌 2000 余人，缴获粮食 2 万石，马匹万余匹，全部收复西京险要之地，因军功晋升军统制。

绍兴十年（1140 年）夏，岳飞部在郾城大败金兵，金兵元帅金兀术大怒，纠集龙虎大王、盖天大王和韩常的部队，联合进攻岳飞部，岳飞命其子岳云抗击金兵，激战数十回合，金兵败退。杨再兴单骑闯入敌营擒拿金兀术，没有成功，亲手杀敌数百人还营。金兀术大怒，于同年十一月在临颍聚兵 12 万围攻杨再兴，杨再兴带 300 精骑迎敌于河南小商桥，杨部与金兵展开浴血战斗，斩杀金兵 2000 余人及万户撒八孛堇，千户百余人。

因杨再兴兵马被困入河水中，金兵万箭齐发，杨部全部阵亡。杨再兴阵亡后，其尸被焚化，取出箭镞二升之多，其骨灰葬于河南临颍县之小商桥，至今仍被当地人供奉。

附一：岳飞部下统制杨再兴籍贯考

宋代抗金名将岳飞部下统制杨再兴，由于《宋史·杨再兴传》一反历代史书人物列传体，不在人物姓名下标明其籍贯，以至于统制杨再兴到底何处人氏，成了历史上一大悬案。加之，同时期史书方志上曾出现两个杨再兴——一为统制杨再兴，一为叛瑶（实为农民起义领袖）杨再兴，二者不但年代接近，籍里也相毗邻，故往往将两个杨再兴混为一人，对其籍贯则众说纷纭：有说是江西吉水人，有说是湖南新宁盆溪人，也有说是临冈（今通道侗族自治县）侗民……根据《宋史高宗本纪·西南蛮夷传》以及道光《宝庆府志》·《靖州州志》、《武冈州志》·《城步县志》、杨氏宗祠碑文、通谱、族谱、房谱等记载：统制杨再兴系宋代诚徽州十峒首领杨再思之后裔杨发祥之子，世居赤水，系今城步苗族自治县西岩镇资源人。族别为苗族，而绝非农民起义之领袖（历史上贬称叛瑶）杨再兴。

《杨氏玉公房谱》载：统制杨再兴乃杨发祥之子。再兴属发祥所生三子——再兴、再齐、再考——之长子，生于北宋元丰四年（1081 年）正月初一午时，卒于南宋绍兴七年（1137 年）七月，终年 56 岁［实际生于北宋崇宁三年（1104 年），卒于绍兴十年（1140 年）十一月，终年 36 岁］。

发祥死后，再兴兄弟年幼，家贫生活无着，只得随母（新宁大绢峒之盆溪人）去城步大古山亲戚家寄居。迫于生计，又迁新宁大绢峒之盆溪舅父家才定居下来。据此，后来的方志撰稿人大多将统制杨再兴记作新宁盆溪人。

道光《宝庆府志·氏族表一》载："……宋史南蛮传：诚徽州唐溪峒州，宋初杨氏居之，号十峒首领，以其族姓散掌州峒，太平兴国四年首领杨蕴始来内附；八年杨通宝始入贡，命为诚州刺史。熙宁八年有杨光富者率其族姓二十二州峒归附，诏以右班殿直。后又有杨光僭者以诚州刺史致仕卒，因赠之，皆诚徽诸杨也。时称杨氏世勋……

“杨氏族姓至繁，记载不一，今杨氏世勋碑实在城步之高祖山。核之杨氏墨谱，与宋史诚徽州唐豁峒传甚合，宜可信。杨氏宗老又言乾隆期修府志时，其宗人抱谱上之，当事以明史无彰武伯却之。宗人抱谱泣归，遂不敢再献。

“今按明史杨洪传，武襄之侄能为武强伯，能之侄瑾即彰武伯也。凡杨氏一门，公二人，侯四人，伯十人，修志者明史未见耶？礼失而求诸野，官失而守在夷。杨氏之有后于城步，盖宋为统制再兴；在元为忠愍完者；在明为武襄洪，一门世将世勋之名不诬也，既为表之，又论如右。毋贻好议论者以借材之请也。”

又查道光《宝庆府志·大政纪二》载：“绍兴二年闰月，贼帅曹成入邵。”

“绍兴元年八月知鄂州曹成掠湖，西犯源州，与知复州李宏合屯浏阳。既而功宏，宏奔潭州。九月马友移屯鄂州。十月曹成与马友战于潭州，成败还攸县。十一月丙辰命张浚遣使诏招曹成，以所部赴行在。壬戌曹成犯安仁县，执安抚使向子湮，进攻道州。十二月丁丑曹成陷道州，守臣向子湮弃城走。二年正月壬寅曹成释向子湮。癸丑曹成犯郴州永兴县，二月庚午以李纲为观文殿学士湖广宣抚使，乃命岳飞率马友、李宏、讳京、吴锡等共讨曹成诸贼。三月庚寅曹成寇贺州清水寨。守臣刘全弃城走。四月甲子曹成陷贺州。上命岳飞权知潭州兼权荆湖东路安抚都总管，付招隆金字牌黄旗。飞奏比年多为命招安致盗，力疆则肆，力屈则就，若不剿除未可已祸。许之，入贺州境得成谍者缚于帐下，军吏告粮尽，飞阳曰：姑反茶陵。已而阴纵谍归报，贼喜，防益懈，命士蓐食潜趋，闰月丙申未明至太平场破其砦，成走，据北藏岭上梧关，遣将迎战，飞奋夺二隘据之。成又自桂岭砦连控隘道，众十余万守蓬头岭，飞所部才八千。丙午与战，一鼓登岭，成奔连州，其党散走，投降者二万。令统制张宪自贺、连，徐庆自邵、道，王贵自郴、桂与飞会连州，进兵追成。宪追及成，击破之。又走郴州入邵州。五月，韩世忠至洪州，遣董旼招之，遂听命赴行在。六月庚寅朔李宏乃引兵入潭州，执马友杀之。戊戌诏韩世忠班师。岳飞屯驻江州，授永安军承宣使。杨再兴武冈盆溪人，曹成之扰湖南也，分兵四掠，再兴亦被擒。成以再兴骁勇，使为别师，置军中以为亲信。县人张敦恐再兴为贼所使，煽动其种类，具画方略，上之当道。当道以闻于朝，因是武冈有备，而蛮不敢动。再兴后为飞将张宪所擒降焉。”

这与《宋史本纪·岳飞传·杨再兴传》是吻合的，说明统制杨再兴籍贯乃今湖南省城步苗族自治县无疑。

再，道光《宝庆府志·卷第百十六·先民上》亦载：“杨再兴，武冈盆溪人，绍兴元年曹成扰湖南，分兵四掠，再兴为所掳。成以再兴骁勇，使领一队置军中为亲兵。”

成据道、贺二州（道、贺二州——据李吉甫《元和郡县图志》载：道州秦属长沙郡，汉置长沙国，武帝分长沙置零陵郡，吴分零陵置营阳郡，今州是也，以郡在营水之南，因为名。隋末陷寇贼。武德四年平肖铣，置荣州，贞观八年改道州，与邵州毗邻属今零陵地区道县。贺州汉属苍梧郡地，今州即苍梧郡之临贺县也。吴黄武五年割苍梧置临贺郡。贺水出州东北界，西流，又注临水，郡对临贺二水，故取名焉。吴属荆州，晋属广州，隋开皇元年以郡为贺州，大业二年废州，以县属苍梧郡，武德五年复置贺州。与道州毗邻，属今梧州地区贺县），使再兴守莫邪关，岳飞遣张宪攻之。营中有郭进者，骁勇多力，每以饭不饱为言，自置大杓，人呼大杓，郭常随宪执马枪是役也。进先登，宪军齐进，进既关。岳飞所部第五将韩顺夫解鞍卸甲，以所掠妇人佐酒，再兴入顺夫营，斫折其臂，宪至将掩杀之。再兴杀飞弟翻。走广西，宪骑追及，再兴跃入涧，宪欲杀之，再兴曰：愿执我见岳公？遂受缚。飞奇其貌，释之曰：吾不杀汝，汝当以忠报国。再兴拜……得箭镞二升。

《新宁县志·忠义传略》载，杨统制殉难小商桥，系绍兴七年秋七月，见高宗本纪。其时复有武冈军瑶人与统制同姓名，与其子正修、正拱叛乱，二十五始伏诛。后之人不察误，以叛逆之杨再兴同殉难之统制混一人明矣。且统制之母葬于新宁盆溪村，地名鹿平山，巍然大冢，碑碣可据。作志者何得混夷，距为一哉？按高宗本纪七年秋七月岳飞遣统制杨再兴击金人于小商桥战死，十五年武冈军瑶人杨再兴降，二十四年杨再兴复寇边，前军统制李道讨平之，擒再兴及其子正修、正拱槛送行在。秋七月乙卯脔瑶人杨正修、正拱于市，距统制战死十五年。新宁志言五年者误统制与叛瑶系两人不待辨。湖南通志竟作一人，可谓谬矣！

道光《宝庆府志》之先民传更是明白无误注明统制杨再兴乃武冈军籍。

城步县于明弘治十四年（1501年）始建县。查《武冈州志·沿革表》载：武冈县汉时为都梁侯国，属零陵郡，汉武帝元朔五年分邵陵置，随为武攸，唐武德四年改称武冈，武冈仍治今城步。宋时移至武冈，初为县，属邵州。宋徽宗崇宁四年九月升为军，领武冈，莳竹，后莳竹改绥宁。崇宁五年置临冈县，亦属武冈军。高宗绍兴廿五年省临冈入绥宁。其年又于汉夫夷故县地立新宁，亦属武冈。于是武冈领县三：武冈、新宁、绥宁。

至此，统制杨再兴乃今湖南省城步苗族自治县籍无疑。

附二：农民起义领袖（史志亦作叛瑶）杨再兴之籍贯

查《武冈州志·大政纪·七》载：高宗绍兴元年临冈峒民杨再兴叛，诏讨之。

这里已明确标出农民起义领袖杨再兴系临冈峒民。临冈者乃今湖南通道侗族自治县也。故农民起义领袖杨再兴属通道侗族自治县籍，族别为侗族。

因武冈县崇宁四年庚寅九月升为军，崇宁五年置临冈县隶武冈军，故宋史本纪及府、州、县志曾多处称农民起义领袖杨再兴为武冈瑶人。

查《宋史·本纪》、道光《宝庆府志·大政纪》载：

绍兴十四年十月，湖南安抚制置大使席益遣统制吴锡率兵讨瑶贼杨再兴，大破之。

绍兴十四年十月，武冈瑶人杨再兴降。

绍兴二十四年三月壬申杨再兴复寇边，前军统制李道平之，擒再兴及其子正修、正拱槛送行在。

初，正修侍其父再兴入觐，献还省民疆土，遂命以官，建炎后与弟正拱率九十团峒瑶人，出武冈军纵火杀民掠财为乱。绍兴间，潭州帅师赏招徕之。后复作乱，屡犯官军，至是就擒。

绍兴二十四年七月乙卯，脔瑶人杨正修、正拱于市。

后擒杨正修、正拱送理寺狱鞠治斩之。以上记载之杨再兴，乃农民起义领袖杨再兴，其籍贯也明白无误地载明系今湖南省通道侗族自治县，族别为侗族。

附三：统制杨再兴与农民起义之领袖杨再兴同名同姓何其巧?

查《宋史·西南溪峒诸蛮下·诚徽州》载：诚徽州唐溪峒州，宋初杨氏居之，号十峒首领，以其族姓散掌州峒。太平兴国四年首领杨蕴始来内附，五年杨通宝始入贡，命为诚州刺史。淳化二年其刺史杨正岩复来贡，是年正岩卒，其子通楹继知州事。熙宁八年有杨光富者率其族姓二十二州峒归附，诏以光富为右班殿直，昌运五人补三班奉职，晟情等十六人补三司将军。继有杨昌衔者亦愿罢进奉出租赋为汉民，诏补为右班殿直，子弟侄十八人补授有差。独光僭颇负固，不从命，诏湖南转运使朱初平羁縻之……

以上说明，诚徽州宋初为杨氏居之。

查《靖州州志》载：杨再思十子居地详后：正隆之子通蕴居临冈，正韬居罗蒙，正修居绥宁赤水，知州正约居诚州，正款居罗岩，知州正绾居东山、白竹，国公正颜居黎平，正嵩居黄疆，太尉正权居潭溪，正钦居乐土。

凡湖南通道、靖州、会同、黔阳、绥宁、城步的大部分及贵州的黎平、锦屏、天柱、从江、广西的三江、龙胜、融安等均属宋时诚徽州十峒首领居地。绥宁之赤水即包括今城步苗族自治县的丹口镇（紧靠绥宁）、儒林镇、蒋坊乡、茅坪镇和西岩镇之一部分。城步之杨姓乃杨再思之三子杨正修之后裔。

又，经细查杨氏的通谱、族谱、房谱得知：杨氏班次引原为七代转宗：即再正通光昌盛进，清末才演变成三十代转宗，即再正通光昌盛进焕文章……但中途的十二代转宗也好，二十四代转宗也罢，均在“再正通光昌盛进”七代转宗的基础上发展演变而来。“再正通光昌”是其班次之核心和根本。

囿于同姓同班辈，又系一个祖宗发派，同姓同名就不足为巧。

再是，城步县城杨氏碑文载有杨氏子孙在湘西南、桂东北、黔东南一百零八团之住址。这也印证了《靖州州志》所载再思十子居地乃历史事实而非靖州州志撰写人之杜撰。

近年来，修纂家谱之风盛行，因之靖州、黎平、天柱、从江以及四川、云南、海南来城步寻亲访祖之人络绎不绝。

由于杨氏族姓至蕃，散居祖国西南各地，而其班次引古代仅为七代转宗，同名同姓之人自然多矣！不但历史上同名同姓之人有之，就是今天同姓同名者人亦有之。

附四：关于城步《杨氏谱》成书时间

城步苗族自治县《杨氏谱牒》的成书时间，据笔者近年遍访民间，搜集整理各个姓氏谱牒之谱序中，发现城步《杨氏谱》源流最为翔实，发派最是清晰。从《杨氏通谱》载，其谱序远在元代至元年间。因之《杨氏谱》至少在元代至元年间已经成书，而绝非明朝万历年间才修成。

至于谱牒有无假托伪误？诚然，囿于我国五千余年封建文化，我们民族养成了报喜不报忧，传好不传坏的不良习俗，一直沿袭至今。但是，搞史者无不通晓，中国五千余年历史，不正是中国各朝历史（或曰正史）这根经与各姓氏家史这根纬编织而成的吗？

无论国史，也无论家史，我们民族修撰正史、家史尊重历史，不杜撰、不伪捏假造的美德也是源远流长的。更何况，正史——尤其是我国最早的《史记》《汉书》均有《世家》这一条目，它又是各族姓氏的家史相互佐证的。正史也好，家史也好，修撰人怎能随心所欲呢？

至于有关曹成“有无机会涉足武冈、新宁、城步”（当时均属邵州）一说，只要查阅一番李吉甫所撰的《元和郡县图志》即可，无须赘述。

四、蓝玉传

蓝玉（1340—1393 年），苗族，城步抚城人，明初名将。多次出兵打败元朝残余势力，为明朝统一中国作出了重要贡献。据清道光《宝庆府志・氏族表一》载，其先祖蓝昌见于五代初随“飞山蛮”首领杨再思献地归楚有功，被封于城步扶城，其后分为七族，蓝玉系昌见第十四世孙。元末兵乱，城步苗民纷纷起义北上，蓝玉父亲蓝春应携家孥徙居安徽定远，遂为安徽定远人，这就是明史蓝玉籍里的缘由。

蓝玉之姐嫁与开平王常遇春为妻。元至正年间，朱元璋率领的农民起义军辗转于淮西各地，蓝玉投奔其部，先在姐夫常遇春帐下任管军镇抚，因作战勇敢，屡立战功，渐次晋升为千户和指挥使，后又被提拔为都督佥事。元末政治军事舞台上扮演重要角色的扩廓帖木儿（王保保）这时退入西北，徐达曾和他进行过激烈战斗，但未将其击垮，故时有元军从西北方面威胁新建立的明朝。洪武四年（1371 年），蓝玉随征西将军傅友德出征四川，克锦里。洪武五年（1372 年），随大将军徐达北征，出雁门关在乱山、土剌河等地大败元军主力王保保，取得初胜。但王保保后退拒明军于岭北，明军再攻失败，死伤万余，无奈退兵。洪武七年（1374 年），蓝玉独自带兵占领兴和，俘获元国公帖里密赤等 59 人。洪武八年（1375 年），扩廓帖木儿病死，从西北方面对明的威胁基本消除。洪武十一年（1378 年）同西平侯沐英讨伐西番叛乱，大获全胜，第二年班师还朝后被封为永昌侯，赐世券，食禄 2500 石，进入明朝的贵公行列。洪武十四年（1381 年），甘、青大体平定以后，朱元璋用兵西南和东北，蓝玉发挥了重大的作用。云南梁王把匝剌瓦尔密在元朝灭亡后，负隅顽抗，一再拒绝招降，最后竟将明使杀掉，朱元璋决定派兵征讨。洪武十四年，他与沐英并列为征南左、右副将军，随征南将军傅友德率 30 万大军取西南重地云南，在曲靖大捷中擒获元平章达里麻，梁王被迫投江自尽，平定滇池。战后评功，蓝玉最著，增禄 500 石，册封其女为蜀王朱椿妃。

东北的纳哈出是元朝世将，前曾被明军俘获，放还后仍与明朝为敌，据金山（今内蒙古通辽市东境辽河南岸）一带屯兵蓄锐，待机南下，从东北方面构成对明的威胁。洪武二十年（1387 年）正月，蓝玉为右副将军，和大将军冯胜、右将军傅友德率兵出击。驻通州后，探知庆州有纳哈出部驻守，蓝玉率轻骑冒大雪奇袭，取得胜利。明大军出长城松亭关，筑大宁、宽河、会州、富峪四城，驻兵大宁，储草备粮，准备进击金山。夏六月，冯胜留兵 5 万守大宁，率大军前进，一路胜利，到达金山之西。与此同时，明派去劝降的人也见到纳哈出，说明朝廷厚意。纳哈出见久战必败，派人到大将军冯胜处请降，冯胜派蓝玉前往受降。蓝玉设酒宴款待纳哈出。纳哈出斟酒谢蓝玉，蓝玉不喝，一定要纳哈出先穿上明朝衣服，才喝纳哈出斟的酒，意思是纳哈出必须先降明称臣。纳哈出不肯，双方争执不下，形成僵局。纳哈出将酒浇在地上，和随从密语几句，想走。在场有人明白纳哈出密语的意思，告诉常茂（常遇春子，冯胜婿，蓝玉外甥），常茂急上前阻拦，将纳哈出砍伤。纳哈出部众闻纳哈出被伤，四处惊散，冯胜派人花了很大气力才将其大部收服。回军路上，明军遭藏匿起来的纳哈出余众伏击，损失惨重，三千殿后骑兵全部覆没。冯胜让常茂承担这个责任，到朱元璋面前去说明。常茂说明了情况，朱元璋说："如尔言，胜亦不得无罪"，收回了冯胜的总兵印，命蓝玉行总兵官事，不久又在军中拜蓝玉为大将军，蓝玉成为明战时统兵的最高将领。

纳哈出随冯胜等一起南来，被封为"海西侯"。元残余势力从东北方面对明的威胁从此消除，且为明向白山黑水一带开拓扫清了道路。

洪武二十一年（1388 年），元顺帝孙脱古思帖木儿继位，不时骚扰明朝北境，明廷命蓝玉率兵 15 万北征，出大宁到庆州，探知脱古思帖木儿军驻捕鱼儿海，蓝玉抄近道日夜兼程赶到捕鱼儿海，掘地洞做饭，不露烟火，元军以为明军远道而来，军疲粮缺，不乏水草不能深入，加之风号沙飞，故放松了警惕，直至明军突然出现在营前，慌忙迎战，大败，太尉蛮子被杀，余众被擒，脱古思帖木儿携太子天保奴等数十名随从仓皇北逃，蓝玉率精兵追击，又俘其元皇次子地保奴妃、公主、代王达里麻及平章以下官属 3000 人，男女 7 万余众，缴获大量宝玺、符敕、金牌、金银印章及牲畜，销毁敌军军械不计其数。元主北逃后被人杀死，北元四分五裂，不久灭亡。蓝玉胜利班师。途中又破哈剌章营，再获胜利。朱元璋闻讯兴奋异常，比蓝玉为卫青、李靖，大加褒奖，回来后封"梁国公"。蓝玉的政治生涯、军事武功达到巅峰。洪武二十二年受命督修四川城池。洪武二十三年受命平定施南、忠建、都匀等地叛乱，加禄 500 石。

蓝玉长身赤面，骁勇善战，有大将才，又多立战功，屡受太祖朱元璋厚遇，渐渐滋长了居功自傲、专横跋扈的恶劣作风。朱元璋手下有人（锦衣）恐蓝玉军威持重，告蓝玉私搞盐引（食盐运销专利凭证），派人到云南贩盐，牟取暴利。打败元主脱古思帖木儿后，蓝玉不仅私占掠获的大量珍宝、驼马，还将元妃占有。朱元璋大怒，说："玉无礼如此，岂大将军所为哉！"遂将梁国公改为"凉国公"。蓝玉班师至喜峰关，因已入夜，守关人未及时纳入，蓝玉怒不可遏，纵兵破关而入，朱元璋知道后很不高兴。蓝玉领兵在外，经常擅自升降将校，进止自专，诏令有所不从，甚至违诏出师。在朱元璋面前，蓝玉时常举止不恭，言语傲慢，失臣礼。这时有人诬告蓝玉蓄庄奴、假子数千人，横行霸道，强占民田，鱼肉百姓，胡作非为，百姓上告，御史官举劾，他竟将御史打了。

洪武二十六年（1393 年），锦衣卫官员诬告蓝玉同景川侯曹震等谋反，蓝玉被杀，灭三族，坐党论死者 15000 人，史称"蓝狱"，是继胡惟庸案后的又一次大案，连称"胡、蓝之狱"。

处死蓝玉，无人予以平反昭雪，但地方、民间均视为一大冤案，在地方志中多处出现"诬告"一词。其实，蓝玉之死，主要是他的军事天才"功高惊皇帝"所致。朱元璋估计他的子孙无能力"驾驭"这匹烈马，便在他手下除掉以绝后患。这也是历代封建君王常有的事。

"蓝狱"恐怖波及蓝玉故里城步扶城，当地蓝姓居民改姓秦姓，而蓝玉定居地安徽定远的蓝姓居民全部改为姓青氏。据说"青"姓从"蓝"姓中分出，取"青出于蓝而胜于蓝"之意。与蓝玉同里并有世交关系的黔国公沐春为保存蓝玉遗脉，将怀有身孕的蓝玉侍妾藏于沐府，得遗腹子蓝昌建。成化中，蓝昌建子孙繁盛，而"蓝狱"禁网日渐废弛，黔国武僖公沐琮命蓝昌建回原籍城步"世守王坟"，使扶城蓝氏得以传宗接代，繁衍至今。

五、沐英传

沐英（1345—1392 年），字文英，苗族，湖南城步扶城（今丹口镇）人，明初重要将领，原本姓李，沐为皇帝赐姓。

元朝末年，农民起义风起云涌，南方少数民族纷纷组织义军北上。战乱中，沐英之祖父李十一携家眷漂流至安徽濠州定远（今安徽定远县）。

至正壬辰年（1352 年），李家毁于兵乱，其父去世，母亲顾氏被迫带着沐英四处避兵。不久，母亲又在颠沛流离中病死，沐英成了无依无靠的孤儿。当时，正在郭子兴麾下供职的朱元璋见年仅 8 岁的沐英孤苦无依，深表同情，于是收为义子，改从朱姓，赐名文英，嘱咐夫人马皇后精心抚养。从此，他在军营中与朱元璋朝夕相处，深受战争的考验和洗礼。至正十六年（1356 年），朱元璋攻下集庆（今南京），改为应天府，派徐达攻占镇江，取得战略性的胜利。沐英“数从上征伐，入侍帷幄，昼夜勤励”，18 岁那年，沐英被提拔为帐前都尉，驻守镇江，开始担当军事要任。不久又被提升为指挥使，驻守江西重镇广信（今上饶）。接着跟随大军远征福建，攻破江西福建交界处分水关，拿下崇安，攻克闵溪十八寨，活捉陈友定部将冯谷保，立下了赫赫战功。朱夫人马皇后建议恢复沐英原姓，朱元璋爱怜不舍，说：“无从尔李，亦无从我朱，取朱之下李之上。”于是折中赐姓木，后因功封西平侯，受命世守云南，又加水为“沐”，是为沐姓。

沐英谦虚好学，勤于军政，在战争中迅速成长。洪武元年（1368 年）调守建宁，节制邵武、延平、汀州三卫军事；洪武三年（1370 年），迁镇国将军大都督佥事；洪武四年进荣禄大夫、大都督府同知，时年 27 岁。大都督府是明初军事中枢，掌天下兵马，当时府中公务繁忙，沐英在府中七年，聪明机敏，做事果断，从不拖延事务，马皇后时常称他为奇才，朱元璋也非常器重他。洪武九年（1376 年），朱元璋封他为特使，前往关、陕等地探访民间疾苦，慰问筑城将士，积极宣传明廷的安边政策。洪武十年，西藏、四川等地发生叛乱，朱元璋命卫国公邓愈为征西将军，沐英为副将军，率兵强渡黄河，迅速平息了叛乱，得胜回师途中邓愈死，沐英率师返回，因功封西平侯，赐世券，食禄二千五百石。第二年（1378 年），西番再度叛乱，拜沐英为征西将军，与蓝玉等统兵征西。率京卫、河南、陕西、山西各地骑、步兵将士前往征讨，败敌于土门峡，大获全胜。回兵途经洮州时，擒获其酋长阿昌失纳等十八族头领，在东笼山修筑城防，活捉酋长三副使瘿嗉子，收复了朵甘纳儿等七个地方，拓疆土数千里，俘获男女二万，杂畜二十余万，西北各地自此安宁。翌年二月，朱元璋命在洮州（今甘肃临潭）设卫，说：“洮州，西番门户，今筑城戍守，是扼其咽喉也。”洪武十三年，原元国公脱火赤伙同知院爱足纠集元军残部，屡次骚扰北部边境。沐英奉命率大军出塞征战，渡黄河，出宁夏，逾贺兰山，过流沙，仅七天便抵临敌阵，兵分四路乘夜袭击，沐英骑骏马从中路直取敌营，活捉脱火赤和知院爱足等，生擒其全部，大胜回朝。

平定云南和治理云南，是沐英一生的最大功绩。洪武十四年，沐英随大将军徐达北征沙漠，奇袭元朝残余势力，一举攻克灰山、全宁等四处要地，擒获元朝知院李宣及其残部。同年九月，为扫荡元朝的西南势力，开拓西南疆土，朱元璋命沐英与蓝玉为右、左副将军，颍川侯傅友德为将军率 30 万军征讨云南。当时统治云南的政治势力分为三个系统：一是元王朝的直属势力，以梁王为代表，盘踞以昆明为中心的主要地区；二是以大理为中心的白族土酋段氏政权；三是散布于南方的少数民族“土司”，局势极其复杂。朱元璋亲自安排进军路线，谕先取曲靖，出奇制胜，说：“曲靖，云南之噤喉，彼必拼力于此，以抗我师。审察形势，出奇制胜，正在于此。”沐英随傅友德率主力逼曲靖。元梁王闻讯，派平章达里麻率 10 万众前去抵御。沐英等率兵冒雾前进，出奇制胜，迅速到达曲靖。明军突然出现，达里麻大惊。当时达里麻军列阵白石江一岸，明军临另一岸。傅友德欲即刻渡江，沐英不同意，说敌方已兵陈对岸，扼制水面，这样渡江于己不利，于是只摆出渡江的样子，临江而立，另派数十人从下游潜渡，到达对岸后鸣金吹角，大造声势，致使达里麻军阵脚开始混乱，明大军趁机渡江。沐英以勇猛善泅者先行，登岸后破敌前锋，达军后撤。明军渡江毕，与达军展开大战。沐英纵铁骑直捣其中坚，战数合，达军大败，达里麻被俘。沐英将 2 万被俘士兵悉数放还，各归其业，明军声威大震，梁王把匝剌瓦尔密闻讯自杀。蓝玉、沐英率兵直逼昆明，不攻而下。“自九月朔出师，迄下云南，仅百余日。”盘踞云南的残元势力被消灭。

云南西部大理一带，存在段氏割据势力，段氏世据大理已数百年。大理依点苍山，面洱海，号称天险。洪武十五年（1382 年）闰二月，沐英随蓝玉将兵西攻大理。段氏聚众守下关（点苍山有上、下二关，又称龙首、龙尾关，守此二关大理可确保，下关尤为重要）。蓝玉、沐英遣王弼攻上关，自率兵攻下关，形成掎角之势；另派一旅攀点苍山背后而上，居高临下策应。沐英“身先士卒，策马渡河，水没马腹，将士随之，莫敢后，遂斩关而入”。段氏不知背后虚实，阵势溃乱，兵败被俘。攻占大理后，蓝玉、沐英或分兵其他地区，或下谕招降，云南西部大部归附明朝。蓝玉、沐英又取得平定云南西部的胜利。

七月，沐英率师返回滇池，和傅友德合兵镇平一些复叛地区。九月，当傅友德、沐英再次领兵征服一些地区时，土官杨苴纠众 20 万攻昆明。当时守昆明的是冯诚（冯国用子），城中缺粮，士卒多病，形势危急。沐英闻讯，率兵返回，和冯诚合力，打败段军，确保了昆明，稳住了局势。

洪武十六年（1383 年）三月，诏傅友德、蓝玉班师，由沐英率数万众留守云南。

早在洪武十五年（1382 年）春，明王朝就在云南设置都指挥使司、云南布政使司，建立起统理云南的军政机构。地方置卫、所，辟筑驿道，形成一套统辖系统。以兵分云南为五十二府，六十三州，五十四县，民政系统亦趋完备。

沐英沉毅少言，好贤礼士，善待部下，不妄杀士卒，他经常手不释卷，礼请儒生讲说经史。在镇守云南的 9 年间，沐英留心处理与各少数民族的关系，执行“顺而抚之”“抚而治之”“招怀番首，先礼后兵”的政策，团结西南各民族人民，使西南地区出现较长时期的安定局面。沐英治理云南，大抓屯田，解决粮食问题。洪武十九年（1386 年）九月，他上疏朱元璋，说：“云南地广，宜置屯田，令军士开耕，以备储蓄。”朱元璋同意了沐英的建议。沐英令军士且戍且屯，既解决吃粮问题又稳固驻守。沐英还招携省外人来滇屯田，朱元璋命外省军人到云南屯田，一时云南屯田大兴，粮食收获大有增加。沐英还以屯田的增减考察官吏的政绩，赏罚官员。主滇九年，屯田总数百万余亩，促进了云南的农业发展。

沐英还组织民工疏浚河道，扩广滇池，兴修水利；招商人入滇，运进米谷帛盐，发展商业。开发盐井，增加财源，是沐英治滇的重要政策。他还整修道路，保护粮运，使云南农商都有发展。

沐英增设府、州、县学达几十所，择选民间优秀及土官子弟入学，月赐饮膳，年赐衣服。他本人“居常读书不释卷，暇则延诸儒生讲说经史”。

在沐英统治时期，云南相当安定。沐英于云南功勋最大。

洪武二十二年（1389年）冬，沐英入朝，朱元璋赐宴奉天殿（皇帝办公的正殿），给予厚重赏赐。临别回云南时，朱元璋亲临送别，亲切地拍着沐英的肩膀说：叫我南方高枕无忧的人，就是沐英你啊！

洪武十五年（1382年），沐英因义母马皇后病逝，悲伤过度而咯血成疾。洪武二十五年（1392年）六月，皇太子病逝，沐英伤心至极，号啕大哭。有一天，沐英正在办案，突发中风，顿时两脚瘫痪不能行走，当晚死于宅中，享年48岁。噩耗传出，云南“军民三日罢市”，朱元璋十分痛心，“帝为恸哭辍朝”，并命归葬京师。明王朝为表彰这位忠诚的功臣，追封为黔宁王，谥号昭靖，侑享太庙。

附：《苗族通史》[①]中单独设立一章，为蓝玉沐英立传《元明时期苗族将帅及土官》。全文如下：

元朝时期，苗族对蒙古族了解甚少，在元初建立时期，没有出现过名声很大的苗族将帅，只是元朝在羁縻州的基础上实行土司制以后，才有较多的原苗族羁縻州官或地方酋长献土归附而成为土知州、知县或长官司长官，涌现了一批苗族土官。而明朝则大有进步，朱元璋不是以元朝旧臣推翻元朝而称帝，而是以农民起义军打下的江山建立新的恢复汉民族当皇帝的封建政权。在朱元璋领导的农民起义爆发以前，苗族因为不堪压迫而爆发了多次大型起义和苗兵反戈一击。当时，以湖南城步吴天保起义声势最大，后又有苗帅杨完者反戈，在当时，苗兵不下三十万，陆续汇于朱元璋麾下，加陈友谅所部近三分之一是苗兵。在战争中磨炼成长起来的蓝玉、沐英及杨完者等苗族将帅，率领数十万苗兵几乎是为明王朝的建立打下了江南半壁江山。此后，苗族杨氏土官和田氏土官是朝廷深入苗疆势力的中坚，洪武至永乐这段五十余年的发展时期内，明王朝对苗族将帅及土官大都比较宽容，即使是苗官有违规现象发生，明王朝大都不予追究，原因是皇室念在苗帅、苗官、苗兵为其打江山立下奇功不可忘怀。

① 吴荣臻：《苗族通史》，民族出版社2007年版。

一、蓝玉、沐英祖籍及民族考

蓝玉、沐英原籍、祖籍均在城步扶城，苗族。

（一）湖南地方志及谱牒有关蓝玉的记载

1.《蓝氏墨谱》云：

“……昌见子孙为七房，蒙家八房，李家六房，潘家四房，秦家四房，邓家五房。……以‘再、正、通、光、昌、盛、晋’七字为派，周而复始。……昌见公于五代梁开平四年……居扶城，世守其地……昌见公生七子……壬生生春应，春应生声远。声远即梁国公”。“昌见之十四世孙曰玉，佐明太祖逐元主有大功，封梁国公，甚得众心。明祖忌之，或言其私元主妃，又有告其谋反者，明祖遂杀玉。王公子紧元（杨氏所生），生五男一女：男曰富安、相宇、进势、进才、田受；女曰贵女。俱遇害。玉有遗腹子曰昌建，侍妾向氏育于云南沐氏，故蓝、沐合为一家……蓝昌建避祸长于黔国，亲如公子，博学诗书，服膺礼教，故其裔胄虽世处荒陬而能独无渎姓之也。”

2. 康熙二十四年（1685 年）撰修的《城步县志·赈旧十三》载：

蓝玉，扶城人。其先曰昌见……世居扶城。玉，昌见之十四孙也。祖某同沐氏徙濠州，遂为定远人。玉姊适开平王常遇春，故初棣常遇春帐下，临敌勇敢。玉、春数称于太祖……奏捷班师。帝大喜，赐勒保劳师还，进凉国公。玉长身赤面，饶勇略，有大将才……因事族诛者万五千人。当族诛时，有侍妾身怀六甲，匿西平侯沐春家，春以与玉同乡，诛非真罪，不忍绝其世，匿妾于府中。遗腹生子昌建，……昌建长于黔国。成化初，子孙俱已成立。黔武僖公琮，知禁网已解，乃使昌建率其眷属归原籍扶城。嘱其世守王坟。……深感沐氏继绝之惠，其于黔宁先王之坟，不啻其鼻祖也。

3. 清道光年撰修的《宝庆府志》第三十二卷氏族表一第十一页载道：

凉国公蓝氏，其先曰光晋，光晋生昌见……昌见世居扶城，其后分为七族：杨、蓝、蒙、李、潘、秦、邓。昌见十四世孙曰玉，佐明太祖有功。洪武二十一年封凉国公。二十六年二月乙酉诬以反，灭其族，玉之侍妾有身，西平侯沐春以于凉国公同乡，不忍其绝世，匿侍妾于其府中，遗腹生子昌建……及成化初，昌建子孙俱已成立，黔武僖公知禁网以解，且念先王之坟莫之扫也，乃使昌建率七眷属归原籍扶城，嘱其世守王坟。（此处引《蓝氏墨谱》作注）

（二）湖南地方志及谱牒有关沐英的记载

1. 康熙二十四年撰修的《城步县志》载道：

“沐英，字文英，本姓李，扶城人。元末自扶城徙濠州定远，遂为定远人，至正壬，英居室毁于兵，父母双亡，孕无归揭，太祖于濠梁上为测然，孝慈皇后九怜子，抚为养子。从朱姓。英厚重简默，虽在童龄，不乐儿戏。年十八，授帐前都尉，从大军征湖建有大功。始命复姓。太祖谓之曰：‘无从尔李，亦无从我朱，取朱之下与李之上，赐姓木。……留英镇滇，以所赐姓木氏复加水旁为‘沐’。帝亲拊之曰：‘使我高枕无南顾忧者，汝英也’。……二十五年，英以感疾卒于滇，年四十八，归葬京师，追封‘黔宁王’，谥昭靖，侑享太庙。英子沐春、沐晟、沐昂、晟子斌、斌子琮，以及朝弼等，进镇云南，或封公，或封王，或封侯伯，终有明之世，受皇封恩至渥也。初昭靖之追封黔宁王也，其祖妣之合葬于扶城者，以孙贵追封王，妣封夫人，世谓之王坟。成化初，黔武僖公琮，始遣其乡人蓝昌建归原籍扶城，世守王坟。隆庆三年，黔国公朝弼遣百户齐显动至城步扶城石羊寨之寅，修砌王坟，注立‘黔国先茔’碑。”

2. 清道光版《宝庆府志》氏族表载：

“黔宁王沐氏本姓李，城步扶城人。元中叶其祖妣合葬于扶城石羊寨之寅。……元末李氏自扶城徙居濠州定远。……成化初，黔武僖公琮，遣其乡人蓝昌建归原籍扶城，垦田六百三十亩于牛……遣百户齐显动至城步扶城石羊寨之寅，修砌王坟，立碑曰‘黔国先茔’。”（此处引《蓝氏墨谱》作注）

3.《蓝氏墨谱》记载道（与前墨谱同，在此仅引前省去的几句）：

“……正注中，户族始蕃，于是蓝光聪、蓝光清自城步呈宗谱于云南嘉靖三十七年，昌黑昌贤等九人至云南。四十一年，昌墨又至云南，住五十二日。四十四年十二月初五，昌黑又至云南，住十月。隆庆元年，昌黑等五人又至云南，住十六月。三年正月二十六日，从委官齐显解‘黔国先茔’碑至扶城。黔国公朝弼牌曰：‘先祖克平云南诏封黔宁昭靖王，世受黔国公，镇守云南，远在万里。先王之坟虽未经相修，而先镇亦曾责有管看据。蓝光聪、蓝光黑等投告在先，委官诣勘，未免劳贵。为此，牌卯本县，当该官吏照牌事理。即便拘集本户人等及地人丁，查看前茔。……城步知县胡胡采回报曰：‘依奉查看，勘得寅、王祖二坟。坐西向东，西山卯向，周围一里，并无军民侵损，作践。及拘年逾八十以上知情户老吐称，前葬彼约二百余年。始因树木丛生，户从虑及年月不利，未经修理。土堆卸落，人丁于清明令节，着监昌里等修砌完固。买办猪羊祭需等物，会同本县千户所千户刘相，委官齐显动，亲诣坟所，以时祭奠。永远看管……案，隆庆三年，石碑至今尚存，扶城蓝氏祠，左观音阁，康熙中有洗碑更刻者，‘黔国先茔’四大字，以深无恙。其小字皆非沐氏之旧矣，故不录。”

上述谱牒方志所载表明了如下三点：

其一，成书时间早，与蓝玉、沐英年代接近，且记载周详，真实性较强。《城步县志》撰修于康熙二十四年，比《明史》撰修早54年，史从志。该县志所载，属法定的历史文献。《蓝氏墨谱》以转注于县志，可见成书年更早，是蓝昌建直系子孙所修，相当于现代的“三亲”资料，是可以做历史依据的。《宝庆县志》撰修于道光年间，比《城步县志》晚140余年，比《明史》刊刻成书晚86年。此时，蓝玉之狱，情况已明，瓜葛已清。按理说：《宝庆府志》应从《明史》载蓝玉、沐英濠州定远人，但它却坚持从《城步县志》，载其二人为城步扶城人。这就表明当时主修官及省府有关人员看出《明史》有偏颇，故不采纳；认为《城步县志》属实可信，故取之。不过，这里值得说明的一点是，《明史》撰修之年，正是苗民“雍乾起义”之际，清朝数万大兵大战于黔、湘苗疆达六年之久，城步首当其冲。战火纷飞，道路阻塞，情况不明，且当时凡涉于苗者均于禁锢，因此《明史》不从《城步县志》所载亦在情理之中。

其二，蓝玉、沐英出生于扶城，籍贯、祖上均于扶城。从上述史料中不难看出：黔僖公沐琮（沐英之孙）遣蓝昌建（蓝玉遗腹子）回原籍，明文写的是城步扶城；沐英祖坟在扶城石羊寨寅冲；沐氏认定蓝玉及其遗腹子是“同乡”，表明蓝、沐都是城步扶城人；沐氏收养蓝玉遗腹子，且昌建子孙蓝昌里、昌贤等与沐氏交往十分密切，蓝氏后裔走亲至云南，有住几十天的，也有住十个月的；沐氏立碑，祭祖于城步扶城是通过官方办理的，黔国公朝弼有公函致城步县（文中称“牌”），而城步知县也照章办理，并有汇报文件。且此事已载于谱牒，当朝官员又转载于《宝庆府志》，是绝不虚假，可信无疑的。

其三，王坟及蓝氏祠（即“蓝玉故里”）“黔国先茔”碑等遗物遗迹在城步扶城。“蓝玉故里”在枫木林“太平桥”边，即蓝氏宗祠，蓝玉、沐英、常遇春等塑像肃立正殿。上有古匾高悬，左右碑碣林立。《宝庆府志》转注《蓝氏墨谱》记载：“王祖二坟，坐西向东，酉山卯向”，“蓝氏祠，左观音阁”，“康熙中有洗碑更刻者，‘黔国先茔’四大字，以深无恙。其小字皆非沐氏之旧矣，故不录”等等，遗址、遗物基本吻合，有专家对碑文、匾字进行了认真辨识，鉴定属实无疑。

上述三点证实，蓝玉、沐英出生城步扶城，籍贯、祖上均在城步，是属实可信无疑的。

（三）蓝玉、沐英出生苗区，本人及祖上均属苗族

1.《蓝氏墨谱》及其始祖原籍东海汝南郡，是以有蓝氏“汝南堂”之说。此乃传说，久远无可考。但《墨谱》记“后梁开平四年，昌见等居扶城，世居其地”。这就明显看出，蓝氏祖上在扶城一带定居至元末已足450年。无论其始祖是苗或东夷，他们与城步苗族五百年的共同生活，是苗即苗，不苗亦苗了。

2. 据考，城步之扶城、横岭、莫宜、蓬峒、栏牛五峒四十八寨，历代属苗区。

《宝太府志》卷五十九“形胜记一”载：

“石羊寨在今城步上六都盘石之石垄，置此以备栏牛苗也。城步寨在今县城，置此以备蓬峒、扶城、大水诸苗也。赤水寨，即真良寨，在今城步下六都真良，置此已备赤水苗也……”

康熙二十四年（1685年）《城步县志》风土民俗载：

“先民有三：一曰居民……二曰瑶民在城步大水，性尚剽悍，好武少

文；三曰苗民，在五峒四十八寨……”

据考，古代城步苗瑶难分。同一地居民时而记瑶，时而记苗。如城步长安营，原设“理瑶同知府”，可其地居民现多为苗族；又如吴天保、杨留聪，《武冈州志》和《元史本纪》均记为瑶族，而元王《逢梧溪集》闻武冈消息诗云：“石头饮羽终疑虎，萤种称臣尚始猫。”把吴天保领导的起义军看为“猫”族。“猫”族即古代汉人对苗族的诬称。不过，除“猺”之外，五峒四十八寨俱为苗族，这是无可争议的。

又《城步县志·驭苗论》写道：“独怪夫，城步一邑如斗大，苗瑶错啸五峒四十八寨之险，势如捧盆，且百粤复多猺，可旦荡摇我边陲也。”又原城步隶属的《绥宁县志》道：“一城如斗大，四面皆苗窝也。”可见自古以来，城步属苗区，而蓝玉、沐英生于苗区的苗寨扶城峒，自然属苗族。

3. 城步汉与苗，在田土上也有区分。据该县县志载：汉民所种之田曰“里田”，丈以亩、分、厘记；而苗人之田曰“峒田”，则以割禾多少把记之。苗语称两手同时一握稻禾为“阿穳”，故城步县志及蓝氏墨谱均记以祖公昌建于成化年间，开垦栏牛水田六万三千“穳”，“穳”即苗语，也即苗语早期记田面积依据。蓝玉沐英之祖业田和新开田均丈入“峒田”。由此可见，在农耕经济等方面，官方认定为苗，在习俗和语言等方面从苗。此外，“改土归流”后，在朝廷政策高压下，部分蓝姓已改报为汉族，唯扶城蓝姓一直未改，对朝廷交的租谷仍称为“峒粮”，直至民国初期都未变。

4. 1956年，经国务院批准撤销城步县，建立城步苗族自治县，是全国建立最早的苗族自治县之一。扶城峒已改为丹口区，设丹口、平林二乡，明成化年间修建的“蓝玉故里”和太平桥属丹口乡太平村，这里居民均属苗族，保留着苗语和苗族传统文化。

上述四点证实，蓝玉、沐英的族属应当是苗族，而不是其他民族。

关于蓝玉、沐英为何迁居定远的问题。我们经反复查证后，才基本上弄清楚蓝玉、沐英“徙居濠州定远”的原因是他们的父兄都参加了吴天保领导的苗瑶人民大起义。兵败后，被朝廷“举家谪戍濠州定远”。换句话说，也就是蓝玉、沐英童年或少年时，是随父母作为罪犯被朝廷充军到那里去的。

据考，《元史本纪·五行志》和《宝庆府志》均载："顺帝至正元年十二月，宝庆路（当时宝庆设路，未设府，今邵阳市）饥。……六年十二月，宝庆路大雪深四尺五寸。……至正三年二月，宝庆路饥。……六年十一月，杨留聪终，吴天保反。"

也就是说，自至正元年（1341 年）至至正六年（1346 年），湘、桂、黔边境一带遭受特大天灾人祸，苗人吴天保遂树起了造反大旗，领导这一带苗瑶人民举行了震撼朝廷的反元大起义。据《元史》《湖南通志》《宝庆府志》《武冈州志》《辰州府志》《沅州府志》以及靖州、绥宁、城步等县志记载，起义军攻克或占领了武冈、靖州、黔阳、辰州（今沅陵县）、沅州（今芷江县）、叙州（今溆浦县）、城步、绥宁等地，其一支北上湖北，转战河南，攻克了荥阳等地。朝廷命江西、湖广两省合兵会剿，前后四年（1349 年）方予平息。蓝玉、沐英父兄均参加了这次大起义。起义失败后，元朝将参加这次起义的苗瑶人民共十余万举家谪戍濠州定远一带。蓝玉、沐英全家均在其中。据分析推测，湖南地方志编纂者可能是出于莫"玷污"蓝玉沐英名，故以"徙居"二字概略之。

其实，城步、绥宁一带在元末北进苏、皖的苗族前后达十数万人之多，就在吴天保起义兵败之时，"苗帅杨完者"奉命领兵出征，张士诚进入江浙以后，苗帅队伍迅速扩大到 20 万，当时苗兵哪有如此之多？据调查，其中吴天保起义军余部，及 10 万谪戍濠州各地的苗瑶人民，多汇于苗帅杨完者旗下。苗军大败淮军、威震东南。后杨完者兵败，顿足捶胸，大骂元帝，其兄伯颜自缢身亡。苗军余部举起了反元大旗，归附了朱元璋的明军。于是后人评论道："爰考当年自杨完者诱诸苗出峒，大为湖省江浙之患。"

上述事实表明，元末湘西南苗族十数万人多次入淮、入江浙，蓝玉、沐英父母"谪戍濠州"，是苗军归顺朱元璋。

《明史》记蓝玉、沐英为"濠州定远人"没有错，因为蓝玉、沐英确实是在定远参加朱元璋农民军的。沐英是朱元璋的养子，蓝玉是常遇春妻弟。从这种特殊关系来分析，《明史》记载二人为濠州定远人是属实合理的；湖南《宝庆府志》和旧《城步县志》等记载蓝玉、沐英为湖南城步扶城人更没有错，因为《明史》记载的是蓝玉、沐英入伍时的住地和入伍后的战绩或遭遇，而宝庆、城步府县志记的是他们迁徙前出生的祖籍地，这与《明史》不矛盾；《苗族简史》和新编《城步县志》等史志论著记蓝玉、沐英为城步苗族是符合实际的，与《明史》《宝庆府志》及旧《城步县志》都不矛盾，因为《明史》记载他们为定远人，并不否认他们是苗族，也不注明是其他族，而《宝庆府志》和旧《城步县志》记他们为城步扶城人，同时有说明扶城是苗寨，实际上已经承认他们是苗族。

二、蓝玉、沐英生平功绩

（一）蓝玉（1340—1393 年），湖南城步扶城苗人，洪武后期明军的主要将领，多次出兵打击元朝残余势力，为明朝统一中国作出了重要贡献。

关于蓝玉早期的历史，明史籍记载不详，只说他是常遇春妻弟，隶常遇春帐下，作战勇敢，所向皆捷。常遇春经常在朱元璋面前夸奖他，从而受到朱元璋的器重，初授管军镇抚，后升武德卫千户，旋改任亲军千户，积功至武德卫指挥使，地位不断上升。

洪武二年（1369 年），常遇春北征开平，南归途中暴死。当时的政治形势是：东南已平，中原已定，北方广大地区仍是北元势力范围，甘宁一带常与明廷有战事，四川有夏的割据势力，云南梁王忠于北元，誓不附明。洪武三年（1370 年），蓝玉被擢为大都督府佥事，进入明朝最高军政机构。次年，朱元璋派傅友德、汤和领水陆军伐蜀，蓝玉从傅友德行，经过几战，夏主明升（明玉珍子）投降，元末形成的最后一个割据势力被平定。

元末政治军事舞台上扮演重要角色的扩廓帖木儿（王保保）这时退入西北，徐达曾和他进行过激烈战斗，但未将其击垮，故时有元军从西北方面威胁新建立的明朝。洪武五年（1372 年），朱元璋命徐达、李文忠、冯胜统兵去讨伐，徐达出中路，都督蓝玉为前锋。抵山西境败扩廓部游骑于野马川，再进攻王保保于土剌河（今蒙古国境内土拉河），取得初胜。但王保保后退拒明军于岭北，明军再攻失败，死伤万余，无奈退兵。两年以后，蓝玉再度领兵北击，攻下兴和，俘获一些残元要人，取得胜利，但只解近忧，未能远略。洪武八年（1375年）扩廓帖木儿病死，从西北方面对明构成的威胁基本消除。

洪武十一年（1378年）秋，蓝玉等率兵出征甘、青。第二年取得胜利。朱元璋命置洮州卫，设官领兵驻守。师还以后，蓝玉被封为永昌侯，食禄2500石，进入明初新贵公侯行列。

甘、青大体平定以后，朱元璋用兵西南和东北，蓝玉发挥了重大作用，云南梁王把匝剌瓦尔密在元朝灭亡以后，负隅顽抗，一再拒绝招降，最后竟将明使杀掉，朱元璋决定派兵征讨。洪武十四年（1381年）九月，蓝玉为左副将军，跟右副将军沐英一起，随征南将军傅友德率30万兵征讨云南。“自九月朔出师，迄下云南，仅百余日。”次年闰二月，蓝玉、沐英率兵西攻大理，再次取得胜利。其他一些民族地区遣人招抚，大部不经战斗便归顺明朝。奉诏班师后，蓝玉因功加禄500石，其女被册为“蜀王妃”。

东北的纳哈出是元朝世将，前曾被明军俘获，放还后仍与明朝为敌，据金山（今内蒙古通辽市东境西辽河南岸）一带屯兵蓄锐，待机南下，从东北方面构成对明的威胁。洪武二十年（1387年）正月，蓝玉为右副将军，和大将军冯胜、右将军傅友德率兵出击。驻通州后，探知庆州有纳哈出部驻守，蓝玉率轻骑冒大雪奇袭，取得胜利。明大军出长城松亭关，筑大宁、宽河、会州、富峪四城，驻兵大宁，储草备粮，准备进出金山。夏六月，冯胜留兵5万守大宁，率大军前进，一路胜利，到达金山之西。与此同时，明派去劝降的人也见到纳哈出，说明朝廷厚意。纳哈出见久战必败，派人到大将军冯胜处请降，冯胜派蓝玉前往受降。蓝玉设酒宴款待纳哈出。纳哈出斟酒谢蓝玉，蓝玉不喝，一定要纳哈出先穿上明朝衣服，才喝纳哈出斟的酒，意思是纳哈出必须先降明称臣。纳哈出不肯，双方争执不下，形成僵局。纳哈出将酒浇在地上，和随从密语几句，想走。在场有人明白纳哈出话的意思，告诉常茂（常遇春子，冯胜婿，蓝玉外甥），常茂急上前阻拦，将纳哈出砍伤。纳哈出部众闻纳哈出被伤，四处惊散，冯胜派人花了很大力气才将其大部收服。回军路上，明军遭藏匿起来的纳哈出余众伏击，损失惨重，三千殿后骑兵全部覆没。冯胜让常茂承担这个责任，到朱元璋面前去说明。常茂说明了情况，朱元璋说："如尔言，胜亦不得无罪"，收回了冯胜的总兵印，命蓝玉行总兵官事，不久又在军中拜蓝玉为大将军，蓝玉成为明战时统兵的最高将领。

纳哈出随冯胜等一起南来，被封为"海西侯"。元残余势力从东北方面对明的威胁从此消除，且为明向白山黑水一带开拓扫清了道路。

扩廓帖木儿病死，纳哈出降，北元势力虽经明打击，一再失利，但败而未灭，仍然构成对明的威胁。击败纳哈出的当年，蓝玉为大将军，率兵征讨，给北元进一步打击。冬十一月蓝玉报告："元丞相哈剌章、乃儿不花遁入和林，乞进步剿灭。"朱元璋同意了蓝玉的计划。

洪武二十一年（1388 年）夏四月，蓝玉率兵出发，自大宁进至庆州，闻元主脱古思帖木儿在捕鱼儿海（今贝尔湖），于是抄近路兼程而进，行百眼井处，距捕鱼儿海还有 40 里，侦察不到元军行迹，蓝玉想引兵退还，都将王弼不同意，说我们领兵 10 万深入漠北，未见到敌人就回师，如何向上交代？蓝玉同意王弼的意见，命诸军继续前进，并采用王弼计谋，穴地而炊，不使敌人见烟火，秘密前进。到达捕鱼儿海南，仍未见到敌人。后侦知元主营在捕鱼儿海东北 80 里处。蓝玉命王弼为前锋，疾驰直击其营。元军大意轻敌，以为明军缺水乏草，不会深入，未加设防，加之当时狂风大作，风沙弥漫，明军到来，元方竟毫无察觉。明军突然到达营前，元军仓促应战，伤亡惨重，元主脱古思帖木儿与太子天保奴等数十人北逃，蓝玉率精骑追赶，没有赶上，俘获其次子地保奴及妃、公主等数万人和大批牲畜，并得其传国玺、宝玉、金银印章等物，取得巨大胜利。元主北逃后被人杀死，北元四分五裂，不久灭亡。蓝玉胜利班师。途中又破哈剌章营，再获胜利。朱元璋闻讯兴奋异常。比蓝玉为卫青、李靖，大加褒奖，回来后封"梁国公"。蓝玉的政治生涯、军事成功达到巅峰。

封为梁国公后，蓝玉又奉命到西部民族地区进行过一些军事活动，还奉命到陕西练兵，这些已是蓝玉军事活动的尾声。

朱元璋手下有人（锦衣）恐蓝玉军威持重，告蓝玉私搞盐引（食盐运销专利凭证），派人到云南贩盐，牟取暴利。打败元主脱古思帖木儿后，蓝玉不仅私占掠获的大量珍宝、驼马，还将元妃占有。朱元璋大怒，说："玉无礼如此，岂大将军所为哉！"遂将梁国公改为"凉国公"。蓝玉班师至喜峰关，因已入夜，守关人未及时纳入，蓝玉怒不可遏，纵兵破关而入，朱元璋知道后很不高兴。蓝玉领兵在外，经常擅自升降将校，进止自专，诏令有所不从，甚至违诏出师。在朱元璋面前，蓝玉时常举止不恭，言语傲慢，失臣礼。这时有人诬告蓝玉蓄庄奴、假子数千人，横行霸道，强占民田，鱼肉百姓，胡作非为，百姓上告，御史官举劾，他竟将御史打了。

洪武二十六年（1393 年），锦衣卫官员诬告蓝玉同景川侯曹震等谋反，蓝玉被杀，灭三族，坐党论死者 15000 人。史称"蓝狱"，是继胡惟庸案后的又一次大案，连称"胡、蓝之狱"。

处死蓝玉，无人予以平反昭雪，但地方、民间均视为一大冤案，在地方志中多处出现"诬告"一词。其实，蓝玉之死，主要是他的军事天才"功高惊皇帝"所致。朱元璋估计他的子孙无能力"驾驭"这匹烈马，便在他手下除掉以绝后患。这也是历代封建君王常有的事。

（二）沐英（1345—1392 年），字文英，湖南城步扶城苗人，明初重要将领。

沐英幼年时，随父从军，蓝玉、沐英先人恐为杨完者所部"苗军"，杨完者为"武冈绥宁之赤水人"（今湖南城步苗族自治县），杨完者都将有李佑之、李福等李姓，沐英先人亦姓李，他们同籍同族。沐英父亲早死，随母避兵乱。母又死，英 8 岁时被朱元璋妻收为义子，从朱姓，在朱元璋夫妇身边生活。当时朱元璋已投郭子兴部下为兵，沐英幼时是在战乱、兵营、征途中度过的。至正十六年（1356 年），朱元璋攻下集庆（今南京），改为应天府，派徐达攻占镇江，取得战略性的胜利。沐英"数从上征伐，入侍帷幄，昼夜勤励"，18 岁被授帐前都尉，参与守镇江，开始担当军事要任。后擢指挥使，守江西重镇广信（今上饶）。至正二十七年（1367 年），朱元璋派水陆军取福建，沐英将兵自西攻，破江西福建交界处分水关，下崇安，再破闵溪十八寨，俘陈友定部将冯谷保。又奉命移镇建宁，节制邵武、延平、汀州三卫（皆属福建）。

洪武三年（1370 年），沐英被授镇国将军，佥大都督府事；次年升大都督府同知。大都督府是明初军事中枢，掌天下兵马，当时府中机务繁积。沐英在府中七年，处事果断，剖决无滞，深得朱元璋器重。

洪武九年（1376 年），朱元璋派沐英前往关陕，体察民情，广布皇上恩惠，并授权处理一切军政事务，又命他练兵准备征战。同年十一月，邓愈为征西将军，沐英为副将军，随邓愈出征吐蕃。次年（1377 年）四月，邓愈、沐英统兵至甘、青，分三路前进，略川藏，兵威至昆仑山，这次是得胜而回，没有久留。回师途中邓愈死，沐英率师返回，因功封“西平侯”。

洪武十一年（1378 年）八月，沐英为征西将军，与蓝玉等统兵征西，初胜土门峡，再进俘洮州十八族头领。翌年二月，朱元璋命在洮州（今甘肃临潭）设卫，说：“洮州，西番门户，今筑城戍守，是扼其咽喉也。”遂置洮州卫。

洪武十三年（1380 年），朱元璋命沐英率兵进击屯兵和林的由元国公脱火赤、知院爱足率领的一支残元势力。沐英由亦集乃路（今内蒙古额济纳旗）渡黄河，越贺兰山，涉流沙，七日至其境。距其营 50 里处，沐英分兵四路前进，一路袭其背后，两路左右夹击，沐英自率精骑正面冲击，四面合围，一举获胜，俘脱火赤及其余全部。洪武十四年（1381 年），大将军徐达奉命北征。沐英领兵出古北口，独当一面，再次胜利而归。

平定云南和治理云南，是沐英一生的最大功绩。洪武十四年（1381 年）九月，朱元璋以傅友德为征南将军，蓝玉、沐英为副将军，率三十万军征讨云南。朱元璋亲自安排进军路线，谕先取曲靖，出奇制胜，说：“曲靖，云南之噤喉，彼必拼力于此，以抗我师。审察形势，出奇制胜，正在于此。”沐英随傅友德等率主力逼曲靖。元梁王闻讯，派平章达里麻率十万众前去抵御。沐英等率兵冒雾前进，出奇制胜，迅速到达曲靖。明军突然出现，达里麻大惊。当时达里麻军列阵白石江一岸，明军临另一岸。傅友德欲即刻渡江，沐英不同意，说敌方已兵陈对岸，扼制水面，这样渡江于己不利，于是只摆出渡江的样子，临江而立，另派数十人从下游潜渡，到达对岸后鸣金吹角，大造声势，致使达里麻军阵脚开始混乱，明大军趁机渡江。沐英以勇猛善泅者先行，登岸后破敌前锋，达军后撤。明军渡江毕，与达军展开大战。沐英纵铁骑直捣其中坚，战数合，达军大败，达里麻被俘。沐英将2万被俘士兵悉数放还，各归其业，明军声威大震，梁王把匝剌瓦尔密闻讯自杀。蓝玉、沐英率兵直逼昆明，不攻而下。“自九月朔出师，迄下云南，仅百余日。”盘踞云南的残元势力被消灭。

云南西部大理一带，存在段氏割据势力。大理依点苍山，面洱海，号称天险。洪武十五年（1382年）闰二月，沐英随蓝玉将兵西攻大理。段氏聚众守下关。蓝玉、沐英遣王弼攻上关，自率兵攻下关，形成掎角之势；另派一旅攀点苍山背后而上，居高临下策应。沐英“身先士卒，策马渡河，水没马腹，将士随之，莫敢后，遂斩关而入。”段氏不知背后虚实，阵势溃乱，兵败被俘。攻占大理后，蓝玉、沐英或分兵其他地区，或下谕招降，云南西部大部归附明朝。蓝玉、沐英又取得平定云南西部的胜利。

七月，沐英率师返回滇池，和傅友德合兵镇平一些复叛地区。九月，当傅友德、沐英再次领兵征服一些地区时，土官杨苴纠众20万攻昆明。当时守昆明的是冯诚，城中缺粮，士卒多病，形势危急。沐英闻讯，率兵返回，和冯诚合力，打败段军，确保了昆明，稳住了局势。

洪武十六年（1383年）三月，诏傅友德、蓝玉班师，由沐英率数万众留守云南。

早在洪武十五年（1382年）春，明王朝就在云南设置都指挥使司、云南布政使司，建立起统理云南的军政机构。地方置卫、所，辟筑驿道，形成一套统辖系统。以兵分云南为五十二府，六十三州，五十四县，民政系统亦趋完备。

沐英治理云南，大抓屯田，解决粮食问题。洪武十九年（1386年）九月，他上疏朱元璋，说：“云南地广，宜置屯田，令军士开耕，以备储蓄。”朱元璋同意了沐英的建议。沐英令军士且戍且屯，既解决吃粮问题又稳固驻守。沐英还招携省外人来滇屯田，朱元璋命外省军人到云南屯田，一时云南屯田大兴，粮食收获大有增加。沐英还以屯田的增减考察官吏的政绩，赏罚官员。主滇九年，屯田总数百万余亩，促进了云南的农业发展。

沐英还组织民工疏浚河道，扩广滇池，兴修水利；招商人入滇，运进米谷帛盐，发展商业。开发盐井，增加财源，是沐英治滇的重要政策。他还整修道路，保护粮运，使云南农商都有发展。

沐英增设府、州、县学达几十所，择选民间优秀及土官子弟入学，月赐饮膳，年赐衣服。他本人“居常读书不释卷，暇则延诸儒生讲说经史”。

在沐英统治时期，云南相当安定。

洪武二十二年（1389年）冬，沐英入朝，朱元璋赐宴奉天殿（皇帝办公的正殿），给予厚重赏赐。

洪武二十五年（1392年）六月，沐英病卒于云南，年仅48岁。朱元璋十分痛心，命归葬京师。追封黔宁王，谥号昭靖，侑享太庙。

六、龚继昌传

龚继昌（1831—1889年），本名昌遇，号荣甫，族人称他“老学”，城步四都（今金紫乡）龚家冲人。

龚家几代均为乡村读书人。龚继昌自幼长得身高体粗，性格强悍，遂弃家学而好武事。10岁开始练武，四处寻拜名师，颇耗资财，使本非殷富的家境每况愈下。龚继昌心存好侠仗义之心，一次强盗抢掠邻村祝家坊，老百姓深受其害，龚继昌探明匪情后，乘夜色腰挂马刀冲入强盗窝中，将赃物全部夺回，逐一还给穷人。为生计，龚继昌闲余时捉泥鳅，担柴卖，挑杂货。在妻子的鼓励下，他凭自己的一身力气，去桂林挑盐回城步卖，每担一百七八十斤。自此往返于湘、桂间。龚继昌挑盐过县城南门巫水时，总要在渡口杨卓镐的油炸粑粑店饱餐一顿，每次赊账。杨卓镐看龚继昌老实，还充给他买盐的本钱。龚继昌暗下决心：以后有出头之日，一定要在这里修座大桥，一来解决行人渡河之苦，二来报答杨的厚爱之恩。

清咸丰二年（1852年），龚继昌在广西投楚勇将领刘长佑，随刘长佑镇压太平军，转战于湖北、江西、安徽等省，攻破蓬塘等处。旋随湘军将领席保田转战江西、湖南、云贵数省，攻克金溪、崇仁等县。因而以“战功”升任游击加参将衔，在城步一、二、四都等地召走近百人入其部。同治三年（1864 年），龚继昌生擒太平天国领袖洪秀全之子洪福瑱，翌年被赏换花翎加提督衔，全家受诰封。

同治六年，咸同起义苗军进攻会同，守将龚继昌领兵出战，义军败走。以后，龚又在贵州施洞等处，执行清廷“擒渠扫穴犁庭”政策，镇压起义军，血洗苗寨，劫掠钱财无数。同治十年冬，杀害苗军首领岩大五于贞丰。同治十一年，龚继昌参与乌鸦坡之战，围捕了苗民起义领袖张秀眉、杨大六，至此，咸同苗民大起义被清军剿灭。

咸同苗民起义失败后，龚继昌被清廷加授贵州镇远府总镇（将军），赏云骑尉世袭，后授湖北郧阳总兵，湖南巡抚上奏将其留下统带西路防营兼长胜水师，驻守辰沅。同治十三年赴郧阳任助修堤工。

龚继昌从贵州带兵回城步时，沿途逢山开路，遇水架桥。从贵阳铜仁、黎坪到湖南靖州、会同、通道、绥宁的多段青石板官道和石拱桥都为龚继昌主修。所筑从绥宁关峡、茶江一带经枫木界至城步西岩的青石通道至今犹存。光绪元年（1875 年），龚继昌为践诺不惜万金，委吕赞臣督修，在城步城南巫水上架设石墩风雨桥，取名“荣昌桥”。

光绪十五年（1889 年）又捐资修建城步文庙（即孔圣庙），以播儒家风气。同年，城步大饥，龚继昌由辰沅运米到县内赈济，生人给棉衣，死人给棺材。龚继昌在城步获得良好口碑。

同年冬，龚继昌病逝于任上，终年 58 岁。

附录一 《城步苗族自治县自治条例》

一、《湖南省城步苗族自治县自治条例》（1989年版）

（1989年3月25日城步苗族自治县第十届人民代表大会第四次会议通过，1989年4月30日湖南省第七届人民代表大会常务委员会第八次会议批准）

第一条 根据《中华人民共和国宪法》和《中华人民共和国民族区域自治法》的规定，结合城步苗族自治县（以下简称自治县）的政治、经济、文化的特点，制定本条例。

第二条 自治县的自治机关是自治县人民代表大会和自治县人民政府。

自治县人民代表大会是自治县的地方国家权力机关。自治县人民代表大会常务委员会是自治县人民代表大会的常设机关，对自治县人民代表大会负责并报告工作。

自治县人民政府是自治县人民代表大会的执行机关，是自治县的地方国家行政机关，对自治县人民代表大会和上一级国家行政机关负责并报告工作。在自治县人民代表大会闭会期间，对自治县人民代表大会常务委员会负责并报告工作。

第三条 自治县人民代表大会中，苗族和其他民族代表的名额和比例按照有关法律规定的原则确定。

自治县人民代表大会常务委员会中，应当有苗族公民担任主任或者副主任。苗族人员在常务委员会组成人员中所占比例可以略高于其人口在全县人口中的比例。

第四条 自治县县长由苗族公民担任。自治县人民政府组成人员中，苗族人员所占比例，应相当于其人口在全县人口中的比例。

第五条 自治县的自治机关所属工作部门的干部中，应注意配备苗族和其他少数民族人员。

第六条 自治县人民法院和人民检察院的领导成员和工作人员中，应当有苗族的人员。

第七条 自治县根据社会主义现代化建设的需要，大力培养各民族的干部和专业技术人才，并要注意培养少数民族的妇女干部。

第八条 自治县的自治机关行使宪法第三章第五节规定的地方国家机关的职权，同时依照宪法和民族区域自治法以及其他法律规定的权限行使自治权。

自治县的自治机关保证宪法、法律和上级人民代表大会及其常务委员会的决议在本县的遵守和执行，努力完成上级国家机关交给的各项任务。

自治县的自治机关根据本县的实际情况，在不违背宪法和法律的原则下，采取特殊政策和灵活措施，加速本县经济文化事业的发展。上级国家机关的决议、决定、命令和指示，如不适合本县实际情况，自治机关可以报经该上级国家机关批准，变通执行或者停止执行。

第九条 自治县的自治机关保障各族人民的合法权益，维护和发展各民族的平等、团结、互助关系。各族人民要互相信任、互相学习、互相帮助、互相尊重，共同维护民族团结。

第十条 自治县的自治机关保障本地方各民族有使用和发展自己语言的自由，有保持或改革自己风俗习惯的自由。

第十一条 自治县的自治机关帮助县内的其他少数民族发展经济文化事业，照顾他们的特点和需要。

第十二条 自治县的自治机关和自治县境内的企业、事业单位，在招收人员时，在同等条件下，优先招收少数民族人员，经省人民政府批准，可以从农村人口中招收。

自治县的自然减员缺额由县自主补充。

第十三条 自治县采取优惠政策，稳定和引进各种专业技术人员。

自治县的职工，享受民族地区生活补贴。

第十四条 自治县在国家计划指导下，从实际出发制定经济建设的方针、政策和计划，自主地安排和管理经济建设事业。

第十五条 自治县坚持以农业为基础，农林牧副渔全面发展，农、工商综合经营的方针，充分发挥森林、草山、水能、矿藏资源的优势，大力发展商品生产。

第十六条 自治县的自治机关依法加强土地管理，严格控制城乡建设用地，禁止乱占滥用耕地。

第十七条 自治县逐步增加农业投入，加强农田水利基本建设，改善农业生产条件。在保持粮食稳定增长的前提下，大力发展林业、畜牧业和其他多种经营。

第十八条 自治县进一步完善各种形式的农业生产责任制，发展各种专业户和经济联合体，保护其合法权益。

第十九条 自治县因地制宜地制定林业发展规划，加强速生丰产林基地建设，积极发展用材林、经济林、防护林。

自治县的自治机关加强以营林为基础，鼓励集体、联户和个人承包荒山荒坡植树造林，林木谁造谁有，长期经营，允许继承。自治县的育林基金、更改基金由县安排用于发展林业生产。

自治县的自治机关依法维护森林、林木、林地的所有权和使用权。农村居民在自留地、房前屋后种植的林木，归个人所有，允许继承和转让。

自治县严格控制森林年采伐量，实行凭证限额采伐和凭证流通，严禁乱砍滥伐和毁林开荒。对陡坡地，要有计划地退耕还林、还牧。

第二十条 自治县充分利用牧草资源，有计划地进行草场建设，改良畜种，鼓励和扶持农民兴办牧场，发展草食动物。

第二十一条 自治县充分利用水能资源。大力发展水电事业。实行统一规划，分级兴建电站，鼓励乡（镇）村和个人发展小水电。

自治县的水电收入用于发展水电事业。

第二十二条 自治县依照法律规定，对可以由本县开发的矿产资源，实行统一规划，划定范围和地段，分别由县属企业、乡镇企业或者个人开采。

第二十三条 自治县的自治机关依照有关法律规定，管理和保护森林、矿山、草山、水能等自然资源，禁止任何组织或者个人侵占或破坏。

自治县加强对银杉和其他珍贵、稀有野生动植物资源的保护，并根据国家有关规定设立自然保护区。

第二十四条 自治县充分利用本地资源，发展食品、造纸、采矿、建材、林产品加工等工业。

第二十五条 自治县有计划地发展农村交通运输事业，加强边远山区的公路建设。

第二十六条 自治县的自治机关积极扶持乡镇企业的发展，并从贷款、税收等方面给予照顾。

第二十七条 自治县的自治机关在国家计划指导下，根据本县的财力、物力和其他条件，自主安排基本建设项目，加强城乡建设的统一规划和管理。

第二十八条 自治县实行多种经营形式，多渠道的商品流通体制，加强商业网点和农村集贸市场建设，积极开拓边界市场，发展边界贸易。

自治县的商业、供销、医药企业享受国家民族贸易政策规定的照顾。

第二十九条 自治县加强出口商品基地建设，发展出口商品生产，外汇留成享受国家优待。

自治县的外汇留成，由自治县自主安排使用。

第三十条 自治县积极发展横向经济联合，积极引进外资，鼓励台胞、港澳同胞和县外的企业、事业单位或个人来本县兴办企业，并且提供优惠条件；支持本县企业或个人到县外兴办企业。

第三十一条 自治县的自治机关依照法律规定，行使管理本县地方财政的自主权，自主地调整财政预算的收支，安排使用收入的超收和支出的结余资金。

自治县的财政收入和财政支出的项目，享受上级国家机关对民族自治地方的优待。

自治县的自治机关在执行财政预算过程中，如遇政策调整、企业隶属关系变更和严重自然灾害等原因，使支出增加或收入减少时，报请上级财政机关调整包干基数或增加补助。

自治县的财政预算由自治县人民代表大会批准，预算的变更，须报经自治县人民代表大会常务委员会批准。

第三十二条 自治县对上级国家机关拨给自治县的专项经费，实行专款专用。本县的机动财力，主要用于经济文化建设。

第三十三条 自治县根据国家的有关规定，建立乡镇一级财政，对乡镇一级财政由县人民政府制定具体管理办法。

第三十四条 自治县的自治机关在执行国家税法的时候，除应由国家统一审批的减免税收项目外，对属于地方财政收入的某些需要从税收上加以照顾的，可以实行减税或者免税。

第三十五条 自治县大力发展民族教育，有步骤地普及九年制义务教育，办好普通高中和职业技术学校，发展成人教育和幼儿教育，努力扫除文盲。

第三十六条 自治县实行多种形式办学，在经济贫困、居住分散的边远山区，逐步建立以助学金为主和寄宿为主的公办民族小学和民族中学，或者在普通中学设立民族班。自治县民族中学在招收新生时，对少数民族考生要适当放宽录取条件。

第三十七条 自治县鼓励企业、事业单位以及其他社会力量，集资兴办教育事业，积极举办各种形式的技术培训班，培养各种专业人才。自治县企业、事业单位在招收人员时，优先招收经过技术培训的人员。

第三十八条 自治县加强师资队伍建设，鼓励教师在职进修，办好教师进修学校，不断提高教师的业务水平。

自治县鼓励教师到边远地区工作，尊重教师的社会地位，保护学校财产，维护教学秩序。

第三十九条 自治县积极发展科学事业，普及科学技术知识，推广科技成果，努力改善科学技术人员的工作条件，对研究、推广和应用科学技术有显著成效的单位或者个人给予奖励。

第四十条 自治县发展具有民族特点的文化、体育事业，收集整理民族文化遗产，保护历史文物和名胜古迹。

自治县加强城乡广播电视事业和乡镇文化站建设，搞好电影、录像和其他文化活动管理，积极开展群众性的业余文化活动。

第四十一条 自治县积极发展医疗卫生事业，改善农村医疗条件，做好地方病、多发病、传染病的防治和妇幼保健工作。

自治县努力发展中医中药事业，继承和发掘少数民族的传统医药遗产。允许经过考核合格的民间医生行医。

第四十二条 自治县的自治机关根据法律规定，结合本县实际情况，制定实行计划生育的具体办法，报省人民政府批准。

第四十三条 11 月 30 日为自治县成立纪念日。

第四十四条 本条例自湖南省人民代表大会常务委员会批准之日起施行。

二、《城步苗族自治县自治条例》（2008 年版）

（1989 年 3 月 25 日城步苗族自治县第十届人民代表大会第四次会议通过，1989 年 4 月 30 日湖南省第七届人民代表大会常务委员会第八次会议批准，根据 2007 年 12 月 3 日城步苗族自治县第十五届人民代表大会第一次会议通过的《城步苗族自治县人民代表大会关于修改〈城步苗族自治县自治条例〉的决定》修正，2008 年 3 月 31 日湖南省第十一届人民代表大会常务委员会第一次会议批准。）

第一条 根据《中华人民共和国宪法》和《中华人民共和国民族区域自治法》的规定，结合城步苗族自治县（以下简称自治县）的政治、经济、文化的特点，制定本条例。

第二条 自治县行政区域内的公民、法人和其他组织都必须尊重自治县自治机关的自治权，遵守自治县的自治条例和单行条例。

第三条 自治县的自治机关是自治县人民代表大会和自治县人民政府。

自治县人民代表大会是自治县的地方国家权力机关。自治县人民代表大会常务委员会是自治县人民代表大会的常设机关，对自治县人民代表大会负责并报告工作。自治县人民政府是自治县人民代表大会的执行机关，是自治县的地方国家行政机关，对自治县人民代表大会和上一级国家行政机关负责并报告工作。在自治县人民代表大会闭会期间，对自治县人民代表大会常务委员会负责并报告工作。

第四条 自治县人民代表大会中，苗族和其他民族代表的名额和比例按照有关法律规定的原则确定。

自治县人民代表大会常务委员会中，应当有苗族公民担任主任或者副主任。苗族公民在常务委员会组成人员中所占比例可以略高于其人口在全县人口中的比例。

第五条 自治县县长由苗族公民担任。自治县人民政府组成人员中，苗族公民所占比例，应相当于其人口在全县人口中的比例。

第六条 自治县的自治机关所属工作部门的干部中，应注意配备苗族和其他少数民族公民。

第七条 自治县人民法院和人民检察院的领导成员和工作人员中，应当有苗族的公民。

第八条 自治县根据社会主义现代化建设的需要，大力培养各民族的干部和专业技术人才，并要注意培养少数民族的妇女干部。

第九条 自治县的自治机关行使宪法第三章第五节规定的地方国家机关的职权，同时依照宪法和民族区域自治法以及其他法律规定的权限行使自治权。

自治县的自治机关保证宪法、法律和上级人民代表大会及其常务委员会的决议在本县的遵守和执行，努力完成上级国家机关交给的各项任务。

自治县的自治机关根据本县的实际情况，在不违背宪法和法律的原则下，采取特殊政策和灵活措施，加速本县经济文化事业的发展。上级国家机关的决议、决定、命令和指示，如不适合本县实际情况，自治机关可以报经该上级国家机关批准，变通执行或者停止执行。

第十条 自治县的自治机关保障各族人民的合法权益，维护和发展各民族的平等、团结、互助关系。各族人民要互相信任、互相学习、互相帮助、互相尊重，共同维护民族团结。

第十一条 自治县的自治机关保障本地方各民族有使用和发展自己语言的自由，有保持或改革自己风俗习惯的自由。

第十二条 自治县的自治机关帮助县内的其他少数民族发展经济文化事业，照顾他们的特点和需要。

第十三条 自治县的自治机关根据本县的实际情况，需要增设或撤并乡、镇建制和调整乡镇行政区域划分的，经省人民政府决定后实施。

第十四条 自治县在公开选拔、竞争上岗配备领导干部时，可以按照国家规定划出相应的名额和岗位，定向选拔少数民族干部。

第十五条 自治县的企业、事业单位及上级国家机关隶属的在自治县的企业、事业单位依国家规定录用、聘用或安置人员时，应在同等条件下优先录用、聘用或安置自治县少数民族人员。

第十六条 自治县的自治机关采取优惠政策，积极引进和优待各类专业技术人才。

自治县内的国家机关和企业、事业单位工作人员可以享受民族地区生活补贴政策，其补贴标准随着经济的发展而适当增加。

第十七条 自治县在国家政策和规划指导下，从实际出发制定经济建设的方针、政策和计划，自主地安排和管理经济建设事业。

第十八条 上级国家机关帮助自治县的基本建设项目，自治县根据国家有关规定享受免除或减少配套资金的政策。

第十九条 自治县坚持全面、协调、可持续发展方针，加强基础设施建设，发挥本县草山、森林、水能、风能、矿产、旅游等资源优势，着重发展乳业、竹木业、电业、采矿业和旅游业等产业，合理调整产业结构，不断增强县域经济实力。

第二十条 自治县依法保护生活和生态环境，防治环境污染及其他公害，实现自治县人口、资源和环境的协调发展。

第二十一条 自治县的自治机关依法加强土地管理，严格控制城乡建设用地，禁止乱占滥用土地。

自治县征收的新增建设用地的土地有偿使用费，除上缴中央部分外，其余部分用于自治县的耕地开发。

第二十二条 自治县增加农业投入，加强农村基础设施建设，改善农业生产条件，促进农业和农村经济持续发展；实施科技兴农，建立健全农业科技推广体系和服务网络；鼓励调整和优化农业产业结构，着力推进农业产业化建设，发展优质、高效、安全的生态农业，提高农业生产水平和经济效益，增加农民收入。

第二十三条 自治县在农村继续稳定和完善以家庭承包经营为基础、统分结合的双层经营体制。允许农民按照平等协商、自愿、有偿的原则，依法进行土地承包经营权流转，保护农村集体经济组织和农业生产经营者的合法权益。

第二十四条 自治县的自治机关制定优惠政策，积极引进人才、技术、资金，充分利用丰富的林木和林地资源，因地制宜开发建设林业产业基地，发展林业产业，确保森林资源依法有序流转，使资源优势转化为经济优势。

自治县的林业规费，用于发展本县林业、维护森林生态环境及林业管理。

第二十五条 自治县加强草山保护，有序进行草山开发建设。鼓励企业、其他组织和公民合理开发利用草山资源，改良畜种，发展以奶牛为主的牲畜业和其他养殖业；加强动物疫病防治体系建设，确保畜禽及其产品质量安全。

第二十六条 自治县根据国家有关规定，制定电力发展规划，鼓励、支持企业、其他组织和公民合理开发利用水能资源和风能资源，发展电力产业。自治县电网要与发电工程项目配套建设，县境内电源点应与自治县电网并网运行。

自治县的自治机关依法保护电力业主的投资活动和投资所得。

自治县境内的水资源费由自治县依法征收，用于自治县水资源的保护、管理和开发利用。

第二十七条 自治县依法保护、管理矿产资源，培育矿业市场。对可以由本县决定开发的矿产资源，实行合理、有序开采。禁止无证开采和乱挖滥采等破坏矿产资源的行为。

自治县征收的矿产资源补偿费及其他有关费用，除上缴中央部分外，其余部分用于自治县矿产资源的保护和开发利用。

第二十八条 自治县充分利用民族风情、自然风光和人文景观等资源，发展具有民族特色的旅游业，并享受国家旅游产业建设优惠政策。

自治县对境内的旅游资源实行统一管理、科学规划、依法保护、合理开发、永续利用。

自治县自治机关鼓励企业、其他组织和公民投资开发自治县旅游资源，并保护投资者的合法权益。

第二十九条 自治县大力发展交通运输业，加强公路改造和县、乡、村公路建设，提高公路等级和质量，加强公路的管理养护和运输市场管理。

第三十条 自治县的自治机关在国家政策和规划指导下，根据本县的财力、物力和其他条件，自主安排基本建设项目，加强城乡建设的统一规划和管理。

第三十一条 自治县加强商业网点和集贸市场建设，发展民族贸易，积极开拓省际边界市场，发展省际边界贸易。

自治县的民族贸易、民族用品定点生产企业和医药企业享受国家在投资、金融、税收等方面的优惠政策。

第三十二条 自治县充分利用国家扶持民族自治地方发展对外贸易的优惠政策，支持企业争取对外贸易经营自主权和优势产品出口。

第三十三条 自治县鼓励和支持发展非公有制经济。

自治县积极引进县境外资金，鼓励各类经济组织和公民在自治县兴办符合国家产业政策的各种所有制形式的企业，并保护投资者的合法权益。

第三十四条 自治县自治机关加强安全生产管理，健全安全生产责任制，强化安全事故追究制度，保证安全生产，保障劳动者的生命安全。

第三十五条 自治县的自治机关根据法律法规，结合自治县的实际作出财政预算，自主安排使用属于自治县的财政收入。

自治县的财政预算由自治县人民代表大会批准，预算的部分变更和决算，须报自治县人民代表大会常务委员会批准。

自治县的自治机关在执行财政预算过程中，如遇国家政策调整、企业隶属关系变更和严重自然灾害等原因，使支出增加或收入减少时，报请上级国家机关予以补助。

第三十六条 自治县依照国家规范的财政转移支付制度，享受国家和省市一般性财政转移支付、专项财政转移支付和民族优惠政策财政转移支付以及国家和省市确定的其他方式的政策支持，同时享受上级国家机关对自治县共享收入全部返还的照顾政策。

第三十七条 自治县的自治机关根据本县的实际，报经上级国家机关同意，可在上级国家机关规定的行政事业性收费标准和基金征收标准以下确定具体征收标准。

第三十八条 自治县根据国家的有关规定，建立乡镇一级财政，对乡镇一级财政由县人民政府制定具体管理办法。

第三十九条 自治县的自治机关在执行国家税法的时候，除应由国家统一审批的减免税收项目外，对属于地方财政收入的某些需要从税收上加以支持的，报上级国家机关批准，可以实行减税或者免税。

第四十条 自治县大力发展民族教育事业，实行九年制义务教育，将义务教育纳入公共财政保障体系，加快发展普通高中教育、职业技术教育、成人教育和幼儿教育，提高各族人民的科学文化水平。自治县财政困难时，报请上级国家机关给予补助。

自治县鼓励企业、事业单位以及其他社会力量，集资兴办教育事业。

第四十一条 自治县民族中学在招收新生时，对少数民族考生要适当放宽录取条件。具体办法由教育主管部门商民族工作部门确定。

第四十二条 自治县加强师资队伍建设，不断提高教师的业务水平。自治县鼓励教师到边远地区工作，促进城乡义务教育均衡发展。

第四十三条 自治县积极发展科学事业，普及科学技术知识，推广科技成果，努力改善科学技术人员的工作条件，对研究、推广和应用科学技术有显著成效的单位或者个人给予奖励。

第四十四条 自治县发展具有民族特色的文化事业和文化产业，支持对少数民族非物质文化遗产和名胜古迹、文物等物质文化遗产的保护和抢救，支持对少数民族古籍的搜集、整理、出版，继承和弘扬民族优秀文化。

自治县积极发展体育事业，完善公共体育设施，广泛开展群众性的民族传统体育活动，提高各类体育运动的技术水平，增强各族人民的体质。

自治县积极发展广播、电视和现代网络等传媒事业。

第四十五条 自治县加大卫生事业投入，加强以乡镇卫生院为重点的农村卫生基础设施建设，健全县、乡、村三级医疗卫生服务和医疗救助体系。推行新型农村合作医疗制度，改善医疗卫生条件。

自治县加强公共卫生体系建设，做好疾病预防控制、妇幼保健和老年保健工作。自治县努力发展中医中药事业，继承、发展民族传统医药。

第四十六条 自治县的自治机关加快社会保障体系建设，建立和完善养老、失业、医疗、工伤、生育保险和城乡居民最低生活保障等制度，形成与自治县经济和社会发展水平相适应的社会保障体系。

第四十七条 自治县加强扶贫开发，重点支持贫困乡村以通水、通电、通路、通广播电视和危房改造、生态移民等为重点的基础设施建设和农田基本建设，动员和组织社会力量参与自治县的扶贫开发。

第四十八条 自治县按照计划生育法律法规的规定，实行计划生育，控制人口数量，提高人口质量。

第四十九条 自治县的自治机关积极开展促进民族团结进步的各项活动，对民族团结进步事业和民族经济、文化事业作出突出贡献的单位和个人，给予表彰和奖励。自治县民族团结进步表彰大会每五年召开一次。

第五十条 自治县的自治机关加强对民族法规政策的执行情况实施监督检查。

第五十一条 10月26日为自治县成立纪念日。

第五十二条 本条例自湖南省人民代表大会常务委员会批准之日起施行。

附录二 关于城步苗族自治县成立的文件依据

（一）

湖南省人民委员会
关于撤销城步县建制，建立“湖南省城步苗族自治县”的请示报告

〔56〕会办秘字第813号

国务院：

我省城步县境内有苗、瑶、黎、侗、回五个少数民族。全县共有107215人，其中少数民族共41843人，占全县总人口的39%。少数民族中苗族占绝大部分，黎、瑶、侗、回等族人口较少，各在千人左右。分布面积占总面积的60%以上，聚居在城步的南部，杂居在中部地带。按照宪法第一章第三条：“各少数民族聚居地方实行区域自治”的规定，我们认为该县应实行以苗族为主的民族区域自治。

几年来，由于民族政策的贯彻执行，城步县各少数民族地区与汉族地区一道进行了各项社会改革，已根本改变了旧的民族关系，并进而在政治、经济、文化等各方面都有了显著的提高；在民族干部培养方面，已培养了149名（不包括乡干部），其中4名担任了县长、副县长，有21名担任了各科局的领导职务。同时该县少数民族群众提出成立自治县的要求甚为迫切。因此，成立以苗族为主的自治县的条件亦已具备。

根据以上情况，经提交省人民委员会本年八月二十六日第十三次会议讨论通过，拟撤销原城步县建制，建立“湖南省城步苗族自治县”。县的

疆域不变，县治亦仍设在原址（儒林镇）。

特报请批示，以便于今年第四季度结合基层选举工作进行建立。

1956年9月1日（印）

抄送：中共湖南省委会、统战部，省民族事务委员会，邵阳专署，城步县人民委员会。

（二）
国务院关于撤销湖南省城步县设置城步苗族自治县的决定

（1956年10月10日国务院全体会议第38次会议通过）

〔56〕国议会字第80号

国务院批准湖南省人民委员会关于撤销城步县建制，建立城步苗族自治县的请示报告，并决定：

撤销城步县，设置城步苗族自治县的行政区域。自治县人民委员会驻儒林镇。

中华人民共和国国务院（印）

（三）
中华人民共和国主席令

湖南省城步苗族自治县人民代表大会和人民委员会组织条例，已由中华人民共和国第一届全国人民代表大会常务委员会于1959年4月14日第108次会议批准，现予公布。

中华人民共和国主席毛泽东

1959年4月14日

（四）

全国人民代表大会常务委员会关于批准《湖南省城步苗族自治县人民代表大会和人民委员会组织条例》的决定

（1959 年 4 月 14 日全国人民代表大会常务委员会第 108 次会议通过）

1959 年 4 月 14 日全国人民代表大会常务委员会第 108 次会议决定：批准湖南省城步苗族自治县第二届人民代表大会第一次会议制定的湖南省城步苗族自治县人民代表大会和人民委员会组织条例。

（城步苗族自治县人民代表大会和人民委员会组织条例全文略）

（五）

湖南省人民代表大会常务委员会关于批准《湖南省城步苗族自治县自治条例》的决定

（1989 年 4 月 30 日湖南省第七届人民代表大会常务委员会第八次会议通过）

湖南省第七届人民代表大会常务委员会第八次会议决定，批准《湖南省城步苗族自治县自治条例》。

附录三　关于城步与全国其他4个单列苗族自治县经济社会发展的比较研究

雷学业　刘学用

苗族是一个优秀的民族，也是一个发源于中国的全球性的民族，在2010年的全国第六次人口普查中，苗族总人口为9426007人，主要分布在贵州、湖南、云南、重庆、广西、四川、湖北、海南等省、市、自治区。在长期的迁徙漂泊中，部分苗族现已在越南、泰国、老挝、缅甸、美国、法国、澳大利亚等国家定居生活。20世纪澳大利亚民族学家格迪斯在他的著述中这样感叹："世界上有两个苦难深重而又顽强不屈的民族，他们就是中国的苗族和分布于世界各地的犹太人。"21世纪苗族作家南往耶写道："苗族是一个不断被驱赶甚至被消灭的民族，但他们一直没有对生命和祖先的放弃，自五千年前开始，跋山涉水，经历千难万苦，从中原逃到云贵高原和世界各地，朝着太阳落下的地方寻找故乡，用血泪养育古歌和神话，没有怨恨，把悬崖峭壁当作家园，梯田依山而建，信仰万物，崇拜自然，祀奉祖先，感谢仇人。"

新中国成立以后，在党的民族政策光辉照耀下，苗族人民翻身解放，当家作主，揭开了苗族历史新的一页，苗族人民从此走上了社会主义康庄大道，各方面都有了较大变化，政治上实现了民族平等，实行了区域自治。至今为止，先后与其他兄弟民族建立了7个联合自治州、22个苗族自治县、5个单列苗族自治县。在经济文化上也取得了显著进步，与其他少数民族一样，融入了中华民族大家庭。

2014年，湖南省城步苗族自治县承办第五届“中国苗族文化论坛”，借此良机，该县政协决定开展一次全国5个苗族自治县经济社会发展状况大调研，对全国苗族地区经济社会状况进行比较研究，总结苗族社会发展成果，探寻苗族社会发展规律，寻找苗族地区发展差异，向中央及各级党委政府提出促进全国苗族地区经济社会发展的对策和建议，使苗族社会紧紧融入全国建设小康社会、实现中国梦的时代潮流。

一、全国5个单列苗族自治县基本县情

城步苗族自治县成立于1956年11月，是全国第二个建立的苗族自治县，位于湖南省西南部，距省会长沙436公里，距国际旅游城市桂林210公里。全县面积2647平方公里，辖13个乡镇（场）292村（居、社区），境内居住着苗、汉、侗、瑶等24个民族，总人口约27.9万人，其中苗族人口占总人口的59%，以苗族为主的少数民族人口占总人口的63%。境内生态优美、物产富饶、气候宜人，有森林、草山、矿藏、电力、旅游五大优势资源，林地总面积21.5万公顷，森林覆盖率达83%，草山面积9.1万公顷，水能蕴藏量30万千瓦，风电蕴藏量80万千瓦，矿产资源探明储量的有32种，锌镉、硫铁、辉绿岩、滑石、碎白云母为大型矿藏。旅游资源有国家3A级南山国家风景名胜区、金童山国家自然保护区、两江峡谷国家森林公园、十万古田白云湖国家湿地公园，先后获得“全国民族团结进步模范县”“国家级生态示范区”“全国最佳生态旅游县”“中国区域休闲旅游目的地城市”“中国最具影响力文化旅游百强县”“中国山歌之乡、油茶之乡、吊龙之乡”等“国字号”荣誉。

广西融水苗族自治县成立于1952年，是全国最先建立的苗族自治县。融水是广西唯一的苗族自治县，现为国家扶贫开发工作重点县。全县面积4638平方公里，辖20个乡（镇），总人口50.6万人，居住着苗、瑶、侗、壮等13个世居民族，少数民族占全县人口的74.4%，其中主体民族苗族人口21.13万人。融水境内资源丰富，河流水流蕴藏总量达54.65万千瓦；风能发电可装机20万千瓦；已探明的矿产主要有金、煤、铁、锡等40多种；有林地面积530万亩，森林覆盖率达78.8%。融水山清水秀、生态优

美、风光如画，境内有元宝山国家森林公园、九万山国家级自然保护区，有国家级 4A 级景区 1 个、3A 级景区 4 个、全国旅游示范点 1 个、“柳州市十大美丽乡村”10 个，享有“百节之乡”“中国芦笙斗马文化之乡”美誉，“融水苗族系列坡会群”被列入国家首批非物质文化遗产名录。先后获得“全国民族团结进步模范县”“广西优秀旅游县”“全国绿化模范县”“全国林业信息化示范县”“广西林业产业发展十强县”“广西文化先进县”、建设“平安广西”活动先进县等荣誉。

松桃苗族自治县成立于 1956 年 12 月 31 日，位于贵州省东北部梵净山麓，地处贵州、湖南、重庆两省一市交界处。全县辖 28 个乡镇 509 个行政村，国土面积 3409 平方公里，人口 72.6 万人，其中苗族人口占全县总人口的 68.1%。松桃区位交通优势明显，铜仁·凤凰机场位于县境内，湘渝高速、杭瑞高速穿境而过，立体交通网络已初步形成。矿产资源十分丰富，锰矿、钒矿、铅锌矿、页岩气等储量较大，锰矿储量达 1.2 亿吨以上，有中国“锰都”之称。旅游资源独具魅力，境内有国家级风景名胜区梵净山，有“东方氧都”桃花源，有原始古朴的“中国苗王城”。该县民族文化古朴神奇，苗族绝技绝艺、苗族傩戏、苗族服饰银饰、苗族刺绣等享誉海内外，先后被命名为“中国民间文化艺术之乡”“中国滚龙艺术之乡”“中国民族民间绝技绝活文化艺术之乡”“贵州花鼓艺术之乡”等，原生态苗族文化节目《苗族花鼓舞》《武陵雄风》先后获得中国民间文艺“山花奖”，苗族刺绣花鼓系列产品被外交部指定为外交用品。

屏边苗族自治县成立于 1963 年 7 月，位于云南省南部、红河州东南部，距省会昆明 320 公里，距国家级开放口岸河口 95 公里，是通往东南亚、南亚各国的重要门户，也是历史上南方“古丝绸之路”的途经地。全县面积 1906 平方公里，辖 6 乡 1 镇、80 个村（居）民委员会，境内聚居着苗、汉、彝、壮、瑶等 17 个民族，总人口 15.6 万人，其中苗族人口占总人口的 46%，以苗族为主的少数民族人口占总人口的 66%，是云南省唯一的苗族自治县。屏边气候宜人，被誉为“中国最南端的春城”，全县有林地面积 193.8 万亩，森林覆盖率 67.8%，林木绿化率 76.4%，水能理论蕴藏量 56.94 万千瓦，珍稀资源有熊胆、大黄藤、红豆杉、石斛等，矿产资源有铅、锌、铁、钨、锰等有色金属矿和大理石、硅石、花岗石、无烟煤等非金属矿，旅游资源有大围山国家公园、天然大睡佛、国内罕见的史前陆地火山、景致迷人的高山瀑布、举世瞩目的滇越铁路和人字桥等自然人文景观。近年来，屏边先后被授予“国家卫生县城”“全国造林绿化先进单位”“全国民族团结进步模范集体”“全省双拥模范县”等荣誉称号。

全国最后一个建立苗族自治县的是湖南麻阳。1988 年 10 月经国务院批准，设立麻阳苗族自治县。全县总面积 1568 平方公里，辖 23 个乡镇、321 个村（社区），有苗、汉等 17 个民族，2013 年末总人口 39.35 万人，其中苗族占 78.8%。境内生态良好，有奇特的地质地貌和丰富的水资源，气候温和、雨量充沛，全县森林覆盖率达 62%，空气环境质量好，促进了人民的健康长寿，人均寿命高于全国平均水平 3 岁。近年来，先后获得了“中国冰糖橙之乡”“中国长寿之乡”“中国民间文化艺术之乡”等荣誉称号。

全国 5 个苗族自治县基本县情一览表

县名	成立自治县时间	总人口（万）	苗族人口（万）	少数民族人口（万）	县域面积（平方公里）	全县乡镇（个）	森林覆盖率（%）	优势资源	旅游景点	荣誉称号
城步县	1956 年 11 月	27.9	16.56	17.64	2647	13	83	森林草山矿藏电力旅游	南山国家风景名胜区、金童山国家自然保护区、两江峡谷国家森林公园、白云湖十万古田国家湿地公园	“全国民族团结进步模范县”“中国山歌之乡、油茶之乡、吊龙之乡”“国家级生态示范区”“全国最佳生态旅游县”“中国区域休闲旅游目的地城市”等
融水县	1952 年	50.6	21.13	37	4638	20	78.8	电力矿藏旅游	元宝山国家森林公园、九万山国家自然保护区、苗族系列坡会群	“百节之乡”“中国芦笙斗马文化之乡”“全国绿化模范县”“全国林业信息化示范县”等
松桃县	1956 年 12 月	72.6	49.43	51.8	3409	28	56	矿藏旅游	梵净山景区、苗王城景区、寨英古镇、潜龙洞景区等	“中国民间文化艺术之乡”“苗族花鼓艺术之乡”“中国滚龙艺术之乡”“中国民族民间绝技绝活艺术之乡”“中国西部苗王城影视拍摄基地”

续表

县名	成立自治县时间	总人口（万）	苗族人口（万）	少数民族人口（万）	县域面积（平方公里）	全县乡镇（个）	森林覆盖率（%）	优势资源	旅游景点	荣誉称号
屏边县	1963年7月	15.6	7.18	10.3	1906	7	67.8	森林电力矿藏旅游	大围山国家公园、天然大睡佛、史前陆地火山、高山瀑布、滇越铁路和人字桥	"国家卫生县城""全国造林绿化先进单位""全国民族团结进步模范集体"
麻阳县	1988年10月	39.35	31.01	31.7	1568	23	62	水果旅游	石羊哨温泉景区、西晃山"天下第一寿山"景区、苗族盘瓠民俗文化村	"中国冰糖橙之乡""中国长寿之乡""中国民间文化艺术之乡"

二、全国5个苗族自治县经济社会发展现状

苗族是一个古老的民族，也是一个灾难深重的民族。由于历史造成的五大迁徙，苗族人民被迫迁徙到我国西南地区的崇山峻岭之中，各部分彼此隔绝，自然条件艰苦恶劣，生产技术极为原始落后，导致苗族社会经济发展极为缓慢。新中国成立后，苗族人民在中国共产党的英明领导下，团结拼搏、艰苦奋斗，用自己勤劳的双手，建立起崭新的家园，创造了丰富的物质文明和精神文明。进入21世纪以来，全国各地苗族人民奋发有为、锐意进取，在建设具有中国特色社会主义和实现"中国梦"的伟大征程中做出了新的贡献。

（一）民族工业蒸蒸日上

工业生产取得史无前例的成就。解放前，苗族地区工业生产极为落后，工业基础薄弱，几乎是一片空白。城步工业始于1952年，当年工业总产值仅49万元，占全县工农业总产值的8.1%。改革开放以后，全县工业企业大幅增加，到1985年，全县共建成工业企业89家，职工4874人，固定资产原值4553.8万元，基本形成了水电、食品、造纸、建材、冶金、化工等门类比较齐全的轻重工业体系，工业总产值达4553.8万元。进入21世纪以来，城步工业发展潜力不断增强，招商引资和项目建设力度加

大，新型工业异军突起，2013年全县22家规模企业共实现工业总产值22.6亿元，规模工业增加值5.3亿元，工业固定资产投资16亿元，技改投资43亿元，工业信息化投入2000万元，战略性新兴产业增加值占生产总值的比重为45%，实现税收6700万元。

麻阳县1949年工业总产值150万元，占工农业总产值的19.63%。到1988年建立自治县时，已经形成了以电力、造纸、食品、化工、冶金为主体的工业结构，工业总产值达7960万元，占工农业总产值的30.5%，近年来，该县突出“培育新型工业集群”战略重点，加快项目建设进度，着力加速推进新型工业化进程，使规模质量稳步提升，发展后劲明显增强，产业集群独具特色。到2013年底，规模工业企业完成现价产值44.83亿元，工业税收完成7433.5万元。

屏边工业始于1952年。1963年成立自治县时，全县有工业企业19家，工业总产值仅95万元。近年来，该县工业发展速度不断加快，国有企业改革不断深化，不同所有制企业发展壮大，招商引资助推工业经济发展。到2013年，全县有工业企业60户，主要产品涉及电力、化工、矿业、制药、煤炭、食品加工、建材、民族服饰八个大类，实现工业总产值107589.1万元，利税总额12353.3万元，利润总额10230.9万元，第二产业实现地区生产总值74935万元，占全县GDP的37.44%，第二产业在三次产业中位居榜首，工业经济已成为全县国民经济的重要主导产业。

融水苗族自治县坚持工业经济主导地位，加快建设特色工业发展平台。一是抓好传统工业持续发展。加快传统工业升级改造，整改高耗能企业，对部分规模以上企业进行技改升级，扩大产能和提升产品质量，增强传统工业的发展后劲；二是促进工业园区经济加快发展，2013年园区面积达2775亩，实现产值11.3亿元；三是加大能源资源开发，累计建成投产电站65座，总装机33.75万千瓦；水电行业产值4.08亿元。2013年全部工业总产值完成49.18亿元，其中规模以上工业总产值完成41.01亿元。

（二）农林水牧各业成就骄人

山高水冷，土地贫瘠，九山半水半分田，吃了上顿愁下顿，这是昔日苗乡山寨的真实写照，直到新中国成立，受尽苦难的广大苗胞终于圆了“耕者有其田”的梦想，真正成为苗乡大地的主人。党的农村政策释放了数百万苗胞身上的巨大能量，使苗乡的山山水水发生了翻天覆地的巨大变化。

城步自古以来就是个农业县，农业经济历来是县域经济的主体。1956年自治县成立时，城步有耕地15.61万亩，当年全县农业生产总值2422万元（按1990年不变价计算）。从致力解决温饱问题到实现粮食基本自给，城步走了22年。1978年党的十一届三中全会以后，全县全面落实家庭联产承包责任制，积极调整农业产业结构，农村经济获得了持续、稳定的发展，当年耕地面积17.14万亩，全县农业总产值4736万元，占全县国民生产总值的42%。到2013年，全县耕地面积19.32万亩，粮食总产81234吨，农业总产值51432万元，占全县国民生产总值的34.1%。城步是林业大县，全县共有林地面积329万亩，占全县总面积的83%，活立木总蓄积量为950万立方米，森林覆盖率达83%，拥有高等植物2200余种；珍贵树种110种，国家Ⅰ、Ⅱ级重点保护树种30多种，国家二类保护野生动物14种；草地总面积9.1万公顷。在计划经济期间，全县累计为国家提供木材1000万立方米、楠竹2500万根，为国家建设做出了重大贡献。至2013年底，全县林业总产值达到10亿元。畜牧业方面，1949年，城步有牛存栏1.54万头、猪存栏1.99万头、家禽存笼12万羽。到2013年，该县发展到牛存栏8.95万头、猪存栏18.6万头、家禽存笼130万羽。随着南山牧场的崛起，城步畜牧业产业建设实现跨越式发展，2003年县委出台了《关于加快奶业发展的决定》，2005年出台了《关于进一步加强科技兴奶工作的意见》，到2007年奶业获得空前发展，全县共饲养奶牛1.98万头，全年生产商品奶1.25万吨，鲜奶产值3390万元，实现奶业工业产值12亿元，创利税6078万元，以城步为重要奶源地的南山奶粉的销售业绩进入了顶峰，成为全国奶粉行业销售“五强”品牌，全年销售额达到15亿元左右。水利电力方面，境内共有大型水库1座，库容3.6亿立方米，小Ⅰ型水库7座，库容1550.4立方米。小Ⅱ型水库19座，库容266万立方米，山平塘1220口，库容204万立方米，电灌站71处，水轮泵66处，河坝1090座，渠道水圳12500条，全县蓄、引、提水量44655立方米，有效灌溉面积达14.31万亩，旱涝保收面积达10.65万亩。至2014年8月，全县共建成电站105处，机组211台，装机容量128854千瓦。全县共有220千伏变电站1座、110千伏变电站4座、35千伏变电站10座，年供电量约3.7亿千瓦时，年售电量约3.3亿千瓦时。

麻阳是个农业大县，1988年自治县成立时，在全县31.53万人口中，农村人口28.95万人，全县农林牧渔业总产值1.35亿元，农民人均纯收入407元。到了2013年，麻阳农村经济有了新进步，全县农业总产值19.98亿元，全年粮食种植面积30.35万亩，总产10.64万吨。农田水利建设强力推进，投入资金1.8亿元，实施了兰里、谷达坡等5个小农水建设项目，完成38座小Ⅱ型水库除险加固，实施了滑石江、濠洛溪的中小河流治理项目，被评为“全国水土保持生态文明县”。林业建设成效显著，完成工业原料林2.96万亩、补植补造6000亩、“三边”造林4700亩、绿化提质144公里，森林覆盖率达到66.3%。农业机械化水平不断提高，全县农机总动力达到16.5万千瓦，全县农业机械化水平达到32.9%，农业综合开发力度加大，完成土地开发整治1.58万亩，中低产田改造8000亩，被评为全省土地治理项目“优质工程开发县”。全县完成户用沼气池600口，新建乡村能源服务网点5个，推广太阳能热水器580台及气化炉700台。

屏边县委、县政府团结带领全县各族干部群众，紧紧围绕经济建设这个中心，坚持农业的基础地位不动摇，以发展为主题，以结构调整为主线，以科技进步为动力，以农业增产、农民增收、农村稳定为目标，加大对农业的投入，大力推广良种良法，狠抓科技项目的实施工作，农业产业经营水平全面提升，全县农业发生了巨大变化，取得了辉煌成就。1963年自治县成立时，粮食播种面积223150亩，总产量2.07万吨，平均单产92.3公斤，农村经济总收入322.8万元，农民人均纯收入34元。1978年，党的十一届三中全会以后，全县大力实施科技兴农的发展战略，全面落实和完善家庭联产承包责任制，积极调整农业产业结构，加强农业基础设施建设，农村经济获得了持续、稳定的发展，自给半自给的传统农业逐步转向商品农业、市场农业、现代农业。2013年全县粮食播种面积367429亩，粮食总产量78029吨，粮食平均亩产213公斤，农村经济总收入72568万元，农业总产值88925万元，农民人均纯收入3565元。林业方面，2013年全县共有林地面积189万亩，森林覆盖率67.8%，林业绿化率75.6%，林业产值达到2.8亿元。畜牧业方面，2013年全县牛、马匹类、生猪、山羊存栏分别达到48017头、16318匹、263303头、11268只，分别比自治县成立当年增长221.23%、95.5%、750.32%、178.98%。至2013年，屏边共建成水源工程水库9座，总库容406万立方米；投入资金5529.5万元，解决全县7个乡镇710个自然村28613户151390人、59406头大牲畜的农村饮水困难；投入资金11.67亿元，建成水电站34座，总装机容量17.78万千瓦，发电量69456万千瓦时，实现了农村初级电气化。

融水苗族自治县在稳定粮食生产的基础上，加大“三农、三香、三林、三养”等特色农业产业发展扶持，农业产业化进程不断加快，竹木加工产业进一步规范和壮大，品牌质量不断提升。2013年完成粮食播种面积75.89万亩，粮食总产量11.66万吨，茶叶种植总面积3.3万亩，干茶总产量552吨；桑园种植总面积3.3万亩，鲜茧产量2152吨；水果总面积4.9万亩，水果产量4.75万吨；蔬菜种植面积12.55万亩，总产量12.3万吨；肉类总产量和水产品总产量各为3.84万吨、0.82万吨，猪、牛、羊、家禽分别出栏32.85万头、3.27万头、2.96万只、820万羽，2012年农民人均纯收入4698元。

（三）城建交通电信蓬勃发展

1949年，城步城区面积才0.75平方公里，人口2804人。解放60多年来，城步城市建设突飞猛进，县城共建成大小街道20多条，城区面积扩大到7.8平方公里，城镇人口8万余人。解放前，该县没有一条公路，也没有运输船只，水陆交通闭塞，全靠肩挑背负。从1952年开始，该县开始大修公路，到2005年，共修建县乡公路68条，计720公里，村级公路450公里。自2003年开始，国家加大对农村公路改造建设投资力度，城步全县人民掀起了农村公路改造建设高潮，至2008年止共投入资金28718万元，共完成223公里通乡公路砂改油改造，完成203个行政村562.8公里农村公路通畅工程建设，实现了乡乡通油路目标。2009年至2013年，全县共完成县乡道改造370.4公里，完成农村通畅工程645.1公里，累计完成投资45281万元，新建县乡道81.6公里，完成投资1224万元，100%的行政村都有公路通达，93%的行政村达到通畅水平。高速公路实现从无到有，2013年底建成了武冈至西岩高速公路。至2013年底，全县共有二级汽车站1个、农村客运站5个、农村客运招呼站123个，渡口码头16个，长、中、短途客运班线38条，189个行政村有客运班车通过，通航34公里。1949年启动电信建设，到1999年全县交换机容量达到了3万门，安装电话2.35万户，全县现有乡镇所在地85%以上的行政村都通了电话；2013年县城全面实现光纤上网，全县行政村通光缆宽带率达到85%，移动信号覆盖95%以上行政村和90%以上自然村。

麻阳全力推进新型城镇化建设，城乡面貌日新月异，截止到2013年底，城区面积达8.5平方公里，全县城镇化率达39.8%，开通公路1503公里，其中高速公路1条30.1公里、国道1条59.9公里、省道5条221公里、县道11条197公里、乡道44条310公里、村道648公里；航道5条、渡口60处。全县有4类火车站点4个、汽车站1个、农村客运站场13个。全县通讯光缆总长1898公里，县城城区及全县23个乡镇全面实现光网传输，电信C网基站57个，C网信号覆盖城区及100%乡镇95%以上村组。

屏边县城区面积2.16平方公里，县城人口2.43万人，城市道路长19.44千米，城市供水管道长35.12千米，城市供水能力1.35万立方米，全县城镇化率19.6%。屏边早在1911年就开通了滇越铁路。到2013年，境内共有铁路1条70公里，公路480条2330公里，其中国道1条40.846公里、省道1条57公里、县道11条354.171公里、乡道71条581.871公里、村道387条1274.37公里、专用公路9条21.318公里，全县7个乡镇已有4个乡镇通油路、3个乡通弹石路、76个行政村694个自然村已全部通公路。

融水苗族自治县加大县城扩容力度，促进城镇化建设增速，近年来引资10亿元开工建设一批重大项目，城镇面貌日新月异。民族体育休闲公园、芦笙广场、会展中心等设施相继投入使用，城市基础设施明显改善。全县公路通车里程达到1561.62公里，实现乡乡通油路、村村通公路目标。

（四）旅游事业阔步向前

城步旅游资源得天独厚，开发空间和发展潜力巨大，已规划的旅游资源主要有儒林慢乐文化休闲区、大南山国家旅游度假区、白云湖休闲度假区、西江峡谷生态休闲区、十里长寨生态文化旅游区、罗汉洞银杉生态旅游区、十万古田高山探险区等7大景区，资源组合堪称完美，山乡民俗风味浓郁，历史人文底蕴深厚。现有国家级风景名胜区1处、国家级森林公园1处、国家级湿地公园1处、国家级自然保护区1处、国家3A景区1处，三星级和二星级酒店各2家、五星农家乐1处、四星乡村旅游点3处，共有旅游接待床位2227张，旅游购物商场3家、旅行社4家，旅游产业初具规模。2013年实现接待游客56.5万人次，旅游综合收入3.84亿元，占全县GDP的14.08%。

麻阳旅游产业起步于21世纪初，该县抢抓大湘西生态旅游圈的发展机遇，以重点旅游项目为龙头、以景区建设为核心、以市场为依托、以打造旅游产品为关键，积极开展好各项工作，全面提升旅游产业发展整体水平，推动了全县旅游事业蓬勃发展。目前，全县共有三星级旅游宾馆2家、星级乡村旅游区（点）6家、旅行社4家、旅游商品生产企业11家。到2013年，全县共接待旅游总人数71.5万余人次，实现旅游总收入10498万元。

屏边旅游产业始于20世纪90年代，1993年建成“大围山水围城风景区”，并对外开放经营，迈开了旅游业发展的第一步。进入21世纪以来，屏边县旅游业向广度和深度发展，取得了全面进展，逐步成长为全县国民经济中的一个新兴产业和特色产业。该县树立“大旅游、大产业、大市场”理念，紧抓“西部大开发”机遇，采取了一系列得力措施，促进了旅游产业持续快速协调发展。至2013年底，全县拥有大小宾馆酒店60余家，共有房间1378间，床位2491个，特色餐饮饭店17家，旅游直接从业人员0.04万人，全年共接待国内外游客36.92万人，实现旅游收入2.92亿元。

融水紧抓创建广西优秀旅游县的发展机遇，大力发展旅游业。一是提升旅游发展战略定位，按照“秀美融水、风情苗乡”和“生态休闲、文化体验”的旅游发展定位，努力将该县打造成全区一流、全国知名的区域性旅游目的地和集聚地。二是明确发展格局和建设重点。根据特色资源，重点打造“一山、一水、一城、一节”。三是高起点开发、高标准提级改造，努力打造旅游精品。目前有国家4A级景区1个、3A级景区4个，荣获“广西优秀旅游县”“中国最佳绿色生态旅游目的地”和“中国最佳民俗风情旅游目的地”等称号。2012年共接待游客134.1万人次，旅游总收入5.2亿元。

（五）“五苗县”发展进程中遇到的困难

一是贫困程度深，小康建设压力大。按国家新标准，全国5个单列苗族县尚有贫困人口54.21万人，占5县总人口206.05万人的26.31%，其中城步贫困人口达5.7万人，占全县人口总数的20.3%。该县292个村还有70个国定、省定整体推进贫困村，占全县行政村总数的24%，农民人均纯收入仅4140元，为全国农民人均纯收入的47%。屏边有贫困人口7.2万人，占全县人口总数的46.15%。苗族人口基本居住在高寒山区，致贫返贫因素复杂，自然灾害频发，其返贫率较高，一般为10%—20%。

二是配套资金政策弹性过大，成为苗族地区项目建设的“拦路虎”。在基础设施建设方面，作为安排项目时调控项目的一个手段，要求地方财政承担相应的配套资金，且有的建设项目如交通等资金配套占比高达50%，地方财政根本无力配套，致使一些项目建设进展缓慢，有的甚至无法实施。配套资金政策给苗族地区尤其是散居苗族县建设造成了极大的压力。

三是基础设施建设欠账多，资金投入压力大。如麻阳共有5326座山塘，其中95%需加固，159座水库有82座需除险；全县农村饮水不安全涉及113个村8.31万人，尚有225个自然村580公里通畅工程没有完成，还有132个村需进一步完善农村电网；县城学位紧缺500个以上。湖南城步至今尚有未通村级公路村。该县白毛坪乡青峰村地处五岭山脉黔峰山腰，共有3个村民小组360口人，是苗族集聚区。该村距县城18公里，距乡政府白毛坪12公里，目前县城至村公路已拉通毛坯路，但乡政府至村仍有2公里未拉通，是该县唯一一个未通村级公路的行政村。其原因是该县为修建白云水电站而修筑了白云水库，淹没了下小言、冷水坪、大井等村寨，青峰村至白毛坪乡政府要修筑下小言大桥跨越白云水库。而修筑下小言大桥，根据有关规定，需由具有相应资质的设计单位进行勘测设计，费用由村自行负责，花费需上千万元，村民们只能"望桥兴叹"，县财政也只能"叹莫能助"。

四是城乡基础设施薄弱，城镇化水平低。尽管新中国成立60多年来，苗族地区经济社会发展取得可喜成就，但苗族地区城乡基础设施仍很薄弱，制约经济社会发展的瓶颈尚未从根本上解除，水利、电力、道路、通信和就医就学条件、环境保护设施等基础设施建设任务仍很艰巨。苗族地区城镇化水平很低，5个苗族单列县中，城镇化率最高的麻阳也只有39.8%，屏边最低为19.6%，而全国平均水平为49.68%。县城规模等级低，城镇化容纳空间小，工业基础薄弱，缺乏为进城农民提供大量工作岗位的劳动密集型企业，对劳动力吸引能力小，不利于城镇化发展。

五是产业结构单一，财政收支矛盾突出。苗族地区产业发展受自然条件的限制，人才、资金、技术都比较缺乏，企业发展缓慢；种植业跳不出小农经济模式，种植养殖科技含量低，管理粗放，加之信息不灵，交通不便，销售渠道不畅，抵制自然灾害能力差，往往造成增产却减收的尴尬局面，县域经济来源不足，财政自给能力低，财政收支矛盾突出，收不抵支的状况无法从根本上改变。

六是教育、文化、卫生等社会事业发展滞后。教育投入不足，历史欠账多。国家拨付的教育经费主要用于保证教师工资，无力改善办学条件。边远山区医疗设施简陋，群众看病难就医难的问题比较严重，农民因病致贫、因病返贫的现象仍有发生。农村的科技推广力度还不够，农民的科技意识仍需加强。

三、全国5个苗族自治县经济社会发展及享受国家省（区）优惠政策比较分析

（一）经济社会发展指标比较

在全国5个苗族县中，中部省份湖南两个：麻阳和城步，西部省份贵州一个：松桃、广西一个：融水、云南一个：屏边。经济指标比较：1. 按

2013年经济社会发展指标及城镇化水平、贫困程度比照分析

（单位：万元、万人）

县名	总人口	地区生产总值	全社会固定资产投资	财政总收入	财政总支出	社会消费品零售总额	城镇化率	森林覆盖率	贫困人口
城步	27.9	272609	262375	30307	139507	133465	26.1%	83%	13.3
融水	50.6	654600	722900	51000	210197	193300	29.4%	78.8%	15.92
松桃	72.6	728051	1130700	92079	298100	155202	39.4%	56%	16.96
屏边	15.6	200108	250120	15653	126942	73800	19.6%	67.8%	7.2
麻阳	39.35	533700	371800	34700	161600	179900	39.8%	62%	8.43
合计	206.05								61.81

2013年5个苗族县各项经济指标排名

（单位：万人、元）

名　次	人口总数	人均GDP	人均财政收入	农民人均纯收入	城镇居民人均可支配收入
第一名	松桃 72.6	麻阳 13562.9	松桃 1268	融水 5567	融水 21284
第二名	融水 50.6	融水 12936.8	城步 1086	松桃 4995	屏边 18692
第三名	麻阳 39.35	屏边 12827.4	融水 1008	麻阳 4794	松桃 17606
第四名	城步 27.9	松桃 10028.3	屏边 1003	城步 4140	麻阳 15700
第五名	屏边 15.6	城步 9770.9	麻阳 882	屏边 3565	城步 15544
2013年全国平均值		41805	9491	8896	26955

人均GDP排名，麻阳第一，其次是融水、屏边、松桃，城步第五，城步的人均GDP只占麻阳的72%；2. 按人均财政收入排名，第一是松桃，其次是城步、融水、屏边，麻阳第五，麻阳的人均财政收入只占松桃的70%；3. 按农民人均纯收入排名，第一是融水，其次是松桃、麻阳、城步，屏边第五，屏边的农民人均纯收入只有松桃的64%；4. 按城镇居民人均可支配收入排名，融水第一，其次屏边、松桃、麻阳，城步第五，城步只占融水的73%。从经济社会发展总体情况看，西部省份的融水、松桃、屏边总体发展好于中部省份湖南的麻阳和城步。在湖南省内比较，麻

阳又好于城步。但是，从全国来看，5 个苗族县各项经济指标都远远落后于全国平均值。麻阳人均 GDP 只占全国平均值的 32.4%，而城步只占全国平均值的 23%；人均财政收入最好的松桃只占全国平均值的 13.4%，而麻阳还不到全国平均值的 9.3%；农民人均纯收入最高的融水还不到全国平均值的 63%，而屏边只占全国平均值的 40%；城镇居民人均可支配收入最高的融水只达到全国平均值的 79%，城步还不到全国平均值的 58%。

（二）优惠政策比较

1. 西部大开发政策。

为促进我国不同区域的发展，国家制定了不同的战略方针，目前已形成了东部开放、西部大开发、东北振兴和中部崛起以及片区区域发展与脱贫攻坚的格局。西部大开发战略于 2000 年实施，广西、云南、贵州属于西部大开发的范畴。2010 年《中共中央国务院关于深入实施西部大开发战略的若干意见》（中发〔2010〕11 号）进一步明确了西部大开发的优惠政策。按照《国务院实施〈中华人民共和国民族区域自治法〉若干规定》，“未列入西部大开发范围的自治县，由其所在的省级人民政府在职权范围内比照西部大开发的有关政策予以扶持”。湖南省在相关文件中也明确了自治县比照享受西部大开发政策。与纳入西部大开发范畴的县相比，麻阳、城步作为比照执行西部大开发政策的自治县，但享受的照顾政策标准远远不如西部地区。交通扶持政策方面，2000 年实施西部大开发以来，贵州、云南、广西等西部交通建设免除地方配套资金；国家对国省干线提质改造补助标准为 400 万元 / 公里，通畅公路 35 万元 / 公里。2012 年后，国省干线提质改造 550 万元 / 公里，通畅公路 50 万元 / 公里。2012 年前，按照湖南省“十一五”规划，国省干线提质改造补助标准为 220 万元 / 公里，每公里比西部县市少 180 万元，需县级配套 50%；通畅公路 17 万元 / 公里，每公里比西部县市少 18 万元，需县级配套 52%。2012 年起，国省干线提质改造 400 万元 / 公里，每公里比西部少 150 万元，需县级配套 38%。2012 年麻阳、城步列入武陵山片区区域发展与脱贫攻坚规划后，通畅通达公路的上级补助资金标准才基本统一。水利扶持政策，按照《关于进一步促进贵州经济社会又好又快发展的若干意见》（国发〔2012〕2 号）

文件规定：贵州县市除农村安全饮水工程要求县级10%配套外，中小河流治理、病险水库除险加固、堤防工程建设等均为中央和省级资金，无需配套资金。按照《中共湖南省委　湖南省人民政府贯彻落实〈中共中央国务院关于水利改革发展的决定〉的实施意见》规定：中小河流治理、农村安全饮水工程要求县级按10%配套，“四水治理”县级50%进行配套；按照《湖南省财政厅关于预拨2011年小（Ⅱ）型病险水库除险加固项目中央专项资金的通知》文件规定：病险水库除险加固重点项目预拨标准为每座100万元，一般项目标准为每座40万元，对用完预拨资金后缺口部分资金需县按30%配套。教育扶持政策。在资金投入方面、职业教育方面、人才保障方面中央对西部地区的政策都远远优于中部地区。医疗卫生政策和药物补贴方面，贵州乡镇卫生院实施国家基本药物制度，按药品销售总额15%的比例进行补偿，所需资金由省、县两级财政按6∶4的比例负担。湖南实施的国家基本药物制度补助资金采取因素法分配，其补助标准远低于西部地区。乡村医疗补助方面，贵州县市村卫生室全部实施国家基本药物制度，每村年财政补助不少于2.98万元；所有村卫生室由省里投资，已全部建成，每个村建设资金5.7万元。湖南部分实施国家基本药物制度，每村全年补助约1.6万元，比贵州少1.38万元。未实行基本药物制度的村卫生室，每年财政补助0.4万元。社会保障方面，西部地区在创业就业政策、社会保险政策、城乡低保政策、失地少地农民保障政策等方面远远优于中部地区。财政支持方面，中央对西部地区的财政补助远远高于中部地区，民族地区转移支付方面的补助也高于中部地区。西部地区全部纳入了国家重点生态功能区，享受重点生态功能区转移支付政策，而湖南的麻阳、城步虽然地处武陵山重要生态功能区，却没有纳入国家重点生态功能区转移支付政策范围。此外，国家对西部地区在投资、国土、税收、金融、环保、工业园区建设、项目审批等方面也出台了一系列的优惠政策。

2. 国家扶贫开发政策。

（1）国家级贫困县、国家重点扶持工作县政策。城步同融水、松桃、屏边一样属国家级贫困县、国家重点扶持工作县，享受中央财政扶贫资金的扶持，具体扶持方式有对口帮扶、以工代赈、易地扶贫搬迁、整村推进、贴息贷款、劳动力培训、重点村扶持等，西部地区还有整乡推进方式。麻阳由于没有纳入国家重点扶持工作县范围，没能享受相关政策。

（2）片区扶贫政策。进入新时期，国家把集中连片特殊困难地区作为扶贫攻坚的主战场，划分了 14 个片区，制定了片区扶贫攻坚和区域发展规划。城步、麻阳属武陵山片区，融水、松桃、屏边是滇黔桂石漠化片区，享受片区优惠政策。

3. 云南屏边还享受边疆国境县战区恢复、西南开放的桥头堡建设、红河谷绿色经济走廊等中央特殊政策支持。

四、关于促进全国苗族地区共同繁荣发展的对策和建议

从上述比较分析可以看出，全国苗族地区经济社会的发展水平远远落后于全国平均水平，即使 2013 年人均 GDP 在全国 5 个苗族自治县中排名第一的麻阳，其人均 GDP 也不到全国人均值的三成；而人均财政收入在全国 5 个单列苗族自治县中排名第一的松桃县，2013 年人均财政收入也仅为全国平均值的 13.4%；而在全国 5 个单列苗族自治县中农民人均纯收入最低的屏边县，其收入比仅为全国平均值的四成……由此可以看出全国苗族地区经济发展的落后程度。

为改变当前苗族地区的落后状况，赶上全国人民奋力建设小康社会的步伐，到 2020 年同步实现小康目标，我们特建议如下：

（一）要加大对中西部民族自治地区的优惠政策扶持力度，已有政策要一视同仁落实到位

近年来，国家先后出台了《中国农村扶贫开发概要》《关于易地扶贫搬迁试点工程的实施意见》《关于深入实施西部大开发战略的若干意见》《武陵山片区区域发展与扶贫攻坚规划》《关于进一步做好退耕还林还草试点工作的若干意见》《关于促进中部地区崛起的意见》等一系列扶持政策，支持中西部地区优先发展。但是在具体实施过程中，不同省份不同地区享受国家优惠政策的程度有很大不同，即使是同一政策，在不同地区的实施也会有所差异。以城步为例，由于城步是比照实施西部大开发有关政策，

政策享受范围小，政策含金量缩水、优惠力度减弱，无法得到与西部地区一样的政策机遇，突出表现在安排建设项目、建设资金投入力度、民族地区中央财政转移支付、财政资金配套等方面，都处于劣势，加之城步地理位置偏僻、信息闭塞、经济滞后，项目和资金的争取难度很大，有些项目即使争取到，也因无法配套而被迫放弃。如在基础设施建设配套资金方面，广西、贵州、云南等西部地区省份的国省干线公路建设资金全部由省区进行预算并全额投资，地方政府无需配套。而中部地区的城步等地则享受不到该项优惠政策，在“十二五”期间执行一二级公路补助 300 万元 / 公里、三级 200 万元 / 公里的标准，剩余的均需自行筹集配套。

优惠政策是促进民族地区加快发展的最大红利，一些影响重大的优惠政策因执行程度的差异，在中西部地区造成了新的不平衡和发展差距。因此，建议全国一盘棋，共同标准执行国家优惠政策，同享发展成果，助推中西部地区各民族地区齐头并进。

（二）要从国家层面统筹研究解决民族自治县的特殊困难

我国现有民族自治县（旗）120 个，总面积 66.31 万平方公里，占全国总面积的 6.9%，占全国民族地区的 11%，自治县的少数民族人口占全国少数民族的 21%，实行区域自治的少数民族数量多达 41 个。在全国的县域经济中，自治县大多属于欠发达地区，120 个自治县中，有国贫县 72 个、省贫县 22 个，两者相加 94 个，占总数的 78%，自治县（旗）人均 GDP 不足全国一半，有 2/5 的自治县人均 GDP 在 6000 元左右，财政自给率只有三分之一，有的还不到四分之一，如云南的屏边苗族自治县，2013 年财政总收入仅 1.57 亿元，而总支出达 12.69 亿元，本级财政自给率仅 12.37%。可以说，自治县是少数民族和民族地区的典型代表，目前是我国发展最滞后、困难最多、难度最大的地区，仍然是我国全面建设小康社会的难点和短板。国家加大对自治县的扶持力度，促进自治县的快速发展，事关全面建成小康社会的大局，也事关党和国家的工作全局，对于全面建设小康社会具有重要意义。为此，建议对自治县存在的一些共性和特殊性困难和问题，从国家层面专门予以通盘研究和解决，尤其是要重点解决如下四个方面的问题：一是民族自治县年人均财政支出水平达不到全国平均水平，其差额建议由中央财政每年给予弥补。二是中部地区的少数民族自治县，建议享受西部地区开发的所有优惠政策。三是建议落实基础设施建设项目资金“零配套”政策，免除财政困难县基础设施建设项目配套资金，使少数民族自治县真正享受到国家对民族地区的优惠政策。四是对为保护生态环境做出巨大贡献的民族地区，符合条件的都要纳入国家重点生态功能区和西部地区生态文明示范工程县范围，在分配生态功能区转移支付资金时予以重点倾斜，以更好地发挥民族自治地区重点生态功能区的作用。如湖南的城步，森林覆盖率高达83%，生态环境十分优美，又是资水的发源地和珠江、沅江的上游，但至今尚未列入国家重点生态功能区并享受其有关优惠政策。

（三）中央、省（区）要加大对苗族地区的基础设施建设投入

基础设施作为经济社会发展的基础和必备条件，抓好了可以发展积蓄能量、增添后劲，而建设滞后则可能成为制约发展的瓶颈。苗族地区都是地理位置偏僻、交通落后、信息闭塞、经济滞后的高寒山区，基础设施很差，群众的生产生活条件极其艰苦。要改变苗族地区的落后状况，必须加强苗族地区的基础设施建设，不断提高苗族地区的综合实力和竞争力，为实现持续快速发展提供有效的支撑。近年来，国家大力实施西部大开发战略和中部崛起战略，启动了一系列重大建设项目，这是苗族地区加强基础设施建设的历史性机遇。对此，各苗族地区一定要有敏锐的触角和抢抓意识，超前谋划、主动出击、积极作为，积极搞好项目申报衔接，大力推进基础设施建设。尤其要按照新农村建设总体部署，紧紧围绕改善农民生产生活条件和发展农村社会事业，将基础设施建设的重点转向农村，加强支撑现代农业的基础设施建设，抓好农田水利基本建设，实施农村饮水安全工程，建设和改造通乡通村公路，加快农村清洁能源发展，促进农业可持续发展。交通建设是苗族地区发展的命脉，解放以后尤其是实施西部大开发以来，苗族地区的交通事业得到了前所未有的飞跃发展，极大地改善了苗族人民的出行条件。在5个苗族自治县中，松桃的交通事业最为发达，公路、铁路、航空等立体交通网络已经构成，为该县经济社会发展提供了强有力的保障。该县在5个苗族单列县中是人口最多的县，但其财政总收入和人均财政收入都居于"五苗县"首位，农民人均纯收入排名第二，城镇居民人均可支配收入排名第三。苗族地区只有着力改善基础设施落后的状况，只有大力加强交通、水利、电力、通信和人畜饮水等基础设施建设，尤其是要致力于交通设施的改善，才能改变贫穷落后的面貌。

（四）要利用苗族人文资源和生态资源优势大力开发旅游业

旅游产业是当今世界第一大产业，作为战略性和绿色环保产业，旅游业拥有其他产业无法比拟的优势和作用，它具有很强的关联性，能广泛带动其他产业发展，有力拉动消费需求，并且提供大量就业机会。苗族地区发展旅游业具有得天独厚的优势，主要是生态资源优势和人文资源优势明显，苗族文化底蕴浓郁，歌舞文化、乐器文化、龙狮文化、服饰文化、饮食文化、建筑文化等独具魅力、绚丽多姿、引人入胜，加上良好的生态环境，是吸引人气的旅游名片。在"五苗县"中，松桃和融水两县旅游产业发展最快最好。融水 2012 年全年接待游客 134.1 万人次，旅游总收入 5.22 亿元。2013 年该县大力开展广西首批 20 个特色旅游名县创建工作，大力推进旅游"十大项目"建设，全年完成投资 1.64 亿元，成功举办了第十三届中国·融水苗族芦笙斗马节、龙舟赛、元宝山金秋烧鱼季等系列活动，进一步提升了融水的知名度。2013 年，全县共接待游客 140.6 万人次，增长 4.9%；实现旅游总收入 5.88 亿元，增长 12.6%。松桃 2012 年接待游客 290.59 万人次，同比增长 86.51%，实现旅游总收入 40.94 亿元，同比增长 249.64%。

苗族地区利用苗族人文资源和生态资源发展最成功的范例是湖南的凤凰县和贵州的雷山县。从 2000 年开始，凤凰县成功利用苗族文化资源优势大力推进旅游业发展，短短十多年时间就从一个贫困的苗族县跻身全国旅游大县行列，实现了跨越式发展。该县民族建筑特色明显，非物质文化遗产资源丰富，共有凤凰彩扎、蓝印花布印染技艺、苗族银饰锻制技艺、苗族鼓舞、苗族医药 5 个项目入选国家级非物质文化遗产保护项目，湘西阳戏、文武茶灯、湘西苗绣、凤凰扎染 4 个项目入选省级非物质文化遗产保护项目，属湖南省非遗文化"富矿"县。该县先后建成苗族银饰、湘西阳戏、土家织锦等 5 个项目传习所和 1 个民族服饰研制基地，将苗族鼓舞内容引进校园教育，培养了一大批“苗族非遗”人才，还在县城古城区常态性举办苗族鼓舞、纸扎、苗绣等非物质文化遗产技艺展示，展演茶灯、阳戏、傩堂戏等民间歌舞戏曲等内容。从2000年到2013年，该县旅游从业人员从2000多人增加到5万多人，游客接待量从57万人次上升到842.42万人次，旅游总收入从不足百万元攀升到66.86亿元，财政收入也从265万元增加到6.3675亿元，旅游收入占全县GDP的67.5%，旅游业已经成为国民生产总值的绝对大户。2014年1—5月，该县共接待游客352万人次，实现旅游收入27.2亿元，同比增长26.7%、28.3%。

贵州黔东南雷山县，也是依靠苗族文化这座大“富矿”，走上了旅游兴县的康庄大道。该县大力抢救、保护和保养濒临消亡的非物质文化遗产，积极培养苗族文化传承人，对有代表性并作出重大贡献的77名民间歌师、技师、艺人进行了命名，授予了相应称号，其中有苗族吊脚楼建筑工艺师150名、刺绣工艺师13名，银匠师6名、乐器师10人，演技师6人、歌师27名。全县共有苗族芦笙制作工艺、苗族吊脚楼营造工艺、银饰制作工艺、苗族刺绣工艺、苗族鼓藏节、苗族飞歌、苗族织锦、苗族医药、苗年、铜鼓舞、芦笙舞等11项入选国家级非物质文化遗产名录，苗族酒礼等17项入选省级非遗名录，另有99项被定为州、县级非遗名录。以保护、弘扬和传承苗族文化为抓手，该县大力发展文化旅游，取得了极为丰硕的成果。1994年，该县仅接待游客6849人次，旅游综合收入才7.25万元。到2013年，该县平均每天游客超万人次，全年达到377.61万人次，旅游综合收入达到29.18亿元。

（五）要加大对苗族地区教育、卫生、文化等社会事业的投入力度

数千年来，苗族地区教育、卫生事业极其落后，人才培养和开发未入主流，缺医少药现象严重，严重制约了苗族社会的发展。解放以来，苗族地区教育事业虽然得到了前所未有的发展，但教育投入仍然不足，历史欠债较多。苗族同胞的教育意识不强，“读书无用论”普遍盛行乡间，绝大部分青少年读完九年义务教育后即外出打工，高中升学率和高考升学率越来越低，年轻一代苗族公务员和公职人员越来越少。建议国家要进一步加大对苗族地区的教育扶持力度，着力发展农村高中教育和职业教育，进一步降低少数民族考生高考录取分数线，增加定向培养指标，确保一定比例的少数民族考生进入高校深造。在招录国家公务员和公职人员时，要为当地少数民族预留一定比例的指标，保障民族地区公职人员队伍中有适当规模的少数民族人员，使当地主流民族能够具有管理本地区社会事务的能力，实现民族自治和区域自治。另外，国家还要加大对民族地区的医疗卫生投入，彻底改变山区群众看病难就医难状况，改变苗、汉、侗、瑶各族同胞因病致贫、因病返贫现象，提高苗族同胞的幸福指数，使他们能紧紧跟上全国人民建设小康社会的时代步伐。

（本文发表于2015年1月3日《中国民族报》理论版，原标题为《全国苗族地区经济社会发展之比较研究》。曾荣获2015年第六届湖南省社会科学界学术年会暨全省改革进行时的“思与行”成果交流优秀论文评比一等奖，湖南省政协系统优秀调研报告二等奖。）

后记一

自城步苗族自治县成立三十周年大庆之后，本人计划撰写一部《城步苗族简史》，并着手收集资料，查阅有关书刊。四十周年大庆前几年，根据征集到的资料，觉得城步苗族这个分支，就整个苗族而言，尽管它人口不多，所占范围窄小，但它对中华大地的开发和对中华文明的贡献，却十分令人惊讶。基于此，本人于四十大庆前，曾向有关领导建议：撰写一部《城步苗族简史》作为四十周年县庆献礼，并写出《城步苗族简史》写作提纲。由于种种原因，此建议未被采纳。

1998 年夏，一次偶然的机会，城步苗族自治县原县长、现邵阳市市长助理陈庭宪同志得知此事，当即表态筹钱编撰，争取在两三年内成书，以作为县庆五十周年献礼。

之后，经庭宪同志跟县委书记肖华中等领导同志商量，均同意撰写此书，并于 1998 年 9 月成立了《城步苗族简史》编撰委员会，拨给专项资金。经过一年努力，于 1999 年 9 月写出第一稿。

在撰写过程中，得到本省及广西、贵州有关部门有关同志的大力支持以及贵州苗族史专家龙伯亚、湖南苗族史专家伍新福、马少侨三先生的教诲指点，尤其是龙伯亚先生不顾七十高龄，专程至城步赐教，谨在此一并表示由衷的感谢。

《城步苗族简史》是一项浩大的工程，撰写一部系统、全面的《城步苗族简史》任务十分艰巨。该书虽经本人写出初稿，由于水平有限，疏误之处一定很多，敬请各位领导、专家及见到初稿者批评指正，以帮助本人圆满完成其写作之任务。

刘志阶

1999 年 9 月

后 记 二

刘志阶先生编纂《城步苗族简史》，始于20世纪90年代初，经过几年的努力，终于1999年9月拿出了初稿。不幸，刘志阶先生于2003年元月病逝，带着他的遗憾永远离开了我们，也离开了他热爱的事业。

此后，由于刘志阶先生所征集的文字图片等资料没有移交到县政协文史委，以致后任者无从着手修改、充实《城步苗族简史》，使原稿束之高阁，编纂工作陷于停顿。

原稿的不足之处，主要表现在六个方面。一是叙史简单，由于当时的历史条件局限，征集资料有限，尤其是对整个苗族发展历史的了解不足，因而对城步苗族发展历史的认识也必然受到限制。二是原稿摘引文言文较多，叙述较少，晦涩难懂。三是对城步解放以后的发展历史没有触及，城步苗族真正当家作主，苗族人民翻身解放，是在中国共产党领导下的新中国，没有共产党，就没有新苗族，就没有城步苗族的“自治”，城步苗族人民仍然是“化外之人”，不可能成为今天城步苗乡大地上的主人。遗漏了城步苗族在新中国成立70周年来的发展变化这段全新的历史，《城步苗族简史》就会黯然失色。四是对苗族人物记载太少，人物介绍过于简单，不能反映城步的发展历史和人物活动情况。历史是人民创造的，城步苗族历史，也是由城步苗族人民创造的。城步苗族自原始社会以来，历经数千年发展，涌现了无数可歌可泣的人物，他们是城步天空上一颗颗璀璨的明星。修正稿大量补充了苗族发展史实和古代苗族人物，从而为《城步苗族简史》增添了生气，也增添了灵魂。五是原稿没有叙述城步苗族习俗文化，于苗族语言尤其是古苗文字论述疏浅，不利于世人对整个城步苗族文化的认知。新编之后，详述了城步苗族习俗和语言文字。六是原稿没有任何图片资料。

2007 年 10 月，本人从县委统战部副部长调任县政协学习文史委主任，接过了《城步苗族简史》主编这一重任。从 2008 年至 2018 年，本人耗时 10 年时间悉心修改《城步苗族简史》初稿，着重围绕上述六点不足进行修补，广泛查阅各种涉及城步苗族发展历史的资料，并将这些资料补充到书稿之中，使全书内容更为完善。将原稿晦涩难懂的文言文翻译为大多数人都能看懂的现代汉语，增补了新中国成立以后城步苗族的经济社会发展史料，补充了大量的城步苗族古代知名人物；向社会公开征集了《城步苗族简史》图片；完成了《城步苗族简史》的编辑审核工作。

《城步苗族简史》没有按照汉族史志通用的历史断代方式进行叙事，而是按照苗族社会真实而独特的发展历程进行断代，分章叙事。全书分为“原始时代—羁縻时代—土司时代—改土归流时代—民国时期—新中国成立后”，如此结构章节，更符合苗族社会历史发展事实，更具有少数民族史书特色。

本书内容上溯远古传说时代，下迄新中国成立后直至 21 世纪初页，从政治、经济、军事、文化、教育、民族源流、迁徙、语言文字、风俗习惯等方面，全面系统地阐述了城步县的发展历史。让世人看到了城步六七千年的发展轨迹，展现了城步苗族人民在中国共产党的英明领导下，翻身解放，积极走上社会主义道路，投身改革开放事业，创造美好生活的壮丽画卷。全书主题鲜明，结构严谨，史料翔实，论述准确，文字生动，图文并茂，设计美观大方。《城步苗族简史》的出版发行，不仅进一步促进了城步苗族自治县历史文化研究工作，展示了城步苗族历史文化研究的成果，对推动城步苗族历史文化事业的发展具有积极而巨大的促进作用，还具有全国性的学习教育价值和存史资政价值，极大繁荣丰富了我国少数民族地方史志资料尤其是民族自治县史志资料，功在当代，利在千秋！

在省市工作的城步籍领导阳盛海、杨盛勋、肖尊国、杨光勋、李德文、张正清等同志对《城步苗族简史》的修正、审核和编辑出版工作给予了大力关心和支持，并提出了许多宝贵意见。湖南省社科院、湖南省民委、湖南省文史馆、湖南省民族研究所、贵州省民族研究所、贵州黔东南自治州民族研究所、吉首大学、邵阳市民宗局、中国文史出版社等单位领导和专家学者对《城步苗族简史》的编辑出版工作给予了悉心关照，在此一并致谢。

最后，尤要感谢历届城步县委、县政府、县政协领导班子对编辑出版《城步苗族简史》的大力关心支持！感谢湖南省政府文史研究馆原巡视员、湖南省民间文艺家协会原副主席、湖南省湖湘文化交流协会原会长、城步苗族自治县人民政府原县长阳盛海老领导，湖南省民族宗教专家咨询组专家、湖南省民族研究特邀专家、湖南省民族类题材出版物审读专家、湖南省统一战线理论研究学会副会长、湖南省苗学学会副会长、中南大学人类学研究所所长、博士生导师杨成胜教授，邵阳市民族宗教局原党组书记王文蕊、局长彭泽愿、政法科长杨运良等领导积极组织在省市苗族专家领导审读评议活动，并热情撰写《城步苗族简史审读报告》。衷心感谢中国文史出版社责任编辑赵姣娇为《城步苗族简史》的编辑出版工作所付出的辛勤努力！

因为编者能力有限，加之资料征集仍不够广泛，书中必然存在诸多不足、遗漏和失误，恳请广大领导、专家和读者批评指正，待修订时补遗。

雷学业

2025 年 6 月